Kräuter

Burkhard Bohne

Kräuter

KOSMOS

Inhalt

Peruanischer Salbei

Windblumen-Königskerze

Rosmarin-Blüte

Basilikum 'African Blue'

Der Kräutergarten —
für mich ein ganz großes Thema

Kräuter duften herrlich und Kräuter bestechen mit wunderbaren Farben. Kräuter helfen heilen und würzen unsere Speisen; kurz, Kräuter bereichern unser ganzes Leben. Ich habe seit zwei Jahrzehnten das ganz große Glück, mich beruflich mit Kräutergärten beschäftigen zu dürfen und dabei vielfach Gelegenheit erhalten, mein Wissen und meine Erfahrungen durch ungezählte Gartenführungen, Vorträge, Seminare, Ausstellungen und Bücher weiterzugeben.

Ich freue mich, dass in dem jetzt vorliegenden Buch das Thema Kräutergarten so umfassend Platz gefunden hat. Sie, liebe Leser, finden Interessantes zur Geschichte der Kräuterheilkunde, Gestaltungstipps für Kräutergärten, Wissenswertes zum Anbau und zur Anwendung der Kräuter und fast 500 Pflanzenporträts.

Natürlich entsteht so ein umfassendes Buch nicht von allein, und ich bin vielen Weggefährten zu sehr großem Dank verpflichtet. Zuerst möchte ich den Trägern und Mitarbeitern meiner Gärten, dem Arzneipflanzengarten der Technischen Universität Braunschweig und dem Klostergarten Riddagshausen danken, die mir immer wieder die nötigen Freiräume verschaffen, mit Kräutern zu experimentieren. Ein Riesendank an meine Lektorin Carolin Küßner. Ohne unsere intensive, anregende und kollegiale Zusammenarbeit wäre dieses Buch nicht zustande gekommen. Danke für das schöne Layout, die kritischen Fragen und die zahlreichen Mails und Telefonate.

Meiner lieben Nachbarin und Gartenfreundin Kathrin Buchholz danke ich für das mühsame Aufstöbern von Schreibfehlern, die sich immer wieder gern in die Texte eingeschlichen haben. Vielen Dank an Daniel Rühlemann, der mir auch in der hektischsten Gartensaison immer ermöglicht hat, in seiner schönen Gärtnerei Kräuter zu fotografieren. Und nicht zuletzt ein großer Dank an meine Frau Elke und meine Söhne Hannes, Thomas und Robert, die mich immer unterstützen, wenn ich fast den ganzen Sommer in fremden Gärten verbringe oder mit dem Fotoapparat unterwegs bin und im Winter viel zu oft im Büro in meine Schreibarbeit versinke.

Viel Spaß beim Stöbern und beim Lesen.

Burkhard Bohne

Kräuter früher und heute

Die Verwendung von Kräutern ist sehr eng mit der Entwicklung der menschlichen Kultur verbunden. Zunächst wurden Kräuter von kräuterkundigen Frauen oder Druiden gesammelt, die ihr Wissen meist mündlich weitergaben. Ab dem Mittelalter wurden Kräuter zunehmend auch in Gärten angebaut. Diese Kräutergärten entwickelten sich im Laufe der Jahrhunderte von reinen Nutzgärten zu wunderschönen Gartenanlagen.

Ausflug in die Geschichte der Gartenkultur – das Kräuterwissen der Antike

Ein Blickfang in jedem Garten: die Blüte des Schlaf-Mohns

Unsere Vorfahren lebten als Nomaden. Nahrung, Kleidung und Heilmittel fanden sie stets in der Natur. Später bauten sie Hütten und Häuser und begannen, Getreide und Gemüse anzubauen. Kräuter hingegen wurden fast immer gesammelt. Erste Zeugnisse von Kräuterkulturen finden wir bei uns erst im Mittelalter.

In der Steinzeit lebten die Menschen zurückgezogen in Höhlen und waren Jäger und Sammler. Unsere Vorfahren gingen jagen und ernährten sich von allem, was die Natur ihnen schenkte. War das Nahrungsangebot erschöpft, mussten sie weiterziehen. In der Jungsteinzeit begannen die Menschen, an Flüssen und in Wäldern zu siedeln. Sesshaft geworden, züchteten sie Nutztiere und bauten Pflanzen an. Bald wurde die Anlage von Feldern und Nutzgärten notwendig – Nahrungsmittel wurden zur Selbstversorgung angebaut. Die ersten Hausgärten dienten ausschließlich der Versorgung mit frischem Obst und Gemüse.

Gärten der Antike

Die Menschen alter Hochkulturen bauten nicht nur Tempel, Villen und Paläste, sie entwickelten immer auch eine hohe Gartenkultur. Ihre Gärten wurden zum Anbau von Nahrungsmitteln genutzt und waren zudem Orte der Entspannung. Pflanzen galten als beseelt und so waren die Gärten oft auch Orte für religiöse Handlungen.

Gärten der Ägypter

Eine der ältesten uns bekannten Hochkulturen war das alte Ägypten. Hier wurden bereits vor 5000 Jahren Gärten angelegt. Der ägyptische Nutzgarten bestand aus Gemüsebeeten, die in kleine Parzellen aufgeteilt wurden. Lattich und Zwiebeln waren die wichtigen Kulturen. An die Gemüsegärten grenzten oft Obstgärten, in denen Feigen, Granatäpfel, Wein und Palmen wuchsen. Die Bäume wurden in Reihen oder als Hain gepflanzt, der Weinanbau erfolgte an Spalieren.
In höheren Gesellschaftsschichten wurden die Gärten häufig auch als Lustgärten angelegt. Sie waren Orte der Begegnung und dienten der Entspannung. Schon damals gab es Schmuckbeete mit Klatsch-Mohn, Kornblumen und Chrysanthemen. Zum Schutz vor Eindringlingen waren die Gärten stets von Schutzmauern umgeben. Der ägyptische Garten war immer auch ein heiliger Ort. Häufig wurde er an Grabstellen angelegt. Gottheiten galten als eng verbunden mit den Bäumen.

Gärten des Orients

Auch im Zweistromland, zwischen Euphrat und Tigris, finden wir sehr alte Zeugnisse einer blühenden Gartenkultur. Bereits 2000 Jahre vor unserer Zeitrechnung nahmen Gärten im täglichen Leben einen bedeutenden Platz ein. Sie spendeten Schatten und dienten der täglichen Versorgung mit Gemüse, Obst und Kräutern. Neben den lebensnotwendigen Nutzgärten wurden auch Lustgärten zum Wandeln und Vergnügen angelegt. Zur Versorgung mit Wasser wurde ein bedeutendes Kanal- und Bewässerungssystem entwickelt.

In den Nutzgärten pflanzte man neben Obstbäumen auch zahlreiche Gemüsearten an: Salat, Kresse, Fenchel, Kohlrabi, Radieschen, Mangold, Gurken, Lauch, Zwiebeln und vor allem Knoblauch. Auch Gewürze und pflanzliche Duftstoffe wie Minze, Senf, Majoran, Kümmel, Ingwer, Safran, Kardamom, Koriander und Thymian spielten eine große Rolle. Die Obstgärten waren oft riesig und wurden zum größten Teil mit Palmen bepflanzt. Die Palmen liefern bis heute die zum Alltags-

Große Ärzte der Antike – Galen und Hippokrates

leben benötigten Produkte wie Datteln, Fette und Öle, Fasern, Baumaterial, Wein, Essig, Mehl, Brennmaterial und Viehfutter.

Die Gärten der Griechen

In ihren Städten kamen die alten Griechen scheinbar ohne Gärten aus. Es gibt in historischen Quellen praktisch keine Hinweise auf Gartenanlagen an den Wohnhäusern. Einzige Ausnahme bilde-

ten Parks mit ihren Gymnasien, heilige Haine und in kleinem Umfang auch Grabstätten.

Vor den Städten und in ländlichen Gegenden wurden natürlich Nutzgärten und Felder angelegt. Charakteristisch für die Nutzgärten waren Mischkulturen aus Obstbäumen und Gemüsebeeten. Feigen, Maulbeerbäume, Minze, Kürbis, Salat und Zwiebeln waren die Hauptkulturen. Auch Blumengärten waren weitverbreitet. Rosen, Veilchen, Myrte, Lilien und Hyazinthen genossen hohes Ansehen und wurden meist zu kultischen Zwecken angebaut.

Römische Gärten

Anders als die späten Griechen lebten die ersten Römer zunächst als Bauern auf dem Lande. Sie kamen zu Wohlstand und räumten der Gartenkultur einen hohen Stellenwert ein. Es entstanden Villen, die von weitläufigen Nutzgärten mit Obst und Gemüse umgeben waren.

Auch römische Stadtvillen waren von Gärten umgeben. Sie schützten die Bewohner vor Hitze und dienten der Repräsentation. Diese Stadtgärten wurden formal angelegt und mit Efeu, Buchsbaum, Lorbeer, Myrte, Akanthus und Rosmarin bepflanzt. Auch Blumen wie Rosen, Lilien oder Veilchen durften nicht fehlen.

Zeichnung aus dem reich illustrierten Kräuterbuch des Dioskurides

Salbei, aus Köhler's Medizinalpflanzen, Gera 19. Jh.

Das gelobte Land – Land der sieben Früchte

Die sieben Früchte waren die Hauptkulturen in jener Zeit. Sie sicherten die Ernährung des Volkes Israel und galten vielfach als Ausdruck des Segens Gottes:

Dattelpalme Datteln sind seit Jahrtausenden Nahrungs- und Rohstofflieferant der Wüstenvölker. Eine Pflanze liefert bis zu 100 kg Früchte pro Jahr, die frisch oder getrocknet gegessen werden und zu Sirup, Wein oder Schnaps verarbeitet werden.

Feige Die Wildform der Feige wird im östlichen Mittelmeerraum seit Jahrtausenden angebaut. Die süßen Früchte waren bereits zur biblischen Zeit ein wertvolles Nahrungsmittel und konnten, konserviert durch Trocknung, gut gelagert werden.

Zweizeilige Gerste Die Zweizeilige Gerste wurde bereits vor 8000 Jahren kultiviert. Gerste war wie Weizen Hauptbestandteil der Nahrung in biblischer Zeit. Sie wurde zu Graupen, Grütze oder Brei verarbeitet und auch an Pferde verfüttert.

Granatapfel Im östlichen Mittelmeerraum wird der Granatapfel seit Jahrtausenden als Obstbaum kultiviert. Das säuerlich schmeckende Fruchtfleisch wurde zur Herstellung von Getränken verwendet. In der griechischen Mythologie gelten die Früchte als Symbol der Fruchtbarkeit.

Ölbaum, Olive Der Ölbaum ist seit Menschengedenken eine der wichtigsten Kulturpflanzen des östlichen Mittelmeerraums. Der Gebrauch von Olivenöl war schon lange vor Christus bekannt. Das Öl wurde als Nahrung, zur Salbung von Königen und Priestern, als Lampenöl und zur Herstellung von Kosmetika verwendet.

Wein Die ersten Hinweise auf eine Weinrebenkultur finden wir im östlichen Mittelmeerraum. Sie gehen zurück in die frühe Bronzezeit. Weintrauben wurden damals wie heute vielfältig verwendet: als frisches Obst, Rosinen, Saft oder Wein.

Weizen Bereits in prähistorischer Zeit waren in den Ländern zwischen Euphrat und Tigris verschiedene Kulturformen des Weizens bekannt. In Israel wurden Hartweizen und Zweikorn-Weizen oder Emmer angebaut. Der Hartweizen galt als eine der wichtigsten Feldfrüchte und wurde zum Backen von Brot angebaut. Emmer verwendete man zur Herstellung von Graupen und Stärke.

Kräuter und Gewürze Zu den damals verwendeten Nutzpflanzen zählen auch zahlreiche Heilkräuter und Gewürze. Die wichtigsten waren Aloe, Lein, Myrrhe, Rizinus, Senf und Weihrauch.

Der Ölbaum (Olive) kann sehr alt werden.

Stark verholzter Weinstock

Eine biblische Frucht – Granatapfel

Reichtum der Oasen – Dattelpalme

Porträt des Hippokrates

Auszug aus Materia medica

Die Pflanzen der Bibel

In Israel, dem Land der Bibel, wachsen etwa 2600 Pflanzenarten. Angesichts der bescheidenen Größe des Landes von etwa 20.000 Quadratkilometern, das ungefähr zur Hälfte aus Wüste besteht, ist das eine sehr hohe Zahl. Mehr als hundert Arten wurden in der Bibel erwähnt, meist handelt es sich um landwirtschaftliche Nutzpflanzen. Eine bedeutende Rolle spielen Räucherstoffe, die aus teuren Harzen und Balsam von Bäumen und Sträuchern hergestellt wurden. Volksbräuche, Lebensunterhalt, soziale Struktur und häusliches Leben der israelischen Familien wurden damals fast ausschließlich von der Landwirtschaft bestimmt. Zahlreiche Texte der Bibel beziehen sich auf die Kulturpflanzen der damaligen Zeit.

Kräuterkunde im Altertum

Die Verwendung von Kräutern ist sicher so alt wie der Mensch. Zahlreiche Quellen belegen, dass Kräuter seit Jahrtausenden zu Heilzwecken, als Gewürz oder auch zur Ausübung von religiösen Riten verwendet werden. Kräuterweiber, Medizinmänner

und Schamanen der Naturvölker aller Erdteile gaben ihr Wissen über Generationen mündlich weiter.

Die ayurvedische Medizin Indiens ist mehr als 5000 Jahre alt und verwendet ihre Kräuterrezepturen bis heute erfolgreich. Auch die traditionelle chinesische Medizin (TCM) stützt sich in großen Teilen auf die jahrtausendealte Tradition der Pflanzenheilkunde. Als eines der ältesten erhaltenen Schriftstücke gilt das Heilpflanzenbuch des chinesischen Kaisers Shinong (3700 v. Chr.).

Schriftliche Aufzeichnungen von Pflanzenporträts finden wir auf Keilschrifttafeln der altbabylonischen Kultur und auf ägyptischen Papyrusrollen. Sie überliefern Beschreibungen von damals verwendeten Wirkstoffen.

Die Ärzte der Antike

Große Gelehrte der Antike griffen das Wissen der alten Hochkulturen teilweise wieder auf und begründeten damit unsere abendländische Medizin. Einer der bekanntesten war der griechische Arzt Hippokrates (460–370 v. Chr.). Er gilt als Begründer der Medizin als Wissenschaft und hinterließ eine Reihe wissenschaftlicher Bücher, die zum Teil noch erhalten

sind. Der Naturphilosoph erklärte das Entstehen von Krankheiten aus einem Ungleichgewicht der vier Körpersäfte. Er beschrieb einige Hundert Pflanzen und wurde Namensgeber der Schriftensammlung Corpus hippocraticum. Verehrt wird er auch wegen seiner hohen Moral. Der Eid des Hippokrates gilt als erste grundlegende Formulierung einer ärztlichen Ethik.

Nicht weniger bekannt ist Aristoteles (384–322 v. Chr.). Seine Naturphilosophie begeisterte die Gelehrten bis in das späte Mittelalter. Von ihm stammt die in Kräuterbüchern häufig verwendete Einteilung der vier Elemente Wasser, Feuer, Luft und Erde.

Das bis dahin umfangreichste Heilpflanzenbuch schrieb Dioskurides, Militärarzt unter dem römischen Kaiser Nero (um 60 n. Chr.) In seinem Buch Materia medica fasste er die Grundzüge der damaligen Arzneimittellehre zusammen und beschrieb 600 Kräuter und deren Anwendung. Alle Pflanzen waren bebildert. Das Werk wurde vielfach übersetzt und repräsentierte das Kräuterwissen des Abendlandes bis in die Neuzeit.

Etwa gleichzeitig erschien auch die Historia naturalis, eine 37-bändige Enzyklopädie Plinius' des Älteren (23–79 n. Chr.), die das gesamte medizinische Wissen der griechischen und römischen Antike zusammenfasst.

Besonders nachhaltig prägte Claudius Galenus von Pergamon, genannt Galen (129–200 n. Chr.) die Medizingeschichte. Er war griechischer Leibarzt des römischen Kaisers Marc Aurel und galt als wichtigster Theoretiker der Antike. Sein Leitgedanke ist, dass alle Erscheinungen im Menschen und in der Natur einen bestimmten Zweck erfüllen. Basierend auf der Vier-Säfte-Lehre des Hippokrates entwickelte Galen eine frühe Krankheitslehre und hinterließ eine Reihe Schriften mit Regeln für die Zubereitung von Arzneimitteln. Sein Hauptwerk Methodi medendi besteht aus 16 Büchern.

Die Klostergärten des Mittelalters – reich an Heilkräutern

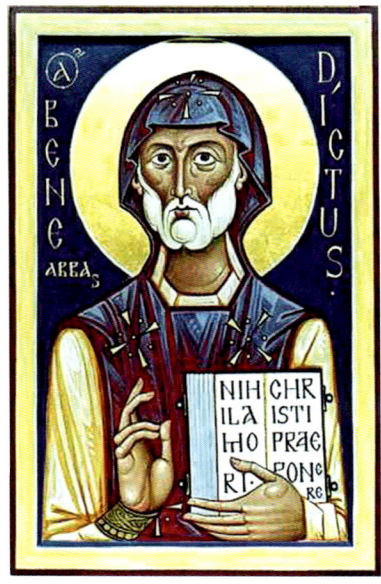

Der Vater des abendländischen Mönchtums – Benedikt von Nursia

Im Rahmen der Christianisierung wurden bei uns ab dem achten Jahrhundert zahlreiche Klöster gegründet. Die Klöster verfügten immer über Gärten, in denen Obst, Gemüse und auch Heilkräuter zur Selbstversorgung angebaut wurden. Viele Klöster entwickelten sich später zu medizinischen Versorgungszentren.

Der heilige Benedikt

Benedikt von Nursia (480–547) gilt als Vater des abendländischen Mönchtums. Um 527 gründete er das Kloster Montecassino in Süditalien, das Mutterkloster des Benediktinerordens. Benedikt organisierte alle Bereiche des klösterlichen Lebens neu und brachte sie auf eine einfache Formel: *ora et labora*; bete und arbeite. Fortan wurde die Sorge für den Körper und die Seele zentrales Anliegen des klösterlichen Lebens. Die Versorgung von Schwachen und Kranken sollte über allen Pflichten stehen – die Geburtstunde der Klosterheilkunde. In seinen Ordensregeln legte Benedikt auch fest, dass Lesen und Schreiben gepflegt werden sollen, eine wichtige Voraussetzung für die Erhaltung und Verbreitung des Wissens. Mit diesem Wissen gerüstet und mit Saatgut und Ablegern ihrer Kräuter im Gepäck verließen Benediktinermönche im achten Jahrhundert ihre Stammklöster und gründeten neue Klöster nördlich der Alpen. Dort legten sie neben Obst- und Gemüsegärten auch Heilkräutergärten an.

Der Klosterplan von St. Gallen

Um möglichst unabhängig von ihren Mutterklöstern zu werden, strebte jedes neu gegründete Kloster die Selbstversorgung an. So entstanden an vielen Orten Klostergärten mit Obst, Gemüse und Heilpflanzen. Bis heute berühmt sind vor allem die Klostergärten von St. Gallen in der Schweiz und auf der Insel Reichenau im Bodensee. Auf der Reichenau ist vermutlich der Klosterplan von St. Gallen entstanden. Dieser handschriftliche Plan weist neben dem Klostergarten im Kreuzgang auch mehrere Gartenbereiche aus. Neben den Stallgebäuden und dem Gärtnerhaus ist ein Gemüsegarten eingezeichnet. Darauf folgt der Friedhof der Mönche, der gleichzeitig auch Obstgarten war. Der Heilkräutergarten liegt neben dem Krankenhaus und dem Lagerhaus für getrocknete Kräuter, aus denen sich später Hospitäler und Apotheken entwickelt haben. Dieser Klosterplan beinhaltete auch Pflanzenlisten und die Einteilung der Beete. Er wurde zum Vorbild für die Anlage zahlreicher Klöster.

Der Heilkräutergarten war stets ein wichtiger Bestandteil des Klostergartens.

Rekonstruktion des Gartens Walahfrid Strabos – der Klostergarten auf der Insel Reichenau

Kräuter wachsen gut im Schutz von Mauern.

Das Capitulare de villis

Das *Capitulare de villis* war eine Landgüterverordnung, die Ende des achten Jahrhunderts die Versorgung des riesigen Reiches Karls des Großen regelte. Im letzten Kapitel der Verordnung sind Heil- und Gewürzkräuter, Gemüse und Obst aufgelistet, die Karl der Große auf jedem Gut angebaut wissen wollte. Mönche gehörten damals zu den wenigen Menschen, die des Lesens und des Schreibens kundig waren und schrieben als königliche Verwalter das Dekret. Da in ihren Stammklöstern das Wissen der Ärzte der Antike gehütet wurde, waren die Mönche über Heilkräuter bestens informiert. Es ist anzunehmen, dass die auf der Liste aufgeführten Pflanzen auch in den Klostergärten angebaut wurden. Um die Verwechslung von Heilkräutern im Garten zu vermeiden, wurden die Beete übersichtlich angeordnet und alle Kulturen strikt getrennt angebaut. Das Capitulare de villis war Grundlage für die Anbaupläne fast aller Nutzgärten der damaligen Zeit.

Das Lorscher Arzneibuch

Um 795 entstand unter dem Abt Richbodo das Lorscher Arzneibuch. Dieses in seiner Zeit bedeutende Werk gibt einen guten Einblick in die damals bekannten Heil- und Pflegeverfahren und greift dabei bewusst auch auf einheimische Pflanzen zurück. Das Werk beinhaltet neben umfangreichen Pflanzenbeschreibungen auch zahlreiche Rezepturen für Heilmittel, die teilweise antiken Ursprungs sind.

Walahfrid Strabo

Zu den bedeutendsten botanischen Werken des Mittelalters gehörte auch der *Hortulus* (um 840) des Walahfrid Strabo (808–849). Walahfrid wurde unter ärmlichen Verhältnissen am Bodensee geboren und besuchte zunächst die Klosterschule Fulda. Später wurde er Abt im Kloster Reichenau. Der *Hortulus* enthält neben poetischen Beschreibungen der Pflanzen und deren therapeutischem Nutzen auch Gartentipps.

Die Schule von Salerno

Das hohe Mittelalter war in Europa die Zeit vieler Neugründungen von Krankenhäusern, Medizinschulen und Universitäten. In dieser Zeit erlebten die antiken Texte berühmter Ärzte wie Hippokrates oder Galen eine Renaissance. Auch die Erkenntnisse der arabischen Medizin fanden Eingang in die abendländische Medizin. Die Schule von Salerno hatte einen großen Anteil an dieser Entwicklung. Gegründet als Hospital für erkrankte Ordensbrüder des Klosters Montecassino, gefördert und unterstützt von vielen Landesherren, entwickelte sich eine der ersten medizinischen Hochschulen Europas. Den entscheidenden Aufschwung erfuhr die Schule dank des medizinkundigen Arabers Konstantin der Afrikaner. Er übersetzte zahlreiche griechische und arabische Texte ins Lateinische und hinterließ ein großartiges medizinisches Werk. Dies blieb nicht ohne Einfluss auf Klosterheilkunde und die gesamte abendländische Medizin.

Die heilige Hildegard von Bingen – Visionärin und Heilkundige

Kräutergarten, aus dem Hausbuch der Cerutti, 14. Jh.

Die Entwicklung der Klosterheilkunde ist bis heute eng verbunden mit dem Namen Hildegard von Bingen, Äbtissin der Klöster auf dem Disibodenberg und später auf dem Rupertsberg. Sie erwarb sich hohe Achtung als Ärztin und galt als Mystikerin. Hildegard von Bingen wurde schon zu Lebzeiten als Heilige verehrt.

Hildegard und ihre Zeit

Hildegard von Bingen wurde um 1098 als zehntes Kind eines Adelgeschlechtes im Rheingau geboren. Sie war ein kränkelndes Kind und soll bereits mit fünf Jahren zu Visionen geneigt haben. Mit acht Jahren wurde sie in das Benediktinerkloster Disibodenberg gegeben, in dem sie von der Oberin Jutta von Sponheim unterrichtet wurde. Dort lernte sie Latein und Griechisch und wurde mit dem Alten und dem Neuen Testament sowie Kirchenschriften vertraut. Auch Ordensregeln und die Liturgie gehörten zu ihrer Ausbildung. So war auch die Grundlage für ihre spätere kompositorische Tätigkeit gelegt.

Wie alle Klöster versorgte sich das Kloster Disibodenberg selbst mit Nahrungs- und Heilmitteln und pflegte Hilfe suchende Kranke in seinem Hospital. So hatte Hildegard schon früh Gelegenheit, Erfahrungen im Gartenbau und in der Krankenpflege zu machen. Zum klösterlichen Alltag gehörte auch der Austausch von Pflanzen. Gerade die Benediktiner brachten zahlreiche mediterrane Pflanzen nach Mitteleuropa und es ist anzunehmen, dass Hildegard von Bingen die wichtigsten Heilkräuter schon früh kannte.

In ihrer Ausbildung als Novizin kam Hildegard mit den lateinischen und griechischen Schriften antiker Ärzte in Berührung und übernahm deren Grundlagen für ihre Heilkunde. Auch mit altem, einheimischem Heilwissen setzte sich Hildegard auseinander und übernahm

wirksame Rezepturen. Die einsetzenden Kreuzzüge brachten Kenntnisse der orientalischen Heilkunst nach Europa, die Hildegard schon bald zu nutzen wusste.

Im Alter von 15 Jahren legte Hildegard das unwideruflische Gelübde ab und lebte fortan nach den Regeln der Benediktiner. Hildegard hatte als junge Nonne mit zahlreichen Erkrankungen zu kämpfen. Es ist zu vermuten, dass sie durch ihr eigenes Leiden sehr gut in die Lage versetzt wurde, Kranke zu verstehen und ihnen zu helfen. Nach dem Tod ihrer Lehrerin wurde Hildegard 1136 zur Äbtissin gewählt. Durch die erfolgreiche Arbeit der jungen Äbtissin wurden die Gebäude auf dem Disibodenberg bald zu klein und Hildegard erwarb das Recht zur Klosterneugründung. 1152 konnte sie mit ihren Nonnen einen Neubau auf dem Rupertsberg beziehen, dem sie bis zu ihrem Tode 1179 vorstand. Nach anfänglich wirtschaftlicher Not führte Hildegard das Kloster sehr erfolgreich und avancierte zu einer der geachtetsten Medizinerinnen.

Das Werk der heiligen Hildegard

Hildegard von Bingen war eine Frau mit außergewöhnlichen Begabungen. Sie galt als Mystikerin und erweiterte die damalige Heilkunde um moralische und theologische Aspekte. Sie schrieb Bücher, war Dichterin, Komponistin und Predigerin und stand in ständigem Schriftwechsel mit den Großen und Mächtigen ihrer Zeit. Ihr schriftstellerisches Werk begann Hildegard mit der Niederschrift ihrer ersten Visionen: *Scivias – Wisse den Weg*, ein prophetisches Werk über die Geheimnisse der Schöpfung.

Als Äbtissin eines Benediktinerklosters beschäftigte sich Hildegard sehr intensiv mit der Pflege von Kranken, aber auch mit der Versorgung der Gesunden. Das Amt der Klosterärztin ermöglichte ihr, sich neben der traditionellen Klostermedizin auch mit der Volksheilkunde zu befassen. In den Jahren 1150 bis 1158 verfasste Hildegard ihre medizinischen Schriften *Physica – Buch der Heilmittel* und *Causae et Curae – Heilwissen. Von den Ursachen und der Behandlung von Krankheiten*. In der *Physica* wird die Heilkunde eng mit religiös-moralischen Aspekten verknüpft. Sie enthält einen Abschnitt mit der Beschreibung von mehr als 200 Heilpflanzen, erstmals auch mit deutschen Namen. Dabei beschreibt sie als einzige Autorin ihrer Zeit nur Pflanzen, mit denen sie eigene Erfahrungen gesammelt hat.

Auszug aus der Liber Divinorum Operum von Hildegard von Bingen

In den Jahren 1158 bis 1163 arbeitet Hildegard an Texten zur Glaubenslehre. In ihrem Buch *Liber vitae mertorum – Buch der Lebensverdienste* sind auch Visionen

über den Umgang des Menschen mit der Natur enthalten, die an die apokalyptischen Schriften des Mittelalters erinnern. Demnach werden Himmel und Erde so lange vom Menschen in Mitleidenschaft gezogen, bis die Verantwortlichen von Gott gestraft werden. Danach werde die Welt wieder strahlen, wie sie in ihrem Urzustand geleuchtet habe.

In den Jahren 1163 bis 1175 verfasste Hildegard ein weiteres visionäres Werk *Liber divinorum operum – Buch der göttlichen Werke*. Das Buch beinhaltet Visionen über die Schöpfung sowie die Beziehung Gottes zu seiner Schöpfung.

Neben ihrer schriftstellerischen Tätigkeit war Hildegard auch eine wortgewaltige Predigerin und begnadete Komponistin. Sie sprach vor großem Publikum und hinterließ zahlreiche Liedkompositionen. Hildegard verstand ihr Wirken als Beitrag zur ganzheitlichen Heilung sowie zur sozialen und geistigen Erneuerung des Reiches und der Kirche.

Die Kräuterheilkunde der Hildegard von Bingen setzte Maßstäbe für den Heilpflanzenanbau in den Klostergärten Mitteleuropas über viele Jahrhunderte.

Zeichnung der Ringelbume, aus Köhler's Medizinalpflanzen, Gera 19. Jh.

Der Weg in die neue Zeit –
die Zeitalter der Renaissance und des Barocks

Albertus Magnus – Tafelgemälde des Joos van Gent, Urbino, um 1475

Während des Übergangs vom Mittelalter zur Neuzeit im 13. und 14. Jahrhundert gaben die Klöster ihre Monopolstellung bezüglich der medizinischen Versorgung allmählich auf. Gleichzeitig wuchs das Interesse an Natur und Gärten in allen Bevölkerungsschichten. Mit fortschreitender Kenntnis der einheimischen Flora wurden auch fremdländische Kräuter interessant. Reiche Bürger der deutschen Städte ließen weltliche Gärten anlegen. Im frühen 16. Jahrhundert hatten diese Gärten neben ihrem repräsentativen oft auch einen wissenschaftlichen Charakter. Zahlreiche neue Pflanzen wurden eingeführt, der Nutzgarten trat etwas in den Hintergrund. In dieser Zeit legten auch Ärzte und Apotheker Gärten an. Häufig als Zier- oder Lustgärten geplant, dienten sie aber auch dem Studium von Pflanzen.

Zu den bedeutendsten Bürgergärten des 16. Jahrhunderts zählen die Gärten der Fugger in Augsburg oder der Garten des Arztes Camerianus in Nürnberg, der *Hortus Eystettensis*. Diese Gärten gelten als Vorläufer unserer heutigen Botanischen Gärten.

Paracelsus

Theophrastus Bombastus von Hohenheim, genannt Paracelsus (1493–1541) galt als einer der bedeutendsten Ärzte und Naturforscher des 16. Jahrhunderts. Sein Wissen und Wirken waren überaus umfassend, seine Heilerfolge legendär. Als großer Kritiker der Vier-Säfte-Lehre nach Galen und der ausschließlichen Bücherweisheit seiner damals praktizierenden Kollegen greift er auf eine der

Die Renaissance, die Kulturepoche vom 14. bis 17. Jahrhundert, war geprägt vom kulturellen Aufleben der Antike. Die Gesellschaft löste sich vom Ständewesen des Mittelalters und der Mensch entwickelte sich zu individueller Freiheit, von der besonders Wissenschaft und Kunst profitierten.

Bilsenkraut, aus Köhler's Medizinalpflanzen

Porträt des Paracelsus

Typisch für die Gärten der Renaissance und später auch des Barocks waren geometrisch geformte Beete, die symmetrisch angeordnet wurden.

ältesten medizinischen Theorien, die Signaturenlehre, zurück und ruft zu richtiger Dosierung von Giften auf. Die Signaturenlehre ist die Lehre der Zeichen in der Natur. Sie besagt, dass schon die äußere Gestalt einer Pflanze oder eines Pflanzenteiles, ihr Geruch oder die Farbe auf ihre Heilwirkung hinweist. So ist die Walnuss wegen ihrer Ähnlichkeit mit einem menschlichen Hirn ein traditionelles Heilmittel bei Krankheiten des Kopfes geworden und das Lungenkraut wurde wegen seiner getupften Blätter bei Lungenkrankheiten verwendet.

Das Heilwissen aller Naturvölker basiert auf der Signaturenlehre und zählt zum Basiswissen der Ärzte des Mittelalters. Viele Heilpflanzen der Signaturenlehre liefern bis heute tatsächlich wirksame Wirkstoffe für den Menschen, z. B. der Große Augentrost (*Euphrasia officinalis* ssp. *rostkoviana*). Diese anerkannte Heilpflanze mit augenähnlichen Blüten wird auch heute noch bei Bindehaut- und Lidrandentzündungen verwendet.

Die Welt der Zauberpflanzen

Gesund und frei von Schmerzen zu sein, keinen Hunger zu leiden, geliebt zu werden und ein langes und glückliches Leben zu führen, gehört zu den uralten Menschheitsträumen. In alten Mythen, Märchen und Sagen kommen immer wieder Zauberpflanzen vor, mit deren Hilfe diese Träume realisiert werden sollten.

Die Pflanzen der Liebe
Duftstoffe und aromatische Kräuter spielten im Liebeszauber schon immer eine große Rolle. Heute wissen wir, dass die Pheromone, die körpereigenen Duftstoffe, eine wichtige Rolle bei der Partnerwahl spielen.

Die Pflanzen der Erinnerung
Wenn das ganze Leben von Pflanzenzauber begleitet wird, so muss es wohl auch

der Tod sein. Blumen und Kräuter nahmen bei Totenkulten aller Kulturen immer wieder einen hohen Stellenwert ein.

Die Orakelpflanzen
Der Zauber des Orakels wurde gern genutzt, um Zukünftiges oder gegenwärtiges Verborgenes zu erfahren. Bis in die jüngste Vergangenheit war das Liebesorakel äußerst populär. So wurden stets Blumen befragt, ob die Liebe erwidert würde und auch beständig sei.

Die Pflanzen der Hexen und Dämonen
Spätestens seit dem Mittelalter kennen wir Märchen, die von Zauberei und Hexenflug berichten. Heute wissen wir, dass dieses Geschehen oft auf die Anwendung von giftigen Pflanzen zurückzuführen ist, die in der Lage sind, Sinneswahrnehmungen zu verändern.

Botanische Gärten – Orte der Lehre und Forschung

Einer der Väter der Botanik – Hieronymus Bock (Porträt von David Kandel, 1546)

Medizinalgärten

Ende des 15. Jahrhunderts entdeckte Christoph Kolumbus Amerika. Im Rahmen der anschließenden Kolonialisierung wurden zahlreiche Pflanzen in Europa eingeführt. Infolgedessen änderte sich das Artenspektrum unserer Kulturpflanzen nachhaltig. Bald entstanden in Europa erste medizinisch-pharmazeutische Universitätsgärten, die Vorläufer der heutigen botanischen Gärten. Die Gärten wurden angelegt, um Studenten inländische und ausländische Heilpflanzen zeigen zu können. Die Betrachtung der Kräuter in der Natur half die Beobachtungsgabe zu schulen und die botanischen Kenntnisse aufzufrischen. Daran hat sich bis heute nichts geändert.

Alte botanische Gärten

1545 wurde in Padua ein Garten der einfachen Kräuter, *Orto dei semplici* angelegt. Der erste deutsche botanische Garten ist in Leipzig (1580) dokumentiert. Es folgten Jena (1586), Heidelberg (1593), Gießen (1609) und Freiburg (1620). Interessant ist die Entstehung des Botanischen Gartens in Berlin, der sich aus dem Obst- und Küchengarten des Berliner Stadtschlosses entwickelte. Der 1573 angelegte Kräutergarten des Großen Kurfürsten Johann Georg wurde unter Friedrich I. zum Apothekergarten und schließlich zum botanischen Garten erweitert. Im 17. Jahrhundert wurden Universitätsgärten ausschließlich als Arzneipflanzengärten, *Hortus medicus*, angelegt.

Mit der Entdeckung neuer Kontinente wurde das Sammeln von fremdländischen Pflanzen populär. Universitäten legten erste Lehrgärten an und nutzten diese auch für die Forschung. Zahlreiche Städte nahmen diesen Gedanken auf. Sie legten Parks mit fremdländischen Bäumen an und entwickelten Schulgärten.

Der Orto dei semplici in Padua gilt als ältester botanischer Garten Europas (1545).

Botanik – bis heute eine spannende Wissenschaft

Die Botanik galt nicht als selbstständige Wissenschaft und wurde von den Medizinern gelehrt. Das änderte sich erst, nachdem Carl von Linné mit seinem *Systema naturae* (1735) die Grundlage der modernen Systematik geschaffen hatte. Seine binäre Nomenklatur (zweiteilige Bezeichnung der Pflanzen mit einem Gattungs- und einem Artnamen) wurde als Regel der wissenschaftlichen Namensgebung auf alle Lebewesen übertragen. Jetzt dienten die Gärten dazu, die Vielfalt der Pflanzenarten zu erfassen, zu beschreiben und zu ordnen. Ende des 19. Jahrhunderts wurden neue biologische Themen wie Blüten und Bestäuber oder die Samenverbreitung in die Lehrgärten integriert und es entstanden Gewächshäuser für tropische Nutzpflanzen. Im 20. Jahrhundert beflügelte die Pflanzensoziologie das Interesse der Botaniker. Viele Gärten wurden umgestaltet, um Pflanzengesellschaften wie Wiesen, Trockenrasen oder Wälder darzustellen. Heute dienen sie der Erhaltung der Artenvielfalt und liefern Anschauungsmaterial für die Lehre sowie Versuchspflanzen für die Forschung.

Botanische Pflanzennamen

Ein Name für dieselbe Pflanze, das war nicht immer selbstverständlich. Verschiedene Länder und auch Regionen nutzten unterschiedliche Namen für die Identifizierung derselben Pflanzen. Einfacher wurde die Ordnung im Pflanzenreich erst, als Carl von Linné (1707–1778) ein System der Pflanzennamen entwickelte, das jede Pflanze mit zwei lateinischen Namen beschreibt.

Heute international gültige Einteilung der Pflanzen:
> Familie: Gruppe von Pflanzengattungen, z. B. Lippenblütler, Lamiaceae
> Gattung: Enger miteinander verwandte Pflanzenarten, z. B. *Salvia*
> Art: Einzelne Pflanze einer Gattung, z. B. *Salvia officinalis* (Garten-Salbei)
> Hybride (x): Kreuzung von zwei Arten, z. B. *Salvia greggii* x *lycioides* (Canyon-Salbei)
> Sorte: Kulturform von Arten oder Hybriden, z. B. *Salvia officinalis* 'Berggarten'
> Varietät (var.): Unterteilung von Arten oder Hybriden, z. B. *Salvia repens* var. *repens* (Afrikanischer Räucher-Salbei)
> Unterart (ssp.): Variante einer Art, z. B. *Salvia officinalis* ssp. *major* (Dalmatiner-Salbei)

Wissen für alle – die städtischen Gärten

Ende des 19. bis Anfang des 20. Jahrhunderts entstanden außerhalb der Universitäten zahlreiche städtische botanische Gärten. Sie entwickelten sich aus Schulgärten oder entstanden in Parks. Ihre Aufgabe war es, das Interesse der Bürger an der Natur zu fördern. Dieser Idee folgend wurden zahlreiche Grüne Schulen gegründet, in denen bis heute Schulklassen unterrichtet werden können. Die Grünen Schulen leisten heute in der Ausbildung unserer Kinder einen wesentlichen Beitrag zum Verständnis der Natur.

Otto Brunfels, Porträt 16. Jh.

Attraktiv angelegte botanische Gärten sind heute in vielen Städten ein Publikumsmagnet.

Apotheker- und Pfarrgärten – fast vergessene Nutzgärten

Apothekergärten waren meist formal ange-legt und beherbergten viele Heilkräuter.

Pfarrgärten nahmen häufig Gestaltungselemente alter Kloster- und Bauerngärten auf. Zur Gesunderhaltung der Kulturpflanzen wurden Hochbeete gebaut und Mischkulturen angelegt.

Die Anlage von Nutzgärten war bis in die jüngere Vergangen-heit eine nicht wegzuden-kende Notwendigkeit. Bauern und Klöster versorgten sich mit Obst, Gemüse und Kräu-tern stets selbst, genau wie die Pfarrer in den Dörfern. Apotheker dagegen legten Gärten für die Kultur von Heil-kräutern und Giftpflanzen an.

Der Apotheker und sein Garten

Das Jahr 1241 gilt als die Geburtsstunde des Apothekerberufes. Kaiser Friedrich II. (1194–1250) erließ eine Medizinalordnung, die erstmals die Berufe Arzt und Apo-theker trennte. Bis dahin wurden Kranke meist von Kräuterfrauen oder von Ärzten mit Heilmitteln versorgt. Die Medizinal-ordnung wurde Vorbild für Apotheken-ordnungen in ganz Europa. Apotheker waren ursprünglich fahrende Händler, die ihre Waren in offenen Verkaufsstän-den anboten. Sie waren Kaufleute, die mit Heilkräutern, Drogen und Gewürzen

handelten. Die verheerenden Seuchen des 14. Jahrhunderts führten zu einem starken Wachstum ihres Berufsstandes. Apotheker ließen sich in den Städten nie-der und wurden angesehene Bürger. Ihre Apotheken waren oft prachtvolle Bürger-häuser, in denen sie jetzt auch Arzneimit-tel herstellen konnten. Die benötigten Arzneikräuter bezogen sie von Kräuter-weibern oder Händlern. Bald konnte ihr steigender Rohstoffbedarf allerdings nicht mehr aus Wildvorkommen gedeckt werden. Viele Apotheker begannen ihre Heilkräuter selbst anzubauen. Das machte sie unabhängig von Rohstofflie-ferungen und hatte den Vorteil, dass sie keine Verfälschungen von Drogen erwarben. Die Apothekergärten waren meist formale Gärten, in denen Heilkräuter streng nach Anwendungsgebieten sortiert gepflanzt wurden.

Heilkräuter im Feldanbau

Schon im ausgehenden Mittelalter wird über feldmäßige Kulturen von Heilpflanzen berichtet. Erwerbsmäßiger Anbau ist auch aus dem 16. Jahrhundert bekannt. In der ersten Hälfte des 19. Jahrhunderts nahm der Bedarf an Arznei- und Gewürzpflanzen nochmals zu. Seit der Entdeckung des Alkaloids Morphin durch Friedrich Wilhelm Sertürner (1804) zeigte die medizinische Forschung starkes Interesse an alkaloidhaltigen Arzneipflanzen. Auch die neu entstandene Therapierichtung Homöopathie verbrauchte große Mengen an Frischpflanzen, und Pflanzenextrakte spielten in der Schulmedizin immer noch eine große Rolle. Die Parfumherstellung erlebte einen lebhaften Aufschwung und es entwickelte sich eine pharmazeutische Industrie. Der Anbau von Heilpflanzen breitete sich in vielen Teilen Deutschlands aus, ein Schwerpunktgebiet wurde Thüringen.

Anfang des 19. Jahrhunderts wurden zahlreiche Bücher mit Anleitungen zum Anbau von Heilkräutern veröffentlicht. Bekannt wurde *Der Apothekergarten* von Herrmann Jäger (1859). Jäger war Großherzoglich Sächsischer Hofgärtner und hinterließ ein sehr praxisorientiertes Werk. Er galt als großer Förderer des Heil- und Gewürzpflanzenanbaus in Deutschland. Den größten Teil der Drogen bezogen Industrie und Apotheker jedoch aus dem Ausland.

Das Pfarrwesen

Das 16. Jahrhundert war geprägt von einer tief greifenden Erneuerung der Gesellschaft, der Reformation. Viele Pfarrer der Reformationszeit waren übergetretene Priester. Nach der Aufhebung des Zölibates (1520) heirateten evangelische Theologen und zogen mit ihren Familien in die Pfarrhäuser. Die Pfarreien waren häufig umfangreiche Anwesen, die von den Pastorenfamilien versorgt werden mussten. Zum Pfarrwesen gehörten Wiesen und Äcker, Waldanteile und Teiche, die meist an benachbarte Bauern verpachtet wurden. Die Bauern leisteten Abgaben in Form von Naturalien und Dienstleistungen auf der Pfarrei.

Pfarrgärten

Der Pfarrgarten selbst wurde von den Familien der Pfarrer bewirtschaftet. Obstwiesen, Gemüse- und Kräutergärten dienten der Selbstversorgung, ein Parkteil der Erholung. Für den Schmuck von Kirche und Altar legte die Pastorenfrau Blumenbeete an.

Im Laufe der Jahrhunderte nahmen die Pfarrgärten zunehmend Elemente alter Klostergärten auf. Der Königlich-Preußische Hofgartendirektor Ferdinand Jühlke (1815–1893) beschrieb sehr anschaulich die Gestaltung der Pfarrgärten des 18. Jahrhunderts. Demnach können wir uns symmetrisch angelegte Gärten mit Laubengängen und Formgehölzen vorstellen. Der christlichen Tradition entsprechend, war der Mittelpunkt des Gartens ein mit Kräutern oder Buchsbaum eingefasster Kreuzweg. Kräuter und Gemüse wuchsen in symmetrisch angeordneten Beeten mit immergrünen Einfassungen. In der Nähe der Häuser dominierten Blumenbeete, die ebenfalls eingefasst waren. Da die Pfarrgärten zentral und damit immer im Blickpunkt des öffentlichen Interesses lagen, wurden sie sorgfältig gepflegt. Pfarrgärten waren damit immer auch Vorbild für die Anlage von Bauerngärten.

Ende des 19. Jahrhunderts ging die wirtschaftliche Bedeutung des Pfarrgartens verloren. Wegen des immensen Pflegeaufwandes der großen Anlagen sind viele Gärten ungeachtet ihres gartenhistorischen Wertes heute verfallen oder von Zerstörung bedroht.

Pfarrgärten lieferten stets frische Blumen als Altarschmuck.

Die Kräuter wachsen in den Apothekergärten auch heute noch streng sortiert.

Der Bauerngarten –
Sinnbild für ländliche Romantik

Gemischte Blumen- und Kräuterbeete sind wichtige Bestandteile eines Bauerngartens.

Bauerngärten wirken nostalgisch und erinnern an die gute alte Zeit. Sie überliefern Anbauverfahren und beherbergen Nutzpflanzen, ohne die bäuerliche Familien nicht überleben konnten. Kulturen von Obst, Gemüse, Kräutern und Blumen machen Bauerngärten zu den artenreichsten Gärten überhaupt.

Klostergärten als Vorbild

Die mittelalterlichen Klostergärten hatten eine enorme Ausstrahlung auf die Entwicklung unserer gesamten Gartenkultur. In den schönen Nutzgärten hinter den Klostermauern finden wir auch die Vorlagen für die entstehenden Bauerngärten. Die ländliche Bevölkerung stand im Mittelalter in engem Kontakt mit ihren Klöstern. Die Männer bearbeiteten das Klosterland und die Frauen mussten für die Klöster spinnen und weben. Wurden sie krank, so konnten sie sich im Kloster behandeln lassen. Bei so viel Kontakt ist es daher naheliegend, dass Kräuter, Obst und Gemüse aus den Klostergärten bald auch in die zunächst bescheidenen Gärten der Bauern einzogen. Auch die Hochbeetkultur wurde von den Nonnen und Mönchen übernommen.

Der Bauerngarten im Wandel der Zeit

Gärten galten schon immer als privater Raum und mussten damals wie heute vor Eindringlingen und wilden Tieren geschützt werden. Während Klostergärten Schutz durch die Anordnung der Wirtschaftsgebäude und die Klostermauern fanden, mussten Bauerngärten mit dichten Hecken aus Hundsrosen, Haselnuss oder Holunder oder mit einfachen Zäunen eingefriedet werden.

Bauerngärten bilden meist geschlossene Räume. Hecken und Zäune schützen vor Eindringlingen und Wind.

Kräuter im Trend

Basilikum 'African Blue'

Duftpelargonie 'Prince of Orange'

Buntblättriger Salbei 'Creme da la Creme'

Heute ist die Selbstversorgung aus den Gärten längst kein Thema mehr. Gärten dienen eher der Erholung, dem Hobby und der Repräsentation. Die Grundstücke sind kleiner geworden und Gartenarbeit gilt heute nicht mehr als Last, sondern als Lust. In den letzten Jahren erfahren gesunde Ernährung und Kräuter eine ungeahnte Renaissance. Kräuter sind eine Wohltat für Augen und Nase, schmecken aromatisch und sind gesund. Wen wundert es, dass Kräuter heute in

fast jedem Garten zu Hause sind. Zahlreiche Gärtnereien spezialisierten sich auf Kräuter und bieten uns ein unglaubliches Angebot an heimischen und exotischen Pflanzen.

Die Verwendung von Kräutern

Damals wie heute sind die Anwendungsmöglichkeiten von Kräutern schier unbegrenzt: als Heilmittel, Duftstoff, Färbemittel und Rohstoff für die pharmazeutische Industrie. Und nicht zu vergessen in der

Küche. Fast alle traditionellen Gerichte werden mit Kräutern gewürzt. Kohlgerichte sind ohne Kümmel und fette Fleischgerichte ohne Thymian oder Senf kaum denkbar. Anis, Engelwurz, Liebstöckel und Wermut werden zum Aromatisieren von Getränken verwendet, Minzen und Waldmeister zum Herstellen von Desserts. Kräuteressig, Kräuteröle, Kräuterbutter, Kräutersalz, essbare Wildkräuter und Blüten, Pesto und asiatische Currymischungen dürfen heute in keiner Küche fehlen.

Anfangs waren Bauerngärten reine Nutzgärten. Im Zeitalter der Renaissance zogen Formgehölze in die bürgerlichen Gärten ein. Die Anlagen erhielten Blickachsen und die Beete wurden mit Buchsbaumhecken eingefasst und streng symmetrisch geformt. Der neue Gartenstil blieb nicht ohne Einfluss auf die Bauerngärten. Die Gartenanlagen bestanden meist aus einem Mittelgang mit seitlich liegenden Beeten; Gärten wurden in Kreuzform angelegt. Im Zentrum des Kreuzes wuchs ein Rosenstock oder wurde ein Blumenrondell angelegt. Die Wege zwischen den Hecken bestanden meist aus gestampfter Erde, Sand oder Kies; wohlhabende Bauern pflasterten sie mit Ziegelsteinen oder Platten.

Kulturtechnik aus den Bauerngärten

Bauerngärten dienten stets der Selbstversorgung und waren häufig repräsentativ. Angebaut wurden Blumen, Kräuter und Gemüse. Anfangs wurden die Kräuter- und Gemüsearten der Klostergärten übernommen. Später, mit der Entdeckung der neuen Welt, zogen nach und nach neue Pflanzen in die Gärten ein. In ihrer Pflanzenvielfalt waren Bauerngärten kaum zu überbieten.
Während in den Klostergärten die Kulturen strikt getrennt wurden, legten die Bäuerinnen meist Mischkulturen an. So wuchsen Kräuter, Blumen und Gemüse in positiver Nachbarschaft. Auch die

Gesundheit von Böden und Kulturpflanzen spielte eine große Rolle. Genau wie im Ackerbau, wurden die Regeln der Fruchtfolge streng beachtet. Gesundes Wachstum und reiche Ernten brachten auch die Kompostwirtschaft und die Anwendung von Kräuterjauchen. Häufig berechneten die Gärtner den Zeitpunkt von Aussaat und Ernte nach den Mondphasen. Die vielfältigen, im Garten gesammelten Erfahrungen wurden mündlich über Generationen weitergegeben und bildeten die Grundlage für viele der heute noch bekannten Bauernregeln. Heute steigt das Bewusstsein für eine gesunde Umwelt und Ernährung. Biologisch bewirtschaftete Gemüsegärten erhalten die Tradition der Bauerngärten.

Kräutergärten gestalten

Kräuter erfreuen sich größter Beliebtheit und dürfen in keinem Garten fehlen. Viele Menschen ernten eine kleine Auswahl an Küchenkräutern aus Töpfen oder Beeten. Der wahre Kräuterliebhaber wird seinen Garten allerdings schnell in einen echten Kräutergarten verwandeln – artenreich, natürlich, intensiv duftend. Ein idealer Ort zum Entspannen und Genießen.

Der formale Garten – für Liebhaber der strengen Ordnung

Streng sortiert und geometrisch angelegt – das formale Kräuterbeet

Der formale Garten hat klare Strukturen, ist symmetrisch angelegt und erinnert uns an die Schlossgärten vergangener Zeiten. Akkurat geschnittene Hecken, Formgehölze, geharkte Kieswege und eingefasste Beete sind seine wichtigsten Gestaltungsmerkmale. Ausgewählte Sitzplätze und Kübelpflanzen dürfen natürlich nicht fehlen.

Formale Gärten hatten ihre Hauptblütezeit in den französischen und italienischen Gärten der Renaissance. Sie zeichnen sich durch gerade Linien und geometrische Formen aus. Die Beete werden an zentralen Achsen symmetrisch angeordnet. An den Enden der Wegachsen sorgen Formgehölze, Sitzplätze, Kübelpflanzen oder Statuen für interessante Blickpunkte. Gut gepflegte Hecken geben dem formalen Garten den passenden Rahmen. Sie lassen sich durch regelmäßigen Schnitt in eine gepflegte Form bringen und sorgen für die gewünschte Struktur.

Am Anfang steht der Plan

Die Anlage eines formalen Gartens bedarf der genauen Planung. Hecken und Wege verlaufen stets schnurgerade und rechtwinklig. Die Beete beschreiben geometrische Muster und werden symmetrisch angelegt. Größe, Anzahl und Anordnung der Beete müssen wohldurchdacht und anschließend gezeichnet werden. Rechtecke, Dreiecke und Kreise sind dabei häufig verwendete einfache Formen. Aufwendiger in Gestaltung und Pflege ist die Anlage von Knotengärten. Die Beete formaler Gärten sind immer mit Hecken aus

Hecken und Formgehölze aus Buchs – Klassiker im formalen Garten

Besonders beliebt beim Wegebau im formalen Garten: der rechte Winkel

Für Freunde der Naturgärten – der informelle Garten

*N*atur- und Landschaftsgärten sind das Gegenstück zu formalen Gärten. Auch diese Gartenanlage bedarf der gründlichen Planung. Fließende Beetformen und ein einfaches Wegenetz zeichnen den informellen Garten aus. Wichtigstes Gestaltungsmerkmal sind gemischte Pflanzungen, Habitus und Platzbedarf einzelner Pflanzen können so gut berücksichtigt werden. Die naturnahe Bepflanzung der Beete erfolgt meistens sehr üppig. Höhe, Form und Farbe der Pflanzen ergeben die spätere Struktur des Beetes. Zuerst werden mehrjährige Kräuter einzeln oder in Gruppen gepflanzt. Halbsträucher wie Lavendel oder Salbei werden in den Beeten verteilt oder als Hecken an die Wegränder gepflanzt. Zwischen den mehrjährigen Kräutern bleibt Platz für ein- und zweijährige Pflanzen. Sie werden direkt ausgesät und können später verwildern. Kleine Sträucher und Rosen geben dem Naturkräutergarten den idealen Rahmen.

Kräutern, Liguster oder Buchs gesäumt. Als pflegeleichte Alternativen bieten sich Einfassungen aus Stein oder Metall. Als besondere Blickpunkte dürfen Formgehölze oder Kübelpflanzen nicht fehlen. Besonders verbreitete Formgehölze sind Kugeln oder Pyramiden aus Buchs, Eibe oder anderen Koniferen. Auch Kübelpflanzen wie Lorbeer, Oleander, Olive, Myrte, Rosmarin und Duftpelargonien können zu Formsträuchern geschnitten werden. Als Blickfang am Ende von Wegen, an Kreuzungspunkten oder an Durchblicken dienen Brunnen, Wasserbecken, Skulpturen oder Pflanzen in großen Gefäßen. Bänke, Lauben, Grotten oder ein Pavillon können ebenfalls dort positioniert werden.

Die Gartenanlage

Gärten werden am besten im Frühjahr oder Herbst neu angelegt. Der Standort muss gut vorbereit sein, denn eine tiefgründige Bodenverbesserung ist später nicht mehr möglich. Sinnvoll ist es, reichlich Kompost einzuarbeiten, auf schweren Böden auch Sand. Nach der Planierung der Flächen werden Hecken gepflanzt, die Beete gekennzeichnet und die Wege gebaut. In einfachen Bauerngärten bestehen diese aus gestampftem Lehm, alterna-

Kräuterhecken duften herrlich und geben den Beeten die gewünschte Struktur.

tiv aus Holzschnitzeln oder Rindenmulch. Stilecht für formale Gärten sind allerdings Kieswege, aber auch Pflaster aus Natur- oder Ziegelsteinen passen zu Kräutern. Wenn der Wegebau abgeschlossen ist, werden die einzelnen Beete eingefasst oder mit kleinen Hecken gesäumt. Bei der Bepflanzung der Beete spielen die Formen und Farben der Kräuter eine entscheidende Rolle. Besonders schön sind

größere Pflanzungen einzelner Arten. Großes Augenmerk liegt auf der Ordnung nach Größe, Blattform und Blütezeit der Pflanzen. Sie werden immer streng voneinander getrennt gepflanzt, nach Farben sortiert und symmetrisch angeordnet. Ein buntes Durcheinander ist absolut tabu. Zum Schluss werden Bänke, Brunnen, Statuen und Kübelpflanzen an den dafür vorgesehenen Plätzen aufgestellt.

Der Küchengarten – er darf nirgends fehlen

Thymian in verschiedenen Formen – ideal für jeden Küchenkräutergarten

Küchenkräuter stehen am besten nahe an der Terrasse. Kieswege speichern viel Wärme und sorgen bei der Ernte für trockene Füße. So ist der Gang zum Kräuterbeet stets ein Vergnügen.

Egal, ob als Gewürz, Heil- oder Duftpflanzen, Kräuter werden in jedem Haushalt gebraucht. Verständlich, dass viele Hobby-gärtner immer mehr Kräuter anbauen. Wahre Liebhaber verarbeiten so viele Kräuter, dass sich oft die Anlage eines großes Küchenkräutergartens oder eines ländlichen Bauern-gartens rentiert.

Die richtige Anlage

Die Anlage eines Küchenkräutergartens bedarf der sorgfältigen Planung. Wer sich gesund ernähren möchte und gerne kocht, erntet in seinem Garten fast täg-lich frische Kräuter. Klug ist es daher, den Kräutergarten in der Nähe des Hau-ses anzulegen. Zahlreiche Kräuter wie Thymian, Salbei, Ysop, Lavendel, Wein-raute und Melisse sind am Mittelmeer heimisch und benötigen viel Sonne und einen warmen, windgeschützten Platz. Folglich ist die Südseite des Hauses oder auch einer Mauer der ideale Standort für einen Küchenkräutergarten mit mediter-

ranen Würzkräutern. Die im Mauerwerk gespeicherte Sonnenwärme wirkt sich positiv auf ihr Wachstum aus. Um Kälte und Wind abzuhalten und so ein günsti-ges Kleinklima zu schaffen, ist es sinnvoll, den Kräutergarten mit Mauern, Sträu-chern oder Hecken einzufrieden. Nachdem der richtige Standort gefunden wurde, werden Bauart und Einteilung der Beete geplant. In größeren Küchengärten werden Kräuterbeete meist formal ange-legt. Die Trennung von Wegen und Bee-ten erfolgt durch Kantensteine, niedrige Buchshecken oder auch Kräuterhecken, beispielsweise aus Eberraute, Lavendel oder Ringelblume. Große Kulturerfolge

sind durch den Bau von Hochbeeten zu erzielen. Richtig gefüllt, liefern sie den Kulturpflanzen Nährstoffe und Wärme. Das bietet für Kräuter gleich mehrere Vorteile: Überschüssiges Wasser versickert und die Gefahr von Wurzelschäden durch Staunässe ist für immer gebannt. Hochbeete erwärmen sich schnell und es werden durch langsame Rotte der Füllmaterialien Nährstoffe freigesetzt. Die Kulturperiode wird verlängert und die Pflanzen sind immer gut ernährt (Anlage siehe S. 48). Für kleinere Gärten eignet sich eine Kräuterspirale oder ein kleines Terrassenbeet mit einer Auswahl an Küchenkräutern. Eine Übersicht über die wichtigsten Kräuter und Gewürze für die Küche finden Sie auf Seite 230.

Bäume, Hecken und Sträucher am Rande des Küchenkräutergartens schaffen ideale Standorte für Kräuter wie Waldmeister, Liebstöckel oder Minzen. Diese Kräuter benötigen für ein gesundes Wachstum halbschattige oder schattige Standorte.

Der Bauerngarten

Die Anlage eines Bauerngartens erfordert große Gartenflächen in sonniger Lage. Seine Ausdehnung sollte 400 qm nicht unterschreiten. Als Grundform des Gartens eignet sich ein Rechteck oder Quadrat. Das Gelände wird eingezäunt oder mit einer Hecke umpflanzt. Stilecht sind Staketenzäune, zum Beispiel aus Esskastanie, Lärche oder Fichte. Als Ein- oder Ausgänge des Gartens können Gartentore oder Rosenbögen dienen. Entlang der Zäune werden Beete mit Blumen und Beerensträuchern angelegt.

Als Nächstes wird der Boden gut bearbeitet: Wildkräuter werden entfernt, der Boden wird gelockert, abgelagerter Mist oder Kompost zugegeben und die Fläche gut planiert. Danach muss das Wegenetz gekennzeichnet werden. Dieses wird umlaufend angelegt und die Beete werden durch einen Kreuzweg geteilt. Im Schnittpunkt des Kreuzes ist Platz für eine Rose oder ein rundes Blumenbeet. Alle Wege sind mindestens 120 cm breit, verlaufen parallel und treffen sich in einem rechten Winkel. Sie bestehen aus gestampfter Erde, Mulch, Kies oder Pflaster.

Aus Bauerngärten kennen wir Mischkulturen mit Kräutern und Gemüse. Die Ressourcen des Bodens werden gleichmäßiger beansprucht und die Kulturpflanzen bleiben gesund. Die Fruchtbarkeit der Böden bleibt erhalten, wenn Gemüsebeete unter Beachtung der Fruchtfolge bepflanzt werden. Kräuter ergänzen Gemüsepflanzen in der Fruchtfolge perfekt.

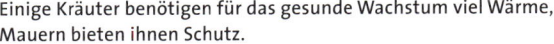
Einige Kräuter benötigen für das gesunde Wachstum viel Wärme, Mauern bieten ihnen Schutz.

Bauerngärten sind Refugien für Gemüse, Kräuter und Blumen. Mischkulturen beherbergen gesunde Pflanzen und sorgen für reiche Ernte.

Der Duftgarten – Wellness für die Seele

Kärntner Minze, vollständig erblüht

Den entscheidenden Eindruck eines Kräutergartens erhält man durch seine Aromen. Sie sind scharf oder süß, aromatisch und durchdringend. An warmen Sommerabenden ist es ein besonderer Genuss, den Kräutergarten zu durchstreifen. Düfte steigern Emotionen und verleihen Gärten eine zusätzliche Dimension.

Kräuter sind meistens Heilmittel oder Gewürz. Seit vielen Jahrtausenden werden aromatische Arten aber auch oder gerade wegen ihres Duftes verwendet. Die Welt der Düfte ist ausgesprochen vielfältig. Wir unterscheiden zwischen schweren, aromatischen, blumigen, würzigen oder auch fruchtigen Aromen. Einigen Kräutern werden von jeher besondere Eigenschaften zugeschrieben: Rosmarin und Majoran machen lebhaft und fröhlich, Rosen fördern die Liebe und Minze erfrischt den Geist. Beifuß erhöht die Wachsamkeit, Hopfen und Lavendel beruhigen die Nerven.

Der Duft von Blättern ist meist kräftiger als der von Blüten. Verantwortlich dafür sind ätherische Öle in den Zellen der Blätter. Einige Düfte treten erst beim Zerreiben der Blätter hervor, andere werden schon durch die Wärme der Sonne hervorgerufen. Standort der Pflanze und die Witterung sind entscheidend für die Intensität ihres Duftes. Blütendüfte ziehen für die Bestäubung wichtige Insekten an und Blattdüfte vertreiben Pflanzenschädlinge. So kann sich die Pflanze vermehren und bleibt gesund.

Jeder Mensch empfindet Düfte anders. Ob wir einen Duft mögen oder nicht, hängt häufig damit zusammen, welche Erinnerungen wir mit ihm verbinden. Für den einen ist der Duft der Lilie berauschend, der andere empfindet ihn als aufdringlich. Der Duft der Engelwurz ist sehr kräftig und würzig, er wirkt aber ermüdend, wenn man längere Zeit mit der Pflanze arbeitet.

Die Planung des Duftgartens

Ein Duftpflanzengarten kann seine Wirkung nur entfalten, wenn er windgeschützt liegt. Idealen Schutz bieten Ziegel- oder Natursteinmauern; sie halten den Wind ab und speichern die Wärme des Tages. Die Folgen sind üppiges Kräuterwachstum und intensive Düfte. Ein gut geschützter Gartenraum schafft außerdem eine ganz eigene Atmosphäre; er lädt zum Wandeln, Genießen und Verweilen ein. Auch eine dichte Hecke bietet einen guten Schutz.

Höhenunterschiede sind im Duftgarten herzlich willkommen. Hochbeete, Terrassen und Böschungen teilen den Garten in kleine Bereiche und verteilen die Düfte. Kleine Beete, viele Wege und schöne Sitzplätze schaffen ganz unterschiedliche Durfträume. Ein Aromagarten beherbergt recht unterschiedliche Pflanzen. Halbsträucher wie Salbei, Rosmarin oder Lavendel werden als Tuffs oder in Hecken gepflanzt und können als Grundgerüst dienen. Einjährige, zweijährige und mehrjährige Kräuter wachsen in Beeten und können dort verwildern. Einige Mehrjährige sind frostempfindlich und gehören in den Kübel. Kriechende Kräuter sind oft sehr robust. Sie wachsen zwischen Trittplatten auf Wegen oder werden als Duftrasen gepflanzt. Natürlich dürfen Kletterpflanzen, Rosen und duftende Sträucher nicht fehlen. Sie geben den Kräutern einen duftenden Rahmen und dem Garten die notwendige Struktur.

Die Auswahl der Pflanzen

Den duftenden Rahmen geben Gehölze. Je nach Größe des Gartens können Magnolien, Flieder, Goldregen, Wildrosen, Schmetterlingsflieder, Schneeball oder Pfeifenstrauch den Duftgarten bereichern. Auch Kletterpflanzen wie Clematis, Goldregen, Hopfen oder Geißblatt bestechen durch ihren Duft. Unter den Gehölzen können wilde Primeln, Duftveilchen und Waldmeister verwildern und im Frühling mit ihrem Duft betören.

Einzelne Beete werden mit Halbsträuchern eingefasst. Dazu sind Salbei, Lavendel, Weinraute, Ysop, Heiligenkraut oder Thymian besonders gut geeignet. Rosen und Stauden geben in den Beeten Struktur. Typische Solitärpflanzen sind Strauchrosen wie Abkömmlinge der Apothekerrose (*Rosa gallica*). Auch Bourbon-, Remontant- oder Englische Rosen haben einen unverwechselbaren Duft.

Die Anzahl der aromatischen Kräuter und Stauden ist riesengroß. Bei geschickter Auswahl der Arten erfüllen sie den Garten den ganzen Sommer mit herrlichem Duft. Empfehlenswerte Kräuter sind Monarden, Katzenminze, Oregano, Mädesüß, Melisse, Minzen, Nachtkerzen und viele mehr. Bauerngartenstauden wie Phlox, Pfingstrosen, Rittersporn, Lilien oder Nelken komplettieren die Auswahl. Ergänzt werden ein- und zweijährige Pflanzen wie Resede, Goldlack, Wicken oder Horn-Veilchen. Polsterstauden wie Mauerpfeffer oder Quendel wachsen im Steingarten und auf Wegen. Sie breiten sich in den Fugen des Bodenbelages aus, sind robust und bilden duftende Matten. Nicht winterfeste Kübelpflanzen runden den Duftgarten ab. Zu den schönsten zählen Oleander, Zitrusbäumchen oder Engelstrompeten. Frostempfindliche Salbei- oder Lavendelarten sind für einen Duftgarten im Topf ebenfalls attraktiv.

Blütenpracht im duftenden Kräutergarten

Ernte von Salbei-Stecklingen

Der Duftgarten – Oase der Pflanzenvielfalt und Paradies für Mensch und Insekten

Kräuter und Blumen –
farbenprächtige Vielfalt im Ziergarten

Auch im Ziergarten machen Kräuter eine gute Figur.

Lavendel eignet sich für Kombinationen mit Gräsern und Kies.

Blühende Kräuter

Für die Zierbeete des Bauerngartens sind bunt blühende Kräuter gut geeignet. Die Pflanzen werden je nach Vorliebe in Farben sortiert oder bunt durcheinander gepflanzt. Die schönsten gelb blühenden Kräuter sind Currysträucher, Heiligenkraut, Johanniskraut, Weinraute oder Frauenmantel. In Mengen gepflanzt erzielen sie eine große optische Wirkung. Orange und gelborange Farbtöne liefern Kapuzinerkresse, Ringelblumen oder der Kappenmohn. Diese Pflanzen sind einjährig und füllen frei gebliebene Flächen in den Staudenbeeten.

Mit attraktiven blauen Blüten erfreuen Salbei, Rosmarin, Lavendel und Ysop. Diese Halbsträucher sind ausdauernd und können bei richtiger Pflege über mehrere Jahre am gleichen Standort wachsen. Besonders dekorativ sind auch die blauen Blüten der mehrjährigen Katzenminze und des einjährigen Borretsch. Günsel und Gamander sind kriechende, blau blühende Stauden. Sie eignen sich zum Verwildern und schmücken Wiesen und Gehölzränder.

Rot oder rosa bis violett blühende Kräuter wie Spornblumen, Indianernesseln, Minzen und Oregano passen gut in Prachtstaudenbeeten. Auch Kulturformen von Lavendel, Ysop und Salbei haben rosafarbene Blüten. Besonders attraktiv sind Thymianarten und -sorten. Sie wachsen in Polstern und bestechen durch ihre hellvioletten oder rosaroten Blüten. Viele Gärtner lieben den weißen Garten.

Heute gibt es bei den Heil- und Gewürzkräutern eine Vielzahl von Sorten mit interessanten Formen und Farben. Buntlaubige Kräuter oder Kräuter mit auffälligen Blüten sind in den Ziergärten angekommen. Sie bereichern Rabatten oder den Naturgarten und werden häufig mit Zierpflanzen kombiniert.

Kräuter sind reich an Formen und Farben. So ist es kein Wunder, dass sie auch in Ziergärten Verwendung finden. Wichtig ist zu beachten, dass die meisten Kräuter starkwüchsig sind und durchlässigen Boden in voller Sonne verlangen. Einige wenige wie Waldmeister und Bärlauch vertragen Schatten und sind zum Verwildern unter Gehölzen geeignet. Kräuter lassen sich sehr gut mit Prachtstauden und Rosen kombinieren. Zu den Aufsehen erregenden Kräutern zählen Alant, Fenchel, Liebstöckel, Mariendistel oder Engelwurz. Diese schönen Solitärpflanzen sorgen für Abwechslung in Vorgärten und Staudenrabatten.

Weiße Blüten beruhigen und unterstreichen interessante Blattfarben und -formen. Zahlreiche Doldenblütler wie Kümmel, Koriander, Pimpinelle, Süßdolde oder Schafgarbe blühen weiß. Aber auch Baldrian, Berg-Bohnenkraut, Römische Kamille und Madonnen-Lilie können Zierbeete bereichern. Das Sortiment weiß blühender Kräuter wird abgerundet durch eine große Anzahl von weiß blühenden Kulturformen verschiedener Pflanzenarten.

Buntblättrige Kräuter

Häufig werden Kräuter wegen ihrer interessanten Blattform oder -farbe gepflanzt. Viele Wildformen haben silberfarbenes Laub (siehe Tabelle). Auch goldgelbes oder weißbuntes Laub ist sehr attraktiv. Kulturformen von Melisse oder Minze sind unter den Sortennamen 'Aurea' (goldgelb) oder 'Variegata' (weißbunt) zu erhalten. Bronze-Fenchel, Purpur-Salbei oder die rote Garten-Melde setzen mit ihren dunklen Blattfarben kräftige Akzente.

Kräuter mit silbrig-grauem Laub

Name	Höhe in cm	Blüte
Andorn	40–60	Juni bis August; weiß
Bergtee, Griechischer	30–40	Juni bis Juli; gelbgrün
Currystrauch	40–60	Juli bis August; gelb
Diptam-Dost	15–30	Juli bis September; rosa
Heiligenkraut	20–50	Juni bis August; gelb
Königskerze, Großblütige	bis 180	Juni bis August; gelb
Lavendel, Echter	30–60	Juni bis August; blauviolett
Salbei, Echter	40–60	Juni bis August; hellviolettblau
Wermut, Römischer	30–50	August bis September; gelb

Kräuter am Gehölzrand

In vergangener Zeit wurden Kräuter häufig im Wald gesammelt. Sie wachsen am Waldrand, auf Lichtungen und unter Bäumen. Was liegt also näher, als Gehölzränder mit Kräutern zu bepflanzen?
Einmal im Garten angesiedelt, können sie sich sehr gut verbreiten. So entstehen naturnahe Pflanzengesellschaften auch unter Ziergehölzen. Die wichtigsten Wald- oder Waldrandpflanzen sind Schlüsselblumen, Bärlauch, Waldmeister, Duft-Veilchen, Taubnessel und Lungenkraut. Auch giftige Pflanzen wie Lerchensporn, Maiglöckchen, Tollkirsche, Wurmfarn, Aronstab, Salomonsiegel und Fingerhut gehören dazu; doch Vorsicht, sie dürfen auf keinen Fall in die Münder der Kinder gelangen!

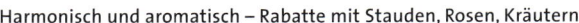

Harmonisch und aromatisch – Rabatte mit Stauden, Rosen, Kräutern

Ein Feuerwerk der Farben ist dieses Beet mit Blumen und Kräutern.

Trockenmauer oder Steingarten – ideal für sonnenhungrige Kräuter

Trockenmauern eignen sich sehr gut zum Terrassieren des Gartens.

Rosmarin liebt trockene Standorte und verträgt sich sehr gut mit Kalk.

Trockenmauern aus Naturstein

Hanggärten erfordern die Anlage von Stützmauern. Steinschichtungen in Trockenbauweise eignen sich besonders gut, das Gartengelände interessant zu formen. Gleichzeitig werden neue Pflanzenstandorte geschaffen.

Es gibt mehrere Möglichkeiten, Steinschichtungen zu errichten. Abschüssiges Gelände kann durch hintereinander gestufte Steinreihen gut terrassiert werden. Die Stufen können unterschiedlich breit sein und bieten Platz für Kräuterbeete.

Als Trockenmauern bezeichnet man lose geschichtete Steinmauern, die bis zu 1 m hoch sein können. Ist die Trockenmauer Richtung Süden ausgerichtet, entsteht dahinter ein idealer Standort für Kräuter. Die Trockenmauer speichert viel Wärme und wird sehr schnell auch von Kleintieren besiedelt.

Naturstein ist das beste Material zum Schichten von Mauern. Geeignet sind Findlinge oder Quader aus Kalk, Granit oder Sandstein. Die Größe der Steine orientiert sich immer an der Größe des Gartens.

Für die Haltbarkeit der Mauer ist es wichtig, dass diese ein wenig zum Hang geneigt gebaut wird und dass die Basisbreite ausreichend stark ist. Die Anordnung der aufgeschichteten Steine ergibt das spätere Mauerbild. Das Mauerwerk ist wasserdurchlässig und bewegungsfähig, Rissbildungen sind ausgeschlossen.

Viele Kräuter sind an den felsigen Hängen des Mittelmeerraumes zu Hause. Sie lieben Schotterflächen, Trockenheit, Wärme und viel Sonne. Bedingungen, wie sie bei uns nur in Weinbaugebieten zu finden sind. Die Anlage eines Steingartens oder einer Trockenmauer schafft ideale Bedingungen für mediterrane Kräuter.

Gärten mit lehmigen und nassen Böden sind kein guter Standort für Rosmarin, Thymian, Salbei, Lavendel & Co. In ebenen Gärten können Hochbeete oder die Kräuterspirale für bessere Standortbedingungen sorgen. Bei Gärten in Hanglage, und ganz besonders, wenn der Hang Richtung Süden ausgerichtet ist, bietet es sich an, mit dem Bau eines Steingartens oder einer Trockenmauer das Gelände zu modellieren. Sie halten den Boden, wirken natürlich und bieten ideale Bedingungen zum Wachstum vieler Kräuter. Die Steine speichern viel Wärme und bei guter Dränage bleibt der Boden schön trocken.

Der Steingarten

Der Steingarten ist mehr als eine Trockenmauer mit Beeten. Bei dieser Anlage sind
Größe und Form keine Grenzen gesetzt.
Damit beim Blick auf den Steingarten
keine Langeweile entsteht, sollte der
Steingarten abwechslungsreich gestaltet werden. Die Steine werden möglichst
nicht geometrisch geordnet, sondern
bunt vermischt und überdeckend verlegt.
Kleine Hänge und Höhlen oder Mauerfu-
gen schaffen ideale Nischen zum Verwildern von Kräutern.

Ein Steingarten kann am Hang und auch
in der Ebene angelegt werden. Wichtig
ist, dass er in Richtung Süden oder Wes-
ten ausgerichtet wird. So wird er lange
von der Sonne beschienen und kann viel
Wärme speichern. Ein Steingarten kann in
allen erdenklichen Formen angelegt und
je nach Vorliebe hoch oder flach gebaut
werden. Es entstehen unterschiedliche
Flächen wie Beete, Schotter und Felsen.
In großen Anlagen dürfen natürlich auch
Trittplatten und Sitzplätze nicht fehlen.
Wichtig ist, dass der eingebaute Boden
durchlässig und gut dräniert ist.

Kräuter für Trocken-
mauer oder Steingarten

Die meisten Mittemeerkräuter vertragen keine schweren oder gar staunassen
Böden. Sie benötigen im Sommer viel
Wärme und besonders im Winter macht
ihnen Feuchtigkeit zu schaffen. Kräuter
wachsen auf kargem Boden natürlicher;
sie sind aromatischer und produzieren
mehr Wirkstoffe. Häufig ist die Steingar-
tenkultur die beste Lösung. Der Standort
ist sonnig, der Boden schön warm und
trocken.

Durch die Auswahl der Steine kann man
Einfluss auf den Boden nehmen. Kalksteine sondern kontinuierlich Kalk ab
und schaffen gute Wachstumsbedingungen für Bohnenkraut, Lavendel, Majoran,
Mauerpfeffer, Rosmarin, Salbei, Thymian,

Trockenmauern schaffen ideale Bedingungen für wärmeliebende Kräuter wie Salbei und Thymian.

Ideale Partner – Steingartenpflanzen und
mediterrane Kräuter

Im Steingarten leben zahlreiche Kräuter in
bunter Vielfalt.

Weinraute, Wermut und Ysop. Besonders bunte Kulturformen der Kräuter
und kompakt wachsende Zwergformen
schaffen im Steingarten ein schönes Bild.

Hauswurz, Mauerpfeffer und Zimbelkraut
besiedeln die Fugen. So wird der Steingarten zu einem Refugium für sehr unterschiedliche Pflanzen.

Hochbeet, Kräuterspirale oder Topfgarten – Platz für Kräuter ist überall

Auch Gabionen sind als Hochbeete geeignet.

Hochbeete aus geflochtenen Weidenzäunen

Holz-Hochbeete wie im Mittelalter

Nicht jeder Garten bietet für Kräuter ausreichend Platz. Oft ist auch der Gartenboden für die Kräuterkultur weniger geeignet. In vielen Fällen sind Hochbeete oder eine Kräuterspirale die richtige Wahl. Sie werden mit geeignetem Boden gefüllt und bieten Platz für verschiedene Kräuter auf engem Raum. Eine schöne Lösung für Balkon oder Terrasse stellen Kräutertöpfe dar.

Das Hochbeet

Hochbeete sind keine Erfindung der Neuzeit. Wir finden sie schon in den Klostergärten des Mittelalters. Viele Gärten liefern für den Bau von Hochbeeten gleich mehrere Gründe. Oft ist der Boden verdichtet, zu schwer oder nass. Auch Sandböden sind für die Kräuterkultur wenig geeignet. Wo das Gartengelände terrassiert werden muss, können Hochbeete eine Alternative zu Trockenmauern sein. Die Form des Hochbeetes richtet sich letztendlich nach seinem Zweck und der Vorliebe des Gärtners. Bewährt haben sich rechteckige Kastenbeete. Sinnvolle Höhen liegen zwischen 30 und 80 cm, die

Breite der Beete sollte 150 cm nicht überschreiten.

Am einfachsten werden Hochbeete aus Bohlen gebaut. Die Bohlen werden mit Winkeln verbunden und durch Holzpfähle an ihrem Standort fixiert. Geeignet sind Bohlen aus Lärchen-, Robinien- oder Eichenholz, weniger haltbar ist Fichte. Palisadenhölzer sind in verschiedenen Längen und Stärken erhältlich und zum Bau von Hochbeeten ebenfalls gut geeignet. Da sie senkrecht in den Boden gerammt werden, können die Beete in allen erdenklichen Formen gebaut werden.

Besonders haltbar sind Hochbeete aus Stein. Sie werden aus Kalksandstein, Ziegel- oder Naturstein aufgemauert. Wegen ihres hohen Gewichtes benötigen sie ein Fundament aus Beton. Auch Gabionen –

> TIPP

Aus englischen Gärten sind uns Kräuterräder bekannt. Ihre Vorläufer waren große, mit Erde gefüllte Speichenräder aus Holz. Kräuterräder bestehen heute aus zweilagigen Ziegelsteinmauern. Sie werden kreisrund angeordnet und diagonal mehrfach geteilt. Die so entstandenen Beete können verschieden gefüllt werden und bieten Kräutern mit unterschiedlichen Ansprüchen Platz.

mit Steinen befüllbare Drahtkörbe – sind zum Bau von Hochbeeten gut geeignet. Genauere Angaben zum Bau eines Hochbeetes finden Sie auf S. 48.

Auf die Füllung kommt es an

Das große Plus der Hochbeete ist die Möglichkeit, durch das Einfüllen verschiedener Materialien unmittelbar auf den Bedarf der einzelnen Pflanzen eingehen zu können. Tonhaltige Erden werden mit Humus und Sand vermischt. Sandigen Erden werden Tonanteile und Mineralien beigemengt. Am günstigsten ist jedoch eine Füllung aus Häckselgut, Laub, Mutterboden und Kompost. Das so gefüllte Hochbeet erwärmt sich schnell und setzt langsam Nährstoffe frei: ideale Wachstumsbedingungen für viele Kräuter.

Die Kräuterspirale

Die Kräuterspirale ist ein interessantes Gestaltungselement und seit Jahren ungemein populär. Die dreidimensionale Gartenanlage ist nicht nur ein hübscher Blickfang, sie schafft auch ideale Bedingungen für das Wachstum verschiedener Kräuter auf engem Raum. Die klassische Kräuterspirale besteht aus einer schneckenhausförmig verlaufenden Natursteinmauer und steigt zur Mitte hin an. Das entstandene Beet wird gut mit Schotter dräniert und mit verschiedenen Erden gefüllt.

Kräuterspiralen stehen frei oder werden in den Nutzgarten integriert. Sie erfordern eine Grundfläche von wenigstens 3 qm und erreichen eine Höhe von 1 m. Der obere Bereich wird mit magerem, kalkhaltigem Boden gefüllt. Es folgt eine humose, trockene Zone, die etwas halbschattig liegt. Weiter unten wird der Boden mit Kompost angereichert. Am Fuß der Spirale wird der Boden nährstoffreich und nass; ein kleiner, zur Hälfte mit Sand gefüllter Teich bildet den Abschluss. Ausführliche Informationen zur Anlage finden Sie im Praxiskapitel auf S. 49.

Kalksteine sind für die Anlage einer Kräuterspirale bestens geeignet.

Eine Kräuterspirale bietet optimale Wachstumsbedingungen für die unterschiedlichsten Kräuter.

Die richtigen Kräuter

Die Bepflanzung der Kräuterspirale erfolgt nach Größe der Anlage und unter Berücksichtigung der Bedürfnisse der einzelnen Pflanzen. Die Spitze der Spirale ist ein idealer Standort für die Kräuter des Mittelmeerraums wie Salbei, Lavendel, Rosmarin und Thymian. Im mittleren Bereich gedeihen Melisse, Oregano, Ysop und Pimpinel-len. Im unteren finden Kerbel, Petersilie, Schnittlauch und Wilde Rauke ihren Platz. Der kleine Teich am unteren Ende der Spirale dient als Vogeltränke. Dort fühlen sich Wasserpflanzen wie Brunnenkresse wohl. Starkwüchsige Pflanzen oder Pflanzen mit starken Wurzelausläufern wie Minze oder Estragon sind für die Kräuterspirale weniger geeignet.

Der Topfgarten

Für winzige Grundstücke, raues Klima oder Balkon und Terrasse ist der Topfkräutergarten die richtige Wahl. Tröge und Kästen, Kübel und Wannen und Ampeln – fast alle Gefäße sind für die Kräuterkultur gut geeignet. Gärtnereien und Gartencenter bieten heute ein riesiges Sortiment an Kräutern, Gefäßen und Erde. Die meisten Kräuter sind sehr gut für die Topfkultur geeignet. Voraussetzung ist die richtige Topfgröße, gute Erde, ausreichend Licht und die regelmäßige Pflege. Richtig arrangiert sind Kräutertöpfe eine stilvolle Dekoration. So können Höfe, Balkone und Terrassen in attraktive Nutz-, Zier- oder Duftgärten umgewandelt werden und gleichzeitig Orte der Entspannung sein.

Mit Töpfen gestalten

Der Topfkräutergarten ist mehr als nur die Summe der zusammengestellten Blumentöpfe. Besonders interessant ist eine bunte Mischung von Kräutern. Etwas formaler wirkt ein nach Farben sortierter Topfkräutergarten mit grünen, silber- oder rotlaubigen Arten, wobei silberlaubige Kräuter wie Currykraut, Lavendel oder Salbei gut mit dunklen Gefäßen harmonieren.

Sinnvoll kann auch die Sortierung nach der möglichen Nutzung sein – nach Tee- und Gewürzkräutern, essbaren Blättern und Blüten zur Dekoration von Speisen und Getränken.

Natürlich muss auch die Auswahl der Töpfe gut durchdacht sein. Schön kann die Gestaltung des Topfkräutergartens mit einheitlichem Material wie Terrakotta, Kunststoff, Edelstahl oder Zink sein. Ein bunter Garten verträgt auch eine Mischung von verschiedenen Materialien.

Eine schöne Pflanzenbeschilderung ist attraktiv und verschafft Überblick.

Verschieden hohe und unterschiedlich breite Gefäße lassen sich gut kombinieren. Auch Stufen, Trennwände und Pergolen können gut in den Topfkräutergarten einbezogen werden. So erhalten die Pflanzen mehr Luft und Licht.

Der richtige Standort

Die Mehrzahl der Kräuter bevorzugt einen sonnigen, warmen und windgeschützten Platz. Liegt der Topfkräutergarten zu zugig, können niedrige Schutzhecken oder Mauern empfindliche Pflanzen schützen. Vor allem Halbsträucher wie Lavendel, Salbei oder Weinraute eignen sich als Heckenpflanzen sehr gut. Schutzmauern werden aus Natur- oder Ziegelsteinen gebaut oder es werden Gabionen aufgestellt. Hecken und Mauern sind sehr schöne Gestaltungselemente und schaffen darüber hinaus ein für Kräuter günstiges Kleinklima.

Der passende Topf

Wichtige Voraussetzungen für ein gesundes Pflanzenwachstum sind ausreichend große Pflanzgefäße und die Auswahl der richtigen Erde. Pflanzgefäße gibt es in unterschiedlichen Größen, Formen und Materialien. Die Größe der benötigten Töpfe lässt sich leicht aus der zu erwartenden Größe der Pflanze ableiten. Als Faustregel gilt, dass das Wurzelvolumen einer Pflanze kaum geringer ist als die dazugehörenden oberirdischen Pflanzenteile. Für eine 40 bis 60 cm hohe Pflanze wird ein Gefäß mit dem Durchmesser von 18 bis 22 cm benötigt.
Besonders geeignet sind Tontöpfe, Holz- oder Keramikgefäße, Körbe und Balkonkästen. Beim Einsatz von Kunststofftöpfen ist darauf zu achten, dass die Wurzeln der Pflanzen ausreichend belüftet werden können. Um für die Pflanzen schädliche Staunässe zu vermeiden, müssen die Gefäße im Boden ausreichend große Löcher haben.

Kästen und Töpfe in verschiedenen Etagen – so werden Kräuter gut präsentiert.

Auch Balkonkästen eignen sich sehr gut zum Bepflanzen mit Salbei & Co.

In Taschentöpfen haben Kräuter auf engstem Raum Platz.

Wetterfeste Wandregale – praktisch für kleine Kräutertöpfe

Die richtige Erde

Kräuter haben teilweise sehr unterschiedliche Ansprüche an die Erde, in der sie wachsen. Für die Vermehrung sollte Aussaaterde verwendet werden. Zur Weiterkultur ist in den meisten Fällen ausreichend gedüngte Topferde die beste Wahl.

Mittelmeerkräuter wie Rosmarin, Thymian oder Salbei lieben Trockenheit und benötigen magere, durchlässige Erde. In diesem Fall wird der Topferde Sand beigemischt. Kräuter wie Melisse oder Pfefferminze lieben es feuchter; für diese Pflanzen wird eine Erde benötigt, die sehr strukturstabil ist und möglichst wenig schimmelt.

Kräutergarten-Praxis

Nichts ist schöner, als Kräuter im eigenen Garten zu ernten. Doch bis dahin ist es ein langer Weg. Für erfolgreiche Kulturen muss der Gärtner einiges können und wissen. Er sollte seinen Boden gut kennen und sich auch für die Wachstumsbedingungen der Pflanzen interessieren. Die Belohnung ist ein schöner Garten mit gesunden Pflanzen, der stets zum Verweilen, Entspannen und Ernten einlädt.

Standort und Boden – wichtigste Voraussetzungen für gesunde Kräuter

Ein gesunder Boden ist Garant für schöne Pflanzen und hohe Erträge.

Kräuter haben zum Teil recht unterschiedliche Ansprüche an Standort und Boden. Sonnenhungrige und wärmeliebende Kräuter mögen meist magere Böden, andere bevorzugen feuchte, humose Böden und Halbschatten. Geeignete Maßnahmen können helfen, die richtigen Bedingungen für Kräuter zu schaffen.

Kräuter für die Küche oder Kräuter als Zierde, das ist eine sehr zentrale Frage. Zierkräuter können im ganzen Garten verteilt werden. Sie ergänzen Blumenrabatten oder wachsen am Fuß von Gehölzen. Auch im Kübel auf Balkon oder Terrasse machen Zierkräuter ein gutes Bild. Im Küchenkräutergarten wird im Sommer fast täglich geerntet. Er sollte wegen der kurzen Wege in jedem Fall in der Nähe des Hauses liegen. Ein Großteil unserer Gartenkräuter kommt aus dem Mittelmeerraum und braucht sehr viel Wärme und Sonne. Aus diesem Grund ist die Südseite des Hauses der ideale Platz für die Anlage eines Kräutergartens. Die Pflanzen stehen den ganzen Tag in der Sonne und die Wände des Hauses speichern zusätzlich Wärme, die nachts wieder an die Umgebung abgegeben wird.

Einige Kräuter brauchen für ein gesundes Wachstum schattige oder halbschattige Lagen; sie gedeihen am besten im Schatten von Hecken oder Bäumen. Um für alle Kräuter den richtigen Standort zu finden, muss der Sonnenverlauf genau beobachtet und der Schattenwurf im Garten markiert werden. Dabei ist zu beachten, dass die Gehölze noch wachsen werden. Sind die Licht- und Schattenverhältnisse im Garten genau bekannt, können die Kräuterbeete angelegt werden. In wind-

Kleine Parzellen ermöglichen den Anbau von Pflanzen mit unterschiedlichen Ansprüchen.

Bodenarten

Der richtige Boden hat einen immensen Einfluss auf das Wachstum von Kräutern. Der intensiven Bodenpflege kommt daher eine große Bedeutung zu. Zuerst aber muss der Kräutergärtner seinen Boden kennenlernen und bei Bedarf gut aufbereiten. Ebenfalls wichtig ist es, den Nährstoffgehalt des Bodens zu regulieren. Im Frühjahr ist eine Bodenuntersuchung zu empfehlen.

Schwerer Boden

Schwere, fette Erde enthält viel Lehm oder Ton. Diese Böden sind oft verdichtet und neigen zu Staunässe, für die meisten Kräuter nicht gerade günstig. Die Erde muss tiefgründig umgegraben und mit Sand aufgelockert werden. Gründüngung, regelmäßige Gaben von Kompost und ständiges Mulchen verbessern den Boden im Laufe der Jahre nachhaltig.

Leichter Boden

Magere Sandböden sind für die meisten Kräuter viel besser geeignet. Sie erwärmen sich schnell und überschüssiges Wasser kann gut abfließen. Wasser und Nährstoffe müssen Sandböden ständig zugeführt werden. Gründünger, Mulchen und die regelmäßige Versorgung mit Tonmehl und Kompost verbessern die Böden.

Optimaler Boden

Ideal für die meisten Pflanzen, so auch für Kräuter, ist sandiger Lehm. Der dunkle Humus ist locker und zerfällt zwischen den Fingern. Die Nährstoffversorgung ist meist ausgeglichen und die Wasserverteilung ideal. Die Kräuter müssen wenig gewässert werden und zur Ernährung der Pflanzen genügen regelmäßige Gaben von Kompost.

Duftender Kräuterteppich – ideal für trockene Böden

Baldrian (links) liebt feuchte Böden, Salbei (rechts) mag es trocken und warm.

geplagten Lagen ist es sinnvoll, die Beete durch Hecken, Rankgitter oder Mauern zu schützen. Auch in frostgefährdeten Lagen können solche Maßnahmen sinnvoll sein. Beim Bau oder der Pflanzung solcher Schutzmaßnahmen ist natürlich zu beachten, dass die Kräuterbeete möglichst nicht unnötig beschattet werden.

Für jedes Kraut der richtige Ort

Es gibt Kräuter, die Hitze, Trockenheit und volle Sonne lieben. Zu ihnen gehören Mittelmeerkräuter wie Salbei, Thymian, Rosmarin, Weinraute und Lavendel. Sie erhalten den wärmsten und trockensten Platz im Garten. Normale Gartenböden werden mit Schotter und Kalk angereichert oder es wird direkt ein Steingarten angelegt. Die Mittelmeerkräuter sind leicht frostempfindlich und sollten etwas geschützt

stehen. Für extrem kalte Nächte wird Abdeckmaterial bereitgehalten; Stroh, Jutesäcke oder Fichtenzweige eignen sich dafür sehr gut.

Andere Kräuter benötigen neutrale, humose und frische Böden; sie wachsen am besten in Mischkulturen im Gartenbeet. Dabei sind die Fruchtfolge und der Platzbedarf genau zu beachten. In das Gartenbeet gehören zum Beispiel Kümmel, Fenchel, Borretsch, Ringelblumen, Senf, Bohnenkraut, Petersilie und Schnittlauch. Liebstöckel oder Engelwurz sind riesige Pflanzen und werfen Schatten; sie benötigen viel Nährstoffe und Feuchtigkeit und werden am besten im eigenen Beet untergebracht. Minzen mögen feuchte Böden und Halbschatten. Sie vermehren sich sehr stark durch Wurzelausläufer und verdrängen andere Pflanzen. Ihr Wurzelwachstum kann durch eingegrabene Rhizomsperren begrenzt werden.

Alternativ werden sie in Töpfe gepflanzt. Mediterrane Gehölze wie Lorbeer, Olive oder Myrte sind nicht winterfest. Sie sollten in Kübel gepflanzt werden und im Sommer an einem warmen, sonnigen, windgeschützten Platz im Garten stehen. Kübelpflanzen benötigen viel Pflege und müssen im Sommer beinahe täglich gegossen und regelmäßig gedüngt werden. Sie stehen daher am besten in der Nähe des Hauses oder auf der Terrasse. Große Kübelpflanzen sind schöne Blickpunkte und geben formal angelegten Beeten eine interessante Struktur. Den Winter müssen die Pflanzen hell und frostfrei im Haus oder Wintergarten verbringen. Basilikum, Zitronengras, Ingwer oder Chili sind subtropischen Ursprungs. Sie brauchen viel Wärme und leichten Schatten. Zum gesunden Wachstum ist ein Platz im warmen Gewächshaus oder Wintergarten ideal.

Zäune und Wege – die Visitenkarte des Gartens

Kiesweg mit Ziegeln – idealer Lebensraum für kriechende Kräuter

Den ersten Eindruck eines gerade neu angelegten Gartens vermitteln besonders die Einfriedung und das Wegesystem. Der Bau von Mauern, Zäunen und Wegen ist aufwendig und teuer und sollte daher besonders gut geplant werden. Praktischer Nutzen und Ästhetik spielen bei der Planung eine große Rolle.

Die Einfriedung

Kräutergärten sind für uns Orte der Besinnung und von großem Nutzen. Für das gesunde Wachstum brauchen Kräuter neben Sonne und Wärme auch Windschutz. Durch die Abgrenzung zum restlichen Garten verwandeln sich Kräutergärten in Rückzugsräume und es entsteht ein für Kräuter günstiges Kleinklima. Dazu müssen die Abgrenzungen weder groß noch massiv sein.

Schutz durch Mauern

Mauern halten den Wind ab und speichern viel Wärme. Sie schaffen ein für das Pflanzenwachstum günstiges Kleinklima. Fest stehende Mauern benötigen ein frostfrei gegründetes Fundament. Baumaterialien können Ziegel-, Kalkzement- oder Natursteine sein. Auch lose aufgeschichtete Trockenmauern aus Natursteinen sind zur Einfriedung größerer Kräutergärten sehr gut geeignet. Doch bitte beachten Sie, eine Mauer sollte immer von Fachkräften oder sehr versierten Laien gebaut werden.

Abgrenzung durch Zäune

Heute werden die meisten Grundstücke eingezäunt. Haltbar und günstig sind einfache Maschendrahtzäune. Wirklich stilecht für Kräutergärten sind Staketen- oder Lattenzäune aus gespaltenem Kastanienholz. Sie sind als feste Elemente oder Rollzäune erhältlich. Die Stützposten müssen stabil sein und gut im Boden verankert werden. Staketenzäune sind universell einsetzbar und in verschiedenen Größen erhältlich. Ein mittelalterliches Ambiente schaffen Flechtzäune aus Weide. Der Werkstoff ist günstig und äußerst flexibel. Allerdings ist das Flechten von Zäunen eine mühselige Arbeit. Es bietet sich an, nach fertigen Elementen Ausschau zu halten. Schön ist es, die Zäune später mit Kräutern oder Blumen beranken zu lassen.

Hecken

Viele Kräutergärten werden mit Hecken eingefriedet. Während einzelne Beete mit Kräuterhecken oder Buchs eingefasst werden können, wird der ganze Kräutergarten mit einer Gehölzhecke umgeben. Je nach Vorliebe erweisen sich Eiben, Hainbuchen oder Wildrosen als günstig. Große Anlagen vertragen auch gemischte Hecken aus Weißdorn, Schlehen, Haselnuss, Heckenrosen oder Flieder.

Wege im Kräutergarten

Jeder Garten benötigt ein Netz von Wegen. Sei es aus gestalterischen Gründen oder um einzelne Gartenteile miteinander zu verbinden. Es gibt zahlreiche Möglichkeiten, Wege zu gestalten: Wegplatten, Pflaster, Ziegelsteine, Holzpflaster, Rasenwege, Mulch oder Kies. Die ideale Wegbreite liegt zwischen 100 und 150 cm.

Formal angelegte Gärten erfordern ein geometrisch angelegtes Wegenetz. Entsprechend historischer Vorbilder sind Pflaster- oder Kieswege die beste Wahl.

Natursteinpflaster passt gut in den Kräutergarten.

Holzpflaster und Thymian – eine gute Wahl

Staketenzäune und Hecken sorgen für Romantik im Garten.

Weidenzäune schaffen mittelalterliches Ambiente.

Naturnahe Gärten haben meist geschwungene Wege aus Naturstein oder Kies.

Praxis Wegebau

Der Bau von Wegen ist nicht kompliziert. Zuerst kennzeichnet man den Wegeverlauf und setzt bei Bedarf Kantensteine. Anschließend wird die Erde wenigstens 30 cm tief ausgehoben und Schotter als Tragschicht eingefüllt, der dann mit der Rüttelplatte verdichtet wird. Es folgt eine 3 bis 5 cm starke Bettung aus Splitt oder Sand. Die Oberfläche wird gut planiert und mit Platten oder Pflastersteinen belegt. Die Steine vorsichtig einzeln festklopfen und die Fugen mit Sand oder Kies auffüllen oder mit Kräutern wie Rasenkamille oder Teppichminzen bepflanzen. Kieswege benötigen keine Bettung aus Sand. Die Tragschicht wird leicht linsenförmig aufgebaut, verdichtet und mit der 3 bis 5 cm starken Deckschicht belegt.

Dieser Aufbau ist auch für Mulchwege gut geeignet. Holzpflaster verlangt einen wasserdurchlässigen Untergrund aus Sand oder Kies. Darauf werden die etwa 20 cm langen Holzstücke mit der Stirnseite nach oben aufgestellt und einzeln festgeklopft. Um breite Fugen zu vermeiden, kann man große und kleine Holzscheiben abwechselnd verwenden. Zum Schluss werden die Fugen mit Sand oder feinem Kies aufgefüllt.

Selbst gebaut – Hochbeete, Trockenmauern und Kräuterspiralen

Kleine Gärten, Gärten in Hanglage oder Gärten mit für Kräuter ungünstigen Böden können gut genutzt werden, wenn man die richtigen Voraussetzungen schafft. Hochbeete, Trockenmauern und Kräuterspiralen bieten Standorte für sehr unterschiedliche Kräuter.

Das Hochbeet

Einfache Hochbeete werden am besten aus Bohlen aufgebaut. Die Bohlen werden mit Winkeln verbunden und durch imprägnierte Holzpfähle an ihrem Standort fixiert. Ungehobelte Bohlen aus Lärchenholz erweisen sich für den Beetbau als günstig; das Holz ist sehr harzig und modert nicht so schnell. Alternativ kann Robinien- oder Eichenholz verwendet werden. Die Stärke der Bohlen sollte mindestens 30 mm betragen.

Am haltbarsten sind Hochbeete aus Stein. Sie werden aus Ziegel-, Kalksand- oder Betonsteinen gemauert. Wegen ihres großen Gewichts benötigen sie ein Fundament aus Beton.
Vor dem Füllen mit Erde müssen Hochbeete gegen Feuchtigkeit geschützt werden. Holzhochbeete werden innen imprägniert oder mit Dachpappe (nicht ausgasend) ausgekleidet. Ziegel- oder Kalksandsteinmauern müssen mit wasserfester Farbe gestrichen werden. Wühlmäuse lassen sich durch den Einbau von

Hochbeet bauen Schritt für Schritt

1

Zuerst den Boden von Wildkräutern befreien und mit der Harke planieren. Allzu verdichteten Boden umgraben.

2

Die für die Hochbeete vorgesehenen Bretter aufstellen, mit der Wasserwaage ausrichten und verschrauben.

3

Das Hochbeet sorgfältig befüllen. Als Unterlage dient Reisig, darüber werden Laub, Kompost und Erde geschichtet.

4

Um den Platz gut zu nutzen, werden Kräuter und Gemüse in enge Reihen gepflanzt. Besonders wichtig ist das Angießen.

haltbarem Maschendraht am Beetgrund fernhalten.

Das Wichtigste ist die richtige Füllung. Am besten wird sie wie ein gut geschichteter Komposthaufen aufgebaut. Die unterste Schicht besteht aus Häckselgut oder klein geschnittenen Zweigen. Das Material sollte möglichst frei von saurem Nadelholz sein. Darauf folgt eine Schicht Laub, die wiederum mit reifem Kompost abgedeckt wird. Es folgt Mutterboden (50% der Füllung) und zum Schluss noch einmal eine dünne Schicht Kompost. Das Beet muss sehr gut gefüllt werden, der einsetzende Rotteprozess lässt den Boden schnell wieder absacken. Im Herbst wird die abgesackte Erde mit Kompost aufgefüllt. Nach spätestens drei Jahren ist der Inhalt des Beetes vollständig kompostiert und der Aufbau muss vollständig erneuert werden.

Die Kräuterspirale

Für die Anlage einer Kräuterspirale eignet sich das Frühjahr oder der Herbst. Zuerst wird der kleine Teich ausgehoben, der am besten in Richtung Süden ausgerichtet ist. Anschließend hebt man den Boden etwa 20 cm tief aus und füllt den Aushub mit Schotter und Kies.

Für den sichtbaren Teil der Mauern werden je nach Vorliebe und Geschmack Ziegel, Kalksteine, Sandsteine oder andere Natursteine verwendet. Beginnend vom Teich, werden die Mauern spiralförmig von außen nach innen aufgebaut. Die Mauer erhält dabei eine leichte Schräglage zur Mitte hin. Die Beete zwischen den Mauern erhalten eine Mindestbreite von 60 cm.

Die entstehenden Beete werden zur Hälfte mit Schotter, Bauschutt oder Kies aufgefüllt. Darüber kommen verschiedenen Erden: Der Boden am Fuß der Kräuterspirale ist lehmig, nährstoffreich und wird mit reifem Kompost gemischt. Der Boden im oberen Bereich ist durchlässig und sandig und wird mit Kalk gemischt.

Trockenmauer anlegen

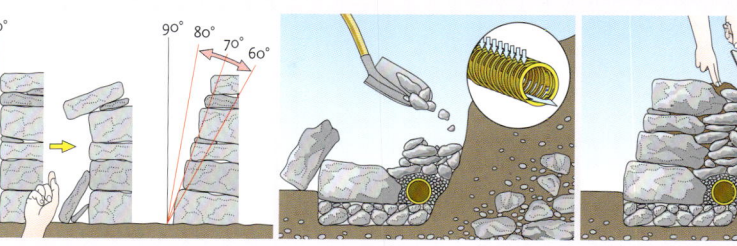

1. Die Trockenmauer ist stabil, wenn sie mit etwas Neigung gebaut wird. Dabei gilt, je höher die Mauer, umso kleiner muss der Neigungswinkel sein.
2. Als Dränage eine Schotterschicht einbauen. Das Dränagerohr sorgt für den Abfluss von überschüssigem Wasser.
3. Die Trockenmauer aufschichten und mit Reststeinen hintermauern. Die Zwischenräume mit Erde füllen.

Der Teich wird mit Ton oder Folie abgedichtet oder besteht aus einem eingegrabenen Maurerkübel. Das Becken wird zu Hälfte mit Sand gefüllt und muss im Uferbereich die Verbindung von Wasser und Erde ermöglichen.

Die Trockenmauer

Trockenmauern werden wie Kräuterspiralen ohne Fundament aufgebaut. Zuerst wird der Verlauf der Mauer festgelegt und 60 bis 80 cm Boden ausgehoben. Als Dränage wird eine 20 bis 30 cm starke Schicht aus Schutt oder Schotter eingebracht und etwas verdichtet. An sehr feuchten Standorten ist der zusätzliche Einbau von Dränagerohren zu empfehlen.

Auf dem Schotter werden die Steine lose im Versatz aufgeschichtet. Die Trockenmauer beginnt 30 bis 50 cm unterhalb ihres sichtbaren Fußes. Damit die Mauer stabil bleibt, darf ihre Höhe 1 m nicht überschreiten und die Steine müssen 40 cm tief in den Hang reichen. Für die Haltbarkeit der Mauer ist es wichtig, dass sie ein wenig zum Hang geneigt aufgeschichtet wird. Die Hintermauerung mit Reststeinen sorgt für zusätzliche Stabilität.

Bau einer Kräuterspirale: Spirale aus Kalksteinen aufschichten und mit Erde füllen. Bei der Bepflanzung auf die unterschiedlichen Ansprüche der Kräuter Rücksicht nehmen.

Pflanzeneinkauf – Spitzenqualität ist gefragt

Beim Einkauf von Pflanzen ist auf gesundes Wurzelwachstum zu achten.

Vor dem Einkauf sollten Kräuter immer auf Krankheiten und Schädlinge untersucht werden. Besonders wichtig: die Blattunterseiten betrachten.

Kräuter gibt es heute in Hülle und Fülle. Gärtnereien und Gartencenter führen teilweise riesige Sortimente an Saatgut und Pflanzen. Egal ob Pflanzen oder Saatgut, auf höchste Qualität, Gesundheit und Frische kommt es an. Auch auf die fundierte, fachliche Beratung sollte man beim Einkauf nicht verzichten.

Während der langjährige Gartenliebhaber seine Pflanzen am liebsten selbst anzieht und neue Kulturen durch Aussaat, Stecklingstausch und Teilen der Kräuter in den Garten kommen, ist der Anfänger gut beraten, seine ersten Kräuter im Fachhandel zu erwerben. Nachdem die Gartenplanung abgeschlossen ist und auch der Platzbedarf der einzelnen Kräuter ermittelt wurde, geht es los.
Gartencenter, Gärtnereien und Versandhandel verfügen teilweise über ein riesiges Angebot gängiger Gartenkräuter. Kräuterraritäten und ausgefallenen Sortimente gibt es in Spezialgärtnereien (Adressen siehe S. 240).

Der Einkauf von Saatgut

Bei dem Einkauf von Saatgut ist unbedingt auf höchste Qualität zu achten. Der richtige Erntezeitpunkt, der Grad der Trocknung und die fachgerechte Lagerung machen den Unterschied. Saatgut sollte gut gereinigt, in Keimschutztüten verpackt und mit einem Haltbarkeitsdatum versehen sein. Für die Aussaat kommt nur frisches Saatgut infrage. Älteres Saatgut ist nur bedingt verwendbar, nach Ablauf des Haltbarkeitsdatums nimmt die Keimfähigkeit ab. Für gute Qualität steht der Fachhandel. Dort sind häufig auch regionale Sorten erhältlich.

Junge Kräuter einkaufen

Ein- und zweijährige Jungpflanzen wie Borretsch, Ringelblume, Fenchel oder Kümmel werden im Frühjahr oft im Topf angeboten. Werden sie in den Garten gepflanzt, wachsen sie oft schlecht an und säen sich stark aus. Auf den Einkauf solcher Kräuter sollten Sie besser verzichten. Es ist einfacher, diese starkwüchsigen Pflanzen im Garten an Ort und Stelle auszusäen.

Mehrjährige Kräuter und Halbsträucher durchlaufen meist eine lange Kulturzeit. Sie werden durch Aussaat, Stecklinge oder Teilung vermehrt. Zur erfolgreichen Anzucht wird ein Gewächshaus oder wenigstens eine Fensterbank benötigt und vor allem viel Zeit. Schon deshalb ist es zu empfehlen, die ersten mehrjährigen Pflanzen für den Kräutergarten zu kaufen. Beim Einkauf sollte die fachkundige Beratung selbstverständlich sein und Gesundheit und Qualität der Pflanzen haben oberste Priorität. Kaufen Sie deshalb am besten in der Gärtnerei Ihres Vertrauens. Topfpflanzen müssen beim Einkauf immer frei sein von Krankheiten und Schädlingen. Blätter und Triebe müssen fest sein und einen gesunden Eindruck machen. Kaufen Sie niemals Pflanzen mit verfärbten oder welken Blättern. Betrachten Sie auch die Blattunterseiten genau und suchen Sie nach Pilzbefall oder Insekten und deren Eiern. Besonders wichtig ist es, auf gesunde Wurzeln zu achten. Nehmen Sie die Pflanze ruhig aus dem Topf. Die Erde muss gut durchwurzelt sein. Gesunde Wurzeln sind meist weiß. War die Pflanze zu lange im Topf, ist häufig keine Erde mehr zwischen den Wurzeln zu sehen. Diese Pflanzen wachsen oft nur schwer an. Achten Sie darauf, dass die Erde auf dem Topf einen frischen Eindruck macht und frei von Unkraut, Algen und Moos ist. Halbsträucher wie Salbei, Lavendel oder Rosmarin sollten nicht allzu verholzt sein, denn ältere Pflanzen sind weniger wüchsig und tun sich mit

Die Botanik der Kräuter

Aus botanischer Sicht werden Kräuter in verschiedene Gruppen eingeteilt.

Einjährige Kräuter
Unter einjährigen Kräutern verstehen wir Kräuter, die innerhalb eines Sommers wachsen, blühen und fruchten wie Senf, Ringelblume oder Borretsch.

Zweijährige Kräuter
Zu den zweijährigen Kräutern zählen Kräuter, die innerhalb zweier Wachstumsperioden wachsen, blühen und fruchten, z. B. Königskerze, Engelwurz oder Kümmel.

Mehrjährige Kräuter
Zu den mehrjährigen Kräutern gehören Kräuter, die mehrere Jahre am gleichen Standort bleiben und in ihrem Wurzelstock überwintern. Aus dem Wurzelstock treiben im Frühjahr neue Triebe, z. B. Schafgarbe, Zitronenmelisse oder Minzen.

Halbsträucher
Unter Halbsträuchern verstehen wir mehrjährige Kräuter, die im unteren Bereich verholzen. Aus dem Holz treiben in jedem Jahr krautige Pflanzenteile. Beispiele sind Lavendel, Salbei und Thymian.

Gehölze
Einige als Gewürz bekannte Pflanzen wie Lorbeer, Pfeffer, Wacholder oder auch Myrte zählen zu den Gehölzen. Die Triebe verholzen und die Pflanzen wachsen kontinuierlich in die Höhe.

Echte Kamille: einjährig

Schnittlauch: mehrjährig

Mönchspfeffer: mediterraner Strauch

dem Anwachsen im Garten schwer. Fragen Sie nach, ob die Pflanzen direkt aus der Produktion kommen oder bereits abgehärtet wurden. Kommen sie direkt aus der Produktion, müssen Kräuter vor dem Pflanzen in das Beet unbedingt abgehärtet werden. Dazu werden sie

einige Tage in den Schatten gestellt und können sich so im Garten gut akklimatisieren. Unterbleibt das Abhärten, ist mit Sonnenbrand auf den Blättern zu rechnen. Das gilt auch für Kübelpflanzen, die aus dem Winterquartier in den Garten kommen.

Kräuter pflanzen – als Hecke, Beet oder im Topf

Kräuterhecken sind für Abgrenzungen von Beeten und Kieswegen bestens geeignet.

Der schönste Teil der Gartenarbeit ist die Pflanzung. Sie erfordert Pflanzenkenntnisse und Kreativität. Zur Vorbereitung gehört eine durchdachte Planung, die richtige Bodenbearbeitung, die Anzucht oder der Einkauf von gesunden Kräutern und das Vorstellungsvermögen von Platzbedarf und Farbenspiel der einzelnen Kräuter.

Kräuterhecken

Ob groß oder klein, Kräutergärten benötigen immer eine Struktur. Kräuterhecken säumen die Wege und schaffen innere Räume. Sie sind vielseitig, ausgesprochen attraktiv und wirken sich positiv auf das Pflanzenwachstum aus. Die folgenden Kräuter eignen sich für eine Pflanzung als Hecke.

Lavendel gibt es in verschiedenen Arten und Sorten. Die Pflanzen blühen, duften und ergeben ausdauernde und dichte Hecken. Lavendelhecken werden je nach Art oder Sorte 40 bis 80 cm hoch.

Auch Rosmarin ergibt herrlich duftende Hecken. Doch Vorsicht, viele Sorten sind nicht ausreichend winterfest. In ungünstigen Lagen, kalten Wintern oder bei mangelnder Abdeckung muss immer wieder mit Rückschlägen gerechnet werden. Heiligenkraut wird bis 60 cm hoch, hat ein dichtes, silbriges Blattwerk und ist weniger

Es gibt zahlreiche kompakte Buchsbau -Sorten zum Pflanzen von niedrigen bis mittelhohen Schnitthecken, beispielsweise *Buxus sempervirens* 'Suffruticosa'. Sie sind immergrün, robust und schön dicht und können beliebig oft geschnitten werden. In ungünstigen Lagen kann eine Ligusterhecke die Alternative sein.

frostanfällig. Es eignet sich besonders gut für den regelmäßigen Schnitt.

Currykraut duftet nach Pfeffer und hat silbriges Laub. Die Hecken werden bis 40 cm hoch. Currykraut ist nur bedingt winterfest.

Schnittlauchhecke – dekorativ und lecker

Kräuterhecke aus Ringelblumen

Beeteinfassungen

Aus Weidenruten geflochtene Beeteinfassungen sind günstig und schön.

Metallzaun – edel und lange haltbar

Besonders an Wegen oder in Rasenflächen ist es sinnvoll, Kräuterbeete mit Steinkanten einzufassen. Beet- und Rasenfläche werden so wirksam getrennt und die Räder des Rasenmähers können gut geführt werden. Um die Kantensteine zu fixieren, werden sie in ein Mörtelbett aus Magerbeton gelegt. Freunde von Natursteinen entscheiden sich für Kanten aus Basaltstein oder Borde aus Sandstein. In Bauerngärten werden die Beete häufig mit Ziegelsteinen eingefasst. Die Steine werden hochkant oder diagonal in ein Mörtelbett gesetzt. Variabel und haltbar sind Einfassungen mit Palisaden aus

Beton. Sie werden in ein Mörtelbett mit Magerbeton gedrückt und senkrecht ausgerichtet.
Das Baumaterial für rustikal anmutende Gärten ist Holz. Die Beete werden mit Bohlen eingefasst und mit schmalen Kanthölzern fixiert. Holzeinfassungen sind nicht dauerhaft haltbar, am besten geeignet sind Bohlen aus Lärche, Eiche oder Robinie. Organische Beetformen können mit Holzpalisaden oder niedrigen Flechtzäunen fixiert werden. Besonders Flechtzäune sind flexibel, günstig und wirken natürlich. Zum Aufbau werden Pflöcke aus Hartholz in geringem Abstand

in das Erdreich getrieben. Anschließend wird ein Flechtwerk aus frischen Weidenzweigen erstellt.
Beeteinfassungen aus gewelltem Kunststoff sind flexibel, haltbar und günstig, allerdings wenig attraktiv. Zur Abtrennung von Beeten werden sie einfach in die Erde eingegraben.
Moderner und langlebiger sind Beeteinfassungen aus Metall. Aus dem Straßenbau sind Stahlbleche zum Abstützen von Pflaster bekannt. Sie werden in der Erde versenkt und mit Nägeln fixiert. Gut geeignet sind Bleche aus blankem oder verzinktem Stahl oder auch Edelstahl.

Gamander bildet niedrige, immergrüne Hecken. Die Pflanze wuchert stark und muss regelmäßig geschnitten werden. Salbei, Ysop, Eberraute und Weinraute eignen sich ebenfalls zur Pflanzung von Hecken. Wegen der schönen Blüten sollten diese aber immer frei wachsen dürfen. Die Kräuter werden alle zwei bis drei Jahre bis in das alte Holz zurückgeschnitten.

Pflanzen für die Kräuterhecke können auch leicht durch Stecklinge gezogen werden. Ist das zu mühselig, werden Containerpflanzen gekauft. Achten Sie auf Sorten, die langsam wachsen und ausreichend winterfest sind.
Zum Pflanzen (s. S. 54) wird als Erstes ein Graben gezogen. Tiefe und Breite des Grabens hängen von der Ballengröße der Pflanzen ab. Der Graben sollte wenigstens

doppelt so breit und so tief wie der Wurzelballen der Heckenpflanzen sein. Der Boden wird gelockert und mit Kompost verbessert. Als Abstand zwischen den einzelnen Heckenpflanzen sind 20 bis 30 cm zu empfehlen. Nach dem Einpflanzen wird der Graben mit Erde aufgefüllt und durchdringend gewässert. Sind die Pflanzen gut angewachsen, kann die Hecke ab dem zweiten Standjahr geschnitten werden.

Kräuter ins Gartenbeet pflanzen – auf die richtige Verteilung kommt es an

Sind die Wege angelegt und die Beeteinfassungen gepflanzt oder gebaut, können die einzelnen Kräuterbeete bepflanzt werden. Vorher wird der Boden von Wildkräutern befreit, tiefgründig gelockert, bei Bedarf organisch gedüngt und planiert. Tonhaltige Böden werden zusätzlich mit Sand und Kompost gemischt und sandige Böden mit Urgesteinsmehl und Kompost verbessert. So kann der Boden genügend Wasser speichern und gut belüftet werden.

Voraussetzung für eine gelungene Pflanzung ist die richtige Planung. Halbsträucher und mehrjährige Stauden wachsen mehrere Jahre im Beet und haben teilweise einen sehr großen Platzbedarf. Sie geben den Kräuterbeeten Struktur und Tiefe und werden bei der Planung als Erste berücksichtigt. Ein- und zweijährige Kräuter können zwischen die mehrjährigen gesät werden. Sie füllen dort die Lücken und können in den Folgejahren dort verwildern.

Sind alle mehrjährigen Kräuter beschafft, werden sie zunächst auf den Beeten verteilt. Dabei ist es besonders wichtig, den späteren Platzbedarf und die Wuchshöhe der einzelnen Pflanzen zu beachten. Die größten Kräuter finden ihren Platz in der Mitte des Beetes, es folgen die mittelhohen Kräuter und die niedrigeren stehen am Rand. Wichtig ist es, immer ausreichend Abstände zwischen den einzelnen Pflanzen einzuhalten. Die Kräuter unterscheiden sich nicht nur in ihrer späteren Größe, sondern auch in unterschiedlichen Blütenfarben und -formen, Blättern und Wuchsformen. Die einzelnen Merkmale kommen am besten zur Geltung, wenn die Pflanzen in Gruppen von wenigstens drei, besser fünf Pflanzen zusammengepflanzt werden. Sinn macht es, Kräuter, die später besonders häufig geerntet werden, in die Nähe von Wegen zu pflanzen.

Die Pflanzung

Vor dem Auspflanzen werden die Kräuter gut gewässert, sie wachsen dann besser an. Jetzt werden mit der Pflanzschaufel an den vorgesehenen Plätzen im Beet ausreichend große Löcher ausgehoben. Auf schweren Böden wird der Unterboden dabei ein wenig gelockert. Wichtig ist, dass das Pflanzloch wenigstens doppelt so groß ist wie der Wurzelballen der Pflanzen. Die Kräuter vorsichtig aus den Töpfen heben und in die Pflanzlöcher setzen. Wichtig ist zu beachten, dass die Pflanzen nicht zu hoch stehen und auch nicht in die Erde versenkt werden. Anschließend das Pflanzloch so mit Erde füllen, dass ein kleiner Gießrand entsteht. Die Pflanzen noch einmal wässern und das Beet anschließend harken. Damit die Kräuter gut anwachsen, wird das Beet bei Trockenheit gewässert und frei von Wild-

Kräuterhecke pflanzen

1

Zuerst einen Pflanzgraben ausheben, der ausreichend breit und tief ist. Die Erde darunter sollte aufgelockert und frei von Steinen sein.

2

Jetzt die Pflanzen in den Graben stellen, je nach zu erwartendem Zuwachs der Pflanzen. Stark wüchsige Pflanzen brauchen viel Platz.

3

Pflanzen gleichmäßig verteilen, leichte Korrekturen durch Drehen der Ballen vornehmen. Lange Heckenpflanzungen an einer Schnur ausrichten.

4

Zum Schluss lockere Erde einfüllen, leicht andrücken, mit einem Gießrand versehen und die Jungpflanzen angießen.

Wichtig: Nur Kräuter mit gesundem Wurzelballen pflanzen.

Erde auffüllen und leicht andrücken. Gießrand nicht vergessen.

kräutern gehalten. Um eine geschlossene Pflanzendecke im Kräuterbeet zu erhalten, wachsen mehrjährige Kräuter wenigstens zwei Jahre. Sinnvoll ist es daher, gleich nach der Pflanzung ein- und zweijährige Kräuter zwischen die Pflanzungen zu säen.

Wenn die Kräuter zu sehr wuchern – die Rhizomsperre

Zahlreiche starkwüchsige Kräuter wie Beinwell, Meerrettich oder Minzen wuchern und bedrängen ihre Nachbarn. Sie bilden starke Wurzelausläufer und können andere Pflanzen regelrecht verdrängen. Um das unkontrollierte Wachstum einzudämmen, werden diese Kräuter in Extrabeete gepflanzt oder bekommen eine Rhizomsperre. Dabei handelt es sich um unterirdische Wurzelsperren für einzelne Pflanzengruppen. Sie bestehen aus Blechen oder Kantensteinen und reichen wenigstens 40 cm, besser 60 cm von der Erdoberfläche in die Erde. Im Straßenbau werden Blechkanten zur Abtrennung von Pflasterflächen und Beeten verwendet. Diese Systeme bestehen aus verzinkten Stahlblechen und dazu passenden Erdnägeln zum Fixieren. Diese Bleche sind

hervorragend auch als Rhizomsperren geeignet. Wesentlich kostengünstiger ist es, dickere Teichfolie in Streifen zu schneiden und als Rhizomsperre einzugraben. Natürlich können stark wuchernde Pflanzen auch in Töpfen in die Erde gepflanzt werden, vorausgesetzt, die Töpfe sind groß genug und das Wasser kann gut abfließen.

Kräuter in Kästen und Kübeln

Seit der Renaissancezeit sind Kübel mit Buchs, Zitrusbäumchen, Granatapfel, Lorbeer, Oleander und Olive auch bei uns sehr beliebt. Kübelpflanzen waren zunächst nur in Schlossparks verbreitet, da sich nur Adelige oder reiche Bürger

Selbst gezogen oder gekauft – Kräuterjungpflanzen müssen kräftig und gesund sein.

Kräuterkasten bepflanzen

1

Unten in das Pflanzgefäß eine dünne Kiesdränage geben. Der Kies sorgt für den Abzug des überflüssigen Wassers.

3

Die Pflanzen austopfen und im Pflanzgefäß verteilen. Beachten Sie bitte den Platzbedarf der Pflanzen.

2

Das Gefäß etwa zur Hälfte mit für Kräuter geeigneter Erde füllen. Schwere Erde mit Sand mischen.

4

Zum Schluss das Gefäß mit Erde füllen und gut angießen. Beim Füllen Gießrand nicht vergessen!

Orangerien für die Überwinterung leisten konnten. Heute sind Kübelpflanzen sehr weit verbreitet und spielen auf Balkon und Terrasse eine immer größere Rolle. Kübelpflanzen sind mobil, sorgen für Abwechslung und erweitern die Pflanzenvielfalt im Garten. Sie schmücken exponierte Stellen wie Sitzplätze, Kreuzungen von Wegen oder Endpunkte von Blickachsen. Zitrus, Lorbeer und Olivenbäumchen sorgen für mediterranes Flair. Häufig werden sie zu Hochstämmen geschnitten und bilden kugelige Kronen. Lorbeer eignet sich darüber hinaus zum Schnitt von Pyramiden und Spiralen. Auch Kräuter wie Rosmarin, Duftgeranien oder Myrte werden häufig zu interessanten Formen geschnitten, die gut platziert ein nostalgisches Flair schaffen und dem Garten Struktur verleihen.

Das richtige Gefäß

Kübelpflanzen verbleiben bei guter Pflege mehrere Jahre im Topf. Am besten ist es,

schon bei der Planung des Gartens zu überlegen, welche Art Kübel zum Garten passen. Einheitliche Kübel bringen Ruhe und erzeugen ein harmonisches Bild. Im formalen Garten sind ganz nach Vorgabe der Schlossgärten lackierte Eichenholzkübel die beste Wahl. Der mediterrane Garten verlangt nach Terrakotta und der moderne Garten ist mit Blechgefäßen bestens bedient. Besonders enge Gestaltungsräume wie Balkon und Terrasse verlangen gut aufeinander abgestimmte Töpfe, Kübel und Kästen.

So wird gepflanzt

Sobald die Frühjahrssonne ausreichend Wärme abgibt und mit keinen Frösten mehr zu rechnen ist, ist der richtige Zeitpunkt gekommen, um Kräuter in Töpfe und Kübel zu pflanzen oder umzutopfen. Wichtig ist, dass die Gefäße groß genug sind und ausreichend Löcher im Boden haben. Von zentraler Bedeutung ist die richtige Erde. Kräuter lieben durchlässige,

aber auch nahrhafte Böden. Sinnvoll ist es, gute Blumenerde mit etwas Sand oder Blähton zu mischen. So ist für ausreichend Wasser und die gute Belüftung der Wurzeln gesorgt. Besonders zu empfehlen sind auch industriell hergestellte Spezialerden mit stabiler Struktur. Die Löcher im Boden der Töpfe werden mit Kieselsteinen oder Tonscherben abgedeckt. Anschließend werden die Töpfe zur Hälfte mit Erde gefüllt. Nach dem Einstellen der Jungpflanzen werden die Töpfe bis zum Rand mit Erde aufgefüllt. Durch leichtes Andrücken entsteht ein kleiner Gießrand. Zum Schluss wird die Erde kräftig angegossen.

Topfkräuter pflegen und schützen

Während der Wachstumszeit benötigen die Pflanzen regelmäßig Wasser. Sinnvoll ist es, den Ballen fast austrocknen zu lassen und dann gründlich zu gießen. So werden die Wurzeln gleichmäßig mit Wasser und Luft versorgt.

Kräuter umtopfen

1

Wurzelballen vorsichtig mit einem Messer vom Topfrand lösen. Oft hilft dabei leichtes Schlagen auf den Topf.

2

Die Wurzeln vorsichtig aufreißen oder anschneiden. So wird neues Wurzelwachstum schnell angeregt.

3

Als Dränageschicht Kieselsteine in den neuen Topf legen. So wird Staunässe im Wurzelbereich vermieden.

4

Pflanze so hoch wie im alten Topf einstellen, Topf mit Erde auffüllen und diese leicht andrücken. Gießrand nicht vergessen.

Etwa ab der vierten Woche nach dem Topfen benötigen die Pflanzen eine regelmäßige Nachdüngung. Dies geschieht flüssig beim Gießen oder durch das Ausbringen eines Langzeitdüngers, der die Pflanzen in der Regel mehrere Monate mit Nährstoffen versorgt.

Exotische Kräuter und viele Kulturformen von Salbei, Lavendel und anderen Kräutern sind nicht winterfest. Sie werden daher in Kästen oder Töpfe gepflanzt und können im Haus in einem frostfreien, hellen Raum überwintern: Dachböden, Wintergarten oder Treppenhaus. Auch viele Gärtnereien bieten einen Überwinterungsservice an.

Mehrjährige Kräuter umtopfen

Pflanzen, die mehrere Jahre im Kübel verbleiben, brauchen in jedem Jahr etwas frische Erde. Dazu wird die oberste Bodenschicht ausgetauscht. Ist das nicht mehr möglich, muss an Umtopfen gedacht werden.

Zum Umtopfen wird der Erdballen aus dem alten Topf genommen, verbrauchte Erde und abgestorbene Wurzeln werden weitestgehend entfernt. Stark verfilzte Wurzelballen lockert man auf. Der neue Topf hat mindestens einen 4 cm größeren Durchmesser als der alte. Erst werden die Löcher im Boden abgedeckt und es wird etwas Erde in den Topf gefüllt. Dann platziert man die Pflanze im Topf und füllt mit frischer Erde auf. Die frische Erde wird festgedrückt, ohne sie allzu sehr zu verdichten, und zum Schluss wird die Pflanze gut gegossen.

Beliebte Topfkräuter (hell und kühl überwintern)

Deutscher Name	Botanischer Name	Eigenschaften
Zitronenverbene	*Aloysia triphylla*	Strauchiger Wuchs; für Tee und Süßspeisen
Zitronengras	*Cymbopogon citratus*	Horstiger Wuchs; für Tee und asiatische Gerichte
Currystrauch	*Helichrysum italicum*	Immergrüne Duftpflanze mit silbrigen Blättern und gelben Blütchen
Lorbeer	*Laurus nobilis*	Immergrüne Gewürzpflanze
Schopf-Lavendel	*Lavandula stoechas*	Beliebte Duftpflanze mit violetten Blüten
Duftgeranien	*Pelargonium* spec.	Blätter duften; für Süßspeisen und Getränke
Rosmarin	*Rosmarinus officinalis*	Aromatisches Küchengewürz
Frucht-Salbei	*Salvia dorisiana*	Blätter duften fruchtig; für Tees und Süßspeisen

Mischkultur und Fruchtfolge –
Pflanzen geschickt kombinieren

Kapuzinerkresse kann auch gut im Gemüsegarten zwischen Radieschen oder Zucchini gepflanzt werden.

Bunte Mischung aus Ringelblume, Borretsch, Stockrose und vielen mehr – gute Nachbarschaft von Blumen und Kräutern

Kräuter wachsen kräftig und gesund, wenn bestimmte Voraussetzungen erfüllt werden. Besonders wichtig ist die richtige Bodenpflege: Mulchen und Gründüngung, Fruchtfolge und Mischkulturen verbessern den Gartenboden nachhaltig und beugen der Bodenermüdung vor. So bleibt Ihr Garten ertragreich und vital.

Gemeinsam wachsen – die Mischkultur

Es ist sinnvoll, mehrjährige Kräuter zusammenzufassen und einjährige Kräuter mit Gemüsekulturen zu mischen. Halbsträucher wie Lavendel, Salbei, Weinraute oder Ysop sind geeignet, um die Beete durch Kräuterhecken weiter zu unterteilen. Starkwüchsige Kräuter wie Liebstöckel oder Minzen benötigen ausreichend Platz. Um das ausfernde Wurzelwachstum der Minze zu hemmen, werden Rhizomsperren eingebaut. Ein- und zweijährige Kräuter wie Ringelblumen, Kümmel oder Mohn werden zwischen die

mehrjährigen gesät. Dort nutzen sie das überschüssige Platzangebot und können verwildern. Einjährige Kurzkulturen wie Kerbel, Borretsch oder Senf werden in Reihen gesät oder in Mischkulturen integriert.

Bei der Anlage von Mischkulturen wird eine vielseitige Pflanzengemeinschaft angestrebt. Fast alle Pflanzen haben unterschiedliche Ansprüche an Wasser, Boden und Licht; ihre Nachbarschaft kann günstig oder problematisch sein. Die Anlage einer Mischkultur will sorgfältig geplant sein. Lange und kurze, frühe und späte Kulturen werden bunt gemischt. Entsteht eine Lücke, so wird Gründün-

ger gesät. Die Pflanzen wachsen im Laufe des Sommers dicht zusammen, was den Arbeitseinsatz von Wässern und Jäten minimiert. In Mischkulturen wird häufig den ganzen Sommer über geerntet. Es ist daher hilfreich, genug Platz für Wege zu lassen.

Besonders wichtig für einen gesunden Boden – die Fruchtfolge

Der Gartenboden darf niemals über Jahre einseitig beansprucht werden. Eine rasche Bodenermüdung und damit abnehmende Erträge wären die unschöne Folge. Bereits die Bauern des Mittelalters erkannten das Problem. Die Gemüsepflanzen entnehmen dem Boden unterschiedliche Nährstoffmengen. Aus diesem Grund werden sie in Starkzehrer, Mittelzehrer und Schwachzehrer eingeteilt. Daher werden auf gut versorgten Böden zuerst Starkzehrer angebaut; im zweiten Jahr Mittelzehrer und im dritten Schwachzehrer. Nach drei Jahren sind fast alle Nährstoffe verbraucht und der Boden wird durch Gaben von Gründünger, Mist oder Kompost aufbereitet.
Die Fruchtfolge bietet einen weiteren großen Vorteil: Viele Pflanzen entnehmen dem Boden nicht nur Nährstoffe, sie

scheiden über ihre Wurzeln auch schädliche Substanzen aus. Werden diese Substanzen durch Monokulturen über Jahre im Boden angereichert, fällt die Ernte immer spärlicher aus. Besonders bekannt

ist das Problem durch den Anbau von Kohl. Auch dieser Art Bodenermüdung beugt der Fruchtwechsel vor. Der Boden bleibt umso gesünder, je häufiger die Kulturen gewechselt werden.

Beliebte Pflanzenkombinationen

*I*n der Natur sind die Pflanzen an die speziellen Bedingungen ihres Standortes angepasst und ergänzen sich gegenseitig. Bestimmte Nachbarschaften wirken vorbeugend oder abwehrend gegen Krankheiten und Schädlinge.

> Sehr bekannt und besonders wirksam ist die Kombination von Möhren mit Zwiebeln und Salbei oder Kresse. Die Kräuter verringern die Population der Möhrenfliege. Gleichzeitig schützen Möhren die Zwiebeln vor dem Befall mit der Zwiebelfliege.

> Ein weiteres gutes Beispiel ist die Kombination von Rosen und Lavendel. Der Duft des Lavendels vertreibt Blattläuse und Ameisen.

> Knoblauch wirkt antibakteriell und pilzhemmend. Knoblauchpflanzungen schützen daher Obstbäume, Erdbeeren und Rosen vor Echtem Mehltau.

> Bohnenkraut bewahrt Bohnen vor einem Befall mit der Schwarzen Bohnenlaus

> Dill, Minze, Ysop und Thymian wehren Kohlweißling ab.

> TIPP

Achten Sie bei der Pflanzung von Kräutern und Gemüsen darauf, Pflanzen zu kombinieren, die unterschiedlich tief wurzeln. Sie stehen weniger in Konkurrenz zueinander um Wasser und Nährstoffe als Pflanzen, deren Wurzeln in der gleichen Bodenschicht wachsen.

Ringelblumen sorgen für einen gesunden Boden im Gemüse- und Kräutergarten.

Die Pflanzenvermehrung – von Aussaat bis Wurzelteilung

Die meisten Kräuter lassen sich gut durch die Aussaat vermehren. Das Verfahren ist preisgünstig und ergibt zahlreiche Jungpflanzen. Nachteil ist, dass mehr-

jährige Pflanzen im ersten Jahr sehr langsam wachsen. Schneller geht's mit der Vermehrung durch Absenker, Teilung des Wurzelstockes oder Stecklinge.

Kräuter aussäen

1. Als Erstes die Aussaatschale zur Hälfte mit Aussaaterde füllen.

3. Saatgut gleichmäßig auf der Erde ausbringen und leicht andrücken.

2. Erde glatt streichen und mit einem Brettchen leicht andrücken.

4. Aussaat mit gesiebter Erde abstreuen und anschließend vorsichtig angießen.

Aussaat und Pikieren – das richtige Zubehör

Für die Vermehrung durch Aussaat benötigt man gesundes Saatgut, geeignete Gefäße, Aussaaterde und einen hellen, gut temperierten Platz.
Wichtigste Voraussetzung für die erfolgreiche Keimung und gesundes Pflanzenwachstum ist frisches Saatgut: Überlagertes Saatgut verliert schnell an Keimfähigkeit. Der Anfänger ist gut beraten, Saatgut im Fachhandel zu erwerben, der erfahrene Kräuterliebhaber wird sein Saatgut später selbst ernten.
Ausgesät wird in Anzuchterde (Garten-Fachhandel). Sie ist fein gesiebt, hat einen hohen Humusanteil, enthält wenig Nährstoffe und sollte sterilisiert sein. Als Aussaatgefäße können Kisten, Schalen und auch Töpfe dienen. Sie sollten neu oder zumindest gut gereinigt und desinfiziert worden sein.
Saatgut wird zwischen Licht-, Dunkel- sowie Frostkeimern unterschieden. Lichtkeimer keimen bei Tageslicht, Dunkelkeimer unter einer Erdschicht. Frostkeimer benötigen nach dem Quellen des Saatguts eine lange Kühlphase. Sie werden im Herbst ausgesät und können im Freiland überwintern. Zum Keimen im Frühjahr benötigen auch sie ausreichend Wärme.

Erfolgreiche Anzucht

Als Erstes werden die Aussaatgefäße mit Erde gefüllt. Diese wird glattgestrichen, leicht angedrückt und mit einer feinen

Kräuter haben teilweise sehr unterschiedliche Früchte und Samen. Saatgut muss vor der Aussaat gut gereinigt werden.

Für das Freiland sind Saatbänder gut geeignet. So ist gewährleistet, dass die Pflanzen gleich im richtigen Abstand wachsen.

Brause gut angefeuchtet. Anschließend werden Etiketten mit Pflanzennamen und Aussaatdatum in den Kisten oder Töpfen verteilt. Jetzt erfolgt die Aussaat. Das Saatgut wird sparsam und gleichmäßig ausgestreut, anschließend dünn mit fein gesiebter Erde bedeckt. Die Erdschicht sollte bei Dunkelkeimern ungefähr so stark sein wie die darunterliegenden Saatkörner. Sehr feines Saatgut kann auch mit Papier abgedeckt werden. Pflanzen, die zu den sogenannten Lichtkeimern gehören, werden nicht abgedeckt! Nach der Aussaat werden die Töpfe vorsichtig gegossen. Fast alle Kräuter werden im zeitigen Frühjahr ausgesät und keimen bei wenigstens 16 °C am besten.

Direkte Aussaat

Viele einjährige Kräuter werden direkt im Freiland oder im Frühbeetkasten ausgesät. Wichtig ist, dass sich die Erde schon vor der Aussaat gut erwärmt hat. Zur Vorbereitung des Saatbeetes wird die Erde gelockert, fein geharkt und gut planiert. Mit einem Stab werden Reihen gezogen in denen das Saatgut locker verteilt wird. Dabei ist das Auslegen von Saatbändern oder -scheiben besonders einfach. Ein späteres Vereinzeln entfällt. Nach der Aussaat werden die Reihen vorsichtig mit Erde geschlossen und die Erde gut durchfeuchtet. Sehr kurze Kulturen wie Kerbel oder Borretsch, können im Laufe des Sommers mehrfach in Folge ausgesät werden. Knoblauch bildet im Sommer Blütenstände mit Brutzwiebel. Diese können zur Vermehrung der Bestände im Herbst direkt in die Erde gesteckt werden.

Das Pikieren

Nach dem Auflaufen der Keimlinge müssen die Jungpflanzen vereinzelt werden. Der beste Zeitpunkt dafür ist, wenn die jungen Pflanzen das zweite Blattpaar gebildet haben. Pikiert wird in Torfquelltöpfe, Pikierkisten oder kleine Töpfe. Nach dem Füllen der Pikiergefäße mit Aussaaterde wird diese leicht angedrückt und gut durchfeuchtet. Anschließend in ausreichendem Abstand Löcher in die Erde drücken. Die Jungpflanzen vorsichtig aus dem Saatbeet heben, ohne die Wurzeln dabei zu verletzen. Die Wurzeln der Jungpflanzen werden in das Pflanzloch gehalten und vorsichtig mit Erde angedrückt, ohne sie dabei abzuknicken. Zum Schluss die Pflanzen angießen und an ihren warmen Platz stellen. Die nächsten Tage auf ausreichend Wasser und genügend Luftfeuchtigkeit achen.
Im Saatbeet werden Keimlinge nicht pikiert. Überzählige Jungpflanzen werden einfach entnommen und an anderer Stelle wieder ausgepflanzt.

1. Einige Jungpflanzen mithilfe eines Pikierholzes vorsichtig aus dem Saatbeet herausnehmen.

2. Die Jungpflanzen voneinander trennen und vereinzeln. Dabei überlange Wurzeln einkürzen.

3. Löcher in die Erde drücken und den Wurzelballen der Jungpflanze vorsichtig versenken.

4. Wurzeln mit dem Pikierholz vorsichtig andrücken, ohne die Pflanze dabei abzuknicken oder zu quetschen.

Stecklingsvermehrung

1. Beim Formschnitt fallen häufig Stecklinge an.

3. Stecklinge vorsichtig in Aussaaterde stecken und etwas andrücken.

2. Stecklinge mit einem scharfen Messer nachschneiden.

4. Schale abdecken, um die Luftfeuchtigkeit etwas zu erhöhen.

Die Vermehrung durch Stecklinge

Die Stecklingsvermehrung ist die effektivste Form der vegetativen Vermehrung, denn jede Pflanze liefert zahlreiche Kopf-, Teil- oder Blattstecklinge. Sie fallen beim Rückschnitt an oder werden im Frühsommer geschnitten.

Kopfstecklinge sind Triebspitzen von Zweigen mit drei bis vier Blattpaaren; Teilstecklinge sind die darunterliegenden Teile des Triebes. Kopf- und Teilstecklinge können nur verwendet werden, wenn diese gut ausgewachsen und nicht verholzt sind. Alle Stecklinge müssen frisch geschnitten und frei von Krankheiten sein.

Das ideale Schnittwerkzeug ist das Stecklingsmesser, ein Messer mit einseitig geschliffener Klinge. Richtig angewendet, kann man sauberere Schnitte schneiden, ohne das Pflanzengewebe zu quetschen. Für die Stecklingsvermehrung wird ausschließlich nährstoffarme Aussaaterde verwendet. Neue oder gereinigte und desinfizierte Töpfe mit Erde füllen, diese leicht andrücken und ausreichend wässern. Anschließend werden die Stecklinge vorsichtig in die Erde gesteckt und gut angedrückt. Verholzte Stecklinge kann man vor dem Stecken mit Bewurzelungshormonen behandeln.

Was wird wie vermehrt?

Küchenkraut	Absenker	Aussaat	Brutzwiebeln	Stecklinge	Teilung	Wurzelausläufer
Estragon	×			×	×	
Kapuzinerkresse		× Dunkelkeimer				
Knoblauch			×		× Knolle	
Kümmel		× Lichtkeimer				
Petersilie		× Dunkelkeimer				
Pfefferminze				×	×	×
Salbei	×	× Dunkelkeimer		×		
Schnittlauch		× Dunkelkeimer			×	
Sommer-Bohnenkraut		× Lichtkeimer			×	
Thymian		× Lichtkeimer		×		

In selteneren Fällen werden Kräuter auch durch Blattstecklinge vermehrt. Zuerst wird dazu einem Blatt durch zwei Schnitte die Mittelrippe entfernt. Die Blatthälften werden anschließend in die Erde gedrückt, sodass die Schnittstellen mit Erde abgedeckt sind. An den Seitenadern des Blattes treiben später Jungpflanzen aus. Alle Stecklinge werden vorsichtig gegossen. Anschließend wird überprüft, ob alle Pflanzenteile fest in der Erde sitzen. Zum raschen Bewurzeln ist guter Bodenkontakt unbedingt erforderlich.

Zum Bewurzeln benötigen Stecklinge warme, helle, nicht sonnige Plätze. Sie verdunsten viel Wasser und müssen bei hoher Luftfeuchtigkeit gehalten werden, was durch eine Abdeckung aus Glas, Folie oder Kunststoffhauben erreicht wird. Zehn bis vierzehn Tage später, nachdem die ersten Wurzeln gewachsen sind, werden die Pflanzen jeden Tag ein wenig gelüftet. Das härtet die Pflanzen ab und macht sie kräftig. Jeden Tag wird etwas länger gelüftet und nach einer Woche kann die Abdeckung schließlich ganz entfernt werden.

Eine effektive Vermehrungsmethode ist die Teilung. Die Teilstücke erholen sich schnell und wachsen gut weiter.

Absenker

Zahlreiche Kräuter sind starkwüchsig und lassen sich leicht durch Absenker vermehren. Dazu wird ein geeigneter Seitentrieb ausgewählt, dessen Holz man durch einen sauberen Schnitt anritzt. Anschließend wird der Trieb vorsichtig nach unten gebogen und auf der Erde fixiert. Zum Schluss den Absenker gut mit Erde abdecken. An der Schnittstelle bilden sich Wurzeln und der Absenker kann endgültig von der Mutterpflanze abgetrennt werden.

Wurzelausläufer

Einige Kräuter, beispielsweise Minzen, bilden Ausläufer oder Wurzelableger. Um das ausufernde Wuchern dieser Pflanzen zu vermeiden, sollten die Ausläufer ab und zu entfernt werden. Im Frühjahr oder Herbst können sie für die Vermehrung verwendet und nach dem Bewurzeln von der Mutterpflanze abgetrennt und neu gepflanzt werden.

Wurzelschnittlinge

Kräuter mit Pfahlwurzeln wie Meerrettich oder Beinwell werden durch Wurzelschnittlinge vermehrt. Dazu werden im Frühjahr Wurzelstücke ausgegraben und in etwa 4 cm lange Stücke geteilt. Anschließend werden sie getopft oder im Freiland eingegraben und gut gewässert. Nach dem Austrieb können die Jungpflanzen umgesetzt werden.

Wurzelteilung

Viele mehrjährige Kräuter, z.B. Melisse, werden durch Teilung des Wurzelballens im Frühjahr oder Herbst vermehrt. Der Wurzelballen wird ausgegraben und mit dem Spaten oder mit dem Messer geteilt. Die mehr oder weniger großen Ballen werden an anderer Stelle wieder eingepflanzt und gut gegossen.

Absenker

1. Die äußeren Triebe verholzender Pflanzen sind für die Vermehrung durch Absenker gut geeignet.

2. Triebe flach anschneiden und die Schnittstelle mit einem Hölzchen fixieren.

3. Ausgewählten Trieb nach unten biegen und mit einem Draht in der Erde befestigen.

4. Nach wenigen Wochen ist der Absenker bewurzelt und kann von der Mutterpflanze abgetrennt werden.

Auf die richtige Pflege kommt es an – gießen, düngen, überwintern

Hochbeete trocknen schnell aus und müssen ausreichend gewässert werden.

Leichte Böden in trockenen Lagen benötigen besonders viel Wasser. Hier erleichtert ein Schwenkregner die Arbeit und sorgt für üppiges Pflanzenwachstum.

In der Regel sind Kräuter recht dankbare Gartenbewohner. Am richtigen Standort sind sie wüchsig und sehr gesund. Die entscheidende Voraussetzung für gesundes Wachstum und reiche Ernte ist ein geeigneter Boden, die richtige Pflanztechnik und ausreichend Wasser. Auch die bedarfsgerechte Düngung spielt eine wichtige Rolle.

Gießen – wie viel und wann?

In der Regel muss im Kräutergarten wenig gegossen werden. Allein durch die richtige Bodenbearbeitung können wir viel Wasser sparen. Werden die Kräuterbeete nach dem Regen gehackt, kann weniger Wasser verdunsten und die Feuchtigkeit verbleibt in der Erde. Die gleiche Wirkung hat eine Mulchschicht aus Laub, Gras, Kompost oder Rinde. Mediterrane Kräuter wie Rosmarin oder Thymian lieben es trocken und heiß; sie sind an längere Trockenperioden gewöhnt und kommen nach dem Anwachsen ohne Gießen aus. Nordische und einheimische Kräuter wie Engelwurz, Baldrian oder Minze benötigen mehr Feuchtigkeit und müssen regelmäßig gegossen werden. Das gilt auch für Saatbeete und frisch angepflanzte Kräuter. Die Mehrzahl der Kräuter benötigt gut durchfeuchtete Böden, die gelegentlich auch mal austrocknen dürfen. Trocknen die Böden stark aus, muss jedoch gewässert werden. In der Regel vertragen Kräuter keine Staunässe!

An die Qualität des Gießwassers stellen Kräuter keine besonderen Ansprüche. Am dankbarsten sind sie für gut abgestandenes Wasser, zum Beispiel aus der Regen-

tonne. Ist das nicht möglich, kommen Gartenschlauch, Gießgerät oder Regner zum Einsatz.

Gegossen wird am besten am Vormittag, an heißen Sommertagen auch am Nachmittag. In der heißen Mittagszeit können Wassertropfen Verbrennungen auf Blättern und Blüten verursachen. Wichtig ist es, den Boden sehr durchdringend und in großen Abständen zu gießen. Die Wurzeln werden so immer mit ausreichend Wasser und auch Luft versorgt.

Kräuter im Topf können nur in einem eng begrenzten Raum wurzeln, daher ist das regelmäßige Gießen besonders wichtig. Nicht jeder Topf muss ständig nass gehalten werden, viel besser ist es, auf die Bedürfnisse der einzelnen Pflanzenarten einzugehen. Stehen die Töpfe auf Untersetzern, so ist darauf zu achten, dass diese zumindest bei kühleren Temperaturen nach dem Gießen wieder ausgeleert werden. Die meisten Kräuter vertragen keine Staunässe.

Düngung

Beim Nährstoffbedarf haben Pflanzen sehr unterschiedliche Ansprüche. Die meisten Kräuter bevorzugen eine nährstoffreiche, humose Erde, mediterrane Kräuter wie Thymian und Rosmarin lieben magere, sandige Böden. Erhalten die Kräuter zu wenig Nährstoffe, wachsen sie langsam und bleiben kümmerlich. Ein Zuviel an Nährstoffen (besonders Stickstoff) bedeutet aber, dass die Kräuter schnell wachsen und vielleicht gesund aussehen, aber wenig Aroma bilden. Werden Kräuterbeete regelmäßig mit Kompost versorgt, ist für die Pflanzenernährung schon das Meiste getan. In aller Regel reicht es dann aus, im Frühjahr mit organischem Stickstoff (Hornspäne) zu düngen. Sollten doch einmal akute Mangelerscheinungen auftreten, ist es ratsam, eine Bodenprobe zu nehmen und gezielt mineralischen Dünger auszubringen oder flüssig nachzudüngen.

Wildkräuter

Ackerwildkräuter wachsen auch im Garten. Wurzelwildkräuter werden ausgestochen.

In der Natur konkurrieren viele Pflanzen um begrenzte Standorte, Wasser und Nährstoffe. Dabei setzen sich die am besten angepassten immer durch. In der Gartenkultur ist diese Konkurrenz meist nicht gewünscht. Die Kulturpflanzen müssen daher strikt von den Wildkräutern getrennt werden.

Viele Wildkräuter sind ein- oder zweijährig und säen sich stark aus. Sie werden am besten durch regelmäßiges Jäten der Beete und Töpfe entfernt.

Auch mehrjährige Wildkräuter wandern durch Aussaat in den Garten ein. Sie sollten regelmäßig entfernt werden. Einmal im Garten etabliert, breiten sich diese häufig auch durch Wurzelausläufer aus. Eine Mulchschicht kann helfen, den Wildwuchs im Kräuterbeet zu reduzieren.

Schnell und effektiv – Gartenschlauch mit Brause

Besonders Kübelpflanzen müssen regelmäßig mit Volldünger versorgt werden.

Nicht nur Buchsbäumchen, sondern auch Kräuter können in Form geschnitten werden.

Für einen dichten Wuchs werden Kübelpflanzen gelegentlich stark zurückgeschnitten.

Rückschnitt – wann und wie?

Pflegeschnitte sind ein Muss für viele Kräuter. Sie fördern das Wachstum und erhalten die gewünschte Pflanzenform. Doch Vorsicht, der Pflegeschnitt schwächt oft die Pflanzen und sollte immer zum richtigen Zeitpunkt erfolgen.

Für den fachgerechten Rückschnitt ist das richtige Werkzeug unerlässlich. Gartenmesser und eine gut geschärfte Rosenschere sollten immer bereitliegen. Die meisten Kräuter wachsen den Sommer über sehr üppig und liefern für die Ernte reichlich Blätter und Blüten. Krautige Pflanzen, zum Beispiel Pfefferminze oder Zitronen-Melisse, werden dazu vollständig abgeschnitten. Die Kräuter treiben schnell wieder aus und können in der Regel einige Wochen später noch einmal geerntet werden. Verzichten Sie auf diese Form des Schnittes, blühen Kräuter im Frühsommer und bilden attraktive Fruchtstände. Diese werden je nach Vorliebe im Herbst oder im darauffolgenden Frühjahr dicht über dem Boden abgeschnitten.

Mediterrane Halbsträucher wie Salbei, Ysop und Lavendel sind etwas empfindlicher und müssen daher etwas aufmerksamer betrachtet werden. Bei Überwinterung dieser Pflanzen im Freiland sollte die Ernte Anfang September abgeschlossen sein. Die Kräuter benötigen dann eine Ruhezeit von einigen Wochen, um die Schnittwunden der Ernte wieder zu verschließen. Das Einhalten dieser Ruhezeit ist eine wesentliche Voraussetzung für das erfolgreiche Überwintern. Die Halbsträucher neigen zum Verholzen und benötigen gelegentlich einen Formschnitt. Dieser darf bis in das alte Holz erfolgen, aber bitte nur im Frühjahr. Die Kräuter treiben dann nach wenigen Wochen wieder aus. Kräuter, die man wegen ihrer Früchte anpflanzt wie Fenchel oder Kümmel werden werden unmittelbar nach der Ernte vollständig abgeschnitten. Sie treiben im Folgejahr meist wieder aus. Werden Kräuter nicht geerntet, fördert das Abschneiden von alten Blütenständen und trockenen Trieben den frischen Austrieb der Pflanze und führt häufig zum zweiten Blütenflor.

Der Formschnitt – gut für die Gartenstruktur

Schon in der Antike wurden Sträucher zu geometrischen Formen geschnitten. Der Formschnitt verleiht dem Garten ein ordnendes Flair und steht im krassen Gegensatz zu üppig wachsenden Kräutern. Hochstämme, Pyramiden und Kugeln lassen sich aus strauchartigen Pflanzen wie Buchsbaum, Lorbeer, Myrte, Rosmarin oder Oleander ziehen.

Im Frühjahr des ersten Jahres wird die Jungpflanze grob in die gewünschte Form geschnitten. Durch regelmäßiges Wässern und Düngen bildet diese viele neue Triebe, die durch einen Sommerschnitt korrigiert werden können. In jedem Frühjahr der Folgejahre wird die gewünschte Form durch regelmäßigen Nachschnitt verfeinert.

Winterschutz

Viele unserer Kräuter sind in wärmeren Regionen zu Hause und benötigen im Winter einen frostfreien oder temperierten Raum oder im Freiland Winterschutz.

Überwintern im Freiland

Mehrjährige Halbsträucher wie Lavendel oder Weinraute können im Freiland überwintern. Wichtig ist es, einen windgeschützten Platz für sie zu finden und staunasse Böden zu vermeiden. Halbsträucher fangen in der ersten Frühjahrssonne an zu treiben und werden dann oft durch Spätfröste geschädigt. Abhilfe schafft eine Abdeckung mit Fichtenzweigen, Stroh oder Laub. Sinnvoll ist es, die Abdeckung mit Ballentüchern auf den Beeten zu fixieren. Winterfeste Kräuter können auch im Topf im Freiland überwintern. Um das Durchfrieren der Töpfe zu verhindern, werden diese mit Fichtenreisig oder Stroh und einem luftdurchlässigen Tuch eingepackt.

Kühles Überwintern

Exotische und mediterrane Kräuter wie Frucht-Salbei oder Lorbeer sind nicht winterfest. Sie verbringen den Sommer im Freien und müssen im Spätherbst in das Haus geholt werden. Zum Überwintern benötigen sie einen frostfreien, aber hellen Raum. Die Temperaturen sollten 10 °C nicht übersteigen. Geeignet sind ungeheizte Räume, helle Keller oder auch Treppenhäuser. Die Pflanzen wachsen auch im Winterquartier und müssen gelegentlich gegossen werden. Im Frühjahr werden die Kräuter bei Bedarf umgetopft, geschnitten und vorsichtig wieder an das direkte Sonnenlicht gewöhnt.

Mäßig warmes Überwintern

Viele Kräuter wachsen trotz der dunklen und kalten Jahreszeit weiter und können ständig zum Würzen verwendet werden. Zu diesen Kräutern gehören Petersilie, Schnittlauch, Kresse, Kerbel, Basilikum und Melisse. Zum Wachstum im Winter benötigen sie einen warmen oder wenigstens temperierten Raum und möglichst viel Licht. Der Wintergarten und die Fensterbank in der Küche sind für die Kultur von Winterkräutern bestens geeignet. Die Kräuter wachsen im Sommer im Garten. Im Herbst werden sie in das Haus geholt und liefern den ganzen Winter über frische, würzige Blätter.

Frost lässt einjährige Kräuter absterben.

Größere Töpfe warm einpacken!

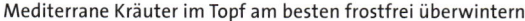

Mediterrane Kräuter im Topf am besten frostfrei überwintern!

Winterquartier mit ausreichend Licht

Beetkräuter werden mit Fichte abgedeckt.

Gesunde Kräuter – Vorbeugung und Bekämpfung von Krankheiten und Schädlingen

Eine gute Wahl: Die Weinraute ist wenig anfällig für Krankheiten und Schädlinge.

Kräuter wachsen üppig und bestechen mit schönen Blüten und herrlichem Duft. Werden die richtigen Wachstumsbedingungen geschaffen, strotzen die Pflanzen in der Regel vor Gesundheit, und es ist selten mit Krankheiten oder Schädlingen zu rechnen. Treten sie trotzdem auf, gibt es Möglichkeiten der Bekämpfung.

Vorbeugende Maßnahmen

Alle Pflanzen benötigen für ein gesundes Wachstum optimale Bedingungen: den für sie richtigen Boden, ausreichend Wasser und Nährstoffe, die richtigen Temperaturen und ausreichend Licht. Ist eine dieser Wachstumsbedingungen nicht ausreichend oder auch im Übermaß erfüllt, stockt das Wachstum und die Pflanzen verlieren an Widerstandsfähigkeit. Sie werden anfällig für Krankheiten und Schädlinge.

Die wesentliche Voraussetzung für ein gesundes Wachstum ist die Anpassung an das örtliche Klima. Viele Kräuter kommen aus dem Mittelmeerraum und benötigen viel Wärme. Da ist es klar, dass sie in milden Weinbaugebieten besser wachsen als in rauen Mittelgebirgslagen. Umgekehrt vertragen Feuchtigkeit gewohnte Pflanzen des kühlen Nordens wenig trockene Hitze. Eine sorgfältige Pflanzenauswahl, ein Schutzraum im Garten und bedarfsgerechtes Gießen beugen zahlreichen Pflanzenschäden vor. Hinweise zu den Bedürfnissen der einzelnen Kräuter stehen in den Porträts (ab Seite 94).

Auch ein gesunder Boden ist eine wichtige Voraussetzung für das Wachstum der Pflanzen. Gründünger, regelmäßige Kompostgaben und Mulchen fördern die

Echter Mehltau befällt die Blattoberseite.

Grauschimmel – eine Folge von Staunässe.

Durch Rost geschädigtes Blatt

Fruchtbarkeit des Bodens. Zu viel Mineraldünger ist für das Pflanzenwachstum und den Boden schädlich. Die Anlage von Mischkulturen hilft Bodenermüdung vorzubeugen (s. S. 58). Einjährige Pflanzen bekommen in jedem Jahr einen anderen Platz im Garten. Urgesteinsmehl, Algenpräparate oder Pflanzenbrühen stärken die Pflanzen und machen sie widerstandsfähig.

Krankheiten werden häufig durch Fremdpflanzen und Werkzeug übertragen. Eine vorbeugende Maßnahme ist daher die strenge Hygiene. Kranke Pflanzen und Wildwuchs müssen ständig entfernt werden und Gartengeräte sollten regelmäßig gereinigt werden.

Pflanzenkrankheiten

Zu den Pflanzenkrankheiten werden Virus-, Bakterien- und Pilzerkrankungen gezählt. Diese Krankheiten treten häufig bei Kulturfehlern oder bei ungünstiger Witterung auf und werden am wirkungsvollsten durch Stärkung der Pflanzen bekämpft.

Viren

Viren sind von allen Krankheitserregern die kleinsten. Sie dringen in die Pflanzenzellen ein und verändern den Stoffwechsel der Pflanzen. Blattverfärbungen und Deformationen sind häufige Folge. Viren werden vor allem durch saugende Insekten und durch unsauberes Werkzeug übertragen. Befallene Pflanzen können nicht geheilt werden, sie müssen entsorgt werden. Nicht auf den Kompost geben!

Bakterien

Bakterien bestehen aus einer einzigen Zelle. Sie dringen meist durch Wunden in die Pflanze ein. Welkeerscheinungen, Nassfäule oder Zellwucherungen können die verheerenden Folgen sein. Bakterien sind nicht zu bekämpfen. Es hilft nur strengste Hygiene und das Vernichten von befallenen Pflanzen.

Pilzkrankheiten

Heute sind etwa 300.000 Pilzarten bekannt. Etwa 10.000 können schädigend auf die Pflanzen einwirken. An dieser Stelle sollen nur die wichtigsten erwähnt werden.

Echter Mehltau ist durch einen weißen, mehligen Belag auf den Blättern zu erkennen. Er breitet sich vor allem an feuchten Standorten aus. Die Folge sind Wachstumsstörungen und Verkrümmungen. Bei Falschem Mehltau handelt es sich um einen gräulich-bläulichen Pilzrasen, der ausschließlich auf der Blattunterseite auftritt.

Grauschimmel ist ein Pilz, der viele Pflanzen befällt. Blätter, Blüten und Früchte haben braune Faulstellen, die mit einem Schimmelrasen überzogen sind.

Steht Lavendel trocken und warm, erweist er sich als sehr robust.

Kräuterbrühe und Jauche

Kräuterbrühen stärken die Pflanzen und vertreiben Schädlinge und Pilze. Eine Brühe kann mit ganz unterschiedlichen Pflanzen angesetzt werden. Zum Herstellen einer Brühe oder Jauche wird ein Gefäß mit frischen Kräutern und Wasser gefüllt und mit einem Deckel verschlossen. Nach etwa zwei Wochen kann die Brühe abgeseiht und im Garten ausgebracht werden. Brühen und Jauchen können auch der Düngung und Ernährung der Gartenpflanzen dienen: Brennnesselpflanzen liefern Stickstoff, Beinwell-Brühe versorgt die Pflanzen mit Kali und Stickstoff. Eine Brühe aus Ackerschachtelhalm liefert Kieselsäure.

Zinkwanne mit Jauchenansatz

Wirkung gegen	Pflanzenbrühe aus
Ameisen	Wermut
Insekten	Lavendel, Salbei, Thymian
Läuse	Brennnessel, Wermut
Milben	Rainfarn, Zwiebel
Pilzkrankheiten	Rainfarn, Schachtelhalm, Wermut
Raupen	Wermut
Schnecken	Lavendel, Salbei, Thymian
Spinnmilben	Brennnessel

Grüne Blattläuse

Schildläuse

Schwarze Blattläuse

Raupe

Schnecke

Auch die Fusariumfäule ist ein Schimmelpilz, der meist zuerst die Wurzeln befällt. Die Pflanze (z. B. Petersilie) fault dann vom Boden aus.

Bei Befall mit Rost erscheinen braunrote Pusteln und die Pflanze beginnt zu welken. Minzen und Rosen sind besonders gefährdet.

Rußtaupilze siedeln sich auf Ausscheidungen von Insekten an. Sie bilden

> **TIPP**

Krankheiten und Schädlinge kommen bei Kräutern häufig vor, wenn der Standort falsch gewählt wurde oder bei der Kulturführung etwas nicht stimmt. Berücksichtigen Sie bitte schon bei der Pflanzenauswahl die Eigenschaften Ihres Gartens.

schwarze, weitflächige Pilzgeflechte. Alle Pilzkrankheiten werden am besten durch vorbeugende Maßnahmen bekämpft. Besonders wichtig ist, dass die Blätter nicht ständig nass sind und dass die Pflanzen nicht überdüngt werden.

Schädlinge – seltene Gäste im Kräutergarten

Unsere Kräuter sind meist starkwüchsige Wildformen, ihre aromatischen Inhaltsstoffe schützen sie auf natürliche Weise. Einige Kräuter eignen sich als Begleitpflanzen und schützen andere Kulturen. Bekanntes Beispiel sind Lavendelpflanzungen in Rosenbeeten. Lavendel duftet stark und vertreibt die Läuse. Auch andere stark aromatische Kräuter wie Eberraute, Rainfarn, Heiligenkraut und Weinraute, werden von Schädlingen gemieden. Sommer-Bohnenkraut im Garten schützt Bohnen vor Läusen und Tagetes vertreibt

Weiße Fliege im Gewächshaus. Kräuter mit Scharfstoffen schützen Pflanzen vor Pilzen. Zahlreiche Pflanzenextrakte werden zur Herstellung von Insektiziden verwendet: Pyretrum (Margerite) und Nicotinsäure (Tabak) wirken gegen Läuse und Weiße Fliege.

Ungünstige Witterung und sich rasch ausbreitende Schädlingsplagen machen nicht immer vor dem Kräutergarten halt. Für die wirksame Bekämpfung sollten die wichtigsten Schädlinge bekannt sein.

Läuse

Blattläuse saugen Pflanzensaft und schwächen so ihre Wirte. Sie sitzen meist unter den Blättern frischer, saftiger Triebe. Die Blätter rollen sich ein und die Pflanzen bleiben im Wachstum zurück. Blattläuse übertragen Viren und scheiden Honigtau aus. Sie liefern so die Grundlage für viele Folgeerkrankungen, beispielsweise Rußtaupilze.

Schildläuse sind flache, bräunliche Insekten. Sie halten sich auf der Unterseite der Blätter oder am Stamm hartlaubiger Gehölze auf. Sie saugen Pflanzensäfte und scheiden eine klebrige Substanz aus. Woll- oder Schmierläuse leben unter den Blättern hartlaubiger Gehölze. Durch ihre Saugtätigkeit verursachen sie Fleckenbildung und Kümmerwuchs.

Weiße Fliege

Die Weiße Fliege und ihre Larven sitzen ebenfalls auf der Blattunterseite. Blattoberseits sind zuerst kleine gelbe Flecken zu sehen, später vergilbt das ganze Blatt. Befallsstellen sind häufig mit Honigtau belegt.

Spinnmilben

Spinnmilben sind meist erst spät zu erkennen. Zuerst fällt an Blättern und Blüten ein fahler Farbton auf. Die Blätter sind mit weißgelben Punkten besprenkelt und bei starkem Befall mit feinem Spinngewebe überzogen.

Thripse

Die kleinen Thripse stechen und saugen – sie hinterlassen auf den Blättern helle Flecken.

Raupen und Schnecken

Raupen und Schnecken fressen an Blättern und Blüten und vernichten Jungpflanzen oft komplett.

Was hilft gegen Schädlingsbefall?

Zur Bekämpfung der Schädlinge müssen zuerst alle Wachstumsfaktoren wie Licht, Wasser, Nährstoffe und Boden überprüft und notfalls korrigiert werden. Wachsen nützliche Pflanzen in der Nachbarschaft? Bei sehr starkem Befall hilft nur der Einsatz von Kräuterbrühen oder biologischen Pflanzenschutzmitteln. Reichen die Maßnahmen nicht aus, ist es häufig besser, auf die befallenen Kräuter zu verzichten.

Nützlinge – hilfreiche Insekten im Garten

Kräutergärten sind meist artenreich und immer ein Magnet für die verschiedensten Insekten. Die leuchtenden Blüten und herrlichen Düfte der Kräuter ziehen Bienen und Schmetterlinge an, aber auch Marienkäfer, Florfliegen, Schwebfliegen und andere Insekten fühlen sich hier wohl. Sie fressen große Mengen an Blattläusen, und helfen so bei der Schädlingsbekämpfung. Einige Kräuter ziehen Nützlinge regelrecht an und dürfen in keinem Garten fehlen (siehe nebenstehende Tabelle.

Auch der Fachhandel bietet zahlreiche Nützlinge an. Wirklich nützlich sind diese aber nur in geschlossenen Räumen. Sie sind teilweise recht anspruchsvoll an ihre Umgebung und benötigen viel Wärme. Vor ihrem Einsatz ist eine umfassende Beratung unbedingt erforderlich. Außerdem ist viel Geduld gefragt, denn die Schädlinge werden erst nach und nach gefressen. Ziel des Einsatzes ist es, dass sich langfristig ein ausgewogenes Verhältnis zwischen Schädlingen und Nützlingen einstellt.

Kräuter, die Nützlinge in den Garten locken

Nützling	Kräuter
Florfliege	Goldrute, Schafgarbe, Römische Kamille
Marienkäfer	Ringelblume, Schafgarbe
Schwebfliegen	Dill, Goldrute, Liebstöckel, Schafgarbe, Süßdolde und Tausendgüldenkraut

Natürliche Gegenspieler

Schädling	Nützling
Woll-, Schmier-, Schildläuse, Raupen	Florfliege
Blattläuse	Marienkäfer
Wollläuse	Australischer Marienkäfer
Thripse	Florfliegen, Raubmilben, Schlupfwespen
Spinnmilben	Raubmilben, Gallmücken, Raubwanzen, Minierfliegen
Blattläuse	Gallmücken, Raubwanzen, Minierfliegen

Das Insektenhotel – Wohnung für Nützlinge

Die Kräuterernte – Lohn für gute Pflege

Für leckeren Salat wird Rucola wird am besten frisch geerntet.

Die schönste Arbeit im Garten ist die Ernte. Ob im Frühling, im Sommer oder im Herbst, im Kräutergarten sind fast immer Schätze zu bergen. Während frische Pflanzenteile während des ganzen Sommers geerntet werden können, sind für die Vorratshaltung von aromatischen Kräutern einige Regeln zu beachten.

Auf den richtigen Zeitpunkt kommt es an

Frische Kräuter können fast während des ganzen Sommers geerntet werden. Sollen Wintervorräte angelegt werden, ist es sinnvoll, sich ein wenig mit den verschiedenen Pflanzen zu beschäftigen. Wichtig ist es, nur gesunde und wüchsige Kräuter zu ernten. Es sollten immer nur so viele Pflanzenteile geerntet werden, dass die Pflanzen noch genügend Blattmasse zum weiteren Wachstum behalten.
Der beste Erntezeitpunkt ist der Vormittag an warmen, sonnigen Tagen, die Kräuter enthalten dann besonders viele ätherische Öle. Achten Sie auf sauberes Werkzeug, um keine Krankheiten und Schädlinge zu übertragen. Die frisch geernteten Kräuter sollten schnell verarbeitet werden, ansonsten gehen zu viele Wirkstoffe verloren. Es dürfen nur saubere Pflanzenteile geerntet werden, denn Kräuter werden vor dem Trocknen nicht gewaschen.

Blätter, Blüten, Früchte, Wurzeln – alles zu seiner Zeit

Die Blätter der meisten Kräuter werden kurz vor der Blüte gesammelt. Zu diesem Zeitpunkt ist ihr Aroma am intensivsten. Bei kleinblättrigen Arten schneidet man ganze Zweige ab – sie treiben dann oft noch einmal aus. Große Blätter werden in der Regel einzeln gepflückt. Bei Halbsträuchern aus dem Mittelmeergebiet wie Lavendel, Salbei oder Thymian ist eine

Ernte vor der Blüte besonders wichtig. Ein späterer Schnitt schwächt die Pflanzen, das Risiko von später entstehenden Auswinterungsschäden nimmt zu.
Blüten werden möglichst jung und im voll entfalteten Zustand geerntet, Farbe und Duft nehmen im Lauf der Blütezeit ständig ab.
Die Ernte von Früchten erfolgt immer im vollreifen Zustand. Aber bitte nicht zu spät, denn die Samen fallen schnell aus. Der beste Zeitpunkt für die Ernte von Wurzeln und Rhizomen sind Herbst- oder frostfreie Wintertage. Es dürfen niemals zu viele Wurzeln entfernt werden, die Stauden können sich sonst nicht mehr regenerieren. Zwiebeln und Knoblauch erntet man im Frühherbst. Wichtig ist, dass die oberirdischen Pflanzenteile vollständig eingetrocknet sind.
Rinde wird nur von älteren Gehölzen und in einer Höhe von mehr als einem Meter geerntet. Dabei dürfen immer nur schmale Längsstreifen abgeschnitten werden.

Die Ernte von frischen Kräutern ist fast das ganze Jahr über möglich. Pflanzen Sie einfach Ihre Lieblingskräuter in einen Topf und holen Sie sie im Winter auf die Fensterbank in der Küche oder in den Wintergarten.

Frische Kräuter werden immer so sparsam geerntet, dass die Pflanze im Wachstum nicht gehemmt wird.

Basilikum schmeckt am besten frisch. Junge Triebe werden mit der Schere geschnitten.

Nach der Ernte werden die Kräuter zum Trocknen sortiert. Bei der Lagerung ist für ausreichend Luftbewegung zu sorgen.

Kräuter verwenden

Die Verwendung von Kräutern ist so alt wie die Menschheit. Als Heilmittel, Nutzpflanze, Gewürz oder Dekoration sind sie auch heute unsere ständigen Begleiter: Dank ihres intensiven Aromas und ihrer Farben dürfen Kräuter und Blüten heute in keiner guten Küche fehlen. Und als Tee, Salbe oder Tinktur helfen viele Kräuter bei so manchen Beschwerden.

Die Wirkstoffe der Kräuter – auf die Dosis kommt es an

Die Blütenblätter der Ringelblume enthalten viele heilsame Wirkstoffe.

Richtig konserviert sind Kräuter und ihre Wirkstoffe lange haltbar. Gut sortiert, verpackt und aufbewahrt erhalten Sie den Überblick.

Kräuter schmecken aromatisch und duften intensiv. Verantwortlich dafür sind ihre Wirkstoffe oder Wirkstoffkombinationen. Diese machen die Kräuter unverwechselbar und sind oft von großem Nutzen.

Doch Vorsicht, einige Wirkstoffe sind stark giftig und dürfen nur sehr stark verdünnt angewendet werden.

Alkaloide – die Wirkstoffe der Giftpflanzen

Alkaloide sind stickstoffhaltige Naturstoffe und haben meist eine ausgeprägte Wirkung. Die meisten Alkaloidpflanzen wie Tollkirsche, Bilsenkraut, Stechapfel oder Schierling sind stark giftig. Viele Alkaloide sind wichtige Arzneistoffe, die unmittelbar medizinisch eingesetzt werden können. Vorsicht: Pflanzen mit Alkaloiden dürfen niemals selbst angewendet werden!

Ätherische Öle – der Duft der Kräuter

Ätherische Öle sind leichtflüchtige, fettlösliche Stoffgemische mit charakteristischem Geruch. Sie finden sehr unterschiedliche Verwendung: Salbei wirkt desinfizierend und wird in der Mundhygiene eingesetzt, Thymian und Anis sind Hustenmittel, Fenchel wirkt blähungstreibend und Rosmarin durchblutungsfördernd. Aufgrund ihres starken Aromas werden viele ätherische Öle als Gewürze verwendet oder als Duftstoffe in der Kosmetikindustrie eingesetzt.

Scharfstoffe – die Würze der Blätter

Scharfstoffe sind in vielen scharf schmeckenden Kräutern wie Paprika, Senf, Pfeffer oder Meerrettich enthalten. Sie reizen die Haut und wirken durchblutungsfördernd. Als Gewürz haben sie verdauungs-

fördernde Wirkung. Zu den pharmazeutischen Anwendungen gehören Salben und Pflaster bei rheumatischen Beschwerden und Verstauchungen.

Bitterstoffe – gut für den Appetit

Kräuter mit Bitterstoffen wie Wermut oder Beifuß wirken appetitanregend und schmecken bitter. Sie regen die Speichel-, Magensaft- und Gallensekretion an. Bitterstoffhaltige Kräuter sind häufig Bestandteil von Likören oder Magenbitter.

Cumarine – duften intensiv oder reizen die Haut

Zu den Cumarinen gehören viele unterschiedlich wirkende Stoffe. Beispiele sind Kräuter mit typischem Geruch wie Waldmeister oder Steinklee. Furanocumarine sind in vielen Doldenblütlern enthalten. Sie haben photosensibilisierende Eigenschaften, das heißt, ihr Pflanzensaft verursacht unter Sonneneinwirkung entzündliche Rötungen auf der Haut (Wiesendermatitis). Bärenklau, Weinraute und Diptam enthalten Furanocumarine.

Gerbstoffe – Werkstoff und hilfreich bei kleinen Wunden

Gerbstoffe sind organische Naturstoffe, mit deren Hilfe man aus Tierhäuten Leder herstellen kann. Gerbstoffe wirken zusammenziehend (adstringierend), sie ziehen Haut und Schleimhaut zusammen und wirken so sekretionshemmend. Darüber hinaus haben Gerbstoffe eine desinfizierende Wirkung. Eichenrinden oder auch Himbeerblätter enthalten Gerbstoffe.

Flavonoide – riesige Gruppe mit großer Heilwirkung

Flavonoide umfassen eine vielfältige Stoffgruppe, die mit mehr als 5.000 bekannten Strukturen im Pflanzenreich sehr weit verbreitet ist. Genauso vielfältig wie ihre Strukturen ist ihre Wirkung: entzündungshemmend, entwässernd, herzstärkend, krampflösend, leberschützend oder harntreibend.

Ätherische Öle – Inhaltsstoffe des Thymians

Kapuzinerkresse enthält Scharfstoffe.

Schlaf-Mohn, Pflanze mit Alkaloiden

Herzwirksame Glykoside – stark giftig und doch gut für das Herz

Herzwirksame Glykoside steigern die Leistung des Herzmuskels und werden vor allem bei Herzschwäche angewendet. Vorsicht: Herzglykoside sind stark wirksam, Überdosierungen können zu Vergiftungen führen! Sie dürfen niemals selbst angewendet werden.

Kohlenhydrate und fette Öle – wichtige Nährstoffe

Kohlenhydrate und fette Öle gehören zu unseren wichtigsten Nährstoffen. Kohlenhydratliefernde Pflanzen sind uns daher aus der Landwirtschaft bekannt. Getreidearten und die Kartoffel zählen zu den Grundnahrungsmitteln. Zu den Kohlenhydraten gehören aber auch Schleimstoffe. Sie wirken schleimlösend und helfen bei Husten. Schleimstoffhaltige Pflanzen sind Eibisch, Malven oder Spitz-Wegerich. Aus den Samen von Raps, Sonnenblumen, Lein und Soja werden für uns wertvolle Speiseöle gewonnen.

Saponine – bilden Schaum und helfen dem Menschen

Zu den charakteristischen Eigenschaften der Saponine gehört, dass sie in Wasser Schaum bilden. Saponine wirken haut- und schleimhautreizend, oft auch pilzhemmend. Sie fördern den Auswurf bei Husten, wirken wassertreibend und krampflösend. Die besonderen Wirkungen von Ginserg, Rosskastanie und Süßholz sind auf Saponine zurückzuführen. Doch Vorsicht: Viele saponinhaltige Pflanzen, z. B. Efeu, sind giftig!

Vitamine, Mineralien, Spurenelemente – ohne geht es nicht

Vitamine, Mineralien und Spurenelemente zählen zu den sogenannten essentiellen Nährstoffen. Der Organismus benötigt sie, um verschiedene Substanzen und auch Zellstrukturen aufzubauen. Sie liefern Bausteine für körpereigene Enzyme und Hormone, aktivieren Organfunktionen und beeinflussen den Wasserhaushalt.

Kräuter haltbar machen – trocknen oder einlegen

Frisch geerntete Kräuter bleiben leider nicht lange aromatisch, sie müssen stets schnell verarbeitet werden. Möchte man Kräuter konservieren und möglichst viele Inhaltsstoffe erhalten, bietet es sich meistens an, die Pflanzenteile zu dem für sie geeigneten Zeitpunkt zu ernten und anschließend zu trocknen. Geerntet werden saubere und gesunde Pflanzen. Kräuter vor dem Trocknen zu waschen ist tabu.

Kräuter selbst trocknen – so geht's

Inhaltsstoffe und Aroma der meisten Kräuter bleiben am besten erhalten, wenn die Pflanze nach der Ernte schnell und schonend getrocknet wird. Dabei gilt es, den Kräutern die gesamte Feuchtigkeit zu entziehen, ohne die flüchtigen ätherischen Öle zu zerstören. Wird bei zu hohen Temperaturen getrocknet, verflüchtigen sich die Wirkstoffe, wird zu langsam getrocknet, setzt ihr natürlicher Abbau ein. Es kommt also auf die richtige Kombination von Temperatur und Luftfeuchtigkeit an. Ideal zum Trocknen ist eine Temperatur von 38 °C, das schaffen nur Spezialtrockner. Im häuslichen Bereich sind Idealbedingungen nur schwer zu finden, hier zählt ein gesundes Maß an Improvisation. Gut geeignete Trockenräume sind wenig isolierte Dachböden, Gartenhäuser oder Schuppen. Wichtig ist, dass sich die Räume im Sommer gut aufheizen und auch gelüftet werden können.

Blattkräuter

Fast alle Blattkräuter haben kurz vor der Blüte das intensivste Aroma. Kleinlaubige Kräuter werden mitsamt ihren Stielen geschnitten, zu kleinen Sträußen gebündelt und mit den Triebspitzen nach unten aufgehängt. Wichtig ist, dass die einzelnen Sträuße nicht zu dicht hängen; zum schnellen Trocknen muss die Luft gut zirkulieren können. Größere Blätter werden einzeln gepflückt und auf Gitternetzen oder Papier ausgelegt. Nach drei bis vier

Kleine Mengen getrockneter Kräuter können in Setzkästen sehr übersichtlich aufbewahrt werden.

Ein sauberer Dachboden ist als Trockenraum sehr gut geeignet. Wichtig zum Trocknen ist ausreichende Belüftung und Wärme.

Einige Küchenkräuter wie Schnitt-
lauch oder Petersilie verlieren
beim Trocknen schnell ihr Aroma.
Sie werden sinnvoller durch
Einfrieren konserviert. Eine
andere Methode, Kräuteraromen
langfristig zu konservieren, ist
das Einlegen von Pflanzenteilen
in Salz, Essig oder Öl. Kräutersalz,
Salbeiessig oder Rosmarinöl sind
sehr schmackhaft und bestens für
die Küche geeignet.

Häufig werden Kräuter zum Trocknen gebündelt und mit den Triebspitzen nach unten
aufgehängt. Für gute Luftzirkulation werden die Sträuße in lockerem Abstand verteilt.

Tagen sind die meisten Blätter durch-
trocknet; man merkt es, wenn sie beim
Anfassen knistern. Die Blätter werden von
den Stängeln abgestreift und zerbröselt.

Blüten

Die Blütenernte erfolgt am besten kurz
nach dem vollständigen Aufblühen. Größere Blüten werden einzeln geerntet und
zum Trocknen ausgelegt. Schneller geht
es, wenn die Blütenblätter vorher abgestreift und einzeln ausgelegt werden.
Sind die Blüten sehr klein, z.B. bei Lavendel, werden die Blütenstände mit Stängel
geschnitten, gebündelt und getrocknet.

Samen und Früchte

Zur Samenernte von Kümmel, Anis oder
Fenchel werden ganze Fruchtstände
geschnitten. Zum Trocknen werden sie
gebündelt und aufgehängt oder auf
Papier ausgelegt. Doch Vorsicht! Die
Samen fallen schnell aus. Hilfreich ist es,
ein weißes Tuch unter die trocknenden
Fruchtstände zu legen; die ausgefallenen
Samen können später leicht abgesammelt
werden. Sind die Fruchtstände getrocknet, werden die Samen abgestreift und
nachgetrocknet. Um der Schimmelbildung vorzubeugen, muss auch hier auf
gute Belüftung geachtet werden.

Wurzeln

Wurzeln sind besonders würzig, wenn
das oberirdische Kraut langsam vergilbt.
Da sie beim Trocknen höhere Temperaturen vertragen, werden sie im Backofen
konserviert. Nach der gründlichen Reinigung werden sie in Stücke geschnitten
und auf ein Backblech gelegt. Getrocknet
wird auf kleinster Einstellung des Herdes
bei geöffneter Ofenklappe.

Lagerung – wie und wo?

Nach dem Trocknen werden die Kräuter
zerkleinert und in saubere, luftdichte,
lichtundurchlässige Gefäße oder Papier-
tüten verpackt und können so über einen
längeren Zeitraum aufbewahrt werden.
Um immer über frische Gewürze verfügen zu können, ist es sinnvoll, seine Vor-
räte in jedem Jahr zu erneuern.

So werden die wichtigsten Küchen-
kräuter konserviert

Kraut	Methode
Dill	Einfrieren, Essig, Salz
Estragon	Essig, Öl, Salz, Trocknen
Kümmel	Öl, Salz, Schnaps, Trocknen
Lavendel	Honig, Likör, Trocknen, Zucker
Majoran	Öl, Salz, Trocknen
Minze	Likör, Öl, Trocknen, Zucker
Oregano	Öl, Salz, Trocknen
Petersilie	Einfrieren
Rosmarin	Honig, Öl, Salz, Trocknen
Salbei	Essig , Öl, Trocknen
Schnittlauch	Einfrieren
Thymian	Essig, Öl, Honig, Likör, Salz, Trocknen

Einfrieren

Basilikum, Petersilie, Schnittlauch und Dill lassen sich nicht ohne Aromaverlust trocknen. Diese Kräuter werden daher nach der Ernte zerkleinert und einzeln oder als fertige Mischung in Gefrierbeuteln oder Kunststoffdosen verpackt und eingefroren. So bleibt ihr Geschmack über viele Monate erhalten. Gefrorene Kräuter sollte man unmittelbar nach dem Auftauen verbrauchen. Sie werden sonst unansehnlich und verlieren das Aroma. Ganze Blätter oder Blüten können auch in Eiswürfeln eingefroren und als aromatische Dekoration für Speisen oder Getränke verwendet werden.

Kräuter in Zucker und Honig

Um das Aroma von Kräutern zu konservieren, eignet sich Zucker sehr gut. Besonders beliebt ist Rosen-, Lavendel- oder Pfefferminzzucker. Die Blüten oder Blätter werden getrocknet, zerbröselt und mit Zucker gemischt. So wird das Aroma der Kräuter auf den Zucker übertragen. Kräuterzucker hält lange und eignet sich gut zum Süßen von Tees, Backwaren und Desserts. Auch Kräuterhonig lässt sich sehr einfach herstellen. Der Honig wird erwärmt (max. 40 °C) und mit Kräutern wie Thymian, Rosmarin oder Lavendel vermischt. Nach einer Stunde werden die Kräuter wieder ausgesiebt und der Honig wird luftdicht verschlossen. Noch einfacher ist es, Kräuter abwechselnd mit Honig in ein Glas zu füllen, das Glas zu verschließen und bei gleichmäßiger Temperatur zu lagern, bis die Kräuter aufgelöst sind. Kräuterhonig ist ein leckerer Brotaufstrich oder aromatische Beigabe zu Tee oder warmer Milch. Er wirkt antiseptisch und lindert Halsschmerzen, Schnupfen und Erkältungen.

Kräuter in Essig, Öl oder Alkohol

Durch Einlegen in Essig, Öl oder Alkohol kann das Aroma lange konserviert werden. Kräuteressig und -öl sind eine groß-

Kräutersalz

Kräutersalz ist eine wunderbare Konservierungsmethode für aromatische Kräuter wie Oregano, Rosmarin, Thymian oder Estragon. Es lässt sich sehr einfach herstellen: Zwei Teile getrocknete Kräuter werden mit einem Teil Meersalz gemischt im Mörser gut zerstoßen. Anschließend wird das Kräutersalz in Gläser gefüllt und gut verschlossen. Kräutersalz wird häufig zum Würzen von Suppen und Salaten verwendet und schmeckt auch auf einem Butterbrot. Bei trockener Lagerung ist das Salz sehr lange haltbar.

Öle konservieren das Aroma der Kräuter. Attraktiv ist der Kräuterzweig in der Flasche.

Praktisch: Kräuter portionsweise einfrieren

Lavendelzucker sieht hübsch aus und eignet sich zum Süßen von Speisen und Getränken.

artige Bereicherung für die Küche, Kräuter in Alkohol sind eher Medizin. Bei der Herstellung ist es wichtig, dass alle Pflanzenteile gut mit Flüssigkeit bedeckt sind, sie können sonst schimmeln. Die Flüssigkeit konserviert das Aroma und nimmt ihre wertvollen Inhaltsstoffe auf.

Kräuteressig

Zum Einlegen in Essig eignen sich viele Kräuter. Am beliebtesten sind Estragon, Thymian, Basilikum oder Dill. Gewürzessig mit Chili oder Knoblauch hat als Salatdressing ein herrliches Aroma. Himbeeren, Brombeeren oder Salbeiblüten färben den Essig rot – auch optisch ein Genuss. Blätter, Blüten und Früchte werden gesammelt, wenn ihr Zustand am besten ist. Die Pflanzenteile werden vorsichtig gewaschen, trocken getupft und anschließend in saubere, trockene Glasflaschen gefüllt. Diese werden zu etwa einem Drittel mit Kräutern gefüllt und anschließend mit hochwertigem Wein- oder Obstessig übergossen. Die Flaschen gut verschließen und zwei bis drei Wochen bei Zimmertemperatur stehen lassen. Anschlie-

ßend den Essig durch ein feines Sieb filtrieren und in saubere Flaschen abfüllen. Zur Deko können Pfefferkörner, Lorbeerblätter oder ein Zweig Estragon oder Rosmarin hinzugefügt werden. Kräuteressig ist fast unbegrenzt haltbar, wenn er kühl und dunkel aufbewahrt wird.

Kräuteröl

Kräuteröl lässt sich ganz einfach herstellen. Saubere Glasflaschen werden zur Hälfte mit frischen Kräutern gefüllt. Gut geeignet sind würzige Kräuter wie Rosmarin, Oregano, Thymian oder Majoran. Anschließend werden die Flaschen mit einem hochwertigen, geschmacksneutralen Speiseöl gefüllt und gut verschlossen. Um Schimmelbildung zu vermeiden, ist es wichtig, dass die Kräuter gut mit Öl bedeckt sind. Die gefüllten Flaschen sollen ungefähr eine Woche an einem warmen Standort stehen. Anschließend wird das Öl durch ein Tuch gesiebt und in saubere Flaschen abgefüllt. Ist der Geschmack des Öles nicht intensiv genug geworden, kann dieser Vorgang mehrfach wiederholt werden. Bewahren Sie das Öl

kühl und dunkel auf. Wird es trübe, kann es nicht mehr verwendet werden.

Kräuterschnäpse und Liköre

Viele Kräuter können statt in Essig oder Öl auch in Alkohol eingelegt und für medizinische Zwecke verwendet werden. Kräuterliköre und Magenbitter sind die bekanntesten Vertreter. Kümmel, Fenchel, Engelwurz, Liebstöckelwurzeln oder auch Minzeblätter bieten sich dafür an. Die getrockneten Kräuter werden in Flaschen eingefüllt und mit Alkohol übergossen. Neutral schmeckender Schnaps wie Wodka ist dazu bestens geeignet. Der Schnaps kann auch im Verhältnis 1:3 mit Wasser verdünnt werden. Alle Kräuter müssen gut mit Flüssigkeit bedeckt sein, die Flaschen werden verschlossen. Nach drei bis vier Wochen an einem warmen Ort ist der Ansatz gut durchgezogen und wird durch ein sauberes Tuch filtriert. Anschließend wird die Essenz in Flaschen abgefüllt und dunkel und kühl gelagert. Alkoholauszüge sind sehr wirkungsvoll und dürfen nur in kleinen Mengen eingenommen werden.

Kräuterküche – traditionell oder modern

Kresse ist gesund, wächst schnell und hat in den kleinsten Schalen Platz.

Getrocknete Kräutersträuße in der Küche – dekorativ und beim Kochen gleich zur Hand

Blüten der Kapuzinerkresse verwöhnen das Auge und dekorieren den Salat.

Kräuter schmecken lecker und sind gesund. Sie wurden viele Jahrhunderte in der Natur gesammelt und als Tee oder Gewürz zum Kochen und Backen verwendet. Oft waren Gewürzkräuter gleichzeitig auch Heilmittel gegen Verdauungsbeschwerden. Aus der modernen Küche sind Kräuter nicht mehr wegzudenken.

Frische Kräuter aus dem Garten

Gerade im Frühjahr und Sommer sind frische Kräuter sehr beliebt. Sie werden im Garten frisch geerntet und können direkt verwendet werden. Blätter und Zweige werden vorsichtig abgepflückt, ohne die Pflanze mehr als nötig zu verletzen. Um die Pflanzen nicht unnötig zu schwächen, darf bei mehrjährigen Kräutern nie die ganze Pflanze abgeerntet werden. Falls nötig, werden die Kräuter in der Küche gewaschen und vorsichtig abgetrocknet. Kräuter für Tees oder Salate werden anschließend grob zerteilt, sol-

che für Suppen oder Saucen müssen fein geschnitten werden. Ganze Blätter und Blüten können frisch zur Dekoration von Speisen verwendet werden.

Kochen mit Kräutern

Kräuter sind würzig und schmecken intensiv. Zum Kochen werden sie oft einzeln verwendet, beliebt sind aber auch Kräutermischungen wie die Kräuter der Provence. Kräuter haben sehr unterschiedliche Aromen und passen nicht immer zu allen Gerichten. Auch Mischungen untereinander passen nicht immer, sie müssen wohlüberlegt sein. Am einfachsten ist es,

Frisch zubereitetes Basiikum-Pesto schmeckt lecker zu Nudeln.

Kräuterbutter ist leicht selbst gemacht.

die Kräuter nach Geschmacksrichtungen einzuteilen und diese anfangs nur innerhalb dieser zu mischen. Säuerliche Kräuter sind Sauerampfer, Zitronen-Melisse, Borretsch oder Portulak. Sie passen gut zu Frühlingssalaten, Pesto und gehören in die Grüne Soße. Süß-aromatische Kräuter wie Kerbel, Estragon und Fenchel schmecken in Suppen sehr gut. Scharf-würzige Kräuter – Meerrettich, Petersilie, Löffelkraut und Kresse – werden klein gehackt und roh verwendet. Sie verfeinern würzige Speisen wie Suppen, Pesto und Salate. Zu den kräftig-würzigen Kräutern zählen

Rosmarin, Bohnenkraut, Thymian oder Sellerie. Sie werden mitgekocht und aromatisieren schwer verdauliche Gerichte wie Eintöpfe, Fleischgerichte und schwer verdauliches Gemüse. Bitter-aromatische Kräuter regen die Magensaftbildung an und helfen so bei der Verdauung fettiger Speisen. Zu ihnen gehören Weinraute, Beifuß und Wermut.

Feine Kräutersuppe

Zuerst wird Butter zerlassen, Mehl untergerührt und so lange erhitzt, bis die Masse hellgelb ist. Jetzt wird Brühe

hinzufügt und mit einem Schneebesen durchgeschlagen. Anschließend die Suppe zum Kochen bringen und fünf Minuten köcheln lassen. Crème fraîche wird mit Eigelb verrührt und mit frischen oder getrockneten Kräutern in die Suppe gegeben. Die Suppe wird mit Salz und Pfeffer abgeschmeckt und mit gerösteten Brotwürfeln oder Backerbsen serviert.

Pesto

Pesto ist ein Klassiker der italienischen Küche und ganz schnell gemacht. Es schmeckt am besten frisch zubereitet zu

Die besten Kräuter und Gewürze für die Küche

für Suppen	für Pesto	für Fleischgerichte	für Fischgerichte	zum Backen	für Desserts
Bohnenkraut	Bärlauch	Chili	Basilikum	Anis	Ananas-Salbei
Chili	Brunnenkresse	Estragon	Dill	Fenchel	Frucht-Salbei
Estragon	Estragon	Kerbel	Estragon	Koriander	Peruanischer Salbei
Kerbel	Giersch	Knoblauch	Kerbel	Mohn	Pfefferminze
Knoblauch	Gundermann	Kümmel	Knoblauch	Nelken	Salbei
Kümmel	Knoblauchrauke	Lorbeer	Lorbeer	Kardamom	Waldmeister
Lauch	Minze	Majoran	Meerrettich	Kreuzkümmel	Zitronen-Bohnenkraut
Liebstöckel	Petersilie	Meerrettich	Petersilie	Muskatnuss	Zitronen-Melisse
Majoran	Rucola	Oregano	Rosmarin	Oregano	Zitronen-Minze
Petersilie	Schnittlauch	Rosmarin	Thymian	Rosmarin	Zitronen-Pelargonie
Sellerie	Süßdolde	Salbei	Wacholder	Thymian	Zitronen-Thymian
Thymian	Wiesenschaum-	Thymian	Zitronen-Thymian	Zimt	Zitronenverbene
Zwiebel	kraut	Zwiebel	Zwiebel		

Nudeln, kann aber auch gut mit Öl abgedeckt in einem geschlossenen Glas im Kühlschrank gelagert werden. Das klassische Pesto enthält zu gleichen Teilen Basilikumblätter, Parmesan, Pinienkerne und Knoblauch. Alle Zutaten werden mit etwas Salz und Olivenöl gründlich püriert. Dabei wird so lange Öl nachgegossen, bis eine feine Paste entsteht.

Ciabatta, Pizzateig und Kräuterbrötchen

Ein gewöhnlicher Hefeteig wird beim Anrühren mit Kräutern fein abgeschmeckt. Gut geeignet sind Rosmarin, Thymian, Oregano oder Basilikum. Während der Teig ruht, kann sich das Kräuteraroma schon vor dem Backen gut entfalten. Anschließend werden Brot oder Brötchen geformt oder der Teig wird zum Backen von Pizza dünn ausgerollt, auf einem Blech belegt und gebacken. Brot oder Brötchen schmecken mit Butter

Duftende Kräuter wie Minze oder Melisse aromatisieren Getränke.

und Salz oder Käse. Die Pizza erhält beim Backen ein feines Kräuteraroma.

Kräuter-Desserts

Viele Kräuter haben Aromen, die sehr gut zu frischen Früchten oder Desserts aus

Milchprodukten passen. Meist sind sie auch zum Aromatisieren von Getränken geeignet. Zitronig schmeckende Kräuter wie Zitronen-Minze oder Zitronenverbene sind zum Abschmecken von Obstsalat gut geeignet. Minzen, Frucht-Salbei und

Essbare Wildkräuter

Wildkräuter haben ein intensives Aroma. Sie würzen beispielsweise Suppen (Foto: Bärlauch-Suppe).

*U*nsere Vorfahren kannten sich in der Natur bestens aus. Jede Pflanze wurde auf ihre Verwendbarkeit überprüft. Viele wurden gesammelt und gegessen oder als Heilkraut verwendet. Viele Wildkräuter wurden in Kultur genommen, teilweise durch Züchtungen verändert und wachsen heute in unseren Gärten. Zu ihnen gehören Liebstöckel, Pimpinelle und Brunnenkresse. Doch längst nicht alle essbaren Kräuter sind zu Kulturpflanzen geworden. Sie sind am Feldrand oder im Wald zu finden und in den Gärten zum Teil unerwünscht. Beliebte Wildkräuter sind Bärlauch, Brennnessel, Gänseblümchen, Giersch, Günsel, Gundermann, Guter Heinrich, Knoblauchrauke, Süßdolde und Waldmeister.

In den letzten Jahren werden Wildkräuter wieder häufig gesammelt. Blätter, Triebe,

Blüten und Wurzeln werden als Tee, Gemüse, Salat oder Dessert zubereitet oder dienen als Gewürz. Doch Vorsicht! Nicht jeder Standort bringt gesunde Kräuter hervor. Umweltvergiftung und industrielle Landwirtschaft schaffen für Kräutersammler ein erhebliches Risiko. Es darf nur dort gesammelt werden, wo Kräuter natürlich wachsen können, also im Wald, auf extensiv genutzten Wiesen oder an Rändern biologisch bewirtschafteter Felder. Es dürfen nur Kräuter gesammelt werden, die am Standort reichlich vorhanden sind und die nicht unter Artenschutz stehen. Kräutersammler müssen unbedingt über gute Pflanzenkenntnisse verfügen, denn viele Kräuter sind leicht mit giftigen Pflanzen zu verwechseln, z. B. Bärlauch mit Herbstzeitlosen oder Maiglöckchen.

Borretschblüten sind ein Augenschmaus.

Frische Blüten ergänzen jeden Salat.

Melisse aromatisieren Sorbets und Desserts. Minzen, Duftgeranien und Frucht-Salbei eignen sich zur Zubereitung von Tees und zum Aromatisieren von Fruchtsäften.

Essbare Blüten – leckere Dekoration

Wegen der Schönheit ihrer Farben und ihres intensiven Duftes sind Blüten allseits sehr beliebt. Sie ernähren Bienen, aromatisieren Honig und bilden den Grundstoff für Parfums. Blüten schmücken Gärten, Wohnungen und manchmal

Besonders beliebt ist die Frankfurter Grüne Soße. Sieben frisch geerntete Kräuter (Petersilie, Schnittlauch, Kerbel, Kresse, Borretsch, Sauerampfer und Pimpinelle) werden gewaschen, getrocknet, zerkleinert und mit Joghurt und Quark cremig geschlagen. Abgeschmeckt wird mit Salz, Pfeffer, Zitrone, Senf und Zucker. Grüne Soße wird frisch mit gekochten Eiern und Kartoffeln zu Fleisch oder Fisch serviert.

auch Speisen, Getränke und Buffets. Essbare Blüten sind nicht nur für Gourmetköche von großem Nutzen. Sie werden traditionell zum Kochen und Backen, zum Kandieren, zum Herstellen von Sirup oder zum Aromatisieren von Wein verwendet. Viele Blüten bezaubern durch ihre intensive Farbe, sie werden zum Einfärben von Speisen und Getränken verwendet.

Essbare Blüten finden wir in der Natur und auch im Garten. Wichtig ist, dass sie ausschließlich von gesunden Pflanzen geerntet werden. Holunderblüten zum Beispiel ergeben einen süßlichen, leckeren Tee oder Sirup. Sie können in Bierteig gebacken werden und sind auf Buffets eine attraktive Dekoration. Die Blüten von Veilchen oder Duftgeranien aromatisieren Salate und schmücken Desserts. Mädesüßblüten können als Tee aufgebrüht werden, eignen sich zum Herstellen von Sirup und zum Aromatisieren von Getränken. Die aromatischen Blüten des Muskateller-Salbeis wirken berauschend und werden häufig zum Verfeinern von Tee oder alkoholischen Getränken verwendet. Rosenblütenblätter werden in Zucker eingelegt oder kandiert und die großen Blüten des Kürbis oder der Zucchini können mit Käse, Hackfleisch oder Reis gefüllt werden.

Aphrodisiaka – die Pflanzen der Liebe

Seit Urzeiten suchen Menschen nach aphrodisierenden Mitteln, um Liebe zu erzeugen und erotische Abenteuer einzuleiten. Aphrodisiaka, benannt nach Aphrodite, der griechischen Göttin der Liebe, sind vor allem im Pflanzenreich zu finden.

Pflanzen der Götter

Zahlreiche Pflanzen, besonders aus der Familie der Nachtschattengewächse wie Tollkirsche, Tollkraut, Bilsenkraut oder Stechapfel haben bewusstseinsverändernde, anregende und berauschende Eigenschaften. Sie galten als *Pflanzen der Götter* und wurden eingenommen, um den Kontakt zur Geisterwelt herzustellen. Manchmal schenkten diese Pflanzen Visionen von der *kosmischen Zeugung*.

Duftkräuter und Gewürze

Andere Pflanzen, besonders Rosen und Kräuter aus der Familie der Lippenblütler wie Echter Salbei, Muskateller-Salbei, Lavendel oder Minze duften intensiv und werden zur Herstellung von anregenden Parfums verwendet. Allein ihrem Duft sagt man stark aphrodisierende Wirkung nach. Gewürze wie Thymian, Koriander oder Kümmel wirken im Magen durchblutungsfördernd und erzeugen so Wohlbefinden und Wärme. Es ist also wenig erstaunlich, dass zahlreiche Gewürze zu den Pflanzen der Liebe gezählt werden. Im Laufe der Jahrhunderte wurde klar, dass viele Pflanzen scheinbar eine positive Wirkung auf die Liebe haben, allerdings wurde bis heute kein pflanzliches Mittel gefunden, das nachweislich Lustempfinden steigert oder organische Impotenz heilen kann. Vielmehr haben viele Pflanzen durchblutungsfördernde, kräftigende, anregende oder stark berauschende Wirkung gezeigt.

Heilkräuter – wohltuend und gesund

Viele Kräuter lassen sich frisch oder getrocknet als Tee zubereiten.

Die Verwendung von Kräutern hat eine lange Tradition und ist trotzdem modern. Schon immer haben Menschen Kräuter wegen ihrer Heilkraft und auch als Gewürz sehr geschätzt. Über viele Jahrhunderte waren Arzneien aus den Vorräten der Natur die einzig wirksame Möglichkeit, sich bei Krankheiten zu helfen.

Aufgüsse und Abkochungen

Ein Teeaufguss wird aus frischen oder getrockneten Pflanzenteilen zubereitet. Die Rezepturen fast aller Tees beziehen sich, sofern nicht anders vermerkt, auf getrocknete Pflanzenteile. Werden stattdessen frische Pflanzen verwendet, so ist die vorgeschriebene Menge in der Regel zu verdreifachen. Die Kräuter werden in eine saubere Teekanne gegeben und mit kochendem Wasser überbrüht. Der Aufguss wird umgerührt, abgedeckt und nach zehn Minuten durch ein Sieb gegeben. Ein Teeaufguss kann warm getrunken werden oder wird für Umschläge verwendet. Die Wirksamkeit des Tees hängt sehr stark von der Qualität der Kräuter ab. Durch Abkochung werden heilkräftige Substanzen aus harten Pflanzenteilen wie Wurzeln, Rinden, Nüssen oder Beeren herausgelöst. Die vorgeschriebene Menge der fein zerkleinerten Pflanzenteile wird in ein Gefäß aus Glas oder Ton gegeben und mit kaltem Wasser aufgegossen. Anschließend wird das Kochgefäß abgedeckt und die Flüssigkeit zum Sieden gebracht. Nach etwa 15 Minuten wird der heiße Tee abgesiebt und kann wie ein Teeaufguss verwendet werden. Kräuterbäder haben gesundheitsfördernde Wirkung, weil die heilkräftigen Substanzen auch über die Haut aufgenommen werden. Sofern nicht anders beschrieben, werden für ein Vollbad 600 ml des Teeaufgusses oder der Abkochung als Zusatz in das warme Bade-

wasser gegeben. Alternativ kann dem Badewasser auch das durch Wasserdampfdestillation gewonnene ätherische Öl zugesetzt werden. Dabei reichen für einen erwachsenen Menschen fünf bis zehn Tropfen pro Vollbad aus. Kompressen werden äußerlich angewendet und beschleunigen so den Heilungsprozess. Es handelt sich dabei um Umschläge mit sauberen Baumwoll- oder Leinentüchern, die mit der heißen Flüssigkeit eines Teeaufgusses oder Abkochung getränkt werden. Dieser Umschlag wird so heiß wie möglich auf die betreffende Körperstelle gelegt. Sobald er abgekühlt ist, wird eine neue Kompresse aufgelegt.

Alkoholische Auszüge

Einreibungen sind meist alkoholische Zubereitungen und werden bei Rheuma oder Sportverletzungen verwendet. Dazu werden die schmerzenden Stellen zweimal täglich mit Flüssigkeit benetzt, die dann mit der Hand in die Haut eingerieben wird.
Tinkturen sind in der Regel alkoholische Pflanzenauszüge. Sie werden verdünnt innerlich oder auch äußerlich für Spülungen und Umschläge verwendet.

Ätherische Öle

Ätherische Öle sind die duftenden Inhaltsstoffe der Kräuter und werden als Duftstoffe oder Heilmittel verwendet. In hohen Konzentrationen sind sie in Blüten

Ringelblumen-Salbe selbst herstellen

1

Schmalz oder ein Öl-Bienen-wachsgemisch auf der Herd-platte unter gelegentlichem Rühren vorsichtig erhitzen.

3

Dann den Sud durch ein fei-nes Sieb oder sauberes Tuch filtrieren und in saubere Glä-ser abfüllen.

2

Ist die Substanz flüssig, fri-sche oder getrocknete Rin-gelblumen zugeben und etwa zwei Stunden köcheln lassen.

4

Beim Erkalten wird die Sub-stanz cremig und hat neben den Wirkstoffen auch die Farbe der Ringelblumen angenommen.

von Lavendel oder Rosen, Früchten von Kümmel oder Fenchel, Blättern von Melisse oder Minze und Wurzeln von Lieb-stöckel oder Engelwurz zu finden. Ätherische Öle lassen sich in Fett, Öl oder Alkohol lösen. Industriell werden sie durch Wasserdampfdestillation gewon-nen. Die Gewinnung von ätherischen Ölen für den Hausgebrauch ist sehr müh-sam, das geeignete Verfahren ist die Mazeration. Dazu werden Glasplatten mit Fett bestrichen und mehrere Monate lang immer wieder mit frischen Blüten und Blättern bedeckt. Je öfter dieser Vor-gang wiederholt wird, umso mehr Duft-stoffe sind zu gewinnen. Die ätherischen Öle werden vom Fett aufgenommen und später durch Auswaschen mit Alkohol von diesem getrennt.

Ätherische Öle sind Rohstoffe für die kosmetische, pharmazeutische und auch Nahrungsmittelindustrie. Im Haushalt werden sie zum Inhalieren, für Bäder und auch für die Aromatherapie verwendet.

Dampfbäder und Inhalationen

Dampfbäder oder Inhalationen sind sehr wirksam bei Schnupfen, Husten und ver-stopfter Nase. Dazu werden fünf bis zehn Tropfen eines ätherischen Öles in eine Schüssel mit kochend heißem Wasser gegeben. Kopf und Gefäß werden mit einem Handtuch bedeckt und der heiße Dampf muss ein paar Minuten tief einge-atmet werden. Das Dampfbad wird täg-lich zwei- bis dreimal wiederholt. Anstelle des ätherischen Öles kann auch ein fri-scher Teeaufguss für das Dampfbad ver-wendet werden.

Cremes und Salben

Viele Inhaltsstoffe der Kräuter wirken am besten über die Haut. Beinwell wirkt zum Beispiel entzündungshemmend und wundheilungsfördernd und wird als Rohstoff zur Herstellung von Sportsalbe verwendet. Das ätherische Salbeiöl wirkt desinfizierend und ist Bestandteil von

Zahncremes. Rosmarin und Thymian sind Bestandteile von durchblutungsfördern-den Cremes oder auch Erkältungsbalsam. Auch Hautpflegecremes enthalten häufig Kräuterwirkstoffe, zum Beispiel Arnika-oder Ringelblumen-Auszüge. Ringelblu-mensalbe ist ein altes Hausmittel zur Heilung von Erkrankungen der Haut wie kleineren Verletzungen, Ausschlägen oder rissigen Händen.

Grundrezept

Es gibt mehrere Möglichkeiten, streichfä-hige Cremes oder Salben herzustellen. Sie unterscheiden sich hauptsächlich in der Verwendung von unterschiedlichen Fet-ten. Schmalz oder Öl, in Kombination mit Bienenwachs, wird im Wasserbad erhitzt, zu gleichen Teilen mit getrockneten Kräu-tern gemischt und wenigstens zwei Stun-den geköchelt. Anschließend wird die Salbe abgefiltert und in Tiegel gefüllt. Die so gewonnene Salbe ist im Kühlschrank mehrere Wochen haltbar.

Kräuter in der Wohnung – nützlich und dekorativ

Kleine Kräuterkränze aus Gänseblümchen

Kräuter sorgen für gute Luft

Duftsäckchen

Im Sommer werden duftende Kräuter geerntet und schonend getrocknet. Anschließend werden die Kräuter zerbröselt und in kleine Stoffsäckchen gefüllt. Die verschlossenen Duftsäckchen werden in den Kleiderschränken ausgelegt. Dort vertreiben sie Ungeziefer und muffigen Geruch. Ganz nach Geschmack sind Lavendel, Rosmarin oder Eberraute, Rosenblütenblätter, Minze oder Salbei als Füllung für Duftsäckchen gut geeignet. Auch Wermut, Rainfarn und Heiligenkraut duften stark und vertreiben Insekten.

Duftwasser

Um schlechte Gerüche zu vertreiben, kann ein einfacher Tee aus Duftpelargonien, Rosen, Lavendel, Pfefferminze oder Zitronen-Melisse als Duftwasser verwendet werden. Im Zerstäuber versprüht, parfümiert es so die Raumluft und steigert das Wohlbefinden. Duftwasser eignet sich auch prima zum Aromatisieren von Entspannungsbädern, als Gesichtswasser oder als Weichspülerersatz für die Wäsche.

Duftlampen

Duftlampen werden durch Teelichter beheizt. Sie verdampfen Wasser und ätherische Öle. So kann sich die wohltuende Wirkung von Lavendel, Muskateller-Salbei und Co. in der Atemluft entfalten.

Kräuter sind nützlich und unheimlich schön. Richtig verwendet, leisten sie uns auch bei der täglichen Hausarbeit gute Dienste. Sie vertreiben Insekten und schlechte Gerüche und sorgen für Frische im ganzen Haus. Kräutersträuße, Kräuterkränze und Potpourris können das Haus in eine Wohlfühloase verwandeln.

Ob als Sträußchen, Duftsäckchen oder Seife – Lavendel duftet herrlich und vertreibt Motten.

Duftkerzen

Kerzen können mit Kräutern präpariert werden. Wenn sie brennen, verbreiten sie einen herrlichen Duft. Getrocknete Blätter, Blüten oder Zweige werden mit einem erhitzten Löffel in die Kerze gepresst. Zum Konservieren der Kräuter wird die Kerze anschließend in geschmolzenes Wachs getaucht.

Duftpotpourris

Die Tradition, Potpourris aufzustellen, stammt ursprünglich aus England. Potpourris sind Mischungen aus getrockneten Blüten und Blättern von Duftpflanzen, die in flache Gefäße aus Porzellan, Glas oder Steingut gefüllt werden. Sie sind dekorativ und parfümieren die Luft der Wohnräume, ohne die Umwelt zu belasten. Zum Herstellen von Potpourris werden nur vollständig getrocknete Blätter und Blüten verwendet, sie könnten sonst schimmeln. Klassisch sind Mischungen aus verschiedenen Rosen. Für Potpourris geeignete Kräuter sind Lavendel, Rosmarin, Minze, Rainfarn oder Beifuß. Eine geschickt ausgewählte Kräutermischung hält gleichzeitig Insekten fern. Potpourris müssen von Zeit zu Zeit locker durchgemischt werden und duften viele Monate. Lässt der Duft nach, können einige Tropfen ätherisches Öl unter die Kräuter gemengt werden.

Kräuter vertreiben Insekten

Wirksame Duftsperren helfen im Haushalt. Ein Sträußchen Rainfarn ausgelegt vertreibt Ameisen, Asseln oder Ohrwürmer und frisches Basilikum in der Fensterbank hält Fliegen fern und ätherisches Lavendelöl vertreibt Motten.

Kräuter in der Kosmetik

Auch Seife lässt sich mit Kräutern gut aromatisieren. Als Basis wird eine milde parfumfreie Seife verwendet. Diese wird in Flocken geraspelt und vorsichtig unter Rühren erhitzt, bis sie flüssig ist. Jetzt werden einige Esslöffel Kräutersud oder ätherisches Öl dazu gegeben. Die Masse wird gut vermengt und muss wieder abkühlen. Sie wird dabei wieder fester und lässt sich nach Belieben in Stücke formen. Zum langsamen Trocknen werden die Seifenstücke in Klarsichtfolien eingewickelt. Ist die Seife durchgetrocknet,

Färberpflanzen – Farbstoffe aus der Natur

Die Liebe zur Farbe und der Wunsch, sich mit farbigen Gewändern zu bekleiden, veranlasste die Menschen schon immer dazu, die Natur zu beobachten und geeignete Dinge zu finden, aus denen Farben hergestellt werden können. Pflanzliche Farbpigmente wurden bereits in den Höhlenmalereien der Steinzeit nachgewiesen. In allen Kulturen auf dieser Welt wurden Färbetechniken entwickelt, in denen Pflanzenfarben eine große Rolle spielten. Alte Stoffreste, historische Dokumente und prähistorische Werkzeuge zeugen von großer Kunst, Färbemittel herzustellen. Die Techniken wurden als großes Geheimnis gehütet und das Wissen der Färbermeister ist verloren gegangen. Völkerkundler und Chemiker haben später die alten Techniken rekonstruiert. Seit den Sechzigerjahren des letzten Jahrhunderts wird wieder größerer Wert auf natürliche Kleidung, Farben und Lacke gelegt. Es entstand eine kleine, ökologisch orientierte Farbindustrie, und das Textilfärben mit Naturfarben wurde als kreatives Hobby populär.

Zum Färben werden Wurzeln, Blätter, Blüten und Rinden verwendet. Die Pflanzenteile werden meist in Wasser eingeweicht, später aufgekocht und abgesiebt. Fertig ist der Farbsud und kann zum Färben von Textilien verwendet werden. Rot- und Brauntöne werden traditionell aus Alkanna- oder Krappwurzeln hergestellt. Alkanna ist bei den Indianern Nordamerikas als Schminkwurzel bekannt und Krappwurzeln werden bei uns seit der Antike zum Färben von Stoffen verwendet. Ebenfalls weit verbreitet ist die Färbung von Braun- oder Schwarztönen mit Walnussschalen. Ein Farbsud aus den gerbstoffhaltigen Nussschalen eignet sich zum Färben von Haaren, Leder oder Textilien. Birkenblätter, Resede, Zwiebelschalen und Tagetes ergeben leuchtend gelbe Farben und Brombeeren, Rote Bete, Möhren und Heidelbeeren liefern uns Rot- und Orangetöne zum Färben von Lebensmitteln.

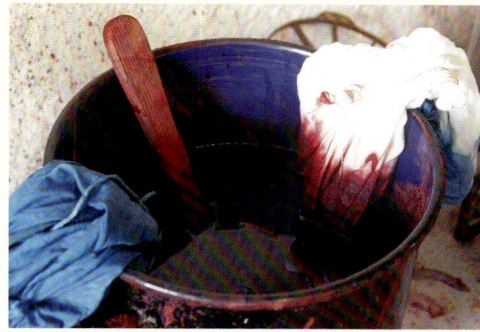

Der Farbsud ergibt häufig intensive Farben.

Vielfältige Pflanzenfarben

Strauß aus frischen oder getrockneten
Kräutern – natürlicher Tischschmuck

Kräuterkranz – duftender Willkommens-
gruß für die Tür

wird die Folie entfernt und die Stücke
werden an einem trockenen Platz gelagert.
Seifenkräuter sind Lavendel, Rosen, Duftpelargonien, Kamille oder Rosmarin. Gärt-
nerseife wird durch die Zugabe von Teebaumöl und Mohnsamen ergänzt. Die
Mohnsamen reinigen die Hände intensiv
und Teebaumöl wirkt desinfizierend bei
kleinen Verletzungen.

Kräuter, Kräuteressenzen und ätherische
Öle sind häufig genutzte Rohstoffe zur
Herstellung von Gesichtswasser, Sham-
poo, Cremes, Salben, Zahncreme und
Badezusätzen.

Kräutersträuße

Von Kräutersträußen geht schon immer
ein besonderer Zauber aus. Ihr intensiver
Duft wirkt anregend und heilsam und soll
böse Geister vertreiben. Traditionell werden Kräuter im Frühsommer gesammelt,
zu Sträußen gebunden und zum Trocknen
in das Haus geholt. Fast alle Kräuter sind
gut zum Binden von Sträußen geeignet.
Je nach Vorliebe werden Kräuterstiele
mit schönen Blüten oder würzig duftenden Blätter zusammengestellt, zu Sträußen gebunden und mit den Blüten nach
unten im Raum aufgehängt. Damit die
Kräuter gut trocknen, werden die Sträuße
möglichst locker gebunden und großzü-
gig im Raum verteilt. Da Kräutersträuße
auch im trockenen Zustand sehr hübsch
aussehen, sind sie über einen langen Zeitraum eine duftende und auch nützliche
Dekoration. Sie vertreiben Insekten und
haben auch in der Küche einen großen
praktischen Nutzen: Sie schaffen eine
wohnliche Atmosphäre, erfrischen die
Raumluft und können gleichzeitig zum
Würzen verwendet werden.

Tischdekoration

Auch als Tischdekoration sind frische
und getrocknete Kräuter sehr attraktiv.
Sie duften intensiv und wirken immer
interessant. Bündel von Kräutern oder
einzelne Zweige von Rosmarin, Salbei,
Thymian oder Lavendel können auf der
Tafel verteilt werden. Getrocknete Fruchtstände ergänzen das Bild. Auch in Vasen
sind frische Gewürzkräuter sehr dekorativ. Entsprechend der Jahreszeit, werden
Zweige mit Blättern und Blüten geschnitten und einzeln in Vasen eingestellt oder
zu kleinen Sträußen gebunden. Salbei,

Rosmarin, Estragon, Minze und Melisse
sehen nicht nur schön aus, sie steigern
durch ihren Duft auch den Appetit.

Kräuterkränze

Kräuterkränze sind immer ein Traum aus
Duft und Farbe. Sie hängen an Türen und
Wänden oder liegen einfach auf dem
Tisch. Kräuterkränze sind nicht ganz einfach zu binden. Damit der Kranz schön
rund wird, wird am besten ein Metallring
oder eine Unterlage aus Stroh umwickelt.
Die Kräuterzweige werden frisch geerntet, auf eine einheitliche Länge geschnitten und einzeln oder zu mehreren auf der
Unterlage festgebunden. Die Kränze können einheitlich oder gemischt aus vielen
Kräutern gestaltet werden. Gut geeignet
sind Halbsträucher wie Salbei, Lavendel,
Thymian und Weinraute. Besonders stil-
voll sind Kränze mit verschiedenen sil-
berlaubigen Kräutern, kombiniert mit
kleinen Rosen oder Hagebutten. Attraktiv
sind Unterlagen aus gebundenen Weidenzweigen. Sie werden grob geflochten
und die Zwischenräume bieten Platz für
Kräuter. Nach dem Binden kann der Kräuterkranz trocknen und bleibt über mehrere Wochen eine duftende Dekoration.

Die gesundheitsfördernde Wirkung
von Kräuterbädern war bereits in
der Antike bekannt. Schon ein war-
mes Bad ohne Kräuter entspannt
und fördert die Durchblutung. Die
Zugabe eines Kräutersuds oder
ätherischen Öles verstärkt die Wirkung: Rosmarin und Fichtennadel
regen an, Melisse, Baldrian und
Lavendel beruhigen, Kamille pflegt
die Haut und Thymian erleichtert
die Atmung.

Schnell gemacht: Serviettenring aus Bast und einem bunt gemischten Kräuterzweig

Bunt und fröhlich: ein Blumenstrauß aus Ringelblumen, Kapuziner- kresse, Borretsch und Co.

Augen und Nase essen immer mit: Kräuter sind Blickfang bei jeder Tischdekoration. Kleine Sträuße frischer Kräuter laden zum Verweilen ein.

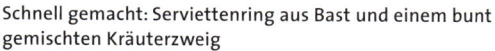

Pflanzen-Porträts

Erklärung der Symbole

Standort

 Für ein optimales Wachstum ist ein sonniger Standort ohne Schattenwurf erforderlich.

 Pflanze toleriert leichten Schatten-wurf (z.B. Lichthof) an einem absonnig liegenden Standort.

 Pflanze fühlt sich an einem halbschattigen Platz wohl, der teils sonnig, teils schattig ist (z.B. Gehölzrand).

 Standort sollte im lichten Schatten, das bedeutet, mehr im Schatten als in der Sonne, liegen (z.B. Waldlichtung).

 Pflanze toleriert auch Plätze ganz ohne Sonne.

Lebensform

 Blattwachstum, Blüten- und Fruchtbildung finden innerhalb einer Kulturperiode statt. Die Pflanze stirbt nach der Reife des Saatgutes ab.

 Im ersten Jahr Blattwachstum (meist Rosette), im zweiten Jahr Blüten- und Fruchtbildung; die Pflanze stirbt nach der Reife des Saatgutes ab.

 Blattwachstum, Blüten- und Fruchtbildung erfolgen innerhalb einer Kulturperiode. Die Pflanze überwintert und treibt in jedem Jahr aus dem Wurzelstock neu aus oder verholzt teilweise.

 Ausdauerndes Gehölz ohne Stamm als Hauptachse.

 Holzige Pflanze bestehend aus Wurzel, Hauptstamm und belaubter Krone.

Verwendung

 Heilpflanze

 Küchenkraut oder -gewürz

Zierpflanze

Duftpflanze

Nutzpflanze

Schwach giftig

Giftig bis sehr stark giftig. Diese Pflanzen sind in einem eigenen Kapitel zusammen-gefasst: Seite 198 bis 211

Pracht-Akanthus
Acanthus mollis

Weiterer Name: Bärenklau.
Familie: Acanthaceae.
Verbreitung: Südliches Europa.
Wuchs: Aufrecht; horstig; 60 bis 120 cm hoch.
Blatt: Grundständig; eingeschnitten gezähnt; grün.
Blüte: Juli bis August; Lippenblüten in Ähren stehend; weiß, rosa oder violett.
Frucht: 2-fächrige Kapsel.
Standort: Trockene bis mäßig feuchte Böden mit normalem Nährstoffgehalt.
Vermehrung: Aussaat im zeitigen Frühjahr unter Glas.
Pflege: Mäßig gießen und düngen; zur Saatgutgewinnung verblühte Blütenstände stehen lassen; vollständiger Rückschnitt im Herbst oder im zeitigen Frühjahr.
Winterschutz: In rauen Lagen erforderlich.
Ernte: Frische Blätter oder ganze blühende Pflanzen.
Verwendung: Die Volksheilkunde verwendet frische Blätter als Umschlag bei Verstauchungen und Verbrennungen. Blühende Pflanzen werden homöopathisch bei Überfunktion der Talgdrüsen der Kopfhaut verwendet.
Hinweis: In der Antike wurden die Blätter als Vorlagen für Verzierungen von Säulen verwendet.

Gewöhnliche Schafgarbe
Achillea millefolium

Weiterer Name: Gemeine Schafgarbe.

Familie: Asteraceae.
Verbreitung: Europa; Nordamerika; Mittelasien; auf Wiesen und an Wegrändern.
Wuchs: Aufrecht; Ausläufer treibend; bis 80 cm hoch.
Blatt: Fiederschnittig; Blättchen lineal-lanzettlich; grün.
Blüte: Juni bis Juli; Körbchenblüten in flachen Doldenrispen stehend; weiß, teilweise rosa.
Standort: Frische, nahrhafte Böden.
Vermehrung: Aussaat im Frühjahr; Teilung im Herbst.
Pflege: Mäßig gießen und düngen; vollständiger Rückschnitt im Herbst oder im zeitigen Frühjahr; Ausläufer abstechen.
Ernte: Im Frühjahr junge Blätter; im Sommer das ganze blühende Kraut.
Verwendung: Die Volksheilkunde kennt Schafgarbenkraut als Tee zur Appetitanregung und bei krampfartigen Magenbeschwerden. Das Homöopathikum Millefolium wird aus dem frischen blühenden Kraut hergestellt und bei Krampfschmerz oder Hautveränderungen angewendet. Die Frühlingsblätter werden als Salat verzehrt.
Hinweis: In der Antike wurde Schafgarbe bei Kriegern und Soldaten zur Wundheilung eingesetzt (Soldatenkraut).
Weitere Arten: Süße Schafgarbe (*Achillea ageratum*), Duft-Schafgarbe (*Achillea odorata*).

Apamarga
Achyranthes aspera

Weiterer Name: Streublume.
Familie: Amaranthaceae.
Verbreitung: Indien; China.
Wuchs: Aufrecht; bis 50 cm hoch.
Blatt: Elliptisch; zugespitzt; grün.

Steinquendel

Standort: Trockene bis frische, nahrhafte Böden.
Vermehrung: Aussaat im Frühjahr; Teilung im Herbst.
Pflege: Mäßig gießen und düngen; vollständiger Rückschnitt im Herbst oder im zeitigen Frühjahr.
Winterschutz: Durch Abdecken vor Frost schützen.
Ernte: Im Sommer das ganze Kraut.
Verwendung: Apamarga wird in Indien und China überwiegend bei Regelbeschwerden, gegen Unfruchtbarkeit und bei Unterleibsinfektionen eingesetzt. Die ayurvedische Medizin kennt die entwässernde und verdauungsfördernde Wirkung der Pflanze. Die asiatische Volksheilkunde nutzt das Kraut zur Wunddesinfektion und als Badeaufguss. Die Samen gelten als wirksam bei Migräne und die pulverisierte Wurzel wird zur Zahnreinigung sowie gegen Karies verwendet.

Pracht-Akanthus

Gewöhnliche Schafgarbe

Apamarga

Kalmus

Gewöhnlicher Giersch

Schwarzfrüchtiges Christophskraut

Steinquendel
Acinos arvensis (syn. *Acinos thymoides*)

Familie: Lamiaceae.
Verbreitung: Europa; westliches Asien; auf Schotterflächen.
Wuchs: Niederliegend; horstbildend; 20 bis 25 cm hoch.
Blatt: Eiförmig; mattgrün bis graugrün.
Blüte: Juni bis Juli; magentarot.
Standort: Mäßig trockene bis frische, durchlässige Böden im Steingarten.
Vermehrung: Aussaat im Frühjahr.
Pflege: Mäßig gießen, wenig düngen.
Ernte: Im Frühjahr und im Frühsommer das ganze Kraut.
Verwendung: Die Volksheilkunde verwendet Steinquendel bei Appetitlosigkeit und bei Magenproblemen.
In der Küche wird das Kraut zur Herstellung von aromatischen Kräutertees und als Gewürzkraut für Fleisch und Gemüse verwendet.
Hinweis: Steinquendel wird als Bienenweide gepflanzt und liefert Nektar für Bienen, Hummeln und Schmetterlinge.

Kalmus
Acorus calamus

Familie: Acoraceae.
Verbreitung: Europa; Amerika; Asien; in flachen Gewässern.
Wuchs: Aufrecht; 60 bis 100 cm hoch.
Blatt: Schwertförmig; zugespitzt; frischgrün.
Blüte: Juni bis Juli; Kolben mit laubblattartigem Hochblatt, gelblich grün.

Standort: Nasse, sumpfige Böden; häufig an Teichrändern.
Vermehrung: Wurzelteilung im Frühjahr.
Ernte: Wurzelstöcke im Herbst oder Frühjahr.
Verwendung: Kalmus wird als Tee, Extrakt und Tinktur bei Appetitmangel und bei Verdauungsbeschwerden verwendet. Äußerlich wird Kalmus in hautreizenden Bädern und als Gurgelwasser angewendet. Das ätherische Öl ist häufig Bestandteil von Kräuterlikör-Rezepturen.
Hinweis: Kalmus war in Indien, China und Persien schon lange vor unserer Zeitrechnung als hervorragendes Magenmittel bekannt.
Warnungen: Kalmus gilt als schwach giftig. Das Rhizom enthält möglicherweise krebserzeugende Substanzen.
Weitere Art: Lakritz-Kalmus, Garten-Kalmus (*Acorus gramineus*).

Schwarzfrüchtiges Christophskraut
Actaea spicata

Familie: Ranunculaceae.
Verbreitung: Europa; Kaukasusländer; Russland; in Wäldern.
Wuchs: Aufrecht; 30 bis 80 cm hoch.
Blatt: 3-teilig; Blättchen tief eingeschnitten gesägt bis fiederlappig; dunkelgrün.
Blüte: Mai bis Juni; Trauben; weiß.
Frucht: Eiförmige, vielsamige Beere; glänzend schwarz.
Standort: Frische, schwach saure bis neutrale Böden mit hohem Nährstoffgehalt.
Vermehrung: Aussaat im Frühjahr.
Ernte: Frische unterirdische Pflanzenteile.
Verwendung: Homöopathische Zubereitungen des Christophskrautes werden bei

rheumatischen Beschwerden in den Hand- und Fingergelenken angewendet.
Warnungen: Die Früchte gelten als schwach giftig. Vergiftungserscheinungen sind Rötung und Blasenbildung auf der Haut, Erbrechen und Durchfall.

Gewöhnlicher Giersch
Aegopodium podagraria

Weiterer Name: Geißfuß.
Familie: Apiaceae.
Verbreitung: Europa; Asien; Nordamerika; in Gärten und an Gehölzrändern.
Wuchs: Aufrecht; Stängel hohl, kantig gefurcht; ausläuferbildend; 50 bis 70 cm hoch.
Blatt: 3-teilig (Geißfuß); Blättchen gesägt; grün.
Blüte: Mai bis Juli; sternförmige Einzelblüten in Dolden stehend; weiß.
Frucht: Spaltfrucht.
Standort: Frische bis feuchte Böden mit hohem bis sehr hohem Nährstoffgehalt (Stickstoffanzeiger!).
Vermehrung: Aussaat im Frühjahr; Teilung des Wurzelstockes.
Pflege: Rhizomsperren einsetzen; Pflanzen breiten sich flächig aus und sind schwer zu entfernen.
Ernte: Im Frühjahr und Frühsommer das ganze Kraut.
Verwendung: Volksheilkunde und Homöopathie verwenden die Pflanze bei rheumatischen Beschwerden und bei Gicht. Das frische Kraut wird als Auflage bei Insektenstichen und bei kleinen Hautverletzungen angewendet. Junge Blätter werden als Salat oder Gemüse gegessen.

Duftnessel
Agastache cana

Weiterer Name: Moskitopflanze.
Familie: Lamiaceae.
Verbreitung: Nordamerika.
Wuchs: Aufrecht buschig; 50 bis 80 cm hoch.
Blatt: Schmal eiförmig; zugespitzt; nach Anis duftend; grün.
Blüte: Juli bis September; Ähre; rosa.
Standort: Leichte, durchlässige, feuchte Böden mit hohem Nährstoffgehalt.
Vermehrung: Aussaat im Frühjahr; Teilung des Wurzelstockes im Herbst; Stecklinge vor der Blüte.
Pflege: Gleichmäßig gießen und düngen, die Pflanze darf nicht austrocknen; vollständiger Rückschnitt im Herbst oder Frühjahr; auf Mehltau und Raupen achten.
Winterschutz: Bei mehrjähriger Kultur Winterschutz erforderlich; Pflanze wird aber meist einjährig kultiviert.
Ernte: Während des Sommers Blätter und Blüten frisch.
Verwendung: Das Aroma der Blätter erinnert an Orangen-Thymian. Sie werden gern für Tees sowie zum Würzen von Süßspeisen und Salaten verwendet. Die Blüten eignen sich gut zum Schnitt für die Vase.

Anisysop
Agastache foeniculum

Familie: Lamiaceae.
Verbreitung: Nordamerika.
Wuchs: Aufrecht bis locker buschig; 50 bis 80 cm hoch.
Blatt: Oval; drüsig punktiert; nach Anis duftend; grün.
Blüte: Juli bis September; Ähre; hellpurpur.
Standort: Durchlässige, trockene, nahrhafte Böden.
Vermehrung: Aussaat im Frühjahr; Teilung des Wurzelstockes im Herbst; Stecklinge vor der Blüte.
Pflege: Gleichmäßig gießen und düngen; vollständiger Rückschnitt im Herbst oder Frühjahr; breitet sich gern aus; auf Schneckenfraß achten.
Winterschutz: Bei mehrjähriger Kultur Winterschutz erforderlich.
Ernte: Während des Sommers Blätter und Blüten frisch; zum Trocknen oberirdische Pflanzenteile kurz vor der Blüte.
Verwendung: Anisysop wirkt appetitanregend und hilft bei Übelkeit und Erbrechen. Die Blätter werden zum Aufguss von Tee oder zum Würzen von verschiedenen Speisen verwendet.

Lemonysop
Agastache mexicana

Familie: Lamiaceae.
Verbreitung: Mexiko.
Wuchs: Aufrecht bis locker buschig; 80 bis 100 cm hoch.
Blatt: Oval bis lanzettlich; gesägt; mattgrün.
Blüte: Juli bis September; Ähre; magentarot.
Standort: Durchlässige, nahrhafte, feuchte Böden.
Vermehrung: Aussaat im Frühjahr; Teilung des Wurzelstockes im Sommer; Stecklinge vor der Blüte.
Pflege: Gleichmäßig gießen und düngen; vollständiger Rückschnitt im Herbst oder Frühjahr; auf Schneckenfraß achten.
Winterschutz: Bei mehrjähriger Kultur Winterschutz erforderlich; wird aber meist einjährig kultiviert.
Ernte: Während des Sommers Blätter und Blüten frisch.
Verwendung: Lemonysop wirkt appetitanregend. Die Blätter haben einen milden, zitronenartigen Geschmack und werden zum Aufguss von Tee oder als Gewürz von Fischgerichten, Salaten und Süßspeisen verwendet. Die attraktiven Blüten eignen sich zum Garnieren von Desserts.

Duftnessel

Anisysop

Lemonysop

Koreanische Minze

Amerikanische Agave

Koreanische Minze
Agastache rugosa

Familie: Lamiaceae.
Verbreitung: Ostasien.
Wuchs: Aufrecht bis locker buschig; 80 bis 120 cm hoch.
Blatt: Oval; drüsig punktiert; nach Minze duftend; grün.
Blüte: Juli bis September; Ähre; hellpurpur.
Standort: Durchlässige, trockene, nahrhafte Böden.
Vermehrung: Aussaat im Frühjahr; Teilung des Wurzelstockes im Herbst; Stecklinge vor der Blüte.
Pflege: Häufig gießen und düngen; vollständiger Rückschnitt im Herbst oder Frühjahr.
Winterschutz: Bei mehrjähriger Kultur Winterschutz erforderlich.

Ernte: Während des Sommers Blätter und Blüten frisch; zum Trocknen oberirdische Pflanzenteile kurz vor der Blüte.
Verwendung: Die Koreanische Minze wirkt fiebersenkend, verdauungsfördernd und antibakteriell. Wegen ihres minzeartigen Aromas werden die Blätter zum Aufguss von Tee oder zum Würzen von Salaten, Fleischgerichten oder Süßspeisen verwendet.

Amerikanische Agave
Agave americana

Weiterer Name: Hundertjährige Aloe.
Familie: Agavaceae.
Verbreitung: Mittelamerika.
Wuchs: Rosettig; sukkulent; als Kübelpflanze 50 bis 100 cm hoch.

Blatt: Schmal; bedornt; derb; blaugrün.
Blüte: Nach vielen Jahren oder Jahrzehnten trichterförmige Einzelblüten in Blütenständen an sehr langen Blütenschäften; Pflanze stirbt nach der Blüte ab; grünlich.
Frucht: Kapsel.
Standort: Durchlässige, trockene Böden.
Vermehrung: Aussaat im Frühjahr; Teilung der Pflanze im Sommer.
Pflege: Wenig gießen und düngen; trockene Blätter entfernen.
Winterschutz: Kübelpflanze; hell und kühl überwintern.
Ernte: Saft der Blätter im Sommer.
Verwendung: Agavensaft hat harntreibende und schwach abführende Wirkung. Homöopathische Zubereitungen aus frischen Blättern werden bei Blutarmut verwendet. Der Dicksaft ist eine beliebte Alternative von Zucker und wird zur Herstellung von Tequila verwendet.

Agastache-Arten und -Sorten

Deutscher Name	Botanischer Name	Eigenschaft
Lavendel-Agastache	*Agastache astromontanum*	Reich blühend; Lavendelaroma
Agastache 'Navajo Sunset'	*Agastache aurantiaca*	Blühfreudig, orange
Agastache 'Apricot Sunrise'	*Agastache aurantiaca*	Duftende Blätter; aprikosenorange
Agastache 'Firebird'	*Agastache coccinea x rupestris*	Minzearoma; feuerrot
Pracht-Agastache	*Agastache lanceolata*	Angenehm duftend; magentarot
Frühblühende Agastache	*Agastache occidentalis*	Dunkelgrünes Laub; frühblühend
Neumexico-Agastache	*Agastache pallidiflora ssp. neomexicana*	Winterhart; lange blühend
Palmer's Agastache	*Agastache palmeri*	Laub dunkelgrün; Blüten lilarosa
Koreanische Minze	*Agastache rugosa var. albiflora*	Minzearoma; weiß
Felsen-Agastache	*Agastache rupestris*	Graugrüne Blätter; Blüten pink bis orange

Kleiner Odermennig

Großer Odermennig

Kriechender Günsel

Gewöhnliche Stockrose

Standort: Lockere, durchlässige Böden.
Vermehrung: Aussaat im Frühjahr; Teilung des Wurzelstockes im Herbst.
Pflege: Wenig gießen und düngen; vollständiger Rückschnitt im Herbst oder Frühjahr.
Ernte: Blätter und Blüten im Sommer.
Verwendung: Der Große Odermennig wird genau wie der Kleine Odermennig verwendet (s.o.).
Hinweis: Das Kraut wurde bereits von den griechischen Ärzten als Mittel gegen schwer heilende Geschwüre verwendet. Im Zeitalter der Klostermedizin befasste sich vor allem Hildegard von Bingen mit der Pflanze. Ihre Erkenntnisse haben bis heute Gültigkeit.
Weitere Arten: Chinesischer Odermennig (*Agrimonia pilosa*), Duft-Odermennig (*Agrimonia procera*).

Kriechender Günsel
Ajuga reptans

Weitere Namen: Güldengünsel, Kuckucksblume
Familie: Lamiaceae.
Verbreitung: Europa; Asien; Nordamerika; auf Wiesen und in sumpfigen Wäldern.
Wuchs: Mehrjährig; mattenartig; ausläuferbildend; 10 bis 20 cm hoch.
Blatt: Oval; ganzrandig bis gekerbt; wintergrün.
Blüte: April bis Juli; 2-lippige Einzelblüten in Scheinähren stehend; lebhaft blau.
Standort: Frische bis feuchte Böden mit normalem bis hohem Nährstoffgehalt.
Vermehrung: Teilung des Wurzelstockes im Frühjahr.
Pflege: Häufig reduzieren; breitet sich flächig aus.
Ernte: Blätter im Sommer.
Verwendung: Günselkraut wird in der Volksheilkunde bei Leber-Gallebeschwerden, zum Gurgeln bei Entzündungen im Mund- und Rachenraum und zur Behandlung von Wunden genutzt. Homöopathische Anwendungsgebiete sind Stoffwechselstörungen. Die frischen Seitentriebe können als Sprossen zum Anrichten von Salaten und Gemüse verwendet werden.

Kleiner Odermennig
Agrimonia eupatoria

Weitere Namen: Schafklette, Klettenkraut
Familie: Rosaceae
Verbreitung: Europa; Westasien; Nordafrika.
Wuchs: Straff aufrecht; 30 bis 60 cm hoch.
Blatt: Unpaarig gefiedert; Blättchen länglich-elliptisch; gesägt; grün.
Blüte: Juli bis August; sternförmige Einzelblüten in ährenartigen Trauben stehend; gelb.
Frucht: Klettenartige Nüsschen.
Standort: Lockere, durchlässige Böden.
Vermehrung: Aussaat im Frühjahr; Teilung des Wurzelstockes im Herbst.
Pflege: Wenig gießen und düngen; vollständiger Rückschnitt im Herbst oder Frühjahr.
Ernte: Blätter und Blüten im Sommer.
Verwendung: Das Kraut hat aufgrund seines Gerbstoffgehaltes mild zusammenziehende

Wirkung. Der Tee hilft bei Durchfällen und Appetitmangel und wird auch als Gurgelmittel bei entzündeter Rachenschleimhaut oder entzündetem Zahnfleisch verwendet.
Hinweis: Odermennig ist eine alte Heil- und Zauberpflanze, die seit der Antike verwendet wird.

Großer Odermennig
Agrimonia procera

Familie: Rosaceae.
Verbreitung: Europa.
Wuchs: Straff aufrecht; 60 bis 200 cm hoch.
Blatt: Unpaarig gefiedert; Blättchen länglich-elliptisch; gesägt; grün.
Blüte: Juli bis September; sternförmige Einzelblüten in ährenartigen Trauben stehend; goldgelb.
Frucht: Nüsschen.

Gewöhnliche Stockrose
Alcea rosea

Familie: Malvaceae.
Verbreitung: Europa; Asien; Nordamerika.
Wuchs: Rosettig; Blütentriebe straff aufrecht; 1,50 bis 2 m hoch.

Blatt: 3- bis 5-lappig; gezähnt; filzig behaart; graugrün.
Blüte: Juli bis September; trichterförmige Einzelblüten in lockeren Trauben stehend; rosa, rot (auch weiß, gelb, violett oder schwarzviolett).
Frucht: Fachspaltige Kapsel.
Standort: Tiefgründige, nahrhafte Böden.
Vermehrung: Aussaat im Frühjahr oder Sommer.
Pflege: Anspruchslos; vollständiger Rückschnitt im Herbst oder Frühjahr; auf Malvenrost achten, befallene Blätter entfernen.
Ernte: Blüten im Sommer.
Verwendung: Frische Blüten werden als Garnierung von Süßspeisen verwendet. Die getrockneten Blüten der Sorte 'Nigra' sind häufig Bestandteil von Teemischungen gegen Husten und Bronchitis.
Hinweis: Die dunklen Blüten wurden früher zum Färben von Wein und Limonade verwendet.

Gewöhnlicher Frauenmantel
Alchemilla xanthochlora
(syn. *Alchemilla vulgaris*)

Familie: Rosaceae.
Weitere Namen: Gelbgrüner Frauenmantel, Spitzblättriger Frauenmantel
Verbreitung: Europa; Russland; an Bachufern und Wegrändern.
Wuchs: Horstig; Blütenstände breitbuschig; bis 50 cm hoch.
Blatt: 7- bis 9-lappig; gezähnt; weich behaart; grün.
Blüte: Juni bis Juli; Nachblüte häufig im Herbst; knäuelartig in Rispen stehend; gelb.

Standort: Humusreiche, durchlässige, nicht zu trockene Böden.
Vermehrung: Aussaat im Frühjahr oder Teilung des Wurzelstockes im Herbst.
Pflege: Rückschnitt der Blütenstände nach der Blüte, um starkes Verwildern zu verhindern.
Ernte: Blühendes Kraut im Sommer.
Verwendung: Die Volksheilkunde verwendet den Tee als Mittel gegen Beschwerden der Wechseljahre, bei zu starken Monatsblutungen und auch als Blutreinigungskur. Das Kraut wird auch als Tee oder in Teemischungen bei Magen- und Darmstörungen und bei unspezifischen Durchfällen angewendet. Frische Blätter sind Zutaten für Salate oder Suppen.
Hinweis: Schon die alten Germanen kannten Frauenmantel als Heilpflanze bei Frauenleiden sowie als Götter- und Zauberpflanze.

Alkannawurzel
Alkanna tuberculata

Weiterer Name: Schminkwurz.
Familie: Boraginaceae.
Verbreitung: Europa; Nordafrika.
Wuchs: Horstig, am Grunde verholzend; Blütenstände niederliegend bis aufrecht 10 bis 30 cm hoch.
Blatt: Lanzettlich; rau behaart; grün.
Blüte: Mai bis Juni; leuchtend dunkelblau.
Standort: Trockene, kalkhaltige Böden mit geringem Nährstoffgehalt.
Vermehrung: Aussaat im Frühjahr oder Teilung des Wurzelstockes im Herbst.
Pflege: Anspruchslos; vollständiger Rückschnitt im Herbst oder Frühjahr
Ernte: Wurzelstock im Herbst.

Verwendung: Die Volksheilkunde verwendete die Alkannawurzel früher als Mittel gegen Durchfall, Entzündungen und Hauterkrankungen. Die Alkannawurzel ist eine alte Färberpflanze. In der Antike haben Frauen ihre Wangen mit Pigmenten der Wurzel geschminkt (Schminkwurzel). Heute wird die Pflanze ausschließlich zum Rotfärben von Kosmetika und Lebensmitteln verwendet.
Warnung: Die Pflanze gilt als schwach giftig. Von der inneren Anwendung der Wurzel ist abzuraten.

Gewöhnliche Knoblauchsrauke
Alliaria petiolata

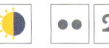

Familie: Brassicaceae.
Verbreitung: Europa; Asien; Nordamerika, an Gehölzrändern.
Wuchs: Horstig; Blütenstände aufrecht; 30 bis 50 cm hoch.
Blatt: Herzförmig; gezähnt; grün.
Blüte: Mai bis Juni; kreuzförmige Einzelblüten, in Trauben stehend; weiß.
Standort: Durchlässige, nährstoffreiche Böden.
Vermehrung: Aussaat im Frühjahr.
Pflege: Ausreichend gießen und düngen; sät sich aus.
Ernte: Blätter und Stängel vor der Blüte.
Verwendung: Knoblauchsrauke wirkt entzündungshemmend und schleimlösend. Die Volksheilkunde verwendet den Tee gegen Erkrankungen der Atemwege und Zahnfleischentzündungen sowie Umschlägen bei schlecht heilenden Wunden. Die jungen Blätter werden als Frühlingssalat verzehrt.

Gewöhnlicher Frauenmantel

Alkannawurzel

Gewöhnliche Knoblauchsrauke

Küchen-Zwiebel
Allium cepa

Weiterer Name: Sommer-Zwiebel.
Familie: Alliaceae.
Verbreitung: Nur als Kulturpflanze bekannt.
Wuchs: In Kultur einjährig; aufrecht; 80 bis 120 cm hoch.
Blatt: Röhrig, hohl; bis 80 cm lang; blaugrau.
Blüte: Juni bis August; kugelige Trugdolden; anfangs mit Hüllblatt; cremeweiß.
Frucht: Kapsel.
Standort: Nahrhafte, durchlässige Böden.
Vermehrung: Aussaat im zeitigen Frühjahr; Steckzwiebeln.
Pflege: Ausreichend gießen und düngen; auf Zwiebelfliegen achten, befallene Pflanzen entfernen.
Ernte: Zwiebeln im Sommer, sobald das Laub eingetrocknet ist.

Verwendung: Die frische Zwiebel wirkt verdauungsfördernd und unterdrückt entzündliche Reaktionen nach Insektenstichen. Für die Volksheilkunde ist sie ein vorbeugendes Mittel gegen altersbedingte Gefäßkrankheiten sowie gegen Husten und Erkältungskrankheiten. Zwiebeln werden zur Zubereitung von Salaten und Gemüse, Fleisch-, Fischgerichten verwendet.
Hinweis: Die Zwiebel ist eine der ältesten Kulturpflanzen überhaupt und wird seit mindestens 5000 Jahren kultiviert.

Knoblauch
Allium sativum

Familie: Alliaceae.
Verbreitung: Nur als Kulturpflanze bekannt.
Wuchs: In Kultur einjährig; aufrecht; bis 80 cm hoch.

Blatt: Linealisch; ganzrandig; meist hängend; graugrün.
Blüte: Mai bis Juni; halbkugelige Dolden; anfangs von einem Hochblatt umgeben; meist steril; rötlich bis weiß.
Standort: Nahrhafte, durchlässige Böden.
Vermehrung: Einzelne Zehen werden im Frühjahr in die Erde gesteckt; Brutzwiebeln im Sommer (2-jährige Kultur).
Pflege: Ausreichend gießen und düngen.
Ernte: Knollen im Sommer, sobald das Laub eingetrocknet ist.
Verwendung: Knoblauch gilt als gefäßerweiternd, blutverflüssigend und blähungstreibend. Knoblauchkapseln werden bei altersbedingten Gefäßveränderungen und zur unterstützenden Behandlung von Bluthochdruck sowie bei erhöhten Blutfettwerten angewendet. Frischer Knoblauch ist ein beliebtes Küchengewürz.
Hinweis: Knoblauch wird seit etwa 5000 Jahren kultiviert.

Schnittlauch
Allium schoenoprasum

Familie: Alliaceae.
Verbreitung: Europa; Asien; Nordamerika.
Wuchs: Aufrecht; horstig; 20 bis 30 cm hoch.
Blatt: Röhrig; wintergrün.
Blüte: Juni bis Juli; kugelige Dolden; hellviolett.
Standort: Nahrhafte, nicht zu feuchte Böden.
Vermehrung: Aussaat im Frühjahr, Teilung des Wurzelstockes im Herbst.
Pflege: Ausreichend gießen und düngen, alle zwei bis drei Jahre verjüngen.
Ernte: Blätter im Frühjahr und Sommer, dabei Blüten entfernen.
Verwendung: Schnittlauch wirkt appetitanregend, verdauungsfördernd und harntreibend. Er wird gern zum Würzen von Rührei, Quark oder Salaten verwendet. Die Blüten sind essbar.
Hinweis: Um die reichlich enthaltenen Vitamine zu schonen, sollte Schnittlauch nicht erhitzt werden.
Weitere Sorten: Im Handel sind weißblühende Sorten erhältlich.

Sibirischer Schnittlauch
Allium schoenoprasum var. sibiricum

Weiterer Name: Alpen-Schnittlauch.
Familie: Alliaceae.
Verbreitung: Europa; Asien.
Wuchs: Aufrecht; horstig; 20 bis 30 cm hoch.
Blatt: Röhrig; wintergrün.

Blüte der Küchen-Zwiebel

Küchen-Zwiebel

Knoblauch

Schnittlauch

Sibirischer Schnittlauch

Chinesischer Lauch

Bärlauch

Blüte: Keine Blüte, bilden oberirdisch Brutzwiebeln aus.
Standort: Nahrhafte, nicht zu feuchte Böden.
Vermehrung: Brutzwiebeln im Sommer, Teilung des Wurzelstockes im Herbst.
Pflege: Ausreichend gießen und düngen, gelegentlich verjüngen.
Ernte: Blätter im Frühjahr und Sommer, dabei Brutzwiebeln entfernen.
Verwendung: Wegen seines milden Geschmackes wird Sibirischer Schnittlauch gern zum Würzen von feinen Speisen verwendet.

Chinesischer Lauch
Allium tuberosum

Familie: Alliaceae.
Verbreitung: China; Indien.
Wuchs: Aufrecht; horstig; 30 bis 40 cm hoch.
Blatt: Flachkantig; nicht hohl; grün.
Blüte: Juli bis September; Büschel; weiß.

Standort: Nahrhafte, nicht zu feuchte Böden.
Vermehrung: Aussaat im Herbst, Teilung des Wurzelstockes im Herbst oder Frühjahr.
Pflege: Wenig gießen und düngen, gelegentlich verjüngen; Standortwechsel nach drei bis vier Jahren; auf Zwiebelfliegen achten.
Ernte: Blätter und Blütenstiele ab Mai; pro Sommer sind zwei bis drei Ernten möglich.
Verwendung: Blätter und Blüten schmecken mild nach Knoblauch und werden zum Würzen von Suppen, Salaten, Fleisch- und Fischgerichten verwendet. Die Stiele können auch als Gemüse gedünstet werden.

Bärlauch
Allium ursinum

Familie: Alliaceae.
Verbreitung: Europa; Westasien, in Laubwäldern.
Wuchs: Mehrjährig; horstig; 20 bis 30 cm hoch.

Blatt: Lanzettlich; ganzrandig; grün.
Blüte: Mai bis Juni; sternförmige Einzelblüten in halbkugeligen Dolden stehend; nach Knoblauch duftend; weiß.
Standort: Kalkhaltige, nahrhafte, frische bis feuchte Böden.
Vermehrung: Aussaat im Sommer (Frostkeimer!), Zwiebelteilung nach der Blüte.
Pflege: Wenig gießen, nicht düngen; das Herbstlaub als Winterschutz stehen lassen.
Ernte: Blätter im Frühjahr vor der Blüte, Zwiebeln im Sommer.
Verwendung: Die Volksheilkunde verwendet das Kraut bei Verdauungsstörungen, gegen Bluthochdruck und vorbeugend gegen altersbedingte Gefäßerkrankungen. Bärlauchblätter werden roh oder gedünstet zum Würzen von Suppen, Salaten, Saucen, Gemüse-, Fleisch- und Fischgerichten verwendet und eignen sich hervorragend zur Herstellung von Pesto.
Hinweis: Bärlauch war schon bei den Germanen und Kelten als Heilpflanze bekannt. Ausgrabungen ergaben, dass er bereits vor 5.000 Jahren verwendet wurde.

Weitere Lauch-Arten

Deutscher Name	Botanischer Name	Eigenschaften
Riesenknoblauch	*Allium ampeloprasum*	Zwiebelgroße Knollen
Schalotte 'Cuisse de Poulet'	*Allium ascalonicum*	Kleine Zwiebeln; feiner Geschmack
Kanadischer Lauch	*Allium canadense*	Alle Pflanzenteile essbar
Luftzwiebel	*Allium cepa* var. *viviparum*	Brutzwiebeln essbar
Japanische Lauchzwiebel	*Allium chinense*	Feine Zwiebeln als Gemüse
Winterheckenzwiebel	*Allium fistulosum*	Ausdauernde Zwiebelart
Chinesischer Schnittlauch	*Allium ramosum* (syn. *Allium odorum*)	Großblättriger; sehr aromatisch

Kap-Aloe

Echte Aloe

Zitronenverbene

Kap-Aloe
Aloe ferox

Familie: Aloaceae.
Verbreitung: Südafrika.
Wuchs: Aufrecht; sukkulent; als Kübelpflanze 40 bis 80 cm hoch; am Naturstandort 2 bis 3 m hoch.
Blatt: Lanzettlich; bedornt; derb; grün.
Blüte: Juni bis September; röhrenförmige Einzelblüten in aufrechten Trauben stehend; blassrot.
Standort: Nahrhafte, durchlässige Böden.
Vermehrung: Aussaat im Frühjahr.
Pflege: Wenig gießen, nicht düngen; auf Schildläuse achten.
Winterschutz: Kübelpflanze; hell und kühl überwintern.
Ernte: Blätter ganzjährig.
Verwendung: Kap-Aloe ist Bestandteil vieler Abführmittel und spielt auch eine Rolle als bitteres Magenmittel. Die Tinktur hilft äußerlich angewendet bei schlecht heilenden Wunden und bei Verbrennungen.
Warnung: Die Pflanze gilt als schwach giftig. Eine Überdosis kann zu Darmblutungen und im Extremfall zu Uterusblutungen führen.

Echte Aloe
Aloe vera

Weiterer Name: Barbados-Aloe.
Familie: Aloaceae.
Verbreitung: Asien; Südafrika.
Wuchs: Rosettig; sukkulent; als Kübelpflanze 40 bis 80 cm hoch; am Naturstandort 2 bis 3 m hoch.

Blatt: Lanzettlich; bedornt; derb; grün.
Blüte: Juni bis Juli; röhrenförmige Einzelblüten in aufrechten Trauben stehend; goldgelb.
Standort: Nahrhafte, durchlässige Böden.
Vermehrung: Aussaat im Frühjahr; Ausläufer.
Pflege: Wenig gießen, nicht düngen; auf Schildläuse achten.
Winterschutz: Kübelpflanze; hell und kühl überwintern.
Ernte: Blätter ganzjährig.
Verwendung: Die Pflanze wird seit der Antike zur Behandlung von Verbrennungen und Wunden verwendet. Sie ist Bestandteil vieler Abführmittel und spielt auch eine Rolle als bitteres Magenmittel. Der nicht eingedickte Saft der Blätter ist Rohstoff in der Kosmetikindustrie.
Hinweis: Der Missbrauch von Abführmitteln mit der schwach giftigen Aloe ruft erhebliche Nebenwirkungen hervor.

Zitronenverbene

Aloysia triphylla

Weiterer Name: Zitronenstrauch.
Familie: Verbenaceae.
Verbreitung: Südamerika.
Wuchs: Strauch; aufrecht; bis 2,50 m hoch.
Blatt: Schmal-lanzettlich; zugespitzt; duftend; grün.
Blüte: August; Rispe; duftend; weiß.
Standort: Windgeschützt; nahrhafte, humose Böden.
Vermehrung: Stecklinge im Frühsommer.
Pflege: Gleichmäßig feucht halten; regelmäßig düngen; im Frühjahr stark zurückschneiden; Formschnitt im Sommer möglich.

Winterschutz: Kübelpflanze; hell und kühl überwintern.
Ernte: Während des ganzen Sommers werden Blätter und Blüten geerntet und frisch verwendet oder getrocknet.
Verwendung: Blätter und Blüten der Zitronenverbene können als Entspannungstee zubereitet oder zum Aromatisieren von Getränken, Süßspeisen und Gebäck verwendet werden.

Echter Eibisch
Althaea officinalis

Familie: Malvaceae.
Verbreitung: Europa; Westasien; Nordafrika.
Wuchs: Horstig; Blütenstände straff aufrecht; 1,50 bis 2 m hoch.
Blatt: 3- bis 5-lappig; gezähnt; graugrün.
Blüte: Juli bis September; trichterförmige Einzelblüten in Büscheln in den Blattachseln stehend, helllila bis blassrosa.
Standort: Sonnig bis halbschattig; frische bis feuchte Böden mit geringem Nährstoffgehalt.
Vermehrung: Aussaat im Frühjahr.
Pflege: Gleichmäßig feucht halten; gelegentlich düngen; Rückschnitt im Herbst oder Frühjahr; auf Malvenrost achten; befallene Blätter entfernen.
Ernte: Blätter vor der Blüte; das ganze blühende Kraut; Wurzeln im Herbst.
Verwendung: Die Eibischwurzel wird als Bestandteil von Teemischungen oder als Sirup bei trockenem Reizhusten sowie bei entzündlichen Schleimhautreizungen verwendet. Eibischblätter sind Bestandteil von Gurgelwasser, die Wurzel wird als Seifenzusatz in der Kosmetikindustrie verwendet.
Sorte: *Althaea officinalis* 'Rosea'.

Garten-Fuchsschwanz
Amaranthus caudatus

Weiterer Name: Amaranth.
Familie: Amaranthaceae.
Verbreitung: Südamerika; Westasien.
Wuchs: Straff aufrecht; bis 1 m hoch.
Blatt: Eiförmig, dunkelgrün, oft rötlich
überlaufen.
Blüte: Juli bis August; purpurrot.
Standort: Nahrhafte, durchlässige Böden.
Vermehrung: Aussaat im Frühjahr; vermehrt
sich durch Selbstaussaat.
Pflege: Gleichmäßig feucht halten; regel-
mäßig düngen.
Ernte: Blätter im Sommer, reife Samen.
Verwendung: Amarant ist mineralstoff-
reich und gilt als wirksam gegen Durchfall
und starke Menstruation. Genutzt werden
vor allem die an Hirse erinnernden Samen.
Getrocknete Blätter werden als Tee, frische
Blätter wie Gemüse zubereitet. Die reifen
Samen werden wie Getreide verarbeitet.
Hinweis: Amarant zählt zu den ältesten
Nutzpflanzen der Menschheit. Für die India-
ner Süd- und Mittelamerikas war Amaranth
eines der Hauptnahrungsmittel.
Weitere Art: Rispiger Fuchsschwanz
(*Amaranthus cruentus x powelli*)

Große Knorpelmöhre
Ammi majus

Weiterer Name: Bischofskraut.
Familie: Apiaceae.
Verbreitung: Mittelmeergebiet.
Wuchs: Rosettig; Blütentriebe straff aufrecht;
30 bis 100 cm hoch.
Blatt: Fein gefiedert; grün.
Blüte: Juni bis Oktober; zusammengesetzte
Dolden; weiß.
Frucht: Spaltfrucht.
Standort: Nahrhafte, mäßig trockene Böden.
Vermehrung: Aussaat im Frühjahr.
Pflege: Regelmäßig gießen und düngen.
Ernte: Junge Blätter bei Bedarf; reife Früchte
im Herbst.
Verwendungen: Pharmazeutisch wird der
Extrakt der Knorpelmöhre innerlich und
äußerlich bei Schuppenflechte und bei
Weißhäutigkeit angewendet. Frische oder
getrocknete Früchte können wie Kümmel als
Gewürz verwendet werden, frische Blätter
ähneln der Petersilie.
Warnung: Vorsicht im Umgang mit der
Pflanze, phototoxische Substanzen können
bei empfindlichen Personen eine Kontakt-
dermatitis erzeugen.

Zahnstocher-Ammei
Ammi visnaga

Familie: Apiaceae.
Verbreitung: Mittelmeergebiet; Mittel-
amerika.
Wuchs: Rosettig; Blütentriebe straff aufrecht;
80 bis 150 cm hoch.
Blatt: Fein gefiedert; grün.
Blüte: Juni bis Juli; zusammengesetzte
Dolden; weiß.
Frucht: Spaltfrucht.
Standort: Nahrhafte, mäßig trockene Böden.

Vermehrung: Aussaat im Frühjahr.
Pflege: Regelmäßig gießen und düngen.
Ernte: Reife Früchte im Herbst.
Verwendungen: Die Wirkstoffe des Zahnstocher-Ammei sind Rohstoff von pharmazeutischen Fertigpräparaten zur Behandlung
von Erkrankungen der Luftwege, Krämpfen
der Verdauungswege sowie Herzerkrankungen.
Hinweis: Ammei war schon im alten Ägypten
unter dem Namen Khella bekannt. Die
Doldenstrahlen der Pflanze sind zur Reifezeit
sehr hart und schmecken angenehm würzig.
Sie werden im Orient bis heute zur Herstellung von Zahnstochern verwendet.

Echter Eibisch

Große Knorpelmöhre

Garten-Fuchsschwanz

Zahnstocher-Ammei

Acker-Gauchheil
Anagallis arvenis

Familie: Primulaceae.
Verbreitung: Europa; Neuseeland; Australien.
Wuchs: Aufrecht; 10 bis 30 cm hoch.
Blatt: Eiförmig; ganzrandig; grün.
Blüte: Juni bis Oktober; tellerförmig; hell-arminrot.
Standort: Frische Böden mit normalem bis hohem Nährstoffgehalt.
Vermehrung: Aussaat im Frühjahr.
Pflege: Regelmäßig gießen und düngen.
Ernte: Blühendes Kraut.
Verwendung: Die Volksheilkunde nutzt das Kraut bei Warzen, gegen Husten und als harntreibendes Mittel. Homöopathische Zubereitungen werden bei Hautausschlägen, Entzündungen und Verstimmungszuständen angewendet.
Hinweis: Die ganze Pflanze, besonders die Wurzel, gilt als schwach giftig. Die Blätter können eine allergische Hautdermatitis hervorrufen.

Gewöhnliche Ochsenzunge
Anchusa officinalis

Familie: Boraginaceae.
Verbreitung: Europa; Türkei.
Wuchs: Rosettig; Blütenstiele aufrecht; 40 bis 60 cm hoch.
Blatt: Länglich lanzettlich; ganzrandig; rau behaart; grün.
Blüte: Juni bis August; trichterförmige Einzelblüten in Rispen stehend; blau.
Standort: Wächst auf allen Böden.
Vermehrung: Aussaat im Frühjahr, Teilung des Wurzelstockes im Herbst.
Pflege: Regelmäßig gießen und düngen.
Ernte: Blühendes Kraut.
Verwendung: Die Pflanze enthält Schleimstoffe und Gerbstoffe. Die Volksheilkunde verwendete das Kraut früher innerlich gegen Husten oder Durchfall und äußerlich bei stumpfen Verletzungen und rheumatischen Erkrankungen.
Hinweis: Die Pflanze gilt als schwach giftig. Von der inneren Anwendung ist heute abzuraten.

Garten-Dill
Anethum graveolens

Familie: Apiaceae.
Verbreitung: Mittelmeergebiet; Asien.
Wuchs: Einjährig; aufrecht; 80 bis 100 cm hoch.
Blatt: Fein gefiedert; grün.
Blüte: Juni bis August; große, gewölbte Doppeldolden; gelb.
Frucht: Spaltfrucht.
Standort: Tiefgründige, nahrhafte, frische Böden.
Vermehrung: Aussaat im Frühjahr; Folgeaussaaten bis August.
Pflege: Regelmäßig gießen, wenig düngen; bessere Kulturergebnisse durch Verwildern; auf Blattspitzendürre und Raupen achten.
Ernte: Frische Blätter und Blüten während der gesamten Vegetationszeit; Samen kurz vor der vollständigen Reife.
Verwendung: In der Volksheilkunde gilt ein Tee aus Dillfrüchten als wirksam bei Verdauungsstörungen und Appetitlosigkeit. Blätter und Blüten sind frisch oder getrocknet ein beliebtes Gewürz von Suppen, Salaten, Fisch und Saucen. Die Samen werden zum Einlegen von Gurken und zum Herstellen von Kräuteressig verwendet.
Hinweis: Schon die Ägypter kannten Dill als Heilpflanze gegen Kopfschmerzen.

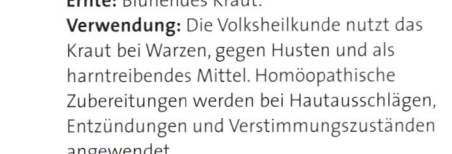

Acker-Gauchheil

Gewöhnliche Ochsenzunge

Garten-Dill

Indischer Dill

Empfehlenswerte Garten-Dill-Sorten

Sorte	Eigenschaft
'Bouquet'	Klein, feinblättrig
'Dukat'	Grünlaubig, starkes Aroma
'Fernleaf'	Klein, für Topfkultur geeignet
'Hercules'	Große Dolden, spät
'Tetra'	Ertragreich, wenig windempfindlich
'Vierling'	Standfest, lange Stängel

Echte Engelwurz

Peru-Portulak, Anredera

Gewöhnliches Katzenpfötchen

Indischer Dill
Anethum graveolens ssp. *sowa*

Familie: Apiaceae.
Verbreitung: Indien; Japan.
Wuchs: Aufrecht; 80 bis 120 cm hoch.
Blatt: Fein gefiedert; grün.
Blüte: Juli bis August; Doppeldolden; weiß.
Frucht: Spaltfrucht.
Standort: Leichte, warme Böden.
Vermehrung: Aussaat im Frühjahr bei
Bodentemperaturen von mehr als 7 °C; Folge-
aussaaten bis August.
Pflege: Regelmäßig gießen, wenig düngen;
auf Blattspitzendürre und Raupen achten.
Ernte: Frische Blätter im Sommer; Samen
kurz vor der vollständigen Reife.
Verwendung: Dillfrüchte haben leicht ver-
dauungsfördernde, blähungstreibende und
krampflösende Eigenschaften. Samen und
Sprossspitzen werden als Tee gegen Erkältungen sowie Magen- und Darmbeschwerden verwendet. Frische Blätter sind Gewürz
für asiatische Gerichte. Die Samen werden
zu Dillöl gepresst und sind Bestandteil von
Currymischungen.

Echte Engelwurz
Angelica archangelica

Familie: Apiaceae.
Verbreitung: Europa; Westasien.
Wuchs: Rosettig; Blütentriebe straff aufrecht,
im oberen Teil verzweigt; bis 2,50 m hoch.
Blatt: 2- bis 3-fach gefiedert; Blättchen
gezähnt; hellgrün.
Blüte: Juni bis Juli; weiße Dolden.

Frucht: Spaltfrucht.
Standort: Nahrhafte, durchlässige, feuchte
Böden.
Vermehrung: Aussaat im Herbst (Frost-
keimer!)
Pflege: Gleichmäßig feucht halten; wenig
düngen; Rückschnitt im Herbst.
Ernte: Frische Blätter und Blattstiele können
während des ganzen Sommers geerntet wer-
den, Früchte und Wurzeln im späten Herbst.
Verwendung: Die Wurzeln sind Bestandteil
von Teemischungen gegen Magen- und
Darmstörungen. Frische Blätter und Blatt-
stiele werden zum Würzen von Suppen,
Saucen und Salaten verwendet. Die Wurzeln
werden als Gewürz verwendet und sind
Rohstoff für die Likörindustrie.
Hinweis: Die Engelwurz ist erst seit dem
14. Jahrhundert in Mitteleuropa als Heil-
pflanze bekannt.
Warnung: Phototoxische Substanzen können
eine Dermatitis erzeugen.
Weitere Arten: Sibirische Engelwurz
(*Angelica dahurica*), Chinesische Engewurz
(*Angelica polymorpha sinensis*).

Anredera
Anredera cordifolia

Weitere Namen: Peru-Portulak, Madeira-
Wein
Familie: Basellaceae.
Verbreitung: Südamerika.
Wuchs: Klimmend oder kriechend; stark-
wüchsig; 10 bis 300 cm hoch.
Blatt: Rundlich bis oval; hellgrün.
Blüte: Selten blühend; duftend; weiß.
Standort: Durchlässige, humose, frische
Böden.

Vermehrung: Stecklinge; Teilung des Wurzelstockes im Herbst oder Frühjahr.
Pflege: Ausreichend wässern, reichlich düngen; verliert Blätter bei Trockenheit.
Winterschutz: Kübel- oder Ampelpflanze;
hell und kühl überwintern.
Verwendung: Die weichen, großen Blätter
speichern viel Wasser und können wie Portulak zubereitet werden. Die Rhizome sind sehr
nahrhaft und werden als Gemüse gegessen.

Gewöhnliches Katzenpfötchen
Antennaria dioica

Familie: Asteraceae.
Verbreitung: Europa; Asien; Heide und
Magerrasen.
Wuchs: Mattenbildend; Blütenstiele straff
aufrecht; 5 bis 15 cm hoch.
Blatt: Spatelig; filzig behaart; graugrün;
wintergrün.
Blüte: Juni bis Oktober; Köpfchen (Blüten-
stände beblättert); weiß bis rosarot.
Standort: Trockene, durchlässige, schwach
saure Böden.
Vermehrung: Aussaat im Frühjahr; Teilung
des Wurzelstockes im Herbst.
Pflege: Wenig gießen, nicht düngen;
vollständiger Rückschnitt im Frühjahr oder
Herbst.
Ernte: Blüten und blühendes Kraut im
Sommer.
Verwendung: Die Volksheilkunde verwendet
Teemischungen bei Gallen- und Leberstö-
rungen, bei Durchfällen und bei Hustenreiz.
Katzenpfötchenblüten werden gelegentlich
als Schmuckdroge in verschiedenen Tee-
mischungen verwendet.

Färber-Hundskamille   Garten-Kerbel   Gewöhnlicher Wundklee   Schnitt-Sellerie

Färber-Hundskamille
Anthemis tinctoria

Weiterer Name: Färber-Kamille.
Familie: Asteraceae.
Verbreitung: Europa; Westasien.
Wuchs: Buschig; 30 bis 60 cm hoch.
Blatt: Doppelt fiederspaltig; graugrün.
Blüte: Juli bis September; Körbchenblüten; goldgelb.
Standort: Trockene, etwas kalkhaltige, magere Böden.
Vermehrung: Aussaat im Frühjahr (Lichtkeimer); Teilung des Wurzelstockes im Herbst.
Pflege: Wenig gießen und düngen; vollständiger Rückschnitt im Frühjahr oder Herbst.
Ernte: Blätter, Blüten und Stängel im Sommer.
Verwendung: Frische Blätter würzen Kräuterquark. Frische Blüten werden als Garnierung verwendet oder in Honig eingelegt. Getrocknete Blüten werden als Schmuckdrogen verwendet.
Hinweis: Die Färber-Hundskamille ist eine alte Färberpflanze.

Garten-Kerbel
Anthriscus cerefolium ssp. *cerefolium*

Weitere Namen: Suppenkraut, Körbel.
Familie: Apiaceae.
Verbreitung: Nur als Kulturpflanze bekannt.
Wuchs: Aufrecht bis locker buschig; 70 bis 100 cm hoch.
Blatt: Mehrfach gefiedert; hellgrün.
Blüte: Mai bis August; zusammengesetzte Dolden; weiß.

Standort: Nahrhafte, feuchte Böden, Topfkultur auf der Fensterbank möglich.
Vermehrung: Aussaat ab März, Folgeaussaaten bis August möglich.
Pflege: Gleichmäßig feucht halten, gelegentlich düngen.
Ernte: Junge Blätter, das ganze blühende Kraut.
Verwendung: Kerbel hat harntreibende und verdauungsfördernde Eigenschaften. Die Volksheilkunde verwendet den Tee oder Presssaft zu Frühjahrskuren. In der Küche sind frische Kerbelblätter eine beliebte Beigabe von Suppen, Saucen, Quark, Salaten, Fleisch und Fisch. Das Kraut verliert beim Trocknen schnell sein Aroma.
Hinweis: Kerbel gehört zu den großen Heilpflanzen der Klostermedizin.

Gewöhnlicher Wundklee
Anthyllis vulneraria

Weitere Namen: Gelber Klee, Apothekerklee, Tannenklee.
Familie: Fabaceae.
Verbreitung: Europa; in lichten Wäldern, an Wegrändern.
Wuchs: Polsterartig; kriechend; 10 bis 30 cm hoch.
Blatt: Unpaarig gefiedert; seidig behaart.
Blüte: Juni bis August; Lippenblüten in Köpfchen stehend; von gelappten Hochblättern umgeben; weiß bis goldgelb, bei starker Sonneneinstrahlung rot.
Standort: Kalkhaltige, durchlässige Böden.
Vermehrung: Aussaat im Frühjahr.
Pflege: Gelegentlich reduzieren; breitet sich flächig aus.
Ernte: Blüten; junge Triebspitzen

Verwendung: Die Volksheilkunde verwendet einen Sud aus Wundkleeblüten zur Waschung bei Hautproblemen und feuchte Umschläge bei schlecht heilenden Wunden sowie Frostschäden auf der Haut. Wundklee ist gelegentlich Bestandteil von Teemischungen zu Frühjahrs- und Herbstkuren.

Schnitt-Sellerie
Apium graveolens var. *secalinum*

Weitere Namen: Blatt-Sellerie, Stiel-Sellerie; Stangen-Sellerie.
Familie: Apiaceae.
Verbreitung: Nur als Kulturpflanze bekannt.
Wuchs: Dichtbuschig, 30 bis 50 cm hoch.
Blatt: 1- bis 2-fach gefiedert bis gelappt; dunkelgrün.
Blüte: Juli bis September; Dolden; gelblich weiß.
Standort: Nahrhafte, humose, durchlässige, feuchte Böden.
Vermehrung: Aussaat ab März in Schalen, Direktaussaat ab Mai (Lichtkeimer).
Pflege: Gleichmäßig feucht halten; Sellerie ist empfindlich gegen Spätfröste.
Ernte: Junge Blätter vor der Blüte.
Verwendung: Schnitt-Sellerie ist ein beliebtes Gewürz für Suppen, Saucen oder Kartoffelgerichte und kann frisch, getrocknet oder auch tiefgefroren verwendet werden.
Hinweis: Sellerie genoss bereits in der Antike hohes Ansehen. Bei uns wurde er erstmals in Klostergärten angebaut.
Weitere Art: Knollen-Sellerie (*Apium graveolens* var. *rapaceum*) wird bei rheumatischen Beschwerden, Blasen- und Nierenleiden sowie Verdauungsstörungen verwendet.

Große Klette
Arctium lappa

Familie: Asteraceae.
Verbreitung: Europa; Asien; Nordamerika.
Wuchs: Rosettig; Blütenstiele aufrecht;
80 bis 200 cm hoch.
Blatt: Herzförmig; unterseits graufilzig; grün.
Blüte: Juli bis September; köpfchenartige Blütenstände mit kräftigen Haken; purpurfarben.
Standort: Sandige, kalkhaltige, nährstoffarme Böden.
Vermehrung: Aussaat im Frühjahr.
Pflege: Blütenstände nach der Blüte schnell entfernen, Klette verwildert stark.
Ernte: Frische Blätter im Sommer, Wurzeln im Herbst.
Verwendung: Die Volksheilkunde verwendet Klettenwurzelpräparate bei Bauchschmerzen, Rheuma und Hautleiden. Klettenwurzelöl wird bei Kopfschuppen und bei Haarausfall angewendet. Homöopathische Anwendungsgebiete sind Rheuma, Gebärmuttersenkung und nässende Hautausschläge. Junge, frische Triebe werden als Gemüse oder Salat gegessen.
Weitere Art: Kleine Klette *(Arctium minus)*.

Gewöhnlicher Meerrettich
Armoracia rusticana

Weiterer Name: Kren.
Familie: Brassicaceae.
Verbreitung: Europa, Asien, Nordamerika; an Gräben und auf feuchten Wiesen.
Wuchs: Rosettig; Blütentriebe aufrecht;
bis 120 cm hoch, starkwüchsig.

Blatt: Untere Blätter eilänglich; gekerbt; bis 100 cm lang; mittlere Blätter fiederspaltig; obere Blätter lanzettlich; grün.
Blüte: Mai bis Juli; Trauben; weiß.
Standort: Nahrhafte, tiefgründige, humose, feuchte Böden.
Vermehrung: Wurzelableger und -schnittlinge im März.
Pflege: Reichlich wässern und düngen; neigt zum Wuchern, Wurzeln häufig abstechen.
Ernte: Wurzeln ganzjährig.
Verwendung: Meerrettich wirkt stoffwechselanregend, schleimlösend und fördert die Verdauung. Die Volksheilkunde verwendet Meerrettich bei Verdauungsstörungen, Husten, infizierten Wunden, Insektenstichen und Rheuma. In der Küche werden die geschälten und geriebenen Wurzeln als scharfe Würze zu Fleisch, Fisch, Käse oder Sahne gegeben.

Amerikanische Arnika
Arnica chamissonis (syn. *Arnica foliosa*)

Familie: Asteraceae
Verbreitung: Nordamerika.
Wuchs: Rosettig; Ausläufer bildend; 40 bis 60 cm hoch.
Blatt: Länglich; spitz; behaart; grün.
Blüte: Juni bis August; Körbchenblüten; endständig auf verzweigten Blütenstielen; goldgelb.
Standort: Humose, durchlässige, etwas kalkhaltige Böden.
Vermehrung: Aussaat im Frühjahr; Wurzelteilung im Herbst.
Pflege: Regelmäßig gießen, nicht düngen; vollständiger Rückschnitt im Herbst oder Frühjahr.

Ernte: Blüten im Sommer.
Verwendung: Die getrockneten Blüten sind Rohstoff zur Herstellung von Arnikageist, der äußerlich bei rheumatischen Beschwerden und Sportverletzungen angewendet wird.
Warnungen: Sehr schwach giftig; von der innerlichen Anwendung ist abzuraten.

Berg-Arnika
Arnica montana

Weitere Name: Echte Arnika, Bergwurz.
Familie: Asteraceae.
Verbreitung: Europa; magere Bergwiesen.
Wuchs: Horstig; Blütenstiele aufrecht; 40 bis 60 cm hoch.
Blatt: lanzettlich; behaart; wintergrün.
Blüte: Juni bis August; Körbchenblüten; goldgelb.
Standort: Frische, wasserdurchlässige, saure Böden mit geringem Nährstoffgehalt.
Vermehrung: Aussaat im Frühjahr (schwierig); Wurzelteilung im Sommer.
Pflege: Nicht düngen; besonders im Winter Staunässe vermeiden.
Ernte: Blüten.
Verwendung: Arnikablüten werden zu Salben und Tinkturen verarbeitet, die äußerlich als Wundheilmittel, bei Sportverletzungen, rheumatischen Beschwerden und zum Gurgeln bei Mund- und Zahnfleischerkrankungen angewendet werden.
Hinweis: Arnika zählt zu den geschützten Pflanzen und darf nicht in der Natur gesammelt werden.
Warnungen: Bei Anwendung unverdünnter Tinkturen ist mit Hautentzündungen und Blasen zu rechnen; Arnika innerlich nicht anwenden.

Große Klette   Gewöhnlicher Meerrettich   Amerikanische Arnika   Berg-Arnika

Eberraute
Artemisia abrotanum

Weitere Namen: Eberreis, Schoßwurz, Albraute.
Familie: Asteraceae.
Verbreitung: Südeuropa.
Wuchs: Dichtbuschig; strauchartig; bis 1,50 m hoch.
Blatt: Mehrfach gefiedert; graugrün; wintergrün.
Standort: Trockene, durchlässige, kalkhaltige Böden.
Vermehrung: Stecklinge im Sommer; Teilung des Wurzelstockes im Herbst.
Pflege: Wenig düngen; Rückschnitt erst nach mehreren Jahren.
Ernte: Junge Triebspitzen im Sommer.
Verwendung: Eberraute wird frisch oder getrocknet zum Würzen von Saucen, Fleischgerichten und Salaten verwendet.
Hinweis: Die Eberraute war schon im Altertum eine geschätzte Heilpflanze. Bei uns ist sie seit dem 9. Jahrhundert bekannt. Die Volksheilkunde nutzte die Pflanze zur Anregung der Magen- und Gallensaftsekretion.

Echter Wermut
Artemisia absinthium

Weiterer Name: Absinth.
Familie: Asteraceae.
Verbreitung: Europa; Asien.

Wuchs: Buschig; im unteren Bereich verholzend; bis 1 m hoch.
Blatt: Mehrfach gefiedert; aromatisch duftend; graugrün bis grau.
Blüte: Juli bis September; röhrige Einzelblüten in kugeligen Köpfchen stehend; gelb.
Standort: Durchlässige, nahrhafte Böden.
Vermehrung: Aussaat im Frühjahr.
Pflege: Gelegentlich gießen und düngen; vollständiger Rückschnitt im Herbst oder Frühjahr.
Ernte: Blätter und Triebspitzen vor der Blüte.
Verwendung: Wermutkraut wird als Tee oder als Bestandteil von Kräuterlikörrezepturen zur Appetitanregung und bei Verdauungsstörungen verwendet. Das Kraut ist ein beliebtes Gewürz zum Würzen von fetten Fleischgerichten und Eintöpfen.
Warnungen: Die gesamte Pflanze gilt als schwach giftig; sparsam verwenden.
Hinweis: Wermut gehört zu den bedeutendsten Pflanzen der Antike. Ende des 19. Jahrhunderts wurde Absinth-Likör zu einer Modedroge, die 1923 wegen der hirnschädigenden Wirkung des Thujons verboten wurde.

Einjähriger Beifuß
Artemisia annua

Weiterer Name: Qing Hao.
Familie: Asteraceae.
Verbreitung: Ostasien.
Wuchs: Aufrecht; verzweigt; bis 1 m hoch.
Blatt: Mehrfach fiederschnittig; nach Kamille duftend; grün.

Blüte: August bis September; Scheinblüten; grün.
Standort: Trockene Böden mit normalem bis hohem Nährstoffgehalt.
Vermehrung: Aussaat im Frühjahr.
Pflege: Wenig gießen und düngen; neigt zur Selbstaussaat.
Ernte: Blätter vor der Blüte.
Verwendung: In der Traditionellen Chinesischen Medizin wird der Einjährige Beifuß als Tee oder Tinktur gegen Fieber, Kopfschmerzen und Durchfall verwendet. In jüngerer Zeit wurde die Wirkung des in der Pflanze enthaltenen Artemisinin gegen den Erreger der Malaria tropica entdeckt.

Russischer Estragon
Artemisia dracunculus

Weitere Namen: Dragonkraut, Schlangenkraut
Familie: Asteraceae.
Verbreitung: Europa; Asien; Nordamerika.
Wuchs: Breit buschig; bis 150 cm hoch.
Blatt: Schmal; nach Lakritze duftend; grün.
Blüte: Juli bis September; unscheinbar; gelb.
Standort: Nahrhafte, frische bis feuchte Böden mit hohem Nährstoffgehalt.
Vermehrung: Teilung des Wurzelstockes im Frühjahr; Stecklinge im Sommer.
Pflege: Gleichmäßig feucht halten, wenig düngen.
Ernte: Frische Triebspitzen vor der Blüte.
Verwendung: Estragon wird am besten frisch, seltener getrocknet als Gewürz von

Eberraute

Echter Wermut

Suppen, Salaten, Saucen, Fleisch, Fisch sowie zum Einlegen von Gurken verwendet.
Hinweis: Estragon ist bei uns in zwei Kulturformen bekannt. Der Russische Estragon ist sehr winterfest, besitzt aber wenig Würzkraft. Der Französische Estragon schmeckt feinwürzig und delikat. Er ist in der Kultur anspruchsvoller und benötigt Winterschutz.

Römischer Wermut
Artemisia pontica

Weiterer Name: Schafwermut.
Familie: Asteraceae.
Verbreitung: Südeuropa.
Wuchs: Locker buschig; 30 bis 50 cm hoch.
Blatt: Gelappt; schmal; aromatisch; silbrig.
Blüte: August bis September; köpfchenartige Einzelblüten in Rispen stehend; gelb.
Standort: Trockene, durchlässige, warme Böden; auch für die Topfkultur geeignet.
Vermehrung: Teilung des Wurzelstockes im Frühjahr; Stecklinge im Sommer.
Pflege: Sparsam gießen und düngen.
Ernte: Blätter im Sommer.
Verwendung: Römischer Wermut wirkt stärkend für den Magen sowie schweiß- und harntreibend. Die Blätter werden als Gewürz verwendet. Sie eignen sich wegen ihres schönen Aromas zur Herstellung von Likör und Wermutwein.

Gewöhnlicher Beifuß
Artemisia vulgaris

Familie: Asteraceae.
Verbreitung: Europa; Asien; Nordamerika; an Wiesenrändern.
Wuchs: Locker buschig; 80 bis 150 cm hoch.
Blatt: 1- bis 2-fach gefiedert; grün; unterseits graufilzig.
Blüte: Juli bis August; röhrige Einzelblüten in Köpfchen stehend; gelb.

Einjähriger Beifuß

Russischer Estragon

Gewöhnlicher Beifuß

Römischer Wermut

Standort: Trockene, durchlässige, warme Böden.
Vermehrung: Aussaat ganzjährig; Teilung des Wurzelstockes im Frühjahr.
Pflege: Regelmäßig gießen; sparsam düngen; neigt zum Wuchern.
Ernte: Blätter vor der Blüte; ganzes Kraut im Sommer.
Verwendung: Beifußkraut wirkt appetitanregend und verdauungsfördernd. Die Volksheilkunde verwendet das Kraut als Tee bei Magenverstimmungen oder zur Herstellung von Kräuterlikören. In der Küche ist das Kraut in erster Linie ein Gewürz für Fleischgerichte und Gemüse.
Hinweis: Beifuß wurde bereits in der Antike als Heilpflanze verwendet und auch in den Klostergärten des Mittelalters angebaut.

Weitere Artemisia-Arten

Deutscher Name	Botanischer Name	Eigenschaften
Provence-Wermut	*Artemisia gallica* 'Nice'	Kompakter Wuchs; geeignet für Topfkultur
Silber-Wermut	*Artemisia ludoviciana*	Silberlaubig; mildes Aroma
Zwerg-Wermut	*Artemisia schmidtiana* 'Nana'	Kompakter Wuchs; geeignet für den Steingarten
Stellers-Wermut	*Artemisia stelleriana*	Sehr helles Laub; wuchernd
Steppen-Beifuß	*Artemisia tridentata*	Frostempfindlich; geeignet für Räucherwerk

Gewöhnliche Seidenpflanze

Gewöhnliche Seidenpflanze mit Frucht

Gewöhnliche Seidenpflanze
Asclepias syriaca

Weiterer Name: Syrische Seidenpflanze.
Familie: Asclepiadaceae.
Verbreitung: Europa; Kanada; USA.
Wuchs: Buschig; ausläuferbildend; milchsafthaltig; 1 bis 2 m hoch.
Blatt: Oval; grün; unterseits filzig behaart.
Blüte: Juni bis August; sternförmige Einzelblüten in Dolden stehend; weiß bis hellrosa.
Frucht: Balgfrucht; ähnelt einem Vogelkörper; 10 bis 15 cm lang.
Standort: Gute Gartenböden; auch im Topf.
Vermehrung: Aussaat im Frühjahr; Teilung des Wurzelstockes im Herbst.
Pflege: Regelmäßig gießen und düngen.
Winterschutz: Bei starken Frösten erforderlich; Töpfe hell und kühl überwintern.
Ernte: Wurzeln im Herbst.
Verwendung: Unterirdische Pflanzenteile werden zur Herstellung von homöopathischen Arzneimitteln gegen Wasseransammlungen im Gewebe und Kopfschmerzen verwendet.
Warnungen: Die gesamte Pflanze, besonders der Milchsaft, ist schwach giftig.

Färber-Meister
Asperula tinctoria

Familie: Rubiaceae.
Verbreitung: Europa; trockene Wälder, Halbtrockenrasen.

Wuchs: Aufrecht; ausläuferbildend; 30 bis 60 cm hoch.
Blatt: Lanzettlich; in Quirlen stehend; grün.
Blüte: Juni bis August; dreizipfelige Einzelblüten in doldenartigen Blütenständen stehend; weiß.
Standort: Magere, durchlässige Böden; für Gehölzränder geeignet.
Vermehrung: Aussaat im Frühjahr; Teilung des Wurzelstockes im Herbst.
Pflege: Regelmäßig gießen; wenig düngen; vollständiger Rückschnitt im Frühjahr.
Ernte: Wurzeln im Herbst.
Verwendung: Die Wurzeln haben rot färbende Bestandteile, die zum Färben von Textilien verwendet wurden. Die Verwendung der Pflanze lässt sich in einigen Regionen Europas lange zurückverfolgen. Färber-Meister galt als Ersatz für Krapp- oder Labkrautwurzeln.
Hinweis: Heute gilt Färber-Meister als gefährdet und darf nicht in der Natur gesammelt werden.

Hirschzungenfarn
Asplenium scolopendrium (syn. *Phyllitis scolopendrium*)

Familie: Aspleniaceae.
Verbreitung: Europa; Asien; Nordamerika; Laubwälder.
Wuchs: Horstig; aufrecht bis bogig überhängend; 15 bis 45 cm hoch.
Blatt: Länglich; ganzrandig; ledrig; wintergrün.

Standort: Humusreich, kalkhaltige, feuchte Böden; für Gehölzränder geeignet.
Vermehrung: Teilung des Wurzelstockes im Herbst; Vermehrung durch Sporen im Herbst.
Pflege: Regelmäßig gießen; wenig düngen; nicht schneiden.
Ernte: Blätter im Sommer.
Verwendung: Die Blätter wurden früher als Wundmittel und gegen Milzkrankheiten verwendet. Heute ist das weniger üblich.
Hinweis: Heute gilt der Hirschzungenfarn als gefährdet und darf nicht in der Natur gesammelt werden.

Garten-Melde
Atriplex hortensis

Weitere Namen: Gartenspinat, Spanischer Spinat, Mehlkraut.
Familie: Chenopodiaceae.
Verbreitung: Europa; Zentralasien.
Wuchs: Straff aufrecht; bis 1,25 m hoch.
Blatt: Untere Blätter dreieckig bis herzförmig; gezähnt; obere Blätter spießförmig bis lanzettlich; grün oder rot.
Blüte: Juli bis August; einhäusig; männliche Blüten mit Hüllblättern; cremeweiß.
Standort: Nahrhafte, frische Böden.
Vermehrung: Aussaat im Frühjahr, frostfrei.
Pflege: Regelmäßig gießen und düngen; häufig jäten, sät sich stark aus.
Ernte: Blätter und Triebspitzen im Sommer.
Verwendung: Garten-Melde wird frisch oder tiefgefroren als Blattgemüse verwendet.
Hinweis: Die Garten-Melde wird vermutlich seit mehreren Tausend Jahren kultiviert. Bei uns kommt sie als grün- und als rotlaubige Pflanze vor. Einmal im Garten kultiviert, verwildert sie sehr schnell. Melde kann ohne das Anlegen von neuen Kulturen in jedem Jahr geerntet werden.

Langzähnige Schwarznessel
Ballota nigra

Weiterer Name: Stinkandorn.
Familie: Lamiaceae.
Verbreitung: Europa; Westasien; Nordafrika.
Wuchs: Horstig; aufrecht; 40 bis 100 cm hoch.
Blatt: Breit eiförmig; kerbig gesägt; dunkel grün.
Blüte: Mai bis September; lippige Einzelblüten in Scheinquirlen stehend; lila.
Standort: Frische Böden mit hohem bis sehr hohem Nährstoffgehalt.
Vermehrung: Aussaat im Frühjahr; Teilung des Wurzelstockes im Herbst.

Pflege: Regelmäßig gießen und düngen; vollständiger Rückschnitt im Frühjahr.
Ernte: Oberirdische Pflanzenteile; vor und während Blütezeit gesammelt.
Verwendung: Die Volksheilkunde verwendet Schwarznesselkraut bei krampfartigen Magen- und Gallenbeschwerden, Übelkeit, Krampf- und Keuchhusten, Nervosität, Schlaflosigkeit und klimakterischen Beschwerden.

Indigo-Lupine
Baptisia australis

Weiterer Name: Blaue Färberhülse
Familie: Fabaceae.
Verbreitung: USA.
Wuchs: Horstig; aufrecht; 1 bis 1,50 m hoch.
Blatt: Dreiteilig; Blättchen lanzettlich; ledrig; blaugrün.
Blüte: Juli bis August; schmetterlingsförmige Einzelblüten in Trauben stehend; violettblau.
Frucht: Hülse; bis 6 cm lang; schwarz.
Standort: Durchlässige Böden mit normalem Nährstoffgehalt.
Vermehrung: Aussaat im Frühjahr; Teilung des Wurzelstockes im Herbst.
Pflege: Regelmäßig gießen und düngen; vollständiger Rückschnitt im Frühjahr.
Ernte: Wurzeln im Herbst.
Verwendung: Der Extrakt wird als Ersatz für *Baptisia tinctoria* gelegentlich zur Herstellung von Präparaten zur Anregung des Immunsystems verwendet.
Warnung: Alle Pflanzenteile sind schwach giftig.
Hinweis: In Amerika wird die Pflanze seit langer Zeit bei verschiedenen Infektionserkrankungen angewendet.

Wilder Indigo
Baptisia tinctoria

Familie: Fabaceae.
Verbreitung: USA.
Wuchs: Horstig; aufrecht; 1 bis 1,50 m hoch.
Blatt: Dreiteilig; Blättchen lanzettlich; ledrig; blaugrün.
Blüte: Juli bis August; schmetterlingsförmige Einzelblüten in Trauben stehend; violettblau.
Frucht: Hülse; schwarz.
Standort: Durchlässige Böden mit normalem Nährstoffgehalt.
Vermehrung: Aussaat im Frühjahr; Teilung des Wurzelstockes im Herbst.
Pflege: Regelmäßig gießen und düngen; vollständiger Rückschnitt im Frühjahr.
Ernte: Wurzeln im Herbst.

Verwendung: Der Extrakt wird in Kombination mit anderen pflanzlichen Wirkstoffen zur Herstellung von Präparaten zur Anregung des Immunsystems verwendet.

Warnung: Alle Pflanzenteile sind schwach giftig.
Hinweis: Der Wilde Indigo kann als Färberpflanze verwendet werden.

Färber-Meister

Garten-Melde

Hirschzungenfarn

Indigo-Lupine

Langzähnige Schwarznessel

Wilder Indigo

Gewöhnliches Barbarakraut   Gänseblümchen   Dickblatt-Bergenie   Teppich-Knöterich

Gewöhnliches Barbarakraut
Barbarea vulgaris

Familie: Brassicaceae.
Verbreitung: Europa; Asien; Nordafrika; Nordamerika.
Wuchs: Rosettig; Blütenstiele aufrecht; 30 bis 60 cm hoch.
Blatt: Gelappt; Blättchen oval, Endblättchen oft herzförmig; grün.
Blüte: Juni bis Juli; vierzählige Einzelblüten in traubigen Blütenständen stehend; gelb.
Standort: Lehmige, humose, feuchte Böden mit normalem Nährstoffgehalt.
Vermehrung: Aussaat im Sommer.
Pflege: Regelmäßig gießen und düngen; sät sich selbst aus.
Ernte: Junge Blätter ganzjährig.
Verwendung: Das Barbarakraut regt den Stoffwechsel an und wirkt keimhemmend. Sein Geschmack erinnert an Gartenkresse oder Brunnenkresse. Das Kraut wird zum Würzen von Fischgerichten, Salaten oder Kräuterbutter verwendet und kann gedünstet als Gemüse verzehrt werden.
Weitere Sorte: Geflecktes Barbarakraut (*Barbarea vulgaris* 'Variegata').

Gänseblümchen
Bellis perennis

Weitere Namen: Maßliebchen, Tausendschön.
Familie: Asteraceae.
Verbreitung: Europa; Amerika; Asien; auf Rasen und Wiesen.
Wuchs: Rosettig; horstig; 5 bis 15 cm hoch.
Blatt: Spatelförmig; grün.

Blüte: März bis November; Körbchenblüten; bei Regen geschlossen; weiß, oft rosa überlaufen mit gelber Mitte.
Standort: Humose, leicht feuchte Böden.
Vermehrung: Aussaat im Frühjahr; Teilung des Wurzelstockes im Herbst.
Ernte: Frühlingsblätter frisch; das ganze blühende Kraut im Sommer trocknen.
Pflege: In Rasenflächen verwildern lassen.
Verwendung: Die Volksheilkunde verwendet die Pflanze zur Appetitanregung, als Magen-, Leber- und Gallemittel, bei Husten, Hautleiden und als Blutreinigungsmittel. Frische Frühlingsblätter sind Zutaten von Salaten und Frühlingsquark. Die frisch gepflückten Blüten werden zur Garnierung verwendet.
Hinweis: Das Gänseblümchen erfuhr bereits im Mittelalter große Wertschätzung.

Dickblatt-Bergenie
Bergenia crassifolia

Familie: Saxifragaceae.
Verbreitung: Europa; Asien.
Wuchs: Ausgebreitet; kriechend; 40 bis 50 cm hoch.
Blatt: Rundlich bis breit eiförmig; ledrig; wintergrün.
Blüte: April bis Mai; glockenförmige Einzelblüten in Trugdolden stehend; frostempfindlich; rosa bis purpur.
Standort: Humose; frische Gartenböden mit normalem bis hohem Nährstoffgehalt; gut geeignet zur Gehölzrandbepflanzung.
Vermehrung: Teilung des Wurzelstockes im Herbst.
Pflege: Blüten vor Spätfrösten schützen; trockene Blätter entfernen.
Ernte: Wurzeln im Herbst.

Verwendung: Bergenienwurzeln wirken zusammenziehend und entzündungshemmend. Pharmazeutisch werden sie als Gerbstoffdroge gegen Durchfälle verwendet.
Hinweis: Bergenienwurzeln werden als Gerbmaterial, zum Imprägnieren von Fischernetzen und zur Herstellung von Tannin verwendet.

Teppich-Knöterich
Bistorta affinis (syn. *Polygonum affine*)

Familie: Polygonaceae
Verbreitung: Vorderindien.
Wuchs: Mattenartig; ausläufertreibend; 20 bis 25 cm hoch.
Blatt: Lanzettlich; Blattrand wellig; wintergrün.
Blüte: Juli bis September; glockenförmige Einzelblüten in Ähren stehend; rosa.
Standort: Frische bis sehr feuchte, schwach saure bis neutrale, humose Böden; gut geeignet zur Gehölzrandbepflanzung.
Vermehrung: Teilung des Wurzelstockes im Herbst.
Pflege: Regelmäßig wässern und düngen; vollständiger Rückschnitt im Herbst oder Frühjahr.
Winterschutz: In rauen Lagen ist leichter Winterschutz erforderlich.
Ernte: Wurzeln im Herbst.
Verwendung: Die Volksheilkunde verwendet den Tee gelegentlich bei leichten Durchfällen, für Umschläge zur Wundbehandlung und als Gurgelmittel bei Entzündungen im Mund- und Rachenraum.
Hinweis: Teppich-Knöterich ist ein beliebtes Kraut in der Traditionellen Chinesischen Medizin (TCM).

Borretsch

Schwarzer Senf

Kleinblütige Bergminze

Borretsch
Borago officinalis

Weitere Namen: Blaustern, Gurkenkraut.
Familie: Boraginaceae.
Verbreitung: Europa; westliches Asien.
Wuchs: Straff aufrecht; verzweigt; bis 80 cm hoch; rau behaart.
Blatt: Elliptisch; beidseitig rau behaart; grün.
Blüte: Mai bis September; sternförmige Einzelblüten in Wickeln stehend; himmelblau, selten rosa.
Standort: Nahrhafte, durchlässige, frische bis feuchte Böden.
Vermehrung: Aussaat im Frühjahr; Dunkelkeimer.
Pflege: Früh vereinzeln, bildet schnell eine Pfahlwurzel; neigt zur Selbstaussaat.
Ernte: Junge Triebe und Blätter im Sommer.
Verwendung: Borretschkraut kann nur frisch verwendet werden. Der Teeaufguss mit Blättern und Blüten wirkt blutreinigend, herzstärkend und schleimlösend. Borretschkraut würzt Suppen, Salate, Quark, Eierspeisen, Spinat und kalte Saucen.
Weitere Arten und Sorten: *Borago officinalis* 'Weißblühend', Ausdauernder Borretsch (*Borago pygmaea*).

Schwarzer Senf
Brassica nigra

Weiterer Name: Senfkohl.
Familie: Brassicaceae.
Verbreitung: Europa; Westasien; Nordafrika.
Wuchs: Aufrecht; verzweigt; bis 1,20 m hoch.
Blatt: Länglich bis eiförmig; rau behaart; untere Blätter gebuchtet; grün.
Blüte: Juni bis September; goldgelb.
Frucht: Schote, länglich; mit dunklen Samen.
Standort: Nahrhafte, etwas kalkhaltige Böden.
Vermehrung: Aussaat im Frühjahr, bei zweijähriger Kultur Aussaat im Herbst.
Pflege: Regelmäßig gießen und düngen; Standort in jedem Jahr wechseln.
Ernte: Junge Blätter; Samen im Sommer.
Verwendung: Altbewährtes Hausmittel gegen Rheuma und Gicht. Senfwickel werden bei Entzündungen von Lunge, Brustfell und Bronchien verwendet. Frische Blätter würzen Salate, Quark und Fleisch. Die Senfkörner werden zur Herstellung von Gewürzmischungen und Speisesenf genutzt.
Warnungen: Wegen seiner stark reizenden Wirkung darf Schwarzer Senf nur in mäßigen Mengen verwendet werden.

Kleinblütige Bergminze
Calamintha nepeta ssp. *nepeta*
(*Satureja calamintha*)

Familie: Lamiaceae.
Verbreitung: Europa; Westasien.
Wuchs: Buschig; Blütenstiele aufrecht; 40 bis 60 cm hoch.
Blatt: Oval; minzig duftend; behaart; graugrün.
Blüte: Juli bis Oktober; Lippenblüten in lockeren Ähren stehend; hellviolett bis blau.
Standort: Magere, trockene, durchlässige Böden; Steingarten; Gehölzrandbepflanzung.
Vermehrung: Aussaat im Frühjahr; Stecklinge im Sommer; Wurzelteilung im Herbst.
Pflege: Wenig gießen und düngen; vollständiger Rückschnitt im Herbst oder Frühjahr; bei Befall von Echtem Mehltau Rückschnitt der ganzen Pflanze.
Ernte: Blätter und junge Triebe vor der Blüte.
Verwendung: Bergminze stärkt die Nerven, wirkt schweißfördernd, löst Verstopfungen und regt die Gebärmutter an. Die Volksheilkunde verwendet den Tee bei fiebriger Erkältung, bei Menstruationsschmerzen und bei seelischer Verstimmung. In der Küche würzt das Kraut Salate und Gurken.

Bergminzen

Deutscher Name	Botanischer Name	Eigenschaften	
Kretische Bergminze	*Calamintha cretica*	Kleine Blätter; Blüten weiß	
Großblütige Bergminze	*Calamintha grandiflora*	Auch für halbschattige Standorte; Blüten rosa	
Großblütige Bergminze 'Weißbunt'	*Calamintha grandiflora* 'Variegata'	Blätter panaschiert; Blüten rosa	
Drüsige Bergminze	*Calamintha nepeta* ssp. *glandulosa*	Auch für halbschattige Standorte; aromatisch; Blüten rosa	

Ringelblume

Gewöhnliches Hirtentäschel

Ringelblume
Calendula officinalis

Familie: Asteraceae.
Verbreitung: Europa.
Wuchs: Aufrecht; stark verzweigt; 20 bis 60 cm hoch.
Blatt: Länglich; behaart; blassgrün.
Blüte: Juni bis Oktober; Strahlenblüten; gelb oder orangefarben. Schöne Fruchtstände mit unterschiedlich geformten Samen.
Standort: Nahrhafte, gut durchlässige Böden.
Vermehrung: Aussaat im Frühjahr; neigt zur Selbstaussaat.
Pflege: Regelmäßig wässern und düngen; verblühte Blütenstiele entfernen.
Ernte: Blütenblätter und junge Blättchen im Sommer.
Verwendung: Ringelblumenblüten wirken wundheilend, entzündungshemmend und blutreinigend. Sie werden als Tee bei leichten Magen- und Darmbeschwerden und zur Blutreinigung angewendet. Ringelblumensalben wirken äußerlich bei Entzündungen und bei leichten Verbrennungen. Blütenblätter und frische, junge Blättchen werden zum Würzen von Salaten verwendet.
Hinweis: Obwohl die Ringelblume im Mittelmeerraum häufig vorkommt, wurde sie in der antiken Medizin wohl nicht verwendet. Die Heilwirkung der Pflanze wurde erstmals von Hildegard von Bingen beschrieben.

Gewöhnliches Hirtentäschel
Capsella bursa-pastoris

Weiterer Name: Echtes Hirtentäschel.
Familie: Brassicaceae.
Verbreitung: Weltweit.
Wuchs: Rosettig; Blütenstiele aufrecht; 10 bis 70 cm hoch.
Blatt: Länglich; Blattrand gezähnt bis fiederspaltig; grün.
Blüte: März bis Oktober; kreuzförmige Einzelblüten in Trauben stehend; weiß.
Frucht: Herzförmige Schoten.
Standort: Durchlässige Gartenböden mit normalem bis hohem Nährstoffgehalt.
Vermehrung: Aussaat im Frühjahr; neigt zur Selbstaussaat.
Pflege: Anspruchloses Wildkraut, keine Pflegemaßnahmen erforderlich.
Ernte: Oberirdische Pflanzenteile im Sommer.
Verwendung: Hirtentäschel wirkt zusammenziehend, harntreibend und fördert die Blutgerinnung. Das Kraut wird seit alters als Tee innerlich gegen Gebärmutterblutungen und Nasenbluten sowie äußerlich bei kleineren Hautverletzungen angewendet.
Warnung: Hirtentäschelkraut keinesfalls während der Schwangerschaft innerlich anwenden!
Hinweis: Die Wirkung des Krautes ist umstritten. Ärzte lehnen seine Anwendung meist ab.

Paprika
Capsicum annuum

Weitere Namen: Spanischer Pfeffer; Zierpfeffer.
Familie: Solanaceae.
Verbreitung: Mexiko.
Wuchs: Aufrecht; 20 bis 50 cm hoch.
Blatt: Eiförmig; zugespitzt; grün.
Blüte: Juni bis September; Einzelblüten mit zugespitzten Blütenblättern; weiß.
Frucht: Beeren; kegelförmig bis rundlich; gelb, orange, grün oder rot; glänzend.
Standort: Durchlässige, humose Gartenböden mit hohem Nährstoffgehalt; geschützte Lage oder Gewächshauskultur; geeignet für Topfkultur.
Vermehrung: Aussaat im Frühjahr; hohe Keimtemperatur erforderlich!
Pflege: Ausreichend gießen und düngen; auf Blattläuse und Weiße Fliege achten.
Ernte: Früchte von Juli bis Oktober.
Verwendung: Die Volksheilkunde verwendet den Spanischen Pfeffer innerlich als magenstärkendes Mittel und äußerlich als Bestandteil hautreizender Präparate gegen rheumatische Beschwerden, Muskelverspannungen und Hexenschuss. Die Früchte werden als Gemüse gegessen und Paprika ist ein beliebtes Gewürz zu Suppen, Salaten und Fleischgerichten.
Warnungen: Die äußerliche Anwendung kann Überempfindlichkeitsreaktionen wie Rötung, Brennen, Blasen auf der Haut auslösen. Die Überdosierung als Gewürz kann zu Durchfall führen.
Hinweis: Die ursprüngliche Heimat der Paprika-Arten ist das tropische Amerika. Durch die Reisen des Christoph Kolumbus verbreitete sich die Pflanze schnell in der ganzen Welt. Bei uns wurde Paprika lange Zeit nur als Zierpflanze verwendet. In den warmen Klimazonen der Erde werden heute mehr als fünfzig Sorten angebaut.

Wiesen-Schaumkraut
Cardamine pratensis

Weitere Namen: Wiesenkresse, Wasserkraut.
Familie: Brassicaceae.
Verbreitung: Nordhalbkugel.
Wuchs: Rosettig; Blütenstiele aufrecht; 30 bis 50 cm hoch.
Blatt: Unpaarig gefiedert, Blättchen oval; Endblättchen 3-lappig; rau; graugrün.
Blüte: April bis Juni; kreuzförmige Einzelblüten in Trauben stehend; duftend; weiß.
Standort: Feuchte Böden mit hohem Nährstoffgehalt.
Vermehrung: Aussaat im Frühjahr; Wurzelteilung im Herbst.
Pflege: Regelmäßig gießen und düngen.
Ernte: Junges Kraut im Frühjahr.
Verwendung: Die Volksheilkunde verwendet Wiesen-Schaumkraut frisch oder getrocknet als Tee gegen rheumatische Beschwerden und Bauchschmerzen. Die Homöopathie nutzt das Kraut als Zusatzmittel bei Zuckerkrankheit. Frische Blätter werden zum Würzen von Suppen, Pesto und Quark verwendet und als Zusatz von Salaten zu Frühjahrskuren gegessen.

Weitere Paprika-Arten und -Sorten

Art	Eigenschaft
Capsicum annuum var. *minimum* 'Mini-Chili'	Wuchs kompakt; Früchte sehr scharf, klein, rot
Capsicum baccatum 'Glocken-Chili'	Früchte mild, glockenförmig, rot
Capsicum chinense Chili 'Scotch Bonnet'	Wuchs kompakt; Früchte sehr scharf, rot
Capsicum frutescens 'Peruvian Purple'	Wuchs strauchartig; Früchte fleischig, länglich, rot
Capsicum frutescens 'Tabasco'	Wuchs kompakt; Früchte aufrecht wachsend, sehr scharf, rot
Capsicum pubescens 'Amarillo'	Baum-Chili; Früchte mild, gelb
Capsicum pubescens 'Rojo'	Baum-Chili; Früchte mittelscharf, fleischig, rot
Capsicum spec. 'Martinique-Chili'	Im Gewächshaus ausdauernd; Früchte scharf, gedrungen, rot
Capsicum spec. 'Thai-Chili'	Früchte sehr scharf, rot

Paprika

Wiesen-Schaumkraut

Echter Kümmel

Färber-Distel

Färber-Distel
Carthamus tinctorius

Familie: Asteraceae.
Verbreitung: Europa; Asien; Nordamerika.
Wuchs: Aufrecht; verzweigt; 50 bis 70 cm hoch.
Blatt: Schmal eiförmig bis lanzettlich; dornig gezähnt.
Blüte: Juni bis August; Röhrenblüten in kugeligen Blütenständen; orange bis rot.
Frucht: Ölhaltige Achänen.
Standort: Durchlässige, humose Böden mit normalem Nährstoffgehalt.
Vermehrung: Aussaat im Frühjahr.
Pflege: Ausreichend gießen und düngen.
Ernte: Blüten und Früchte im Sommer.
Verwendung: Die Blütenblätter gelten in der Küche als Ersatz für teuren Safran. Sie werden auch als färbender Bestandteil Teemischungen beigegeben. Aus den Früchten wird fettes Öl (Distelöl) gewonnen. Es hat einen sehr hohen Gehalt an ungesättigten Fettsäuren und wird als Speiseöl zur Senkung zu hoher Blutfettwerte verwendet.

Echter Kümmel
Carum carvi

Familie: Apiaceae.
Verbreitung: Europa; Asien; Nordamerika.
Wuchs: Rosettig; Blütentriebe aufrecht; verzweigt; bis 120 cm hoch.
Blatt: 2- bis 3-fach gefiedert; wintergrün.
Blüte: Mai bis Juli; Kreuzblüten in Dolden stehend; weiß, selten rosa.
Frucht: Spaltfrüchte; sichelförmig.
Standort: Tiefgründige, nahrhafte, frische Böden.
Vermehrung: Aussaat im Frühjahr oder Spätsommer; Lichtkeimer.
Pflege: Reichlich gießen und düngen; um Welkekrankheiten vorzubeugen, Standortwechsel alle zwei Jahre.
Ernte: Junge Blätter im ersten Jahr; reife Samen im zweiten Jahr.
Verwendung: Kümmeltee hilft bei Völlegefühl, krampfartigen Bauchschmerzen, Blähungen und Gallenbeschwerden. Kümmel würzt Suppen, Fleisch, Kohl, Käse oder Quark und dient als Rohstoff zur Herstellung von Likör und Branntwein. Junge Blätter, Blüten oder Wurzeln werden als Salatgewürz verwendet.
Hinweis: Kümmel wurde bereits in antiken Quellen beschrieben und als Gewürz sowie als Mittel gegen Nasenbluten, Oberbauch- und Atembeschwerden verwendet.

Balsamstrauch

Kornblume

Balsamstrauch
Cedronella canariensis (syn. Cedronella triphylla)

Familie: Lamiaceae.
Verbreitung: Kanaren; Azoren; Madeira.
Wuchs: Locker buschig; am Grunde verholzend; bis 100 cm hoch.
Blatt: 3-lappig; gezähnt; unterseits behaart; hellgrün.
Blüte: Mai bis Juli; Lippenblüten; rosa.
Standort: Geschützt; nahrhafte, durchlässige Böden; Topfkultur sinnvoll.
Vermehrung: Stecklinge im Sommer.
Pflege: Regelmäßig gießen und düngen; im Frühjahr stark zurückschneiden; Formschnitt im Sommer möglich.
Winterschutz: Hell, aber frostfrei überwintern.
Ernte: Blätter und Blüten bei Bedarf.
Verwendung: Balsamstrauchtee wirkt nervenberuhigend und hilft bei Schlafproblemen. Frische Blätter können Salaten beigemischt werden. Getrocknete Blätter und Blüten aromatisieren Potpourris und Duftsäcke.

Kornblume
Centaurea cyanus

Familie: Asteraceae.
Verbreitung: Europa; Asien.
Wuchs: Aufrecht; Stängel dünn, kantig, behaart; 30 bis 60 cm hoch.
Blatt: Lanzettlich; graugrün.
Blüte: Juni bis September; Körbchenblüte; himmelblau.
Standort: Durchlässige, nährstoffreiche Böden.

Vermehrung: Aussaat im Frühjahr.
Pflege: Regelmäßig gießen, wenig düngen; abgeblühte Blüten entfernen; auf Rosterkrankungen achten.
Ernte: Blüten im Sommer.
Verwendung: Die Volksheilkunde verwendet Kornblumentee innerlich bei Verdauungsstörungen und Appetitlosigkeit, äußerlich bei Kopfschuppen und Bindehautentzündungen. Kornblumenblüten werden Salaten beigemengt oder als Schmuckdroge verwendet.

Tausendgüldenkraut
Centaurium erythraea

Weiterer Name: Fieberkraut.
Familie: Gentianaceae.
Verbreitung: Europa; Asien; Nordafrika.
Wuchs: Rosettig; Blütenstiele aufrecht; 10 bis 40 cm hoch.
Blatt: Oval bis lanzettlich; hellgrün.
Blüte: Juni bis August; sternförmige Einzelblüten in Doldenrispen stehend; rosarot.
Frucht: Aufspringende Kapseln.
Standort: Frische, durchlässige, humose Böden.
Vermehrung: Aussaat im Frühjahr; vor Spätfrösten schützen.
Pflege: Reichlich gießen und düngen.
Ernte: Blühende oberirdische Pflanzenteile.
Verwendung: Tausendgüldenkraut wirkt appetitanregend und entzündungshemmend und wird als Tee bei nervöser Erschöpfung, bei Fieber und bei Magenbeschwerden angewendet. Das Kraut ist häufig Bestandteil von Kombinationspräparaten gegen Völlegefühl, Übelkeit und Appetitlosigkeit sowie von Bitterschnäpsen.
Hinweis: Die Geschichte des Tausend-

güldenkrautes als Heilpflanze lässt sich bis in die Antike zurückverfolgen. Lange galt die Pflanze als Zauberpflanze gegen Erkrankungen, Vergiftungen und Hexerei.

Rote Spornblume
Centranthus ruber

Familie: Valerianaceae.
Verbreitung: Europa; Westasien; Nordafrika.
Wuchs: Buschig; verzweigt; 50 bis 70 cm hoch.
Blatt: Schmal eiförmig bis lanzettlich; ganzrandig; spitz; blaugrün.
Blüte: Juni bis August; sternförmige Einzelblüten in Trugdolden stehend; rosarot.
Standort: Gut durchlässige Böden.
Vermehrung: Aussaat im Frühjahr; Teilung des Wurzelstockes im Herbst.
Pflege: Regelmäßig wässern und düngen; vollständiger Rückschnitt im Herbst oder Frühjahr.
Ernte: Frische Blätter im Sommer; Wurzeln im Herbst.
Verwendung: Die pharmazeutische Industrie verwendet die Wurzeln zur Isolierung von Valepotriaten, die ausgleichend bei Nervosität und Spannungszuständen wirken. Frische Blätter können Salaten beigemengt werden.
Hinweis: Die Rote Spornblume wurde ursprünglich als Zierpflanze bei uns eingeführt.

Römische Kamille
Chamaemelum nobile (syn. Anthemis nobilis)

Familie: Asteraceae.
Verbreitung: Osteuropa; Nordafrika.
Wuchs: Buschig niederliegend; sich mattenartig ausbreitend; 15 bis 30 cm hoch.
Blatt: 2- bis 3-fach gefiedert; aromatisch duftend; grün.
Blüte: Juli bis September; Körbchenblüten; weiß, mit gelbem Auge.
Standort: Durchlässige, nährstoffreiche Böden.
Vermehrung: Aussaat; gefüllte Sorten durch Wurzelteilung im Frühjahr.
Pflege: Wenig gießen und düngen; nach der Blüte zurückschneiden.
Ernte: Blüten im Sommer.
Verwendung: Römische Kamille wird genau wie die Echte Kamille als Tee bei Magen- und Darmstörungen, bei Entzündungen im Mund- und Rachenraum sowie bei schmerzhaften Monatsblutungen verwendet. Die

Wirkung ist etwas schwächer als die der Echten Kamille.
Hinweis: Römische Kamille wird häufig als Spülung zum Bleichen von nachgedunkelten Haaren verwendet.
Gefüllte Sorte: *Chamaemelum nobile* 'Plena'.

Guter Heinrich
Chenopodium bonus-henricus

Weiterer Name: Wilder Spinat, Dorfgänsefuß.
Familie: Chenopodiaceae.
Verbreitung: Europa; Amerika.
Wuchs: Horstig; aufrecht; 30 bis 60 cm hoch.
Blatt: Spießförmig; wellig; grün.
Blüte: Juli bis September; Scheinähren; grünlich-weiß.
Standort: Sandig-lehmige Böden mit hohem Nährstoffgehalt.

Vermehrung: Aussaat, Teilung der Wurzelstöcke im Frühjahr.
Pflege: Reichlich gießen und düngen; vollständiger Rückschnitt im Herbst oder Frühjahr; auf Blattläuse und Raupen achten.
Ernte: Blätter, Blüten und Sprosse im Frühsommer.
Verwendung: Guter Heinrich wirkt blutreinigend und abführend. Die Volksheilkunde verwendet Breiumschläge zur Behandlung von Entzündungen und Geschwüren. Blätter, Blüten und Sprosse werden als schmackhaftes Gemüse zubereitet.

Klebriger Gänsefuß
Chenopodium botrys

Familie: Chenopodiaceae.
Verbreitung: Europa; Asien; Nordamerika.
Wuchs: Aufrecht; 15 bis 30 cm hoch.

Blatt: Fiederspaltig bis buchtig; obere Blätter ganzrandig; grün.
Blüte: Juli bis September; Scheinähren; grünlich-weiß.
Standort: Sandig-lehmige Böden mit hohem Nährstoffgehalt.
Vermehrung: Aussaat im Frühjahr.
Pflege: Ausreichend gießen und düngen; sät sich leicht aus.
Ernte: Blätter, Blüten und Sprosse im Frühsommer.
Verwendung: Klebriger Gänsefuß wirkt schleimlösend und harntreibend. Die Volksheilkunde verwendet das Kraut seit der Antike ähnlich wie Thymian als Tee gegen Erkältungskrankheiten. Im 19. Jahrhundert schrieb man dem Kraut antiasthmatische Wirkung zu. Heute wird die Pflanze zu Duftkränzen und Potpourris verarbeitet.
Weitere Art: Wohlriechender Gänsefuß (*Chenopodium abrosioides*) wird in der mexikanischen Küche zum Würzen von Bohnen verwendet.

Tausendgüldenkraut

Römische Kamille

Guter Heinrich

Klebriger Gänsefuß

Rote Spornblume

Gemeine Wegwarte
Cichorium intybus

Familie: Asteraceae.
Verbreitung: Europa; Asien.
Wuchs: Rosettig; Blütentriebe aufrecht; verzweigt; bis 150 cm hoch.
Blatt: Untere Blätter fiederlappig bis tief eingeschnitten gesägt; obere Blätter lanzettlich.
Blüte: Juli bis September; einzeln oder zu wenigen vereint; blau.
Standort: Sonnig; kalkhaltige, lehmige, trockene Böden.
Vermehrung: Aussaat im Spätsommer; Teilung der Wurzelstöcke im Herbst.
Pflege: Gelegentlich gießen, nicht düngen; vollständiger Rückschnitt im Herbst oder Frühjahr.
Ernte: Im ersten Jahr junge Blätter, ab dem zweiten auch Blüten und Wurzeln.
Verwendung: Der Tee aus Kraut oder

Gemeine Wegwarte

Trauben-Silberkerze

Wurzeln gilt als bitteres Anregungsmittel bei Appetitlosigkeit. Frische Blätter werden Gemüse und Salat beigemischt. Die Blüten eignen sich zum Garnieren von Süßspeisen. Die geröstete Wurzel wird als Kaffeeersatz verwendet.
Hinweis: Die Geschichte der Wegwarte als Heilkraut lässt sich bis in die Antike zurückverfolgen. Im Mittelalter wurden der Wegwarte unglaubliche Zauberkräfte (vor allem im Liebeszauber) zugeschrieben.
Varietäten: Die Kulturform (*Cichorium intybus* var. *sativum*) ist als Gemüse verwendbar, eine andere Varietät (*Cichorium intybus* var. *foliosum*) ist als Chicoree bekannt.

Trauben-Silberkerze
Cimicifuga racemosa

Familie: Ranunculaceae.
Verbreitung: Nordamerika.
Wuchs: Horstig; Blütenstiele aufrecht; 80 bis 150 cm hoch.
Blatt: 3-teilig, Blättchen gesägt; dunkelgrün.
Blüte: August bis September; lange, schmale Trauben; unangenehm riechend; weiß.
Standort: Feuchte, humusreiche Böden mit hohem Nährstoffgehalt.
Vermehrung: Aussaat im Herbst; Stecklinge im Sommer; Wurzelteilung.
Pflege: Gleichmäßig feucht halten, regelmäßig düngen; vollständiger Rückschnitt im Herbst oder Frühjahr.
Ernte: Rhizome im Herbst.
Verwendung: Trauben-Silberkerzenwurzel ist Bestandteil von zahlreichen Fertigpräparaten bei Beschwerden während der Wechseljahre, der Schwangerschaft und bei Periodenstörungen.
Warnung: Die Pflanze ist schwach giftig. Keine Selbstmedikation, Überdosierungen sind leicht möglich.

Eucharidie, Feenfächer
Clarkia breweri (syn. *Eucharidium breweri*)

Familie: Onagraceae.
Verbreitung: Nordamerika.
Wuchs: Buschig; Blütenstiele aufrecht; 20 cm hoch.
Blatt: Oval, mit deutlicher Mittelrippe; glänzend grün.
Blüte: Juli bis September; auffallende, endständige Blüten; duftend; pink.
Standort: Humose, gut durchlässige Gartenböden.
Vermehrung: Vorkultur in Töpfen, im Mai

auspflanzen oder Direktaussaat ab Mai; Folgesaaten möglich.
Pflege: Ausreichend wässern und düngen.
Ernte: Blüten im Sommer.
Verwendung: Duftpflanzen für Potpourri und Duftsträuße.
Hinweis: Nektarpflanze für Schmetterlinge, Bienen und Hummeln. Gut geeignet für Duftrasen, Dufthecken und Duftgärten.

Benediktenkraut
Cnicus benedictus

Weiterer Name: Benediktendistel.
Familie: Asteraceae.
Verbreitung: Mittelmeerraum.
Wuchs: Aufrecht; steif behaart; bis 50 cm hoch.
Blatt: Schrotsägezähnig bis fiederspaltig; bedornt; zottig behaart; oft klebrig.
Blüte: April bis Juli; von dornigen Hochblättern umgeben; duftend; goldgelb.
Standort: Tiefgründige, etwas kalkhaltige, trockene Böden.
Vermehrung: Aussaat im Frühjahr.
Pflege: Wenig gießen, nicht düngen.
Ernte: Oberirdische Pflanzenteile im Sommer.
Verwendung: Die Volksheilkunde verwendet Benediktenkraut als Tee zur Anregung des Appetits sowie gegen Störungen der Verdauungsorgane. Der Extrakt ist häufig Bestandteil von Kräuterlikörrezepturen.
Warnung: Bei Berührung der Pflanze können allergische Hautreaktionen ausgelöst werden.
Hinweis: Bereits im 1. Jahrhundert nach Christus berichtete der griechische Arzt Dioskurides von der verdauungsfördernden Wirkung des Benediktenkrautes. Die Pflanze geriet in Vergessenheit. Im 16. Jahrhundert fand das Kraut Einzug in die Klosterheilkunde.

Echtes Löffelkraut
Cochlearia officinalis

Familie: Brassicaceae.
Verbreitung: Europa; Asien; auf Salzböden.
Wuchs: Horstig; Blütenstiele aufrecht oder ausgebreitet; 10 bis 20 cm hoch.
Blatt: Eiförmig bis nierenförmig; wintergrün.
Blüte: Mai bis Juni; kreuzförmige Einzelblüten in Trauben stehend.
Standort: Frische bis sehr feuchte, auch salzhaltige Böden.
Vermehrung: Aussaat im Frühjahr; Folgeaussaaten bis Sommer möglich.

Pflege: Ausreichend wässern, nicht düngen; auf Blattläuse an frischen Trieben achten.
Ernte: Blätter bei Bedarf, auch im Winter.
Verwendung: Löffelkraut wirkt verdauungs-fördernd und harntreibend und wird in der Volksheilkunde bei Appetitlosigkeit, gegen Rheuma und bei Infektionen verwendet. Die Blätter sind wertvoller Bestandteil von Salaten für Frühjahrskuren. Sie werden auch zu Presssaft verarbeitet.

Acker-Winde
Convolvulus arvensis

Familie: Convolvulaceae.
Verbreitung: Europa; Asien.
Wuchs: niederliegend oder windend; aus-läuferbildend; bis 2 m lange Triebe.
Blatt: spießförmig; wellig; grün.
Blüte: Mai bis Oktober; Trichterblüten; weiß, auch rosa gestreift.
Standort: Alle Gartenböden.
Vermehrung: Wurzelteilung im Herbst.
Pflege: Durch Rhizomsperren starkes Aus-breiten im Garten verhindern; empfindliche Pflanzen von Ranken befreien.
Ernte: Wurzeln im Herbst.
Verwendung: Acker-Winde wirkt stark abführend und war früher Bestandteil von Abführtees. Homöopathische Zubereitungen werden bei Rückenschmerzen gegeben.
Warnungen: Bei höheren Dosierungen kann es zu Reizwirkungen im Darm kommen.

Färber-Mädchenauge
Coreopsis tinctoria

Familie: Asteraceae.
Verbreitung: Nordamerika.
Wuchs: Aufrecht; 60 bis 100 cm hoch.
Blatt: Fiederteilig; grün.
Blüte: Juni bis September; Körbchenblüten; gelb bis dunkelrot.
Standort: Trockene, steinige Böden; gut geeignet für den Steingarten.
Vermehrung: Aussaat im Frühjahr; sät sich anschließend selbst aus.
Pflege: Wenig gießen oder düngen; der Rück-schnitt nach der Blüte fördert einen zweiten Blütenflor.
Ernte: Blüten im Sommer.
Verwendung: Aus den Blüten wird orange-gelber Farbstoff für die industrielle Stoff-druckerei gewonnen. Das Färber-Mädchen-auge wird auch im Hobbybereich zum Färben von Seide verwendet.

Feenfächer

Benediktenkraut

Echtes Löffelkraut

Acker-Winde

Färber-Mädchenauge

Koriander

Meerfenchel

Wuchs: Buschig; 20 bis 40 cm hoch.
Blatt: Schmal lanzettlich; ganzrandig; spitz; blaugrün.
Blüte: Juli bis September; kreuzförmige Einzelblüten in Dolden stehend; gelblich-grün.
Standort: Gut durchlässige, steinige Böden; für Steingärten oder als Topfkultur geeignet.
Vermehrung: Stecklinge oder Wurzelteilung im Sommer.
Pflege: Mäßig gießen; wenig düngen.
Winterschutz: Dick mit Reisig abdecken; bei Topfkultur hell und kühl überwintern.
Ernte: Frische Blätter im Sommer.
Verwendung: Die aromatisch-salzigen Blätter werden roh oder mariniert zum Zubereiten von Salaten verwendet.
Hinweis: Schon im 15. und 16. Jahrhundert wurde der Meerfenchel an den felsigen Stränden des Mittelmeers geerntet, in Essig und Öl eingelegt und von Seeleuten als Proviant mitgeführt. Aufgrund seines hohen Vitamin-C-Gehaltes galt Meerfenchel als vorbeugendes Mittel gegen Skorbut.

Japanische Petersilie
Cryptotaenia japonica

Weiterer Name: Mitsuba.
Verbreitung: Japan, Korea, China.
Familie: Apiaceae.
Wuchs: Rosettig; Blütenstiele aufrecht, verzweigt; 40 bis 60 cm hoch.
Blatt: 3-lappig; Blattrand gesägt; satt grün.
Blüte: Juni bis August; in unscheinbaren Dolden stehend; weiß.
Standort: Feuchte, humusreiche Böden mit hohem Nährstoffgehalt.
Vermehrung: Aussaat im Frühjahr; Wurzelteilung im Herbst.
Pflege: Ausreichend wässern und düngen; vollständiger Rückschnitt im Herbst oder Frühjahr.
Winterschutz: In rauen Lagen erforderlich.
Ernte: Blätter und Stängel vor der Blüte.
Verwendung: Die frischen Blätter haben einen sellerieartigen Geschmack und werden zum Würzen von Salaten und Suppen verwendet. In Japan werden Blätter und Stängel roh gegessen oder als Gemüse zubereitet.

Garten-Kürbis
Cucurbita pepo

Familie: Cucurbitaceae.
Verbreitung: Nordamerika; bei uns nur als Kulturpflanze bekannt.

Garten-Kürbis

Kreuzkümmel

Koriander
Coriandrum sativum

Familie: Apiaceae.
Verbreitung: Südeuropa.
Wuchs: Rosettig; Blütenstiele aufrecht, verzweigt; 50 bis 70 cm hoch.
Blatt: Untere Blätter 3-lappig; obere Blätter fiederteilig; grün
Blüte: Juni bis August; Kreuzblüten in Dolden stehend; weiß, selten rosa.
Frucht: Kugelige Spaltfrüchte.
Standort: Gut durchlässige, warme Böden.
Vermehrung: Direktaussaat im Frühjahr in den schon erwärmten Boden.
Pflege: Ausreichend wässern und düngen; Staunässe vermeiden.
Winterschutz: Bei zweijähriger Kultur in rauen Lagen erforderlich.
Ernte: Blätter im Frühjahr; Früchte kurz vor der Vollreife.

Verwendung: Korianderfrüchte sind Bestandteil von Teemischungen zur Behandlung von Verdauungsstörungen. In der Küche werden die Körner als Lebkuchengewürz und als Gewürz von Saucen und Gemüse verwendet. Koriander ist ein viel genutzter Rohstoff für die Likörindustrie. Die Blätter sind Bestandteil von asiatischen Gewürzmischungen und werden frisch zum Würzen von Salaten und Saucen verwendet.
Hinweis: Die Pflanze zählt zu den ältesten uns bekannten Gewürzpflanzen und wurde bei uns erstmals in den Klostergärten des Mittelalters angebaut.

Meerfenchel
Crithmum maritimum

Familie: Apiaceae.
Verbreitung: Mittelmeerraum.

Wuchs: Niederliegend oder rankend, mit 3 bis 8 m langen Ranken.
Blatt: Handförmig gelappt; groß; rau behaart; grün.
Blüte: Juni bis August; becherförmig; goldgelb.
Frucht: Kürbis; je nach Sorte unterschiedlich geformt; je nach Sorte gelb, orange, grün, cremeweiß oder mehrfarbig.
Standort: Frische, humose Böden mit hohem Nährstoffgehalt; auf reifem Kompost.
Vermehrung: Aussaat im Frühjahr; Vorkultur im Gewächshaus sinnvoll.
Pflege: Reichlich wässern und düngen; für reichen Fruchtansatz Triebspitzen nach der Hauptblüte ausgeizen.
Ernte: Kürbis im Herbst.
Verwendung: Kürbissamen werden als Rohstoff für Kombinationspräparate gegen Reizblase und zur Linderung von Beschwerden bei gutartiger Prostatavergrößerung verwendet. In der Küche ist Kürbis ein vielseitiges Gemüse. Geröstete Kürbiskerne werden häufig zum Backen verwendet.

Kreuzkümmel
Cuminum cyminum

Familie: Apiaceae.
Verbreitung: Asien; Nordafrika.
Wuchs: Rosettig; Blütenstiele aufrecht, verzweigt; 40 bis 60 cm hoch.
Blatt: Fiederteilig; fein; grün.
Blüte: Juni bis August; Kreuzblüten in Dolden stehend; weiß oder lila.
Früchte: Spaltfrüchte; länglich.
Standort: Durchlässige, warme Böden.
Vermehrung: Aussaat im Frühjahr; Folgeaussaaten möglich.
Pflege: Ausreichend wässern; magere Böden düngen.
Ernte: Früchte im Sommer, kurz vor der Vollreife; nachtrocknen.
Verwendung: Kreuzkümmel ist ein beliebtes Gewürz für Fleischgerichte, Suppen und Salate. In orientalischen Ländern wird Kreuzkümmel zum Backen von Fladenbrot verwendet. In Asien ist er Bestandteil von Curryrezepten.
Hinweis: Kreuzkümmel war bereits im Altertum eines der wichtigsten Gewürzkräuter.

Zitronengras
Cymbopogon citratus

Familie: Poaceae.
Verbreitung: Südostasien.
Wuchs: Horstig; bis 120 cm hoch.

Blatt: Linealisch; nach Zitrone duftend; rau; graugrün.
Blüte: Blüht als Kulturpflanze nicht.
Standort: Humoser, durchlässiger Boden; Beetkultur nur im Gewächshaus möglich; Topfkultur sinnvoll.
Vermehrung: Wurzelteilung im Frühjahr; Stecklinge im Sommer.
Pflege: Gleichmäßig feucht halten; Staunässe vermeiden; regelmäßig düngen; nicht dem Regen aussetzen.
Winterschutz: Hell und kühl überwintern.
Ernte: Blätter bei Bedarf.
Verwendung: Zitronengras wirkt verdauungsfördernd, krampflösend, antibakteriell und schweißtreibend. Der Tee erfrischt und wird häufig bei Magen- und Darmbeschwerden getrunken. In der asiatischen Küche ist Zitronengras ein beliebtes Gewürz und Bestandteil verschiedener Currygerichte.

Echte Artischocke
Cynara cardunculus Scolymus-Gruppe

Weiterer Name: Gemüse-Artischocke.
Familie: Asteraceae.
Verbreitung: Nur als Kulturpflanze bekannt.
Wuchs: Rosettig; Blütenstiel aufrecht, verzweigt; bis 2 m hoch.
Blatt: Fiederspaltig; groß; mit dornigen Spitzen; silbergrün.
Blüte: Juni bis September; kugelige Köpfchen mit fleischigen Hüllblättern; tiefblau.
Standort: Tiefgründige Böden mit hohem Nährstoffgehalt.
Vermehrung: Aussaat im Frühjahr; Wurzelteilung im Herbst.
Pflege: Ausreichend wässern und viel düngen.
Winterschutz: In rauen Lagen gut abdecken.
Ernte: Blätter und nicht aufgeblühte Blütenköpfe im zweiten Jahr.
Verwendung: Die Blätter werden zur industriellen Herstellung von Artischockenextrakten verwendet. Artischockenpräparate werden bei durch Leberschwäche hervorgerufenen Verdauungsstörungen angewendet. Die Blütenköpfe werden als Gemüse zubereitet.
Hinweis: Die Echte Artischocke stammt aus dem östlichen Mittelmeerraum und wurde bereits in der Antike als Heilpflanze verwendet. Ab dem 1. Jh. n. Chr. wurde sie auch als Gemüse kultiviert und von den Arabern im gesamten Mittelmeergebiet verbreitet. Im 15. Jh. wurde sie in Frankreich und England eingeführt, 200 Jahre später auch in den USA. Der Volksglaube sagt der Artischocke eine aphrodisierende Wirkung nach.
Weitere Art: *Cynara cardunculus* ssp. *flavescens* (Wilde Artischocke, Cardy).

Japanische Petersilie

Zitronengras

Echte Artischocke

Möhre

Brennender Busch

Wilde Karde

Möhre
Daucus carota

Familie: Apiaceae.
Verbreitung: Europa; auf Wiesen.
Wuchs: Rosettig; Blütenstiel aufrecht, verzweigt; 40 bis 80 cm hoch.
Blatt: Fiederteilig; fein; grün.
Blüte: Juni bis September; Kreuzblüten in Dolden stehend; weiß.
Standort: Lehmige, humose Böden mit geringem bis normalem Nährstoffgehalt.
Vermehrung: Aussaat im Frühjahr.
Pflege: Ausreichend feucht halten; gelegentlich düngen; Mischkulturen mit Zwiebeln.
Ernte: Wurzeln im Spätsommer.
Verwendung: Möhren enthalten Vitamine, ätherisches Öl und Mineralien. Das ebenfalls enthaltene Beta-Carotin ist Bestandteil von Fertigpräparaten gegen Lichtdermatosen und Pigmentanomalien. In der Küche sind Möhren ein beliebtes Gemüse mit leicht stopfender Wirkung.
Hinweis: Alle wichtigen antiken und mittelalterlichen Autoren haben die Möhre als Heilpflanze beschrieben. Heute gibt es zahlreiche Kulturformen der Pflanze. Die Farbe der Wurzeln ist bei der Wilden Möhre weiß, bei den Kulturformen gelb, orange oder violett.

Brennender Busch
Dictamnus albus

Weiterer Name: Diptam.
Familie: Rutaceae.
Verbreitung: Europa.
Wuchs: Dichtbuschig; Blütenstiele aufrecht; 80 bis 100 cm hoch.
Blatt: Unpaarig gefiedert; ledrig; dunkelgrün.
Blüte: Mai bis Juni; in Trauben stehend; weiß oder rosa, purpurfarbig geadert.
Standort: Sehr trockene bis trockene, kalkhaltige Böden mit eher geringem Nährstoffgehalt; im Steingarten.
Vermehrung: Aussaat im Herbst (Frostkeimer!).
Ernte: Blätter im Sommer; Wurzeln im Herbst.
Verwendung: In der Volksmedizin wird Diptam äußerlich als Wundheilmittel und innerlich gegen Rheuma und Menstruationsbeschwerden verwendet. Das Homöopathikum Dictamnus albus wird bei Weißfluss und Menstruationsbeschwerden angewendet.
Warnung: Die ganze Pflanze ist sehr schwach giftig. Von der Verwendung der Pflanze ist mit Ausnahme von homöopa-

thischen Zubereitungen abzuraten. Diptam hat phototoxische Eigenschaften. Wird die Pflanze bei Sonnenlicht berührt, können Entzündungen der Haut auftreten.
Hinweis: Der Anteil an ätherischem Öl ist so hoch, dass sich die Pflanze an heißen Tagen selbst entzünden kann.

Wilde Karde
Dipsacus fullonum

Familie: Dipsacaceae.
Verbreitung: Europa; Westasien; Nordfrika.
Wuchs: Rosettig; Blütenstiel aufrecht, verzweigt; 70 bis 150 cm hoch.
Blatt: Lanzettlich; groß; rau behaart; wintergrün.
Blüte: Juli bis August; stachelige, walzenförmige Blütenstände; violett (selten weiß).
Standort: Durchlässige, humose Böden mit hohem Nährstoffgehalt.
Vermehrung: Aussaat im Sommer.
Pflege: Regelmäßig wässern und düngen.
Ernte: Wurzeln im Herbst des ersten Jahres; frische blühende Pflanzenteile zur Herstellung von homöopathischen Präparaten.
Verwendung: Die Volksheilkunde verwendet Kardenwurzeln äußerlich bei rissiger Haut (auch homöopathisch) und innerlich bei Rheuma. In jüngerer Zeit wird die Wilde Karde als möglicherweise wirksames Heilkraut gegen Borreliose diskutiert.
Hinweis: Die Weber-Karde *(Dipsacus sativus)* wurde im vorindustriellen Zeitalter zum Kämmen von Wolle verwendet.

Türkischer Drachenkopf
Dracocephalum moldavicum

Familie: Lamiaceae.
Verbreitung: Europa; Asien.
Wuchs: Aufrecht; 40 bis 60 cm hoch.
Blatt: Lanzettlich; tief eingeschnitten gesägt; grün.
Blüte: Juni bis September; Lippenblüten in endständigen Ähren stehend; blau bis violett.
Standort: Durchlässige, humose Gartenböden.
Vermehrung: Aussaat im Frühjahr.
Pflege: Viel gießen; wenig düngen; auf Schnecken und Raupen achten.
Ernte: Blätter und Blüten.
Verwendung: Der Türkische Drachenkopf wirkt leicht krampflösend und beruhigend. Blätter und Blüten werden frisch oder getrocknet als frisches Gewürz oder als

Bestandteil von Leber-, Gallen- oder Magentees verwendet.

Hinweis: In der Türkei ist der Drachenkopf ein wichtiges Gewürz. Wegen seiner schönen Blüten eignet sich der Türkische Drachenkopf gut zum Vasenschnitt.

Weitere Arten: Österreichischer Drachenkopf *(Dracocephalum austriacum)*, Yunnan Drachenkopf *(Dracocephalum forrestii)*.

Rundblättriger Sonnentau
Drosera rotundifolia

Weiterer Name: Himmelslöffelkraut.
Familie: Droseraceae.
Verbreitung: Europa; Asien; Noramerika.
Wuchs: Rosettig; 10 bis 20 cm hoch.
Blatt: Rundlich; drüsig behaart; grün.
Blüte: Juli bis August; traubenähnliche Blütenstände; weiß.
Standort: Feuchte bis nasse, saure Böden mit sehr geringem Nährstoffgehalt; Moorbeet.
Vermehrung: Aussaat im Frühjahr; Teilung der Wurzelstöcke im Herbst.
Pflege: Sehr nass kultivieren; nicht düngen; geeignet für Moorbeete oder Ränder saurer Gewässer.
Ernte: Oberirdische Pflanzenteile im Sommer.
Verwendung: Sonnentaukraut hat krampflösende und hustenreizstillende Eigenschaften. Zubereitungen (auch homöopathische) werden bei Reiz- und Krampfhusten sowie bei Keuchhusten angewendet.
Warnungen: Bei längerer Einwirkung verursacht der Saft der frischen Blätter Entzündungen auf der Haut.
Hinweis: Sonnentau ist streng geschützt und darf nicht in der Natur gesammelt werden.

Schmalblättriger Sonnenhut
Echinacea angustifolia

Familie: Asteraceae.
Verbreitung: Nordamerika.
Wuchs: Horstig; Blütenstiele straff aufrecht; borstig behaart; 60 bis 80 cm hoch.
Blatt: Schmal lanzettlich; ganzrandig; spitz; dunkelgrün.
Blüte: Juli bis August; Körbchenblüten mit purpurroten Zungenblüten.
Standort: Trockene, durchlässige Böden.
Vermehrung: Aussaat im Frühjahr; Teilung des Wurzelstockes im Herbst.
Pflege: Wenig gießen und düngen; vollständiger Rückschnitt im Herbst oder Frühjahr.

Türkischer Drachenkopf

Rundblättriger Sonnentau

Schmalblättriger Sonnenhut

Roter Sonnenhut

Ernte: Blätter vor der Blüte; Blüten im Sommer; Wurzeln im Herbst.
Verwendung: Der Extrakt aus Blättern und Blüten wirkt antibakteriell, antiviral und stärkend für das Immunsystem. Er ist Bestandteil von Fertigarzneimitteln zur Steigerung der körpereigenen Abwehr, gegen leichte fiebrige Infektionen und grippale Infekte. Äußerlich wird er zur Behandlung von schlecht heilenden Wunden angewendet. Blütenblätter können zum Garnieren von Speisen verwendet werden.
Weitere Art: Bleicher Sonnenhut *(Echinacea pallida)* hat die gleiche Wirkung wie Schmalblättriger Sonnenhut; wird von der pharmazeutischen Industrie mehr und mehr verwendet.
Hinweis: Sonnenhut wird von den Indianern Nordamerikas seit Jahrhunderten genutzt. Sie verwenden den Pflanzenbrei äußerlich wie innerlich bei vielfältigen Infektionen. In Europa wurde Sonnenhut erst im 20. Jahrhundert als Arzneipflanze bekannt.

Roter Sonnenhut
Echinacea purpurea

Weiterer Name: Igelkopf.
Familie: Asteraceae.
Verbreitung: Nordamerika.
Wuchs: Horstig; Blütenstiele straff aufrecht; borstig behaart; 60 bis 80 cm hoch.
Blatt: Schmal lanzettlich; ganzrandig; spitz;.
Blüte: Juli bis August; Körbchenblüten mit purpurroten Zungenblüten.
Standort: Trockene, durchlässige Böden.
Vermehrung: Aussaat im Frühjahr; Teilung des Wurzelstockes im Herbst.
Pflege: Wenig gießen und düngen; vollständiger Rückschnitt im Herbst oder Frühjahr.
Ernte: Blätter vor der Blüte; Blüten im Sommer; Wurzeln im Herbst.
Verwendung: Die Wirkung des Roten Sonnenhutes entspricht der des Schmalblättrigen Sonnenhutes.

Gewöhnlicher Natternkopf
Echium vulgare

Weiterer Name: Blaue Ochsenzunge.
Familie: Boraginaceae.
Verbreitung: Europa; Asien; hat sich inzwischen weltweit ausgebreitet.
Wuchs: Buschig; Stängel aufrecht, gefleckt; 60 bis 90 cm hoch.
Blatt: Lanzettlich; schmal; grün.
Blüte: Juni bis August; ährenartige Blütenstände; violettblau.
Standort: Trockene, tiefgründige, nährstoffarme, warme Böden.
Vermehrung: Aussaat im Frühjahr oder Spätsommer.
Pflege: Wenig gießen und düngen; sät sich leicht aus, Blüten vor der Samenreife abschneiden.
Verwendung: Nach der mittelalterlichen Signaturenlehre wurde die Pflanze früher als Gegengift gegen Schlangenbisse verwendet. Die Volksheilkunde nutzte die Pflanze gegen Ohnmacht und Melancholie. Die Wirkung wurde von der Forschung bisher nicht bestätigt.
Warnung: Bei Einnahme der Pflanze können Magenverstimmungen auftreten. Die Pflanze kann Kontaktallergien auslösen.

Kardamom
Elettaria cardamomum

Familie: Zingiberaceae.
Verbreitung: Indien.
Wuchs: Rhizombildend; aufrecht; im Kübel 80 bis 150 cm hoch.
Blatt: Schmal oval; Blattrand wellig.
Blüte: Erscheinen an der Basis in ährenartigen Blütenständen; weiß.
Frucht: Kapseln; hellgrün.
Standort: Durchlässige, nährstoffreiche Böden; bei uns nur als Kübelpflanze.
Vermehrung: Rhizomteilung im Herbst.
Pflege: Reichlich wässern und düngen; Mindesttemperatur 18 °C; Rückschnitt nach der Ernte.
Winterschutz: Hell bei mindestens 10 °C überwintern.
Ernte: Früchte kurz vor Reife der Samen im Herbst.
Verwendung: Kardamom wirkt verdauungsfördernd, blähungstreibend und appetitanregend. Alkoholische Auszüge sind Bestandteil verschiedener Magenmittel. Kardamom ist ein beliebtes Gewürz für die Weihnachtsbäckerei und fester Bestandteil asiatischer Curry-Rezepte.

Gewöhnlicher Natternkopf

Kardamom

Chinesischer Gewürzstrauch
Elsholtzia stauntonii

Weiterer Name: Chinesische Kammminze.
Familie: Lamiaceae.
Verbreitung: Nordchina.
Wuchs: Buschig; im unteren Bereich verholzend; 90 bis 120 cm hoch.
Blatt: Lanzettlich; schmal; gezähnt; grün; schöne Herbstfärbung.
Blüte: August bis Oktober; Lippenblüten in langen Rispen stehend; rosa bis violett.
Standort: Durchlässige, nährstoffreiche Böden.
Vermehrung: Aussaat im Frühjahr; Stecklinge im Sommer.
Pflege: Wenig gießen; reichlich düngen; Rückschnitt im Frühjahr bis ins alte Holz.
Winterschutz: In rauen Lagen erforderlich.
Ernte: Blätter bei Bedarf.
Verwendung: Der Chinesische Gewürzstrauch enthält ätherische Öle. Der Tee fördert die Verdauung. In der asiatischen Küche werden die Blätter zum Würzen von Gemüse verwendet.
Weitere Arten: Echte Kammminze (*Elsholzia ciliata*); Vietnamesische Melisse (*Elsholzia spec.*)

Kleinblütiges Weidenröschen
Epilobium parviflorum

Weitere Namen: Antinskraut, Waldröschen.
Familie: Onagraceae.
Verbreitung: Europa; Asien; Nordafrika.
Wuchs: Locker aufrecht; 30 bis 80 cm hoch.

Blatt: Lanzettlich; zugespitzt; grün.
Blüte: Juni bis September; trichterförmige Einzelblüten in Trauben stehend; rosa.
Standort: Feuchte, nahrhafte, neutrale bis alkalische Böden.
Vermehrung: Aussaat ganzjährig; neigt zu starker Selbstaussaat.
Pflege: Gut feucht halten und regelmäßig düngen; Samenstände entfernen, um Selbstaussaat zu verhindern.
Ernte: Kraut und Blüten.
Verwendung: Weidenröschenkraut wird in der Volksheilkunde als Haustee bei Magen-Darm-Entzündungen verwendet und neuerdings auch als Heilmittel bei Prostatabeschwerden empfohlen. Die Wirkung ist wissenschaftlich nicht belegt. Das Kraut kann auch als Salat oder Gemüse gegessen werden.
Weitere Arten: Schmalblättriges Weidenröschen (*Epilobium angustifolium*), Zottiges Weidenröschen (*Epilobium hirsutum*).

Acker-Schachtelhalm
Equisetum arvense

Weiterer Name: Zinnkraut.
Familie: Equisetaceae.
Verbreitung: Europa; Asien; Nordamerika; an Acker- und Wiesenrändern.
Wuchs: Aufrechte, dünne Triebe, etagenartig verzweigt; ausläuferbildend; 30 bis 50 cm hoch.
Blatt: Klein; quirlständig; an sterilen Sprossen; grün.
Blüte: Ährenartige Sporenträger an fertilen Sprossen, schwarzbraun; erscheinen vor den sterilen Sprossen und sterben nach der Sporenreife ab.

Chinesischer Gewürzstrauch

Standort: Lehmige Sandböden mit geringem Nährstoffgehalt.
Vermehrung: Wurzelsprosse im Frühjahr.
Pflege: Ausreichend feucht halten, nicht düngen; wegen starker Ausläuferbildung im Garten nur mit Rhizomsperre kultivieren.
Ernte: Junge sterile Sprosse.
Verwendung: Schachtelhalmkraut wirkt in erster Linie harntreibend und blutstillend. Schachtelhalmkraut wird als Tee oder in Teemischungen zur Durchspülung bei bakteriellen und entzündlichen Erkrankungen der ableitenden Harnwege, bei chronischem Husten und bei stoffwechselbedingter Anschwellung der Beine verwendet. Die Volksheilkunde nutzt die Pflanze bei starken Monatsblutungen und bei Nasenbluten. Äußerlich wird Schachtelhalmkraut in Bädern oder Umschlägen bei Frostschäden, Durchblutungsstörungen, Schwellungen nach Knochenbrüchen und bei rheumati-

schen Beschwerden angewendet. Der Extrakt ist Bestandteil von äußerlich anzuwendenden Wundmitteln.
Warnung: Acker-Schachtelhalm kann leicht mit dem giftigen Sumpf-Schachtelhalm *(Equisetum palustris)* verwechselt werden und darf nur bei genauer Kenntnis in der Natur gesammelt werden.
Hinweis: Schachtelhalm wurde früher auch zum Putzen von Zinn verwendet (Zinnkraut).
Weitere Art: Winter-Schachtelhalm (*Equisetum hyemale*).

Afrikanischer Rosmarin
Eriocephalus africanus

Weitere Namen: Kapokstrauch, Wollkopfstrauch.
Familie: Asteraceae.
Wuchs: Strauch; aufrecht; 80 bis 100 cm hoch.
Blatt: Nadelartig; duftend; immergrün.
Blüte: Februar bis April; in Trauben stehend; weiß.
Früchte: Wollig behaart (Wollkopfstrauch).
Standort: Bei uns nur als Kübelpflanze; luftiger Standort; durchlässige, magere Erde verwenden.
Vermehrung: Aussaat im Frühjahr; Stecklinge im Sommer.
Pflege: Wenig gießen und düngen; Rückschnitt bei Bedarf vor dem Einwintern; auf Schmier- und Schildläuse achten.
Winterschutz: Frostfrei und hell überwintern; trocken halten.
Ernte: Bei Bedarf Zweige oder Blätter.
Verwendung: Das Kraut hat harntreibende Eigenschaften. Ein Teeaufguss hilft bei Erkältungen, Husten und Blähungen. Die aromatischen Blätter sind Gewürz für Eintöpfe.

Öl-Rauke
Eruca sativa (syn. *Brassica eruca*)

Weiterer Name: Rucola.
Weitere Synonyme: *Raphanus eruca*; *Sinapis eruca*.
Familie: Brassicaceae.
Wuchs: Rosettig; Blütentriebe aufrecht; 30 bis 60 cm hoch.
Blatt: Buchtig-fiederteilig; Rand wellig; grün.
Blüte: Juni bis September; Kreuzblüten in lockeren Trauben; gelb.
Standort: Nahrhafte, frische bis feuchte Böden; Topfkultur im Winter möglich.
Vermehrung: Aussaat von April bis September.
Pflege: Gleichmäßig feucht halten; ausreichend düngen; Rückschnitt im Herbst.
Ernte: Samen im Sommer; junge Blätter während des ganzen Jahres; bei Hitze und Trockenheit wird der Geschmack der Blätter leicht streng.
Verwendung: Die Öl-Rauke dient heute in erster Linie zur Gewinnung von Raukenöl, das aus den Samen gewonnen wird. Raukenöl wird zum Würzen von Speisen und auch für medizinische Zwecke verwendet. Die populäre Salatpflanze Rauke oder Rucola ist eine Kulturform der eng verwandten Doppelrauke (*Diplotaxis tenuifolia*). Frische, junge Blätter sind Gewürz oder Bestandteil von Quark, Salaten, Saucen und italienischen Pastagerichten.
Historisches: Die Öl-Rauke ist eine alte Kulturpflanze, die vermutlich schon im Altertum genutzt wurde. Ab dem Mittelalter wurde die Pflanze auch in Mitteleuropa angebaut. Sie galt als Heilpflanze und die Samen waren als preiswerter Pfefferersatz sehr beliebt.
Weitere Art: Wilde Rauke (*Eruca vesicaria*).

Acker-Schachtelhalm

Kleinblütiges Weidenröschen

Afrikanischer Rosmarin

Öl-Rauke

Feld-Mannstreu

Kalifornischer Kappenmohn

Gewöhnlicher Wasserdost

Feld-Mannstreu
Eryngium campestre

Familie: Apiaceae.
Verbreitung: Europa; Westasien; Nordafrika.
Wuchs: Rosettig; Blütenstiele aufrecht; verzweigt; 20 bis 60 cm hoch.
Blatt: Fiederspaltig; dornig gezähnt; graugrün.
Blüte: Juli bis August; köpfchenartige Einzelblüten, mit stechenden Hochblättern umgeben, in kurzgestielten Dolden stehend; weiß.
Standort: Trockene, alkalische Böden mit geringem Nährstoffgehalt.
Vermehrung: Aussaat im Frühjahr.
Pflege: Sehr trocken halten, nicht düngen; Rückschnitt im Herbst oder Frühjahr.
Ernte: Wurzeln im Frühjahr oder Herbst.
Verwendung: Die Volksheilkunde verwendet Feld-Mannstreu bei Husten und Keuchhusten, bei Entzündungen der Harnwege und als Abstillhilfe. Allerdings fehlen bisher wissenschaftliche Nachweise.
Hinweis: Im Altertum galt Feld-Mannstreu als Aphrodisiakum. Darüber hinaus wurde die Pflanze gegen Menstruations- und Magenbeschwerden sowie vorbeugend gegen Infektionskrankheiten verwendet.

Kalifornischer Kappenmohn
Eschscholzia californica

Weitere Namen: Schlafmützchen, Goldmohn, Kalifornischer Goldmohn, Kalifornischer Mohn.
Familie: Papaveraceae.
Verbreitung: Nordamerika; Mitteleuropa.
Wuchs: Buschig bis aufrecht; 30 bis 50 cm hoch.
Blatt: Fiederteilig; blaugrün.
Blüte: Mai bis Oktober; schalenförmige Einzelblüten, bei trübem Wetter geschlossen; orange bis orangegelb.
Frucht: Kapseln; länglich.
Standort: Durchlässige, humose Böden mit eher geringem Nährstoffgehalt.
Vermehrung: Aussaat im Frühjahr; neigt zur Selbstaussaat.
Pflege: Wenig gießen oder düngen; gut geeignet zum Verwildern auch in Staudenbeeten.
Ernte: Blühendes Kraut im Sommer.
Verwendung: Die Pflanze hat schwach narkotische und schmerzlindernde Wirkung. Sie ist Bestandteil von Präparaten gegen Schlafstörungen, nervöse Übererregbarkeit und depressive Verstimmungen.

Warnung: Die Pflanze ist schwach giftig. Kalifornischer Kappenmohn ist für die Selbstmedikation nicht geeignet.
Hinweis: Die Pflanze wird seit prähistorischer Zeit von den Indianern Nordamerikas als Heil- und Rauschmittel verwendet. Heute ist sie die Wappenblume von Kalifornien. Saatgut von Kalifornischem Kappenmohn wird heute in vielen Sorten für den Ziergarten angeboten.

Gewöhnlicher Wasserdost
Eupatorium cannabinum

Familie: Asteraceae.
Verbreitung: Europa; Asien; Nordafrika.
Wuchs: Buschig; horstig; 70 bis 90 cm hoch.
Blatt: 3- bis 5-teilig; Blattrand grob gesägt; grün.
Blüte: Juli bis September; röhrige Einzelblüten, in schirmartigen Doldentrauben stehend; weiß bis trübrosa.
Standort: Durchlässige; frische bis feuchte Böden mit hohem Nährstoffgehalt.
Vermehrung: Aussaat im Frühjahr; Wurzelteilung im Herbst.
Pflege: Ausreichend wässern und düngen; vollständiger Rückschnitt im Herbst oder Frühjahr.
Ernte: Kraut vor der Blüte.
Verwendung: Wasserdost wird als Extrakt oder Tinktur (auch homöopathisch) in Fertigarzneimitteln zur Steigerung der körpereigenen Abwehr und bei grippalen Infekten verwendet. Die Volksheilkunde kennt Wasserdost als harntreibendes, abführendes und galleanregendes Mittel.
Warnung: Die gesamte Pflanze ist schwach giftig und ist für die Selbstmedikation nicht geeignet. Bei Berührung mit der Haut können Hautreizungen oder Kontaktallergien ausgelöst werden.

Gefleckter Wasserdost
Eupatorium maculatum

Familie: Asteraceae.
Verbreitung: Nordamerika.
Wuchs: Buschig; horstig; 120 bis 150 cm hoch.
Blatt: 3- bis 5-teilig; Blattrand grob gesägt; grün.
Blüte: Juli bis September; röhrige Einzelblüten, in schirmartigen Doldentrauben stehend; weiß bis trübrosa.
Standort: Durchlässige; frische bis feuchte Böden mit hohem Nährstoffgehalt.
Vermehrung: Aussaat im Frühjahr; Wurzelteilung im Herbst.

Pflege: Ausreichend wässern und düngen; vollständiger Rückschnitt im Herbst oder Frühjahr.
Verwendung: Diese robuste Art darf in keinem Insektengarten fehlen. Sie lockt zur Blütezeit die verschiedensten Insekten, vor allem Schmetterlinge, an.

Großblütiger Augentrost
Euphrasia officinalis ssp. rostkoviana

Familie: Scrophulariaceae.
Verbreitung: Europa; Asien.
Wuchs: Aufrecht; 5 bis 25 cm hoch.
Blatt: Breit-elliptisch; gezähnt; unterseits borstig behaart; grün.
Blüte: Mai bis Oktober; weiß mit gelbem Schlund.
Standort: Frische, kalkfreie Lehm- und Sandböden.
Vermehrung: Aussaat im Frühjahr.
Pflege: Mäßig gießen und düngen.
Ernte: Im Sommer das ganze Kraut.
Verwendung: Die Volksheilkunde verwendete das Kraut früher und auch heute bei Entzündungen der Augenbindehaut und bei Überanstrengung der Augen. Darüber hinaus galt Augentrost als wirksam bei Husten und Heiserkeit sowie als Magenmittel. Die Anwendung erfolgte innerlich als Tee und äußerlich in Form von Waschungen oder Augentropfen.
Hinweis: Die Verwendung des Krautes gegen Augenleiden geht vermutlich auf die Signaturenlehre zurück. Das gelbe Saftmal auf der Blüte erinnert entfernt an ein Augenbild.

Baumspinat
Fagopyrum cymosum

Weitere Namen: Wilder Buchweizen, Ausdauernder Buchweizen.
Familie: Polygonaceae.
Verbreitung: Asien.
Wuchs: Horstig; rankend; ausläuferbildend; bis 2 m lang.
Blatt: Spießförmig 3-eckig; lang zugespitzt; grün.
Blüte: Juli bis September; in Doldenrispen stehend; weiß.
Standort: Nahrhafte; humose, feuchte Böden.
Vermehrung: Aussaat im Frühjahr; Wurzelteilung im Herbst.
Pflege: Ausreichend gießen und düngen; Rankhilfe geben.
Ernte: Junge Blätter im Frühjahr und Sommer.

Gefleckter Wasserdost

Großblütiger Augentrost

Baumspinat

Echter Buchweizen

Verwendung: Die geschmackvollen und nahrhaften Blätter werden gekocht als Spinat gegessen. Sie enthalten wie der Echte Buchweizen Rutin und andere gesundheitsfördernde Stoffe. In der Chinesischen Medizin wird das Rhizom als Mittel gegen Lungenkrebs verwendet.

Echter Buchweizen
Fagopyrum esculentum

Familie: Polygonaceae.
Verbreitung: Europa; Asien.
Wuchs: Aufrecht; 50 bis 70 cm hoch.
Blatt: Spießförmig 3-eckig; lang zugespitzt; grün.
Blüte: Juni bis September; in Doldenrispen stehend; weiß bis blassrosa.
Frucht: Nüsse mit drei scharfen, ganzrandigen Kanten.

Standort: Humose, gut durchlässige Gartenböden.
Vermehrung: Aussaat im Frühjahr.
Pflege: Ausreichend gießen und düngen.
Ernte: Blühendes Kraut im Sommer; Früchte.
Verwendung: Das in Buchweizenkraut enthaltene Rutin wird zur unterstützenden Behandlung von Venenerkrankungen eingesetzt. Homöopathische Zubereitungen des Krautes werden bei Kopfschmerzen und bei juckenden Hautkrankheiten angewendet. Grütze aus Buchweizenfrüchten gilt als kräftigende Diät für ältere Menschen.
Warnung: Das Kraut wirkt phototoxisch; bei Berührung der Blätter ist unter direkter Sonneneinstrahlung mit Verbrennungen zu rechnen.
Hinweis: Buchweizen gelangte im 14. Jahrhundert nach Mitteleuropa und wurde auf den armen Heideböden Nordwestdeutschlands und Hollands angebaut. Buchweizen wurde in erster Linie zu Grütze, Grieß oder Mehl verarbeitet.

Vielblütiger Knöterich
Fallopia multiflora
(syn. *Polygonum multiflorum*)

Weiterer Name: Chinesischer Flügel-Knöterich.
Familie: Polygonaceae.
Verbreitung: China.
Wuchs: Horstig; rankend; ausläuferbildend; bis 5 m lang.
Blatt: Oval; lang zugespitzt; grün.
Blüte: Juli bis August; in schlanken Rispen stehend; weiß oder rosa.
Standort: Durchlässige, humose, nährstoffreiche, feuchte Böden; für die Topfkultur geeignet.
Vermehrung: Wurzelteilung im Frühjahr; Stecklinge im Sommer.
Pflege: Viel gießen und düngen; Rückschnitt im Frühjahr; vor Wind schützen.
Winterschutz: In frostgefährdeten Lagen abdecken.
Ernte: Kraut im Frühsommer; Wurzeln vierjähriger Pflanzen im Herbst.
Verwendung: Der Tee aus Wurzeln oder Blättern des Vielblütigen Knöterichs wirkt kräftigend auf Leber und Kreislauf und wird zum Entgiften sowie Absenken des Blutzucker- und Cholesterinspiegels angewendet.

Echtes Mädesüß
Filipendula ulmaria

Familie: Rosaceae.
Verbreitung: Europa bis Mittelasien.
Wuchs: Horstig; Blütenstiele aufrecht; ausläuferbildend; 60 bis 100 cm hoch.

Blatt: Unpaarig gefiedert; Blattränder gesägt; unterseits silbrig behaart; dunkelgrün.
Blüte: Juni bis September; sternförmige Einzelblüten in Trichterrispen stehend; cremeweiß.
Standort: Feuchte, schwach saure Böden mit normalem bis hohem Nährstoffgehalt.
Vermehrung: Aussaat im Frühjahr; Wurzelteilung im Herbst.
Pflege: Ausreichend gießen, viel düngen; vollständiger Rückschnitt im Herbst oder Frühjahr.
Ernte: Junge Blätter und voll entwickelte Blüten im Sommer.
Verwendung: Mädesüßtee wird zu Schwitzkuren gegen beginnende Erkältungen verwendet. Das Kraut ist Bestandteil von Teemischungen gegen Rheuma und Gicht. In der Küche werden frische Blätter in Salate und Suppen beigemischt. Die Blüten werden zum Kochen von Marmelade, zum Garnieren von Speisen und zum Aromatisieren von Getränken verwendet. Mädesüßsirup ist Bestandteil verschiedener Desserts.

Gewürz-Fenchel
Foeniculum vulgare ssp. *vulgare* var. *dulce*

Familie: Apiaceae.
Verbreitung: Kulturpflanze.
Wuchs: Rosettig; Blütentriebe straff aufrecht; 80 bis 200 cm hoch.
Blatt: Sehr fein gefiedert; grün.
Blüte: Juli bis September; in Doppeldolden stehend; gelb.
Standort: Durchlässige, nahrhafte, kalkhaltige Böden.
Vermehrung: Aussaat im Frühjahr; Wurzelteilung im Herbst.
Pflege: Reichlich gießen; wenig düngen.

Winterschutz: In ungünstigen Lagen erforderlich.
Ernte: Einzelne junge Blätter im Frühjahr und Sommer. Dolden mit reifen Samen im Spätsommer.
Verwendung: Fenchelfrüchte haben schleimlösende, auswurffördernde, krampflösende, blähungstreibende und antibakterielle Wirkung. Sie sind daher Bestandteil von Husten-, Abführ- sowie Magen-Darm-Tees. Die Volksheilkunde schätzt Fencheltee als milchbildendes Getränk für stillende Frauen. Frische Blätter werden zum Würzen von Salaten, Fisch und Saucen verwendet. Fenchel ist ein beliebtes Gewürz von Backwaren und Likören.
Weitere Art: Gemüse-Fenchel, Knollen-Fenchel (*Foeniculum vulgare* ssp. *vulgare* var. *azoricum*).

Wald-Erdbeere
Fragaria vesca

Familie: Rosaceae.
Verbreitung: Europa; Asien; in Waldlichtungen, an Waldrändern.
Wuchs: Rosettig; ausläuferbildend; 20 bis 30 cm hoch.
Blatt: 3-zählig; Blattrand gekerbt; wintergrün.
Blüte: Mai bis Juli; schalenförmige Einzelblüten in Trugdolden stehend.
Frucht: Scheinfrucht (aus Nüsschen zusammengesetzt); rot.
Standort: Durchlässige, humose Böden.
Vermehrung: Aussaat im Frühjahr; Ausläufer im August.
Pflege: Regelmäßig gießen und düngen; Ausläufer bei Bedarf reduzieren.
Ernte: Blätter und Früchte im Sommer.

Vielblütiger Knöterich

Echtes Mädesüß

Gewürz-Fenchel

Wald-Erdbeere

Echte Geißraute   Gelber Hohlzahn   Waldmeister   Echtes Labkraut

Verwendung: Die Volksheilkunde verwendet Erdbeerblätter als Tee bei leichten Durchfällen und zum Gurgeln bei Entzündungen im Mund- und Rachenraum. Erdbeerblätter und getrocknete Früchte sind häufig Bestandteil von Hausteemischungen. Frische Früchte werden zum Herstellen von Desserts und Getränken verwendet.

Echte Geißraute
Galega officinalis

Familie: Fabaceae.
Verbreitung: Europa; Asien.
Wuchs: Horstig; Blütenstiele aufrecht; 80 bis 120 cm hoch.
Blatt: Unpaarig gefiedert; Blättchen spitz; blaugrün.
Blüte: Juli bis September; Schmetterlingsblüten in Trauben stehend; lila.
Frucht: Hülse.
Standort: Frische bis feuchte, nahrhafte Böden.
Vermehrung: Aussaat im Frühjahr; Wurzelteilung im Herbst.
Pflege: Reichlich gießen, gelegentlich düngen; vollständiger Rückschnitt im Herbst oder Frühjahr.
Ernte: Blühende Pflanzenteile im Sommer.
Verwendung: Echte Geißraute wird gelegentlich zur unterstützenden Behandlung der Zuckerkrankheit verwendet. Homöopathische Zubereitungen werden als wassertreibendes Mittel und zur Verstärkung der Milchsekretion angewendet.
Warnung: Echte Geißraute ist schwach giftig. Die Anwendung des Krautes ist nur in Form von homöopathischen Zubereitungen zu empfehlen.

Gelber Hohlzahn
Galeopsis segetum

Familie: Lamiaceae.
Verbreitung: Europa.
Wuchs: Aufrecht; Stängel 4-kantig, stark behaart und an der Basis oft rot gefärbt. 30 bis 50 cm hoch.
Blatt: Lanzettlich; zugespitzt; dunkelgrün.
Blüte: Juli bis September; Lippenblüten, seidig behaart zu 4 bis 8 in Scheinquirlen stehend; cremeweiß.
Standort: Humose Böden mit normalem Nährstoffgehalt.
Vermehrung: Aussaat im Frühjahr; Wurzelteilung im Herbst.
Pflege: Regelmäßig gießen und düngen; vollständiger Rückschnitt im Herbst.
Ernte: Blühendes Kraut im Sommer.
Verwendung: Hohlzahnkraut wirkt schleimlösend, auswurffördernd und appetitanregend. Die Volksheilkunde kennt Hohlzahn als Heilmittel bei Lungenerkrankungen, als Blutreinigungsmittel und bei Leber- und Gallenbeschwerden. Das Homöopathikum Galeopsis wird gelegentlich bei Blasenbeschwerden und Nierenleiden angewendet.

Waldmeister
Galium odoratum

Familie: Rubiaceae.
Verbreitung: Europa; Asien; in Buchenwäldern.
Wuchs: Horstig; Blütenstiele aufrecht; ausläuferbildend; 20 bis 30 cm hoch.
Blatt: Lanzettlich; in Quirlen stehend; grün.

Blüte: April bis Juni; sternförmige Einzelblüten in lockeren Trugdolden stehend; weiß.
Standort: Humose, nahrhafte, frische bis feuchte Böden.
Vermehrung: Wurzelteilung im Frühjahr oder Sommer.
Pflege: Regelmäßig gießen und düngen; vollständiger Rückschnitt im Herbst oder Frühjahr.
Ernte: Kraut am besten vor der Blütezeit.
Verwendung: Die Volksheilkunde kennt Waldmeistertee als Beruhigungsmittel sowie als Mittel gegen Migräne und Leibschmerzen. Das frische Kraut wird zum Ansetzen von Maibowle verwendet. Waldmeisteraroma ist ein beliebter Rohstoff in der Lebensmittelindustrie.
Warnung: Bei übermäßigem Genuss können Kopfschmerzen auftreten.

Echtes Labkraut
Galium verum

Weitere Namen: Magerkraut, Gelbes Käselab.
Familie: Rubiaceae.
Verbreitung: Europa; Asien; Nordamerika.
Wuchs: Horstig; Blütenstiele locker aufrecht, kantig; ausläuferbildend; 20 bis 60 cm hoch.
Blatt: Nadelförmig; in Quirlen stehend; grün.
Blüte: Juli bis September; in gelben Rispen.
Standort: Trockene, magere Böden.
Vermehrung: Aussaat im Sommer; Wurzelteilung im Herbst.
Pflege: Wenig gießen, nicht düngen.
Ernte: Blühendes Kraut im Sommer.
Verwendung: Labkraut wirkt blutreinigend und wassertreibend. Die Volksheilkunde verwendet den Tee innerlich bei Nierenleiden und äußerlich bei Hautleiden oder Wunden.

Gelber Enzian

Ruprechtskraut

Blutroter Storchschnabel

Gelber Enzian
Gentiana lutea

Weiterer Name: Bitterwurz.
Familie: Gentianaceae.
Verbreitung: Alpen; Kaukasus.
Wuchs: Horstig; Blütenstiele hohl, aufrecht; 40 bis 100 cm hoch.
Blatt: Oval; bläulich grün.
Blüte: Juni bis August; sternförmige Einzelblüten in Scheinquirlen stehend; gelb.
Standort: Tiefgründige, lockere, kalkhaltige Böden; Steingarten.
Vermehrung: Aussaat im Herbst (Frostkeimer!); Teilung des Wurzelstockes.
Pflege: Wenig gießen, reichlich düngen; regelmäßig Kalk geben.
Ernte: Wurzeln im Herbst.
Verwendung: Enzianwurzeln wirken appetitanregend, verdauungsfördernd und fördern die Gallensekretion. Sie werden als Tee oder als Bestandteil von Präparaten bei Appetitmangel, Völlegefühl und Verdauungsbeschwerden verwendet. Enzian ist Bestandteil von Magenbittern.
Hinweis: Enzian ist geschützt; nicht in der Natur sammeln!

Ruprechtskraut
Geranium robertianum

Weitere Namen: Stink-Storchschnabel, Stinkender Storchschnabel.
Familie: Geraniaceae.
Verbreitung: Nordhalbkugel.
Wuchs: Horstig; Blütenstiele aufrecht bis bogig; 20 bis 50 cm hoch.
Blatt: Geteilt; tief eingeschnitten; behaart; grün, rötlich überlaufen.
Blüte: Mai bis Oktober; 5-teilig, zu 2 bis 4 stehend; rosa.
Standort: Feuchte, nahrhafte Böden; in Hecken, unter Bäumen.
Vermehrung: Aussaat im Sommer.
Pflege: Viel gießen und düngen; neigt zur Selbstaussaat.
Ernte: Blühendes Kraut im Sommer.
Verwendung: Die Volksheilkunde verwendet Ruprechtskraut als Tee bei Durchfall, Magen- und Darmentzündungen, Leber- und Gallenerkrankungen und zum Spülen bei Entzündungen im Mund- und Rachenraum. Die frische Pflanze wird äußerlich bei schlecht heilenden Wunden, Hautausschlägen und Geschwüren angewendet.
Hinweis: Ruprechtskraut wurde schon im Mittelalter als Heilkraut und Abwehrmittel gegen Mücken verwendet.

Blutroter Storchschnabel
Geranium sanguineum

Familie: Geraniaceae.
Verbreitung: Europa; Kaukasusländer.
Wuchs: Ausgebreitet; ausläuferbildend; 25 bis 30 cm hoch.
Blatt: 5- bis 7-teilig; grün.
Blüte: Mai bis September; schalenförmige Einzelblüten in lockeren Trugdolden stehend; karminrot, selten rosa.
Standort: Gut durchlässige Böden mit geringem bis normalem Nährstoffgehalt.
Vermehrung: Aussaat im Frühjahr; Wurzelteilung im Herbst.
Pflege: Regelmäßig gießen, gelegentlich düngen; vollständiger Rückschnitt im Herbst oder Frühjahr.
Ernte: Blühendes Kraut im Sommer; Wurzeln im Herbst.
Verwendung: Die Volksheilkunde verwendet Blutroten Storchschnabel innerlich bei Durchfall und Blutungen, äußerlich bei Hautentzündungen und schlecht heilenden Wunden.

Echte Nelkenwurz
Geum urbanum

Familie: Rosaceae.
Verbreitung: Nordhalbkugel.
Wuchs: Locker horstig; mit starkem Wurzelstock; Blütenstiele aufrecht; 30 bis 60 cm hoch.
Blatt: Unpaarig gefiedert, Blättchen gezähnt; wintergrün.
Blüte: Juni bis August; schalenförmige Einzelblüten; endständig; gelb.
Standort: Frische bis feuchte, durchlässige Böden mit hohem Nährstoffgehalt; an Gehölzrändern.
Vermehrung: Aussaat im Frühjahr.
Pflege: Ausreichend gießen und düngen; auf Falschen Mehltau achten.
Ernte: Blühendes Kraut im Sommer; Wurzeln im Herbst.
Verwendung: Die Volksheilkunde verwendet Nelkenwurztee innerlich bei Durchfall und Verdauungsbeschwerden sowie als Gurgelmittel bei Entzündungen im Mund- und Rachenraum; als Umschlag oder Waschung bei Hauterkrankungen, als Badezusatz bei Hämorrhoiden und Frostbeulen.
Hinweis: Die Echte Nelkenwurz war früher eine häufig angebaute Heilpflanze.
Weitere Art: Die Bach-Nelkenwurz *(Geum rivale)* wird in der Volksheilkunde wie die Echte Nelkenwurz verwendet.

Salat-Chrysantheme
Glebionis coronaria var. *coronaria*
(syn. *Xanthophthalmum coronarium*,
Chrysanthemum coronarium)

Weitere Namen: Wucherblume; Kronen-Wucherblume.
Familie: Asteraceae.
Verbreitung: Mittelmeerraum.
Wuchs: Aufrecht; bis 1 m hoch.
Blatt: Fiederspaltig bis grob gezähnt; grau-grün.
Blüte: Juli bis September; Körbchenblüten; gelb.
Standort: Humose Gartenböden mit eher hohem Nährstoffgehalt.
Vermehrung: Aussaat im Frühjahr.
Pflege: Ausreichend gießen und düngen; auf Blattläuse achten.
Ernte: Blätter; Triebe und Blüten im Sommer.
Verwendung: Der Tee aus Blüten hilft gegen Entzündungen und Kopfschmerzen. Aufgelegte Blätter helfen bei leichten Hautleiden. Blätter werden roh als Salat gegessen oder als Gemüse gedünstet.

Gewöhnlicher Gundermann
Glechoma hederacea

Familie: Lamiaceae.
Verbreitung: Europa; Kaukasusländer; Amerika; Russland; auf Wiesen und Feldern.
Wuchs: Mattenartig; ausläuferbildend; 10 bis 20 cm hoch.
Blatt: Rundlich; Blattrand gekerbt; wintergrün.
Blüte: Mai bis Juli; Lippenblüten zu 2 bis 3 stehend; blauviolett bis blau.
Standort: Durchlässige Böden mit eher geringem Nährstoffgehalt.
Vermehrung: Aussaat im Herbst; Stecklinge im Sommer.
Pflege: Regelmäßig gießen, wenig düngen; bei Bedarf reduzieren.
Ernte: Kraut, auch mit Blüten, im Frühjahr oder Sommer.
Verwendung: Gundermann wirkt hustenstillend und entzündungshemmend. Die Volksheilkunde verwendet den Tee bei leichten Atemwegsentzündungen und zur Waschung schlecht heilender Wunden. Das junge Kraut aromatisiert in kleineren Mengen Frühlingssalate und Kräuterquark.
Warnung: Gundermann gilt als sehr schwach giftig. Der Genuß größerer Mengen an Blättern ist nicht empfehlenswert.
Hinweis: Die heutige Volksheilkunde bezieht ihr Wissen über die Heilpflanze aus den Kräuterbüchern des Mittelalters.

Süßholz
Glycyrrhiza glabra

Weiterer Name: Lakritzwurzel.
Familie: Fabaceae.
Verbreitung: Südosteuropa; Südwestasien.
Wuchs: Aufrecht; im unteren Bereich verholzend; 80 bis 160 cm hoch.
Blatt: Unpaarig gefiedert, Blättchen eiförmig, spitz, grün.
Blüte: Juli bis August, Schmetterlingsblüten in aufrechten Trauben in den Blattachseln stehend; blau-violett bis weiß.

Frucht: Stachelige Hülsen.
Standort: Lockere, tiefgründige, sandige Böden.
Vermehrung: Aussaat im Frühjahr; Wurzelteilung im Herbst; Stecklinge im Sommer.
Pflege: Gleichmäßig feucht halten; viel düngen; gelegentlich zurückschneiden.
Ernte: Wurzeln im Herbst.
Verwendung: Süßholzwurzel wird als Tee oder in Teemischungen bei Husten verwendet. Der Extrakt ist Bestandteil von Präparaten zur Behandlung von Durchfall und Magengeschwüren. Der eingedickte Saft (Lakritz) ist gleichzeitig Husten-, Magen- und Genussmittel.

Echte Nelkenwurz

Salat-Chrysantheme

Gewöhnlicher Gundermann

Süßholz

Jiao gu lan

Schleierkraut

Currystrauch

Jiao gu lan
Gynostemma pentaphyllum

Familie: Cucurbitaceae.
Verbreitung: China; Japan; Thailand.
Wuchs: Rankend; Wurzelknollen als Überdauerungsorgan.
Blatt: 5-teilig; Blattrand wellig; grün.
Blüte: Juli bis August; zweihäusig; sternförmige Einzelblüten; gelbgrün.
Frucht: Beeren, dunkelgrün mit weißen Linien.
Standort: Feuchte, gut durchlässige Böden; bei uns nur als Kübelpflanze.
Vermehrung: Aussaat im Frühjahr; Samen vorquellen lassen; Wurzelteilung im Herbst; für Fruchtansatz männliche und weibliche Pflanze kultivieren.
Pflege: Reichlich gießen und düngen.
Winterschutz: Vor Frost unter −5 °C schützen.
Ernte: Blätter im Sommer, Wurzeln im Herbst.
Verwendung: Jiao gu lan wirkt kreislaufregulierend, regt die Leberfunktion an und kräftigt das Immun- und Nervensystem. Die Pflanze wird als Extrakt oder Tee bei Erschöpfung, Magengeschwüren, Bronchitis oder Diabetes verwendet.
Hinweis: Jiao gu lan ist eine preisgünstige Alternative zu Ginseng.

Schleierkraut
Gypsophila paniculata

Weiterer Name: Rispiges Gipskraut.
Familie: Caryophyllaceae.
Verbreitung: Europa; Mittelasien.
Wuchs: Horstig; Blütenstiele locker buschig; 80 bis 120 cm hoch.

Blatt: Lineal-lanzettlich; graugrün.
Blüte: Juni bis August; in Rispen stehend; weiß bis rosa.
Standort: Tiefgründige, humose, nahrhafte Böden.
Vermehrung: Aussaat im Frühjahr; Stecklinge im Frühsommer; Wurzelteilung im Herbst.
Pflege: Ausreichend gießen und düngen; starke Pfahlwurzeln, nicht umpflanzen; Rückschnitt im Herbst.
Ernte: Wurzeln zur Blütezeit.
Verwendung: Schleierkrautwurzeln wirken antibiotisch und schleimlösend. Sie liefern den Rohstoff für einige Fertigpräparate gegen Husten.
Hinweis: Schleierkrautwurzeln werden als biologisches Waschmittel, als Schaumfestiger in der Konditorei und als Zusatz von Löschmitteln in Feuerlöschern verwendet.

Currystrauch
Helichrysum italicum

Weiterer Name: Currykraut.
Familie: Asteraceae.
Verbreitung: Südwesteuropa.
Wuchs: Buschig; 40 bis 60 cm hoch.
Blatt: Immergrün, linealisch; duftend; silbergrau.
Blüte: Juli bis August; kleine Körbchenblüten in Dolden stehend; gelb.
Standort: Durchlässige, magere Böden; gut geeignet für die Topfkultur.
Vermehrung: Stecklinge im Sommer.
Pflege: Wenig gießen und düngen; Rückschnitt im Frühjahr.
Winterschutz: Bei strengen Frösten erforderlich; Töpfe hell, kühl und trocken überwintern.

Ernte: Junge Triebe vor der Blüte; Blütendolden im Sommer.
Verwendung: Das getrocknete Kraut kann als Tee bei Husten oder als Badezusatz bei empfindlicher Haut angewendet werden. In der Küche wird das Kraut als Gewürz verwendet. Getrocknete Blütendolden werden in der Floristik verarbeitet.
Warnung: Um Magenreizungen zu verhindern, das Kraut sparsam einsetzen!
Weitere Unterarten: Der Italienische Currystrauch (*Helchrysum italicum* ssp. *angustifolium*) wächst kompakter und ist robuster. Der Zwerg-Currystrauch (*Helchrysum italicum* ssp. *serotinum*) bleibt etwas kleiner und duftet herber.

Wiesen-Bärenklau
Heracleum sphondylium

Familie: Apiaceae.
Verbreitung: Europa; Asien; Nordafrika.
Wuchs: Rosettig; Blütenstiele aufrecht; 80 bis 150 cm hoch.
Blatt: Fiederschnittig; Blattränder gezähnt; dunkelgrün.
Blüte: Juni bis Juli; Nachblüte im Herbst; in Dolden stehend; weiß.
Standort: Frische bis feuchte, humose Böden mit hohem Nährstoffgehalt.
Vermehrung: Aussaat im Sommer.
Drogen: Blätter im Sommer.
Verwendung: Die Volksheilkunde verwendete den Tee bei Husten, Heiserkeit und Verdauungsbeschwerden. Äußerlich wurde das Kraut zur Behandlung von Geschwüren verwendet. Homöopathische Zubereitungen werden bei Überfunktion der Talgdrüsen angewendet. Die jungen Blätter, Stengel, Blü-

tenknospen und unreifen Samen können als Wildgemüse in Pesto, Suppen und Salaten gegessen werden.

Vergiftungserscheinungen: Die ganze Pflanze, besonders unreife Früchte, ist schwach giftig. Nach Kontakt mit der Pflanze kann es bei gleichzeitiger Sonnenstrahlung zu Entzündungen mit Blasenbildung auf der Haut kommen.

Hinweis: Die phototoxische Wirkung des Wiesen-Bärenklaus ist viel schwächer als die des mittlerweile sehr verbreiteten Einwanderers Riesen-Bärenklau oder Herkulesstaude *(Heracleum mantegazzianum).*

Kleines Habichtskraut
Hieracium pilosella

Weiter Name: Mäuseohr.
Familie: Asteraceae.
Verbreitung: Europa; Asien; Nordamerika; Pionierpflanze.
Wuchs: Mattenartig; Blütenstiele aufrecht; ausläuferbildend; 15 bis 25 cm hoch.
Blatt: Elliptisch; unterseits weißfilzig; grün.
Blüte: Juni bis Oktober; einzeln stehende Korbblüten; gelb.
Standort: Trockene, durchlässige Böden mit geringem Nährstoffgehalt.
Vermehrung: Aussaat im Frühjahr; Wurzelteilung im Herbst.
Pflege: Völlig anspruchslos; gießen, düngen oder Rückschnitt nicht notwendig.
Ernte: Blühendes Kraut im Sommer.
Verwendung: Die Volksheilkunde verwendet das Kleine Habichtskraut gelegentlich innerlich bei Darmentzündungen, bei Erkrankungen der Atemwege und äußerlich zur Wundheilung.

Hopfen
Humulus lupulus

Familie: Moraceae.
Verbreitung: Europa; Asien; Nordamerika.
Wuchs: Dicker, fleischiger Wurzelstock; windende Triebe, bis 500 cm lang.
Blatt: Herzförmig bis handförmig gelappt; rau behaart; dunkel grün.
Blüte: Juli bis August; zweihäusig; weibliche Blüten in Scheinähren, männliche Blüten in Rispen; gelblich grün.
Frucht: Zapfen; papierartig; drüsig behaart; gelbgrün.
Standort: Frische bis feuchte Böden mit hohem Nährstoffgehalt.
Vermehrung: Stecklinge im Frühjahr; Wurzelteilung im Herbst.
Pflege: Viel gießen und düngen; Rückschnitt im Herbst oder Frühjahr; auf Hopfenwelke, Echten Mehltau und Spinnmilben achten.
Ernte: Zapfen im Spätsommer.
Verwendung: Hopfen ist Bestandteil von Schlaf- und Nerventees. Extrakt und Tinktur sind Bestandteil von zahlreichen Kombinationspräparaten zur Behandlung von Unruhe- und Spannungszuständen. Die im Hopfen enthaltenen Bitterstoffe sind für den Geschmack und für die Konservierung des Bieres mitverantwortlich.
Warnung: Frische Hopfenzapfen können Hautreizungen hervorrufen.
Hinweis: Hopfen gehört zu den jüngeren Kulturpflanzen. Er wurde nachweislich erst im 8. Jahrhundert angebaut und von Mönchen erstmals erfolgreich zum Brauen von Bier eingesetzt.
Weitere Arten: Japanischer Hopfen *(Humulus japonicus)*; Gold-Hopfen *(Humulus lupulus* 'Aureus').

Tüpfel-Johanniskraut
Hypericum perforatum

Weitere Namen: Tüpfelhartheu, Johannisblut, Herrgottsblut, Blutkraut, Sonnwendkraut.
Familie: Clusiaceae.
Verbreitung: Europa; Asien; Nordafrika.
Wuchs: Horstig; Blütenstiele locker aufrecht; 50 bis 90 cm hoch.
Blatt: Länglich bis oval; drüsig punktiert; grün.
Blüte: Juni bis August; radförmige Einzelblüten in Trugdolden stehend; goldgelb; geben beim Zerreiben einen roten Farbstoff ab.
Standort: Gut durchlässige Böden mit eher geringem Nährstoffgehalt.
Vermehrung: Aussaat im Frühjahr; Wurzelteilung im Herbst.
Pflege: Wenig gießen oder düngen; Rückschnitt im Herbst oder Frühjahr.
Ernte: Blühende Zweigspitzen im Sommer.
Verwendung: Johanniskraut wird als Tee oder in Teemischungen bei nervöser Unruhe und bei leichten Verstimmungszuständen angewendet. Extrakt oder Tinktur sind Bestandteil von Präparaten zur Behandlung von nervöser Erschöpfung und Depressionen. Johanniskrautöl (Rotöl) ist ein Auszug aus den frischen Blüten und wird äußerlich als Wundheilmittel verwendet. Blätter und Triebe gelten als Würze für Fischgerichte oder für Kräuterlikör.
Warnung: Bei Einnahme höher dosierter Präparate kann es durch Einwirkung von UV-Licht zu phototoxischen Reaktionen auf der Haut kommen.
Hinweis: Johanniskraut ist seit der Antike als Heilpflanze bekannt.
Weitere Arten: Duftendes Johanniskraut *(Hypericum hircinum)*; Amberkraut *(Hypericum androsaemum).*

Wiesen-Bärenklau   Kleines Habichtskraut   Hopfen   Tüpfel-Johanniskraut

Begrannter Ysop
Hyssopus officinalis ssp. aristatus

Familie: Lamiaceae.
Verbreitung: Europa; Westasien; Nordafrika.
Wuchs: Dichtbuschig; sehr kompakt; 30 cm hoch.
Blatt: Wintergrün; lanzettlich; behaart; mit Öldrüsen.
Blüte: Juni bis Oktober; in einseitswendigen Ähren stehend; blau.
Standort: Sonnig; nahrhafte, kalkhaltige, gut durchlässige, trockene Böden; für Kräuterhecken bestens geeignet.
Vermehrung: Stecklinge im Sommer.
Pflege: Wenig gießen; mit viel Kompost düngen; Rückschnitt im Frühjahr bis ins alte Holz möglich.
Ernte: Blätter und junge Triebe bei Bedarf; blühendes Kraut im Sommer.
Verwendung: Begrannter Ysop wird genau wie Ysop als Gewürz verwendet. Wegen seines starken Aromas ist er für Duftsäckchen oder Potpourris gut geeignet.

Ysop
Hyssopus officinalis ssp. *officinalis*

Familie: Lamiaceae.
Verbreitung: Europa; Westasien; Nordafrika.
Wuchs: Dichtbuschig; im unteren Bereich verholzend; 30 bis 60 cm hoch.
Blatt: Wintergrün; lanzettlich; behaart; mit Öldrüsen; grün.
Blüte: Juli bis August; in einseitswendigen Ähren stehend; blau.
Standort: Sonnig; nahrhafte, kalkhaltige, gut durchlässige, trockene Böden.
Vermehrung: Aussaat im Frühjahr; Stecklinge im Sommer.
Pflege: Wenig gießen; mit viel Kompost düngen; Rückschnitt im Frühjahr bis ins alte Holz möglich.
Ernte: Blätter und junge Triebe bei Bedarf; blühendes Kraut im Sommer.
Verwendung: Die Volksheilkunde verwendet Ysoptee bei trockenem Husten oder bei Magen- und Darmstörungen. Ysop ist ein hervorragendes Gewürz für Fleisch- oder Fischgerichte, für Suppen und Eintöpfe. Wegen seines starken Aromas sollte es nur sparsam verwendet werden. Ysop ist häufig Bestandteil von Kräuterlikörrezepturen.
Hinweis: Im Mittelmeerraum war Ysop bereits in der Antike als Heilpflanze bekannt. Bei uns wurde er erstmals in den Klostergärten des Mittelalters kultiviert.
Sorten: 'Rosea', rosa; 'Alba', weiß.

Echter Alant
Inula helenium

Familie: Asteraceae.
Verbreitung: Europa; Asien; Nordamerika.
Wuchs: Aufrecht buschig; die ganze Pflanze ist rau behaart; 1,5 bis 2,5 m hoch.
Blatt: Breit-lanzettlich bis länglich-elliptisch; groß; unterseits graufilzig; grün.
Blüte: Juli bis August; Körbchenblüten in Doldentrauben stehend; duftend; gelb.
Standort: Tiefgründige, nahrhafte, frische Böden.
Vermehrung: Aussaat im Frühjahr; Teilung des Wurzelstockes im Herbst.
Pflege: Ausreichend wässern und düngen; Rückschnitt im Herbst oder Frühjahr.
Ernte: Blätter im Frühjahr; Blüten im Sommer; Wurzeln im Herbst.
Verwendung: Alant wirkt auswurffördernd, verdauungsfördernd und galleanregend. Die Wurzel wird als Tee oder in Teemischungen bei Bronchitis, Reiz- und Keuchhusten angewendet. Die Volksheilkunde verwendet Alant auch bei Infektionen der Harnwege, Hauterkrankungen und Menstruationsbeschwerden. Frische Blätter werden als Gemüse gegessen. Die dekorativen Blüten sind essbar.
Warnung: Überdosis vermeiden! Das ätherische Öl hat allergieauslösende Eigenschaften, die sich in Schleimhautreizungen des Verdauungstraktes äußern können.

Deutsche Schwertlilie
Iris germanica

Familie: Iridaceae.

Verbreitung: Europa.
Wuchs: Straff aufrecht; rhizombildend; 70 bis 90 cm hoch.
Blatt: Schwertförmig; lang zugespitzt; grün.
Blüte: Mai bis Juni; lippige Einzelblüten; blauviolett.
Standort: Durchlässige Gartenböden mit geringem Nährstoffgehalt.
Vermehrung: Teilung des Wurzelstockes im Herbst.
Pflege: Ausreichend gießen, wenig düngen; Rückschnitt nach der Blüte.
Ernte: Wurzelstöcke im Herbst.
Verwendung: Die Wurzeln wirken leicht auswurffördernd und sind gelegentlich Bestandteil von Hustenteemischungen. Homöopathische Zubereitungen werden bei Migräne, Magenbeschwerden und Erkrankungen der Bauchspeicheldrüse angewendet. Die Volksheilkunde nutzte die Wurzelstöcke als Beißring für zahnende Säuglinge. Die ätherischen Öle werden in der Parfümindustrie verarbeitet und zum Aromatisieren von Likören und Bitterschnäpsen verwendet.
Weitere Arten: Bleiche Schwertlilie (*Iris pallida*); Verschiedenfarbige Schwertlilie (*Iris versicolor*).

Färber-Waid
Isatis tinctoria

Familie: Brassicaceae.
Verbreitung: Europa; Westasien; Nordafrika.
Wuchs: Rosettig; Blütenstiele aufrecht; 80 bis 140 cm hoch.
Blatt: Spatelförmig; abgerundet; graugrün.
Blüte: Mai bis Juni; in Trugdolden stehend; gelb.
Frucht: Schoten; braun.

Begrannter Ysop

Ysop

Echter Alant

Standort: Nährstoffreiche, kalkhaltige Böden.
Vermehrung: Aussaat im Frühjahr oder Sommer.
Pflege: Ausreichend gießen und düngen; Rückschnitt nach der Blüte, neigt zur starken Selbstaussaat.
Ernte: Blätter im Sommer.
Verwendung: Durch Extraktion der Blätter wird der Farbstoff Indigo gewonnen und in der Textilfärberei eingesetzt.
Hinweis: Färber-Waid wird seit dem Altertum kultiviert. In Deutschland wird die Pflanze seit dem 9. Jahrhundert angebaut. Später setzte sich der aus der tropischen Pflanze *Indigofera tinctoria* gewonnene Echte Indigo mehr und mehr durch.

Weiße Taubnessel
Lamium album

Weitere Namen: Blindnessel, Ackernessel.
Familie: Lamiaceae.
Verbreitung: Europa; Asien; auf feuchten Fluren; Gehölzrand.
Wuchs: Horstig; kriechend; Blütenstiele aufrecht; 20 bis 30 cm hoch.
Blatt: Herz-eiförmig; Blattrand gekerbt; grün.
Blüte: April bis August; Lippenblüten in Scheinquirlen stehend; grün.
Standort: Feuchte, durchlässige Böden mit hohem Nährstoffgehalt.
Vermehrung: Stecklinge im Sommer; Wurzelteilung im Herbst.
Pflege: Ausreichend gießen und düngen.
Ernte: Junge Blätter; Blüten; Wurzeln im Herbst.
Verwendung: Die Weiße Taubnessel wird hauptsächlich in der Volksheilkunde verwendet. Der Tee aus Kraut oder Wurzeln gilt

als wirksam bei Menstruationsbeschwerden und Blasenentzündungen. Die Blüten sind Bestandteil verschiedener Schlaf- und Nerventees. Die jungen Blätter werden zur Zubereitung von Frühlingsquark verwendet.
Hinweis: Die Blätter haben im Gegensatz zur Brennnessel keine Brennhaare.
Weitere Arten: Rote Taubnessel *(Lamium purpureum)*, Gelbe Taubnessel *(Lamium galeobdolon)*.

Lorbeer
Laurus nobilis

Familie: Lauraceae.
Verbreitung: Mittelmeerraum.
Wuchs: Strauch; aufrecht; verzweigt; am Naturstandort bis 10 m hoch, im Topf bis 3 m.
Blatt: Immergrün; elliptisch; zugespitzt; wellig; ledrig; glänzend dunkelgrün.

Blüte: März bis Mai; in Büscheln stehend; duftend; cremeweiß.
Frucht: Beeren; schwarz.
Standort: Nahrhafte, durchlässige Böden; bei uns als Kübelpflanze.
Vermehrung: Aussaat im Frühjahr; Stecklinge im Sommer.
Pflege: Reichlich wässern und düngen; Rückschnitt im Herbst.
Winterschutz: Hell und frostfrei überwintern; Vermehrung durch Stecklinge.
Ernte: Blätter oder Triebspitzen bei Bedarf.
Verwendung: Lorbeerblätter regen den Appetit und die Verdauung an und sind ein beliebtes Gewürz für Suppen, Saucen, Kraut-, Wild- und Fischgerichte.
Warnung: Lorbeerlaub kann hautreizend und allergieauslösend wirken.
Hinweis: Lorbeer wird im Mittelmeerraum seit langer Zeit als Gewürz- und Heilpflanze kultiviert. Bei uns ist die Pflanze erst seit der Zeit Karls des Großen bekannt und wurde in Klostergärten kultiviert.

Deutsche Schwertlilie

Färber-Waid

Weiße Taubnessel

Lorbeer

Echter Lavendel

Zahn-Lavendel

Blüte des Zahn-Lavendels

Echter Lavendel
Lavandula angustifolia

Familie: Lamiaceae.
Verbreitung: Südwesteuropa.
Wuchs: Buschig, verzweigt; im unteren Bereich verholzend; 30 bis 60 cm hoch.
Blatt: Immergrün; länglich, schmal; Blattränder eingerollt; silbriggrau.
Blüte: Juni bis August; Lippenblüten in Ähren aus achselständigen Scheinquirlen stehend; duftend; blauviolett.
Standort: Warme, trockene, durchlässige, etwas kalkhaltige Böden.

Vermehrung: Aussaat im Frühjahr; Stecklinge vor der Blüte, Absenker im Sommer.
Pflege: Gelegentlich gießen und düngen; Staunässe vermeiden; Rückschnitt im Frühjahr bis in das alte Holz.
Winterschutz: Bei rauem Klima zu empfehlen.
Ernte: Junge Blätter während der gesamten Vegetationsperiode; Blütenstiele werden nach dem vollständigen Aufblühen geerntet.
Verwendung: Lavendelblüten werden als Tee oder in Teemischungen bei Unruhe, Einschlafstörungen sowie bei Migräne verwendet. Lavendel ist wirksam gegen Motten und wird zusammen mit Melisse und Hopfen in Schlaf- und Kräuterkissen gefüllt. Das ätherische Lavendelöl wird häufig für Entspannungsbäder verwendet und ist Rohstoff für die Kosmetikindustrie. Junge Blätter würzen in geringen Mengen Fischgerichte, Eintöpfe und Geflügel. Getrocknete Blüten sind Bestandteil der Gewürzmischung Kräuter der Provence und eignen sich als Garnierung von Süßspeisen oder zur Herstellung von Lavendelzucker.

Zahn-Lavendel
Lavandula dentata

Familie: Lamiaceae.
Verbreitung: Südwesteuropa.
Wuchs: Buschig, verzweigt; im unteren Bereich verholzend; 50 bis 90 cm hoch.
Blatt: Immergrün; länglich; Blattränder gezähnt; silbriggrau.
Blüte: Juni bis August; Lippenblüten in Ähren aus achselständigen Scheinquirlen stehend; harzig duftend; hellblau.
Standort: Warme, trockene, durchlässige, etwas kalkhaltige Böden; für die Topfkultur geeignet.
Vermehrung: Aussaat im Frühjahr; Stecklinge vor der Blüte, Absenker im Sommer.
Pflege: Gelegentlich gießen und düngen; Staunässe vermeiden; Rückschnitt im Frühjahr bis in das alte Holz.
Winterschutz: Bei rauem Klima zu empfehlen; Töpfe hell und kühl überwintern.
Ernte: Junge Blätter während der gesamten Vegetationsperiode; Blütenstiele werden nach dem vollständigen Aufblühen geerntet.
Verwendung: Junge Blätter werden in geringen Mengen als Gewürz verwendet. Getrocknete Blüten eignen sich zum Füllen von Duftsäcken, für Potpourris und als Garnierung von Süßspeisen.

'Blue Cushion'

'Rosea'

Sorten von *Lavandula angustifolia*

Sorte	Eigenschaften
'Blue Cushion'	Kompakt; gut geeignet für Kräuterhecken
'Hidcote Blue'	Kompakt; dunkelviolett
'Imperial Gem'	Lange Blütenstiele mit haltbaren Blüten
'Lady'	Kompakt; üppig blühend
'Mailette'	Reich und lange blühend; starkes Aroma
'Miss Katherine'	Wüchsig; spät blühend; kräftiges Aroma
'Munstaed'	Früh blühend; intensiv blau
'Rosea'	Kompakt; gutes Aroma; rosa
'Royal Purple'	Lange Blütenstände; violettblau
L. angustifolia ssp. *alba*	Kompakt; wüchsig; weiß blühend

Provence-Lavendel
Lavandula x intermedia

Familie: Lamiaceae.
Verbreitung: Südwesteuropa.
Wuchs: Buschig, verzweigt; im unteren Bereich verholzend; 30 bis 60 cm hoch.
Blatt: Immergrün; länglich, schmal; Blattränder eingerollt; silbriggrau.
Blüte: Juni bis August; Lippenblüter in Ähren aus achselständigen Scheinquirlen stehend; duftend; blauviolett.
Standort: Warme, trockene, durchlässige, etwas kalkhaltige Böden.
Vermehrung: Aussaat im Frühjahr; Stecklinge vor der Blüte, Absenker im Sommer.
Pflege: Gelegentlich gießen und düngen; Staunässe vermeiden; Rückschnitt im Frühjahr bis in das alte Holz.
Winterschutz: Bei uns erforderlich.
Ernte: Junge Blätter während der gesamten Vegetationsperiode; Blütenstiele werden nach dem vollständigen Aufblühen geerntet.
Verwendung: Der Provence-Lavendel mit seinem typisch französischen Duft wird wie der Echte Lavendel verwendet.

Speik-Lavendel
Lavandula latifolia

Familie: Lamiaceae.
Verbreitung: Südwesteuropa.
Wuchs: Buschig, verzweigt; im unteren Bereich verholzend; schnell wachsend; 50 bis 80 cm hoch.
Blatt: Immergrün; länglich; ganzrandig; silbriggrau.

Sorten von *Lavandula x intermedia*

Sorte	Eigenschaften
'Alba'	Groß; wüchsig; weiß
'Bleu de Collines'	Kompakt; wüchsig; blühfreudig; intensiv duftend
'Blue Dwarf'	Kompakt; langstielig; gut geeignet für Kräuterhecke
'Dutch'	Silbrige Blätter; lange Blütenstiele; violettblau
'Felibre'	Wüchsig; blühfreudig; kräftig violett
'Grosso'	Graues Laub; große, lange Blütenstände
'Julien'	Langsam wachsend; violett
'Speciale'	Stattlicher Wuchs; spät blühend; violett
'Sumian'	Große Blüten; lavendelblau

Blüte: Juni bis August; Lippenblüten in Ähren aus achselständigen Scheinquirlen stehend; stark duftend; blau.
Standort: Warme, trockene, durchlässige, etwas kalkhaltige Böden.
Vermehrung: Aussaat im Frühjahr; Stecklinge vor der Blüte, Absenker im Sommer.
Pflege: Gelegentlich gießen und düngen; Staunässe vermeiden; Rückschnitt im Frühjahr bis in das alte Holz.
Winterschutz: Bei rauem Klima zu empfehlen.
Ernte: Junge Blätter während der gesamten Vegetationsperiode; Blütenstiele werden nach dem vollständigen Aufblühen geerntet.
Verwendung: Junge Blätter werden in geringen Mengen als Gewürz verwendet.

Provence-Lavendel 'Felibre'

Provence-Lavendel 'Sumian'

Getrocknete Blüten eignen sich zum Füllen von Duftsäcken, für Potpourris und als Garnierung von Süßspeisen. In der Destillation hat der Speik-Lavendel die höchste Ölausbeute.

Schopf-Lavendel
Lavandula stoechas

Familie: Lamiaceae.
Verbreitung: Mittelmeerraum.
Wuchs: Buschig, verzweigt; im unteren Bereich verholzend; 40 bis 70 cm hoch.
Blatt: Immergrün; länglich, schmal; Blattränder eingerollt; silbriggrau.
Blüte: Juli bis Oktober; Lippenblüten in Ähren aus achselständigen Scheinquirlen stehend; mit rosa oder weißen Hochblättern; violett.
Standort: Nur für die Topfkultur geeignet; durchlässige, etwas kalkhaltige Erde verwenden.
Vermehrung: Aussaat im Frühjahr; Stecklinge vor der Blüte, Absenker im Sommer.
Pflege: Regelmäßig gießen und düngen; Staunässe vermeiden; Rückschnitt im Frühjahr bis in das alte Holz.
Winterschutz: Töpfe hell und kühl überwintern.
Ernte: Blütenstiele werden nach dem vollständigen Aufblühen geerntet.
Verwendung: Die getrockneten Blüten eignen sich mit ihrem süßen Duft nach Zimt und Kampfer bestens für Teemischungen.

Speik-Lavendel

Schopf-Lavendel

Echtes Herzgespann
Leonurus cardiaca

Familie: Lamiaceae.
Verbreitung: Europa; Nordamerika.
Wuchs: Horstig; Blütenstiele aufrecht; 60 bis 80 cm hoch.
Blatt: Wintergrün; handförmig gespalten; Blattrand gesägt; dunkelgrün.
Blüte: Juni bis September; Lippenblüten in Quirlen stehend; blassrot.
Standort: Frische Böden mit hohem Nährstoffgehalt.
Vermehrung: Aussaat im Frühjahr.
Pflege: Regelmäßig gießen und düngen; vollständiger Rückschnitt im Herbst oder Frühjahr.
Ernte: Kraut zur Blütezeit.
Verwendung: Herzgespann wird gelegentlich als Bestandteil von Tees gegen nervöse Herzbeschwerden verwendet und ist als Extrakt oder Tinktur Bestandteil von Fertigpräparaten zur Behandlung von funktionellen Herzstörungen.
Warnung: In therapeutischen Dosen sind Nebenwirkungen nicht zu erwarten. Bei Einnahme von größeren Mengen des Krautes kann es zu Erbrechen, Bauchschmerzen, Durchfall und unstillbarem Durst kommen.

Breitblättrige Kresse
Lepidium latifolium

Weiterer Name: Pfefferkraut.
Familie: Brassicaceae.
Verbreitung: Europa; Asien; Nordafrika.
Wuchs: Aufrecht; blühend 25 bis 80 cm hoch.
Blatt: Untere eiförmig, gesägt; stumpf; obere lanzettlich; grün.
Blüte: Juni bis Juli; in Rispen; weiß.
Standort: Trockene salzhaltige, sandige Böden; Dünen.
Vermehrung: Aussaat im Frühjahr; Wurzelteilung im Herbst oder Frühjahr.
Pflege: Mäßig gießen und düngen.
Ernte: Junge Blätter bei Bedarf.
Verwendung: Junge Blätter sind in der Küche bestens zur Herstellung von Kräuterbutter und Kräuterquark geeignet. Ältere Blätter und Wurzeln werden als Gemüse gekocht. Der duftende Blütenstand wird häufig für Sträuße verwendet.
Hinweis: Die Breitblättrige Kresse wurde früher als pfeffriges Würzmittel verwendet. Für Hildegard von Bingen war das Kraut ein Magenmittel und galt als Mittel gegen ein schwaches Herz und Traurigkeit. Außerdem galt Pfefferkraut als Augenheilmittel.

Maca
Lepidium meyenii (syn. *Lepidium peruvianum*)

Familie: Brassicaceae.
Verbreitung: Südamerika.
Wuchs: Rosettig; mit fleischiger, weißer Rübe; bis 20 cm hoch.
Blatt: Fein gefiedert; grün.
Blüte: Maca wird meist einjährig kultiviert und setzt daher keine Blüten an.
Standort: Nahrhafte, durchlässige Gartenböden.
Vermehrung: Aussaat im Frühjahr.
Pflege: Regelmäßig gießen und düngen.
Ernte: Wurzeln im Herbst.
Verwendung: Macawurzeln ähneln im Geschmack den Petersilienwurzeln und werden frisch als Gemüse mit vielen wertvollen Nährstoffen gegessen. Getrocknete Wurzeln werden heute als Nahrungsergänzungsmittel in Form von Tabletten, Kapseln und Extrakten (Maca) angeboten. Diese Präparate sollen die körperliche Leistungsfähigkeit, die psychische Belastbarkeit und die Potenz fördern. Der wissenschaftliche Nachweis steht noch aus.
Hinweis: Maca galt bereits zur Zeit der Inkas als Stärkungsmittel und Aphrodisiakum.

Garten-Kresse
Lepidium sativum

Familie: Brassicaceae.
Verbreitung: Europa; Asien; heute als Kulturpflanze weltweit verbreitet.
Wuchs: Aufrecht, blühend 30 bis 50 cm hoch.
Blatt: Grundblätter fiederteilig; obere Blätter länglich-eiförmig; blaugrün.
Blüte: Mai bis Juli; Kreuzblüten in Trauben stehend; weiß.
Standort: Nahrhafte Gartenböden; für die Topfkultur geeignet.
Vermehrung: Aussaat; muss ständig nachgesät werden; unter Glas ganzjährige Kultur möglich.
Pflege: Regelmäßig gießen und düngen; kurze Kulturzeit.
Ernte: Junge Blätter bei Bedarf.
Verwendung: Frische Kresse oder Kresse-Keimlinge sind pikant und passen gut zu Salat, Eiern und Quark. Sie schmecken gut auf Butterbrot und eignen sich zum Garnieren von Fisch und Gemüse. Die Volksheilkunde schätzt die Garten-Kresse zur Anwendung bei Frühjahrskuren.
Hinweis: Garten-Kresse wurde bereits von Karl dem Großen empfohlen und in unseren Klostergärten kultiviert.

Liebstöckel
Levisticum officinale

Weiterer Name: Maggikraut; Badekraut.
Familie: Apiaceae.
Verbreitung: Europa; Nordamerika; Iran.
Wuchs: Horstig; Blütenstiele aufrecht; 100 bis 200 cm hoch; starkwüchsig.
Blatt: 2- bis 3-fach gefiedert; Blattrand gesägt; dunkelgrün.
Blüte: Juli bis August; kleine Einzelblüten in zusammengesetzten Dolden, blassgelb.
Standort: Frische, durchlässige Böden mit hohem Nährstoffgehalt.
Vermehrung: Aussaat im Frühjahr; Wurzelteilung oder -schnittlinge im Herbst.
Pflege: Regelmäßig gießen und düngen; vollständiger Rückschnitt im Herbst; auf Minierfliege achten.
Ernte: Blätter von Frühjahr bis Herbst; Wurzeln und Samen von älteren Pflanzen im Herbst.
Verwendung: Liebstöckel ist in erster Linie ein Gewürz für Eintöpfe und Rohstoff für die Likörindustrie. Liebstöckeltee wird zur Durchspülung bei entzündlichen Erkrankungen der Harnwege getrunken. Die Volksheilkunde verwendet Liebstöckelwurzeln bei Verdauungsbeschwerden, bei Menstruationsstörungen und als schleimlösendes Mittel bei Husten.
Warnung: Das Kraut hat schwach phototoxische Eigenschaften. Liebstöckeltee sollte nicht während der Schwangerschaft getrunken werden.
Hinweis: Der Volksglaube kennt Liebstöckel als eine alte Heil- und Zauberpflanze.

Schottischer Liebstöckel
Ligusticum scoticum

Familie: Apiaceae.
Verbreitung: Europa, Nordamerika.
Wuchs: Horstig; Blütenstiele aufrecht; 40 bis 60 cm hoch.
Blatt: 2- bis 3-fach gefiedert; Blattrand gesägt; dunkelgrün.
Blüte: Juli bis September; kleine Einzelblüten in zusammengesetzten Dolden, weiß.
Standort: Frische, durchlässige Böden mit hohem Nährstoffgehalt; für die Topfkultur geeignet.
Vermehrung: Aussaat im Frühjahr; Wurzelteilung im Herbst.
Pflege: Regelmäßig gießen und düngen; vollständiger Rückschnitt im Herbst; ältere Pflanzen teilen.
Winterschutz: In rauen Lagen und bei Kahlfrösten erforderlich.

Echtes Herzgespann

Breitblättrige Kresse

Maca

Garten-Kresse

Liebstöckel

Schottischer Liebstöckel

Gewöhnliches Leinkraut

Ausdauernder Lein

Ernte: Blätter im Sommer; Wurzeln im Herbst.
Verwendung: Ein Tee aus Wurzeln wirkt leicht beruhigend. Der Geschmack der jungen Blätter ähnelt der Petersilie Sie werden als Salat gegessen und zum Würzen von Suppen und Eintöpfen verwendet.

Gewöhnliches Leinkraut
Linaria vulgaris

Weiterer Name: Frauenflachs.
Familie: Scrophulariaceae.
Verbreitung: Europa; Asien; Nordamerika.
Wuchs: Horstig; Blütenstiele aufrecht bis niederliegend; 20 bis 60 cm hoch.
Blatt: Lineal-lanzettlich; zugespitzt; blaugrün.
Blüte: Juli bis September; Rachenblüten, lang gespornt, in Trauben stehend; hellgelb.
Standort: Frische, durchlässige Böden mit eher geringem Nährstoffgehalt.

Vermehrung: Aussaat im Frühjahr; Wurzelteilung im Herbst.
Pflege: Regelmäßig gießen, wenig düngen; vollständiger Rückschnitt im Herbst oder Frühjahr.
Ernte: Blühendes Kraut im Sommer.
Verwendung: Die Volksheilkunde verwendet Leinkrauttee als Abführmittel und zur Förderung der Harnausscheidung. Eine oft selbst hergestellte Salbe wurde häufig bei Hämorrhoiden und Venenerkrankungen verwendet. Das Homöopathikum Linaria wird gelegentlich bei Blasenentzündungen und bei Leberschwäche angewendet.

Ausdauernder Lein
Linum perenne

Familie: Linaceae.
Verbreitung: Europa; Westasien.

Wuchs: Horstig; Blütenstiele straff aufrecht; im oberen Bereich verzweigt; 30 bis 60 cm hoch.
Blatt: Schmal lanzettlich; sitzend; klein; graugrün.
Blüte: Juni bis August; endständige Einzelblüten; hellblau.
Frucht: Kapseln, kugelig.
Standort: Nahrhafte, gut durchlässige Böden.
Vermehrung: Aussaat im Frühjahr; Wurzelteilung im Herbst.
Pflege: Regelmäßig gießen und düngen; vollständiger Rückschnitt im Herbst oder Frühjahr.
Ernte: Stängel im Sommer.
Verwendung: Aus den Stängeln wurden früher raue, grobe Fasern zur Herstellung von Textilien gewonnen und wie Flachsfasern (*Linum usitatissimum*) verwendet.
Hinweis: Die Pflanze steht auf Stufe 1 der Roten Liste gefährdeter Arten und ist laut Bundesartenschutzverordnung streng geschützt; nicht in der Natur sammeln!

Flachs

Flachs
Linum usitatissimum

Weiterer Name: Saat-Lein.
Familie: Linaceae.
Verbreitung: Europa; als Kulturpflanze weltweit.
Wuchs: Straff aufrecht; im oberen Bereich verzweigt; bis 100 cm hoch.
Blatt: Schmal lanzettlich; sitzend; klein; graugrün.
Blüte: Juni bis August; endständige Einzelblüten; hellblau, gelegentlich weiß.
Frucht: Kapseln, kugelig; achtfächrig; mit Leinsamen.
Standort: Nahrhafte, gut durchlässige Böden.
Vermehrung: Aussaat im Frühjahr.
Pflege: Regelmäßig gießen und düngen.
Ernte: Blätter und Samen im Sommer.
Verwendung: Die Volksheilkunde verwendet Leinsamen vor allem als mildes Abführmittel. Leinsamenschleim wirkt bei entzündlichen Erkrankungen des Magen-Darm-Trakts. Ein Aufguss hilft als Gurgelmittel bei Entzündungen im Mund- und Rachenraum sowie bei Reizhusten und Heiserkeit. Warme Breiumschläge aus zerstoßenen Samen sind wirksam bei Wunden und Hautentzündungen. Frische Blätter können als Beigabe von Salaten gegessen werden. Die Samen werden in Müsli gemischt oder zum Backen verwendet. Leinöl gilt als wertvolles Speiseöl und ist auch Rohstoff zur Herstellung von Ölfarben, Firnissen und Linoleum. Flachsfasern werden von der Bekleidungsindustrie verarbeitet und sind chirurgisches Nahtmaterial.

Hinweis: Leinkraut wird schon seit vorgeschichtlicher Zeit als Öl- und Faserpflanze angebaut.

Aztekisches Süßkraut
Lippia dulcis

Familie: Verbenaceae.
Wuchs: Kriechend; überhängend; meterlange Ranken; 20 bis 30 cm hoch.
Blatt: Eiförmig; gezähnt; klebrig behaart; dunkelgrün.
Blüte: Juli bis September; in Köpfchen stehend; duftend; weiß.
Standort: Durchlässige, etwas magere Böden; bei uns als Kübelpflanze.
Vermehrung: Kopf- oder Teilstecklinge im Sommer.
Pflege: Wenig gießen und düngen; öfter zurückschneiden.
Winterschutz: Kübel hell und frostfrei überwintern.
Ernte: Blätter und Blüten bei Bedarf.
Verwendung: Der Tee schmeckt leicht minzig und süß und hat eine leicht entspannende Wirkung. In der Küche wird das Aztekische Süßkraut als Süßungsmittel für Tees und Desserts verwendet.

Mexikanischer Oregano
Lippia graveolens

Familie: Verbenaceae.
Wuchs: Buschig; Stängel rotbraun; bis 200 cm hoch.
Blatt: Spatelförmig; gezähnt; grün.

Blüte: Juli bis September; in ährenähnlichen Blütenständen stehend; duftend; weiß.
Standort: Durchlässige, etwas magere Böden; bei uns als Kübelpflanze.
Vermehrung: Kopf- oder Teilstecklinge im Sommer.
Pflege: Wenig gießen und düngen; im Herbst zurückschneiden; auf Weiße Fliege achten.
Winterschutz: Kübel hell und mäßig warm überwintern.
Ernte: Blätter und Blüten bei Bedarf.
Verwendung: Die Blätter des Mexikanischen Oregano sind sehr aromatisch und werden in Mittelamerika als Gewürz für Eintöpfe, Bohnengerichte und Chilis verwendet.
Weitere Arten: Anisverbene *(Lippia alba)*; Minzverbene *(Lippia scaberrima)*.

Ufer-Wolfstrapp
Lycopus europaeus

Familie: Lamiaceae.
Verbreitung: Europa; West- bis Mittelasien; Nordafrika.
Wuchs: Horstig; ausläuferbildend; Stängel 4-kantig; locker aufrecht; 60 bis 130 cm hoch.
Blatt: Länglich lanzettlich; grob gezähnt bis fiederspaltig; grün.
Blüte: Juli bis September; Lippenblüten in Quirlen stehend; weiß.
Standort: Feuchte, humose Böden mit hohem Nährstoffgehalt; Staunässe vertragend.
Vermehrung: Aussaat im Frühjahr; Wurzelteilung im Herbst.
Pflege: Regelmäßig gießen und düngen; vollständiger Rückschnitt im Herbst oder Frühjahr.
Ernte: Blühendes Kraut im Sommer.
Verwendung: Wolfstrapp wirkt hemmend

Aztekisches Süßkraut

Mexikanischer Oregano

auf die Aktivität der Schilddrüse. Extrakte des Krautes sind Bestandteil von Fertigarzneimitteln zur Behandlung von nervösen Herzstörungen, die durch Überfunktion der Schilddrüse ausgelöst werden.

Warnung: Bei hoher Dosierung und ständiger Einnahme kann es zu einer Vergrößerung der Schilddrüse kommen.

Hinweis: Die Heilwirkung ist erst seit dem 20. Jahrhundert bekannt.

Pfennig-Gilbweiderich
Lysimachia nummularia

Weiterer Name: Pfennigkraut.
Familie: Primulaceae.
Verbreitung: Europa; Kaukasusländer; Nordamerika.
Wuchs: Kriechend; ausläuferbildend; 5 bis 10 cm hoch.
Blatt: Wintergrün; rundlich; ganzrandig; hellgrün.
Blüte: Mai bis Juli; schalenförmige Einzelblüten; gelb.
Standort: Frische bis feuchte Böden mit hohem Nährstoffgehalt.
Vermehrung: Aussaat im Frühjahr; Wurzelteilung im Herbst.
Pflege: Regelmäßig gießen und düngen; starkes Wuchern durch Entfernen von Ausläufern verhindern.
Ernte: Blühendes Kraut im Sommer.
Verwendung: Die Volksheilkunde verwendet Pfennigkraut als Hustenmittel sowie bei Rheuma, Gicht und Durchfall. Teeumschläge helfen bei Ekzemen und schlecht heilenden Wunden.

Blut-Weiderich
Lythrum salicaria

Weitere Namen: Blutskraut; Stolzer Heinrich.
Familie: Lythraceae.
Verbreitung: Europa; Asien; Nordwestafrika; Nordamerika; an Ufern und auf nassen Wiesen.
Wuchs: Horstig; Blütenstiele straff aufrecht; 80 bis 150 cm hoch.
Blatt: Lanzettlich; lang zugespitzt; grün.
Standort: Feuchte bis nasse, schwere Böden.
Vermehrung: Aussaat im Frühjahr; Wurzelteilung im Herbst.
Pflege: Regelmäßig gießen und düngen; ideal zum Verwildern am Teichrand.
Ernte: Blätter und Blüten im Sommer.
Verwendung: Blut-Weiderich wirkt zusammenziehend, antibakteriell und blutstillend.

Ufer-Wolfstrapp

Pfennig-Gilbweiderich

Blut-Weiderich

Weißer Federmohn

Die Volksheilkunde verwendet das Kraut als Mittel gegen Durchfall, bei starken Periodeblutungen und äußerlich zur Behandlung von Wunden und Ekzemen.

Hinweis: Blut-Weiderich war als Heilpflanze bereits in der Antike bekannt und wurde später auch zum Gerben von Leder verwendet.

Weißer Federmohn
Macleaya cordata

Familie: Papaveraceae.
Verbreitung: China; Taiwan; Japan.
Wuchs: Horstig; ausläuferbildend; Blütenstiele aufrecht; 1,80 bis 2,50 m hoch.

Blatt: Handförmig gelappt; Blattrand tief gesägt; unterseits weißfilzig; blaugrün.
Blüte: Juli bis August; in Doldenrispen stehend; blassgelb.
Standort: Warme, durchlässige Böden mit eher hohem Nährstoffgehalt.
Vermehrung: Aussaat im Frühjahr; Wurzelteilung im Herbst.
Pflege: Regelmäßig gießen und düngen; neigt zum Wuchern; benötigt ausreichend Platz.
Ernte: Wurzeln im Herbst.
Verwendung: Die Wurzeln enthalten bakterizid wirkendes Sanguinarin, das industriell zur Herstellung von Mund- und Zahnwässern verwendet wird.
Warnung: Der Milchsaft ist giftig.
Hinweis: Federmohn ist eine wunderschöne Solitärstaude für Bauerngärten.

Käsepappel Wilde Malve Gewöhnlicher Andorn Echte Kamille

Käsepappel
Malva neglecta

Weiterer Name: Weg-Malve.
Familie: Malvaceae.
Verbreitung: Europa; Asien; Nordafrika.
Wuchs: Horstig; Blütenstiele aufrecht; 40 bis 100 cm hoch.
Blatt: 5- bis 7-lappig; grün.
Blüte: Juni bis September; schalenförmige Einzelblüten; hellrosa bis weiß.
Frucht: In Teilfrüchte zerfallende Kapseln.
Standort: Durchlässige, humose Böden mit hohem Nährstoffgehalt.
Vermehrung: Aussaat im Frühjahr.
Pflege: Regelmäßig gießen und düngen; vollständiger Rückschnitt im Herbst oder Frühjahr.
Ernte: Blätter im Sommer.
Verwendung: Malvenblätter enthalten Schleimstoffe und geringe Mengen an Gerbstoffen. Sie werden als Tee bei Entzündungen der oberen Luftwege, bei Schleimhautentzündungen in Magen und Darm und bei Schleimhautreizungen im Mund- und Rachenraum verwendet.

Wilde Malve
Malva sylvestris

Familie: Malvaceae.
Verbreitung: Europa; Asien; Nordafrika.
Wuchs: Horstig; Blütenstiele aufrecht, verzweigt; 40 bis 100 cm hoch.
Blatt: 5- bis 7-lappig; behaart; grün.
Blüte: Juni bis September; schalenförmige Einzelblüten; purpurrot, dunkler geadert.
Frucht: In Teilfrüchte zerfallende Kapseln.

Standort: Durchlässige, humose, etwas kalkhaltige Böden mit hohem Nährstoffgehalt.
Vermehrung: Aussaat im Frühjahr.
Pflege: Regelmäßig gießen und düngen; vollständiger Rückschnitt im Herbst oder Frühjahr.
Ernte: Blätter im Frühjahr; Blüten im Sommer.
Verwendung: In der Volksheilkunde ist Malventee sehr beliebt. Malvenblüten, seltener Malvenblätter, werden als Tee bei Entzündungen angewendet. Die Blüten sind häufig färbender Bestandteil von Teemischungen oder werden auch zum Färben von Lebensmitteln verwendet. Junge Blätter und Triebe können Salaten oder Gemüse beigegeben werden. Die Blüten eignen sich zur Garnierung von Desserts und Salaten.

Gewöhnlicher Andorn
Marrubium vulgare

Familie: Lamiaceae.
Verbreitung: Europa; Asien; Nordafrika.
Wuchs: Buschig; verzweigt; filzig behaart; bis 60 cm hoch.
Blatt: Wintergrün; eiförmig bis rundlich; Blattrand gekerbt; runzelig; behaart; graugrün.
Blüte: Juni bis August; Lippenblüten in Scheinquirlen stehend; weiß.
Standort: Warme, gut durchlässige, magere Böden.
Vermehrung: Aussaat im Frühjahr; Wurzelteilung im Herbst.
Pflege: Gelegentlich gießen, wenig düngen; vor Staunässe schützen; Rückschnitt im Frühjahr.
Ernte: Blätter während der gesamten Vegetationsphase; nicht verholzte, blühende Triebe im Sommer.

Verwendung: Die Volksheilkunde kennt Andorn als Mittel gegen Appetitlosigkeit, gegen Verdauungsbeschwerden und äußerlich angewendet als Wundheilmittel bei Hautausschlägen. Blätter werden frisch oder getrocknet als Salatwürze und zur Herstellung von Kräuterlikören verwendet.
Hinweis: Andorn ist eines der ältesten uns bekannten Heilkräuter. Schon die Ägypter nutzten das Kraut gegen Erkrankungen der Atemwege.

Echte Kamille
Matricaria recutita (syn. *Chamomilla recutita*)

Familie: Asteraceae.
Verbreitung: Mittelmeerraum.
Wuchs: Buschig; Blütenstiele aufrecht, verzweigt; 30 bis 50 cm hoch.
Blatt: 2- bis 3-fach fiederteilig; grün.
Blüte: Juni bis Juli; Körbchenblüten mit hohem Blütenboden; gelbe Röhrenblüten, weiße Zungenblüten.
Standort: Humusreiche, leicht lehmige Böden.
Vermehrung: Aussaat im Frühjahr.
Pflege: Regelmäßig gießen und düngen
Ernte: Blütenköpfchen im Sommer.
Verwendung: Kamillentee wird innerlich bei Erkrankungen im Magen- und Darmbereich, bei Verdauungsstörungen sowie bei Menstruationsbeschwerden verwendet. Äußerlich wird Kamille in Form von Salben, Umschlägen und Bädern bei Entzündungen der Haut und der Schleimhäute angewendet.
Warnung: Kamillentee ist nicht zum Dauergebrauch geeignet. Eine Überdosierung kann zu Schwindel und Nervosität führen. Der häufige Umgang mit getrockneten Kamillenblüten kann Allergien auslösen.

Hinweis: Die Echte Kamille ist eine sehr alte Heilpflanze. Im alten Ägypten wurde sie als Blume des Sonnengottes verehrt. Dioskurides beschrieb die Heilkraft der Kamille und auch die Klosterheilkunde bediente sich der Pflanze.

Echter Steinklee
Melilotus officinalis

Familie: Fabaceae.
Verbreitung: Nordhalbkugel; an Wegrändern.
Wuchs: Aufrecht bis buschig; 80 bis 120 cm hoch.
Blatt: 3-teilig; Blättchen oval, gezähnt; blaugrün.
Blüte: Juli bis September; Schmetterlingsblüten in Trauben stehend; gelb.
Standort: Trockene Böden mit eher geringem Nährstoffgehalt.
Vermehrung: Aussaat im Frühjahr; Wurzelteilung im Herbst.
Pflege: Wenig gießen oder düngen; vollständiger Rückschnitt im Herbst; neigt zur Selbstaussaat.
Ernte: Triebspitzen zur Blütezeit.
Verwendung: Steinklee wirkt entzündungshemmend, harntreibend und senkt die Gefäßdurchlässigkeit. Standardisierte Fertigpräparate werden bei Venenerkrankungen (Schweregefühl, Wadenkrämpfe, Schwellungen) und bei Hämorrhoiden angewendet. Die Volksheilkunde kennt Steinklee als schleimlösendes Mittel bei Husten und nutzt ihn in Umschlägen bei Verstauchungen, Prellungen und Blutergüssen.
Hinweis: Die Heilwirkung des Steinklees ist seit der Antike bekannt. Schon Dioskurides empfahl die Anwendung gegen Geschwüre.

Zitronen-Melisse
Melissa officinalis

Familie: Lamiaceae.
Wuchs: Dichtbuschig; verzweigt; bis 100 cm hoch.
Blatt: Eiförmig; gleichmäßig gezähnt; duftend; grün.
Blüte: Juni bis August; achselständig; weiß bis rosa.
Standort: Gut durchlässige, nahrhafte, frische Böden.
Vermehrung: Aussaat im Frühjahr; Wurzelteilung im Herbst.
Pflege: Gelegentlich gießen, wenig düngen; bis zu drei Rückschnitte pro Jahr; neigt zur Selbstaussaat; auf Echten Mehltau achten.
Ernte: Junge Blätter und Triebspitzen vor der Blüte; ältere Blätter werden hart und schmecken etwas bitter.
Verwendung: Getrocknete Melisseblätter sind Bestandteil von Schlaf- und Nerventees. Das ätherische Öl wird zur Herstellung von Einreibungen und in Entspannungsbädern verwendet. Frische Melissenblätter verbessern den Geschmack von Salaten, Saucen, Süßspeisen und Fischgerichten.
Hinweis: Die Melisse kam im 11. Jahrhundert mit den Arabern nach Spanien. Bei uns wurde die Pflanze erstmals in Klostergärten angebaut. In Klöstern wurde auch Melissengeist erstmals hergestellt.

Kreta-Melisse
Melissa officinalis ssp. *altissima*

Familie: Lamiaceae.

Wuchs: Dichtbuschig; verzweigt; bis 90 cm hoch.
Blatt: Eiförmig; gleichmäßig gezähnt; weich behaart; duftend; grün.
Blüte: Juni bis August; achselständig; duftend; weiß.
Standort: Gut durchlässige, nahrhafte, frische Böden.
Vermehrung: Aussaat im Frühjahr; Wurzelteilung im Herbst.
Pflege: Gelegentlich gießen, wenig düngen; Rückschnitt nach der Blüte.
Ernte: Junge Blätter und Triebspitzen vor der Blüte.
Verwendung: Das Aroma der Kreta-Melisse liegt zwischen Limette und Mandarinenschale. Sie ist eine sehr aromatische Teepflanze.

Gelbgrüne Melisse
Melissa officinalis 'Variegata'

Familie: Lamiaceae.
Wuchs: Dichtbuschig; verzweigt; 40 bis 60 cm hoch.
Blatt: Eiförmig; gleichmäßig gezähnt; duftend; gelbbunt.
Blüte: Kaum blühend; Juni bis August; achselständig; duftend; weiß.
Standort: Gut durchlässige, nahrhafte, frische Böden.
Vermehrung: Stecklinge im Sommer; Wurzelteilung im Herbst.
Pflege: Gelegentlich gießen, wenig düngen; Rückschnitt nach der Blüte.
Ernte: Junge Blätter und Triebspitzen vor der Blüte.
Verwendung: Frische Melissenblätter werden zur Zubereitung von Salaten, Saucen, Süßspeisen und Fischgerichten verwendet.

Echter Steinklee

Zitronen-Melisse

Kreta-Melisse

Gelbgrüne Melisse 'Variegata'

Minze
Mentha-Arten und -Sorten

Familie: Lamiaceae.
Verbreitung: Kulturpflanze.
Wuchs: Dichtbuschig; ausläuferbildend; 60 bis 80 cm hoch.
Blatt: Eiförmig bis elliptisch; meist gesägt; duftend; dunkelgrün, teilweise rötlich überlaufen.
Blüte: Juli bis August; Scheinähren oder achselständige Scheinquirle; rosa bis violett.
Standort: Nahrhafte, feuchte Böden.
Vermehrung: Stecklinge im Sommer; Wurzelteilung im Herbst; viele Formen neigen zu spontanen Veränderungen.
Pflege: Regelmäßig gießen und düngen; Wurzeln gelegentlich reduzieren oder Rhizomsperren einbauen; Minze neigt zum Wuchern.
Ernte: Junge Blätter und Triebe bei Bedarf; oberirdische Pflanzenteile kurz vor der Blüte.
Verwendung: Minztee wird aus getrockneten Blättern zubereitet und kann unbedenklich als Haustee getrunken werden. Bei empfindlichem Magen ist es ratsam, Minze mit Kamille im Verhältnis 1:1 zu mischen. Frische Minzblätter werden in der Küche zum Würzen von Saucen und Süßspeisen verwendet.
Warnung: Pfefferminzöl löst in seltenen Fällen allergische Reaktionen aus.

Wasser-Minze
Mentha aquatica

Familie: Lamiaceae.
Verbreitung: Europa; Westasien; Nordafrika; auf Nasswiesen.
Wuchs: Horstig; ausläuferbildend, wuchernd; Blütentriebe aufrecht bis bogig; 40 bis 60 cm hoch.
Blatt: Eiförmig; Blattrand gesägt; duftend; grün.
Blüte: Juli bis September; Lippenblüten in Ähren stehend; hellviolett.
Standort: Feuchte bis nasse, schwere Böden; gut geeignet für Teichränder.
Vermehrung: Aussaat im Frühjahr; Wurzelteilung im Herbst.
Pflege: Wurzeln gelegentlich reduzieren; Wasser-Minze neigt zum Wuchern.
Ernte: Blätter im Sommer.
Verwendung: Die Volksheilkunde verwendet den Tee bei Magen-, Darm- und Gallenbeschwerden sowie bei Menstruationsbeschwerden.

Japanische Minze
Mentha arvensis var. *piperascens*

Familie: Lamiaceae.
Verbreitung: Asien.
Wuchs: Horstig; ausläuferbildend, wuchernd; Blütentriebe aufrecht bis bogig; 60 bis 80 cm hoch.
Blatt: Schmal eiförmig; Blattrand gesägt; kraus; hellgrün.
Blüte: Juli bis August; Lippenblüten in Ähren stehend; hellviolett bis violett.
Standort: Frische bis feuchte, humose Böden mit hohem Nährstoffgehalt; gut geeignet für Gehölzränder.
Vermehrung: Stecklinge im Sommer; Wurzelteilung im Herbst.
Pflege: Regelmäßig gießen und düngen;

Minze-Sorten

Mentha spec.	Bild	Wuchshöhe	Blätter	Verwendung
Limonen-Minze 'Hillary's Sweet Lemon'		30 bis 60 cm	Lanzettlich; grob gesägt; duftend; sattgrün; mit ausgeprägter Nervatur	Die süße Limonen-Minze 'Hillary's Sweet Lemon' ist sehr süß und eignet sich ausgezeichnet zur Herstellung von Desserts oder Drinks.
'Kentucky spearmint'		60 bis 90 cm	Oval; schwach gesägt; zugespitzt; graugrün	Fruchtig-milde Teeminze, die bis in den Herbst, unter Glas auch im Winter, geerntet werden kann.
'Nemorosa'		40 bis 80 cm	Elliptisch bis eiförmig; gesägt; zugespitzt; runzelig; duftend; grün; leicht behaart	Frische Blätter werden zum Anrichten von Longdrinks (Mojito, mit Rum, Zucker, Zitrone) verwendet.
Russische Minze 'Polymentha'		50 bis 100 cm	Elliptisch bis eiförmig; grob gesägt; zugespitzt duftend; grün	Die Russische Minze (Vivilminze) eignet sich wegen der Schärfe ihres Aromas besonders zur Herstellung von kräftigem Tee.
Weiße Minze 'White Peppermint'		40 bis 80 cm	Elliptisch bis eiförmig; gesägt; zugespitzt; duftend; grün	Wegen ihres intensiven Aromas ist die Weiße Minze gut als Gewürz von Fleischgerichten, Salaten und Gemüse geeignet.

Wasser-Minze

Japanische Minze

Ingwer-Minze

Wurzeln gelegentlich reduzieren. Vorsicht, Minze neigt zum Wuchern.
Ernte: Blätter im Sommer.
Verwendung: Die Japanische Minze wird vorwiegend zur Mentholgewinnung angebaut. Das scharfe ätherische Öl wird zur Herstellung von Nahrungs- und Genussmitteln sowie Kosmetik verwendet und ist Wirkstoff des Tigerbalsams. Japanisches Minzöl wird zum Einreiben oder Inhalieren bei Erkältungen, Unwohlsein, Kopfschmerzen, Übelkeit oder nervöser Unruhe verwendet.

Ingwer-Minze
Mentha x gracilis 'Variegata' (syn. *Mentha* x *gentilis* 'Variegata')

Familie: Lamiaceae.
Verbreitung: Kulturpflanze.
Wuchs: Dichtbuschig; ausläuferbildend; 30 bis 60 cm hoch.
Blatt: Eiförmig; grob gezähnt; duftend; grün, gelb panaschiert.
Blüte: Juli bis August; Lippenblüten in Scheinähren stehend; lila.
Standort: Nahrhafte, feuchte Böden.
Vermehrung: Stecklinge im Sommer; Wurzelteilung im Herbst; viele Formen neigen zu spontanen Veränderungen.
Pflege: Regelmäßig gießen und düngen; Wurzeln gelegentlich reduzieren oder Rhizomsperren einbauen; neigt zum Wuchern.
Winterschutz: In rauen Lagen erforderlich.
Ernte: Junge Blätter und Triebe bei Bedarf; oberirdische Pflanzenteile kurz vor der Blüte.
Verwendung: Das Aroma der Ingwer-Minze erinnert an Eau de Cologne gemischt mit etwas Menthol. Die dekorativen Blättchen werden zum Garnieren von Desserts verwendet.

Chinesische Minze
Mentha haplocalyx

Familie: Lamiaceae.
Verbreitung: Asien.
Wuchs: Horstig; ausläuferbildend, wuchernd; Blütentriebe aufrecht bis bogig; 60 bis 90 cm hoch.
Blatt: Schmal eiförmig; Blattrand gesägt; duftend; grün.
Blüte: Juli bis September; Lippenblüten in Ähren stehend; hellviolett bis violett.
Standort: Frische bis feuchte, humose Böden mit hohem Nährstoffgehalt.
Vermehrung: Stecklinge im Sommer; Wurzelteilung im Herbst.
Pflege: Regelmäßig gießen und düngen; Wurzeln gelegentlich reduzieren; neigt zum Wuchern.

Ernte: Blätter im Sommer.
Verwendung: Die Blätter haben ein mildes, fruchtiges Aroma und werden für Tee oder Süßspeisen verwendet.

Pfefferminze
Mentha x piperita

Familie: Lamiaceae.
Verbreitung: Als Kulturpflanze weltweit.
Wuchs: Dichtbuschig; ausläuferbildend; 60 bis 80 cm hoch.
Blatt: Eiförmig bis elliptisch; meist gesägt; duftend; dunkelgrün, teilweise rötlich überlaufen.
Blüte: Juli bis August; Scheinähren oder achselständige Scheinquirle; rosa bis violett.
Standort: Nahrhafte, feuchte Böden.

Chinesische Minze

Pfefferminze

Besonders aromatische Sorten der Pfefferminze

Sorten	Bild	Wuchshöhe	Blätter	Verwendung
'Bergamotte'		40 bis 90 cm	Elliptisch bis eiförmig; wenig gesägt; abgerundet; duftend; grün; rau	Das Aroma erinnert ein wenig an Earl Grey Tee und ist daher sehr gut für Mischungen mit Schwarztee geeignet.
'Lemon'		30 bis 70 cm	Elliptisch bis eiförmig; wenig gesägt; abgerundet; duftend; grün; rau	Mit ihrem säuerlich-fruchtigen Aroma eignet sich die Minze 'Lemon' ausgesprochen gut zur Aromatisierung von Obstsalaten, Süßspeisen und Mixgetränken.
'Multimentha'		60 bis 100 cm	Elliptisch bis eiförmig; gesägt; zugespitzt; duftend; grün; kraus	Diese besonders kräftige, aromatische Sorte eignet sich hevorragend für Minze-Tee sowie zum Aromatisieren von Süßspeisen und Getränken.
'Prosperina'		60 bis 100 cm	Elliptisch bis eiförmig; gesägt; zugespitzt; duftend; grün; im Austrieb kraus	Diese kräftige, aromatische Sorte ist sehr ertragreich und eignet sich gut als Teepflanze.
'Schokominze'		Dichtbuschig; 30 bis 60 cm hoch	Elliptisch bis eiförmig; gesägt; zugespitzt; duftend; dunkelgrün	Die Schokominze hat ein süßliches Aroma und wird Herstellung von Süßspeisen und Eis verwendet.

Vermehrung: Stecklinge im Sommer; Wurzelteilung im Herbst; viele Formen neigen zu spontanen Veränderungen.

Pflege: Regelmäßig gießen und düngen; Wurzeln gelegentlich reduzieren oder Rhizomsperren einbauen; neigt zum Wuchern.

Ernte: Junge Blätter und Triebe bei Bedarf; oberirdische Pflanzenteile kurz vor der Blüte.

Verwendung: Pfefferminze wirkt erfrischend, krampflösend und verdauungsfördernd und wird bei krampfartigen Beschwerden im Magen- Darmbereich und der Gallenwege angewendet. Das ätherische Öl wird zu schmerzlindernden Einreibungen bei rheumatischen Beschwerden, Juckreiz, Kopfschmerzen und Erkältungskrankheiten verwendet. Inhalationen helfen bei Katarrhen der Atemwege. Das ätherische Öl ist häufig Bestandteil von Mund- und Zahnpflegemitteln, sowie Lutschpastillen gegen Erkältungskrankheiten. Frische Minzblätter werden in der Küche zum Würzen von Saucen und Süßspeisen verwendet.

Warnung: Pfefferminzöl löst in seltenen Fällen allergische Reaktionen aus.

Hinweis: Pfefferminze galt früher als Aphrodisiakum und Empfängnisverhütungsmittel.

Polei-Minze
Mentha pulegium

Familie: Lamiaceae.

Verbreitung: Europa; Westasien; Nordafrika.

Wuchs: Horstig; ausläuferbildend, wuchernd; Blütentriebe aufrecht bis bogig; 5 bis 35 cm hoch.

Blatt: Schmal eiförmig; ganzrandig; zugespitzt; grün.

Blüte: Juli bis September; Lippenblüten in blattachselständigen Scheinquirlen stehend; violett.

Standort: Feuchte bis nasse, nährstoffreiche Böden.

Vermehrung: Aussaat im Frühjahr; Wurzelteilung im Herbst.

Pflege: Wurzeln gelegentlich reduzieren; Polei-Minze neigt zum Wuchern.

Ernte: Blätter im Sommer.

Verwendung: Die Volksheilkunde des Mittelalters verwendete Polei-Minze gegen Husten und bei Magen- sowie Leber-Galle-Beschwerden.

Warnung: Polei-Minze ist mittelgiftig und wirkt aufgrund ihres Pulegongehaltes leber- und lungenschädigend. Heute ist von ihrem Gebrauch abzuraten.

Hinweis: Die Polei-Minze war in der Antike als Allheilmittel hoch geschätzt. Wegen ihres starken Duftes kam sie auch gegen Flöhe zum Einsatz. In Deutschland gilt die Pflanze heute als stark gefährdet.

Korsische Minze
Mentha requienii

Familie: Lamiaceae.

Wuchs: Kriechend; polsterbildend; 2 cm hoch.

Blatt: Immergrün; rundlich; duftend; blassgrün.

Blüte: Juli bis August; Lippenblüten in Scheinähren stehend; blassviolett.

Standort: Nahrhafte, feuchte Böden; bei uns für die Topfkultur geeignet.

Vermehrung: Aussaat im Frühjahr.

Pflege: Viel gießen und düngen; an frostfreien Standorten sät sich die Pflanze selbst aus.

Winterschutz: In gefährdeten Lagen erfor-

| Polei-Minze | Korsische Minze | Krause Minze | Apfel-Minze |

derlich; Töpfe hell und kühl überwintern.

Ernte: Die Polster können wie Kresse geerntet werden.

Verwendung: Frische Blätter werden zur Herstellung von Desserts wie Minz-Sorbets verwendet.

Warnung: Pfefferminzöl löst in seltenen Fällen allergische Reaktionen aus.

Hinweis: Die aromatischen Minzen werden seit Jahrtausenden in Küche und Medizin verwendet. Das Aroma der Korsischen Minze gilt als besonders intensiv.

Krause Minze
Mentha spicata var. *crispa*

Familie: Lamiaceae.

Verbreitung: Europa; Kulturpflanze.

Wuchs: Dichtbuschig; ausläuferbildend; 30 bis 50 cm hoch.

Blatt: Lanzettlich bis eiförmig; grob gezähnt; duftend; dunkelgrün.

Blüte: Juli bis August; Lippenblüten in Ähren stehend; violett.

Standort: Nahrhafte, feuchte Böden.

Vermehrung: Stecklinge im Sommer; Wurzelteilung im Herbst; viele Formen neigen zu spontanen Veränderungen.

Pflege: Regelmäßig gießen und düngen; Wurzeln gelegentlich reduzieren oder Rhizomsperren einbauen; neigt zum Wuchern.

Ernte: Junge Blätter und Triebe bei Bedarf; oberirdische Pflanzenteile kurz vor der Blüte.

Verwendung: Pfefferminztee ist ein beliebtes Hausmittel gegen Krämpfe, Blähungen und Verdauungsbeschwerden. Das ätherische Öl wird zur Inhalation bei Erkältungskrankheiten und zum Aromatisieren von Mundwässern, Zahncremes und Kaugummi

(Spearmint) verwendet.

Warnung: Pfefferminzöl löst in seltenen Fällen allergische Reaktionen aus.

Hinweis: Die Krause Minze stammt wahrscheinlich aus China und wurde schon lange in Südeuropa angebaut. Bereits 1200 v. Chr. gab es in Ägypten nachweislich Krause-Minze-Kulturen. Über die Klöster gelangte die Kenntnis ihrer heilenden Eigenschaften in den Norden.

Apfel-Minze
Mentha suaveolens

Familie: Lamiaceae.

Verbreitung: Kulturpflanze.

Wuchs: Dichtbuschig; ausläuferbildend; 60 bis 80 cm hoch.

Blatt: Rundlich; gesägt; weich behaart; duftend; grün.

Blüte: Juli bis August; Lippenblüten in Scheinähren stehend; fliederfarben.

Standort: Nahrhafte, feuchte Böden.

Vermehrung: Stecklinge im Sommer; Wurzelteilung im Herbst; viele Formen neigen zu spontanen Veränderungen.

Pflege: Regelmäßig gießen und düngen; Wurzeln gelegentlich reduzieren oder Rhizomsperren einbauen; Minze neigt zum Wuchern.

Ernte: Junge Blätter und Triebe bei Bedarf; oberirdische Pflanzenteile kurz vor der Blüte.

Verwendung: Wegen ihres milden, an Apfel erinnernden Aromas werden Apfel-Minzblätter in der Küche gern zum Zubereiten von Obstsalaten und Desserts oder auch zur Zubereitung von erfrischend schmeckendem Tee verwendet.

Sorte: Weiß panaschierte Blätter.

Weitere Minze-Arten

Art	Verwendung
Kärntner-Minze *Mentha austriaca*	Wegen ihres süßen, kümmelartigen Aromas mit wenig Menthol ist die Minze bestens zum Würzen von Speisen (Kärntner Kasnudeln) und für Tees geeignet.
Mojito-Minze, Hemingway-Minze *Mentha x cordifolia*	Die Mojito-Minze ist mit ihrem niedrigem Mentholgehalt und intensivem Aroma bestens zum Aromatisieren von Getränken geeignet.
Kap-Minze *Mentha longifolia* ssp. *capensis*	Süßlich-aromatische Teeminze.
Apfel-Minze *Mentha x rotundifolia* 'Bowles'	Diese Minze wird wegen ihres fruchtig-minzigen Aromas als Gewürz für frische Speisen und für Kräuterteemischungen verwendet.
Grapefruit-Minze *Mentha suaveolens x piperita*	Fruchtig-milde Teeminze mit Grapefruit-Aroma.

Fieberklee
Menyanthes trifoliata

Weiterer Name: Bitterklee.
Familie: Menyanthaceae.
Verbreitung: Europa; Asien; Nordafrika; Nordamerika.
Wuchs: Kriechend, teils wurzelnd; Blütentriebe aufrecht; 25 bis 35 cm hoch.
Blatt: Spatelförmig; fleischig; glänzend grün.
Blüte: Mai bis Juni; trichterförmige Einzelblüten in Trauben stehend; weiß.
Standort: Wasserpflanze; Teichränder.
Vermehrung: Teilung der Wurzelstöcke im Herbst.
Pflege: Gelegentlich durch Wurzelteilung reduzieren.
Ernte: Blätter im Frühsommer; ganze blühende Pflanzen.
Verwendung: Fieberklee wirkt appetitanregend, blähungstreibend und verdauungsfördernd und wird in erster Linie von der Likörindustrie zur Herstellung von Bitterschnäpsen verwendet. Homöopathische Anwendungsgebiete sind Fieberanfälle, Muskel- und Kopfschmerzen.
Warnung: Die Pflanze gilt als sehr schwach giftig. Bei hoher Dosierung ist mit Kopfschmerzen, Erbrechen und Durchfall zu rechnen.

Einjähriges Bingelkraut
Mercurialis annua

Familie: Euphorbiaceae.
Verbreitung: Europa; Westasien; Nordafrika.
Wuchs: Aufrecht; 20 bis 30 cm hoch.
Blatt: Lanzettlich; Blattrand gesägt; grün.
Blüte: April bis Mai; zweihäusig; männliche Blüten in Ähren stehend; weibliche Blüten einzeln oder zu 2 bis 3; gelbgrün.
Standort: Humose Böden mit hohem Nährstoffgehalt.
Vermehrung: Aussaat im Frühjahr.
Ernte: Blühendes Kraut im Frühjahr.
Verwendung: In der Volksheilkunde wurde das Einjährige Bingelkraut als stark harntreibendes und abführendes Mittel und bei Rheuma sowie Erkältungskrankheiten angewendet. Es wird heute nur noch als homöopathische Zubereitung bei Rheuma verwendet.
Warnung: Die Pflanze gilt als sehr schwach giftig.

Ausdauerndes Bingelkraut
Mercurialis perennis

Familie: Euphorbiaceae.
Verbreitung: Europa; Kaukasusländer.
Wuchs: Aufrecht; 20 bis 30 cm hoch.
Blatt: Lanzettlich; Blattrand gesägt; grün.
Blüte: April bis Mai; zweihäusig; männliche Blüten in Ähren stehend; weibliche Blüten einzeln oder zu 2; gelbgrün.
Standort: Humose Böden mit hohem Nährstoffgehalt.
Vermehrung: Aussaat im Frühjahr; Wurzelteilung im Herbst.
Ernte: Blühendes Kraut im Frühjahr.
Verwendung: Ausdauerndes Bingelkraut wird heute nur noch als homöopathische Zubereitung bei seltener und ausbleibender Regelblutung verwendet.
Warnung: Ausdauerndes Bingelkraut gilt als sehr schwach giftig.

Thymianblättrige Felsenlippe
Micromeria thymifolia

Familie: Lamiaceae.
Verbreitung: Südosteuropa.
Wuchs: Polsterartig; 20 bis 30 cm hoch.
Blatt: Elliptisch; grün.
Blüte: Juli bis Oktober; weiß; duftend.
Standort: Durchlässige, magere Böden; mäßig trocken.
Vermehrung: Aussaat im Frühjahr; Wurzelteilung im Herbst.
Ernte: Blühendes Kraut im Sommer.
Verwendung: Die Thymianblättrige Felsenlippe wird frisch oder getrocknet als Tee oder als Gewürzkraut von Gemüse und Salaten verwendet. Sein Geschmack erinnert an Minze. Getrocknete Blütenstiele werden in Duftsträußen und Potpourris verarbeitet.
Hinweis: Die Thymianblättrige Felsenlippe ist Nektarpflanze für Schmetterlinge, Bienen und Hummeln.

Fieberklee

Einjähriges Bingelkraut

Ausdauerndes Bingelkraut

Thymianblättrige Felsenlippe

Indianernessel

Süßdolde

Braut-Myrte

Indianernessel
Monarda didyma

Weiterer Name: Monarde; Goldmelisse.
Verbreitung: Nordamerika.
Wuchs: Horstig; Blütenstiele aufrecht; 90 bis 110 cm hoch.
Blatt: Lanzettlich; Blattrand gesägt; zugespitzt, grün.
Blüte: Juli bis September; Lippenblüten in endständigen Quirlen stehend; hellrot.
Standort: Frische bis feuchte, humose Böden mit hohem Nährstoffgehalt.
Vermehrung: Aussaat im Frühjahr; Wurzelteilung im Herbst.
Pflege: Regelmäßig gießen und düngen, nicht austrocknen lassen; Rückschnitt im Herbst; alle vier Jahre umpflanzen; auf Falschen Mehltau achten.
Ernte: Frische Blätter bei Bedarf; blühende Pflanzenteile im Sommer.
Verwendung: Der Tee aus getrockneten Pflanzenteilen soll bei Appetitlosigkeit, Verdauungsstörungen und Menstruationsbeschwerden helfen. Essbare Blüten sind Bestandteil von Salaten; frische Blätter werden zum Garnieren von Desserts verwendet.

Süßdolde
Myrrhis odorata

Familie: Apiaceae.
Verbreitung: Südeuropa.
Wuchs: Horstig, buschig; anisartig duftend; 60 bis 100 cm hoch.
Blatt: 2- bis 3-fach gefiedert, Blättchen gezähnt; hellgrün.
Blüte: Mai bis Juli; in Dolden stehend; cremeweiß.
Früchte: Spaltfrüchte, sichelförmig.
Standort: Frische, humose Böden mit hohem Nährstoffgehalt.
Vermehrung: Aussaat im Frühjahr; Wurzelteilung im Herbst.
Pflege: Regelmäßig gießen und düngen.
Ernte: Blätter im Frühjahr; Samen im Sommer; Wurzeln im Herbst.
Verwendung: Süßdolde wirkt schleimlösend und verdauungsfördernd. Frische Blätter und Wurzeln werden als Gewürz von Eintöpfen, Suppen oder als Gemüse verwendet. Getrocknete Blätter und Wurzeln ergeben einen wirksamen Tee gegen Husten und leichte Verdauungsbeschwerden. Blätter und Blüten sind ein kalorienarmer Süßstoff.

Braut-Myrte
Myrtus communis

Weiterer Name: Gewöhnliche Myrte.
Familie: Myrtaceae.
Verbreitung: Mittelmeerraum.
Wuchs: Aufrecht; locker buschig; am Naturstandort bis 5 m hoch.
Blatt: Immergrün; lanzettlich; ganzrandig; zugespitzt; ledrig; glänzend dunkelgrün.
Blüte: Juni bis Oktober; einzeln stehend; weiß.
Frucht: Beeren, schwarz.
Standort: Nahrhafte, durchlässige Böden; bei uns als Kübelpflanze.
Vermehrung: Stecklinge im Sommer.
Pflege: Im Sommer reichlich wässern und düngen.
Winterschutz: Kübel hell und kühl überwintern.
Ernte: Blätter oder Beeren bei Bedarf.
Verwendung: Blätter und Beeren werden frisch oder getrocknet zum Würzen und auch zum Aromatisieren von Likören verwendet. Das ätherische Öl kann wie Eukalyptusöl bei Erkrankungen der Atemwege verwendet werden.

Weitere Indianernessel-Arten und -Sorten

Deutscher Name	Botanischer Name	Eigenschaften
Zitronen-Monarde	*Monarda citriodora*	Einjährig; rosa blühend; Teepflanze
Goldmelisse 'Petit Delight'	*Monarda fistulosa* 'Petit Delight'	Kompakt; rosa blühend; für die Topfkultur geeignet
Goldmelisse 'Trinity Purple'	*Monarda fistulosa x didyma*	Groß; purpurfarben blühend; mehltautolerant
Rosenmelisse	*Monarda fistulosa x tetraploid*	Rosenduft mit Hauch von Lavendel; rosa blühend
Gelbe Bergamotte	*Monarda punctata*	Trockener Standort; gelb blühend; Heilpflanze

Moujean-Tee

Echte Brunnenkresse

Gewöhnliche Katzenminze

Moujean-Tee
Nashia inaguensis

Familie: Verbenaceae.
Verbreitung: Bahamas.
Wuchs: Buschig; kompakt; 20 bis 30 cm hoch.
Blatt: Immergrün; oval; dunkelgrün.
Blüte: Oktober bis November; blattachselständig in Quirlen; süß duftend; weiß.
Standort: Mäßig trockene bis frische, durchlässige Böden; bei uns nur als Topfkultur.
Vermehrung: Stecklinge im Sommer; Wurzelteilung im Frühjahr.
Pflege: Regelmäßig gießen und düngen; Rückschnitt bei Bedarf im Frühjahr.
Winterschutz: Töpfe in hellen, warmen Räumen überwintern.
Ernte: Blätter ganzjährig.
Verwendung: Die kleinen Blätter haben ein sehr intensives Bergamottaroma und können gut als wohlschmeckender Tee oder in der Küche zum Würzen von Gemüse genutzt werden. Moujean-Tee wird als Duftpflanze für Potpourris und Duftsträuße verwendet.

Echte Brunnenkresse
Nasturtium officinale

Familie: Brassicaceae.
Verbreitung: Europa; Amerika; Asien.
Wuchs: Kriechend; an den Verzweigungen Wurzeln bildend; Blütenstiele aufsteigend; bis zu 70 cm lang.
Blatt: Unpaarig gefiedert; Blättchen rundlich; klein; sattgrün.
Blüte: Juni bis August; Kreuzblüten in Ähren stehend; weiß.
Standort: Feuchte, nahrhafte Böden an fließenden Gewässern.
Vermehrung: Aussaat im Frühjahr; Stecklinge im Sommer.
Pflege: Sehr feucht halten, nicht düngen; regelmäßiger Rückschnitt fördert buschigen Wuchs.
Ernte: Junge Triebe das ganze Jahr.
Verwendung: Die Volksheilkunde schätzt Brunnenkressesalat zu Frühjahrskuren und wendet sie bei Stoffwechselstörungen, gelegentlich auch bei rheumatischen Beschwer-

den an. Die scharf-bitter schmeckenden Blätter sind Gewürz für Salat, Eierspeisen, Kräuterbutter und Kräuterquark.
Hinweis: Die Geschichte der Brunnenkresse als Heilpflanze lässt sich bis in die Spätantike zurückverfolgen.

Gewöhnliche Katzenminze
Nepeta cataria

Familie: Lamiaceae.
Verbreitung: Europa; Asien; Nordamerika.
Wuchs: Aufrecht; lockerbuschig; 40 bis 80 cm hoch.
Blatt: Oval; grob gezähnt; lang zugespitzt; graugrün.
Blüte: Juli bis September; Lippenblüten in Scheinquirlen stehend; weiß mit purpurfarbener Zeichnung.
Standort: Feuchte, nahrhafte, durchlässige Böden.
Vermehrung: Aussaat im Frühjahr; Wurzelteilung im Herbst.

Katzenminze-Arten und -Sorten

Deutscher Name	Botanischer Name	Eigenschaften
Kleine Katzenminze	*Nepeta x faassenii*	Groß wachsend; blau blühend
Weißblühende Katzenminze	*Nepeta x faassenii* 'Alba'	Wüchsig; weiß blühend
Zitronige Katzenminze	*Nepeta x faassenii* 'Grog'	Aromatische Teepflanze; leuchtend blau blühend
Duft-Katzenminze	*Nepeta govaniana*	Zitroniges Aroma; hellgelb blühend
Großblütige Katzenminze	*Nepeta grandiflora* 'Dawn to Dusk'	Reichblühend; rosa
Blauminze	*Nepeta racemosa*	Kompakt; als Bodendecker geeignet; blau blühend
Sibirische Katzenminze	*Nepeta sibirica*	Sehr robust; große Blüten; blau blühend

Jungfer im Grünen

Echter Schwarzkümmel

Pflege: Regelmäßig gießen und düngen; Rückschnitt nach dem ersten Blütenflor, um zweiten Blütenflor anzuregen.
Ernte: Junge Blätter bei Bedarf; blühendes Kraut im Sommer.
Verwendung: Katzenminze wirkt fiebersenkend, krampflösend und schweißtreibend. Die Volksheilkunde verwendet das getrocknete Kraut als Bestandteil von Teemischungen gegen Erkältungskrankheiten und Verdauungsbeschwerden. Frische Blätter würzen Suppen und Saucen.

Jungfer im Grünen
Nigella damascena

Weitere Namen: Braut in Haaren, Gretel im Busch.
Familie: Ranunculaceae.
Verbreitung: Mittelmeerraum; bei uns als Zierpflanze.
Wuchs: Aufrecht; verzweigt; 40 bis 60 cm hoch.
Blatt: 3-fach gefiedert, Blättchen schmal.
Blüte: Juni bis Juli; blau bis weiß.
Frucht: Balgfrüchte, gezähnt.
Standort: Durchlässige, humose, warme Gartenböden.
Vermehrung: Aussaat im Frühjahr.
Pflege: Regelmäßig gießen und düngen.
Ernte: Samen im Sommer.
Verwendung: Die Naturheilkunde verwendet Jungfer im Grünen als harntreibendes, blähungstreibendes und schleimlösendes Mittel. Einen Wirkungsnachweis gibt es bisher nicht. In der Industrie findet das aus den Samen gepresste Öl zur Herstellung von Parfüms und Lippenstiften Verwendung. Die gemahlenen Samen haben ein feines

Waldmeisteraroma und werden als Gewürz für Süßspeisen verwendet.
Warnung: Jungfer im Grünen gilt als sehr schwach giftig; Überdosierung vermeiden.

Echter Schwarzkümmel
Nigella sativa

Familie: Ranunculaceae.
Verbreitung: Mittelmeerraum.
Wuchs: Aufrecht; schwach behaart; bis 30 cm hoch.
Blatt: 3-fach gefiedert; Blättchen schmal.
Blüte: Juni bis Juli; blassblau, teilweise weiß.
Frucht: Balgfrüchte, gezähnt; drüsig.
Standort: Nahrhafte, durchlässige, warme Böden.
Vermehrung: Aussaat im Frühjahr.

Pflege: Regelmäßig gießen und düngen.
Ernte: Samen im Sommer.
Verwendung: Die Volksheilkunde verwendet Schwarzkümme gegen Blähungen und zur Förderung der Milchbildung stillender Mütter. In der Küche werden die Samen ganz oder gemahlen zum Würzen von Brot und Saucen verwendet. Das Gewürz passt gut zu Fleisch- oder Fischgerichten und ist Bestandteil von Curry-Gewürzmischungen. Das aus den Samen gewonnene fette Öl gilt als wertvolles Speiseöl.

Weiße Seerose
Nymphaea alba

Familie: Nymphaceae.
Verbreitung: Europa; Westasien.
Wuchs: Rosettig; Wasserpflanze.
Blatt: Rundlich; derb ledrig; dunkelgrün.
Blüte: Juni bis September; halb gefüllt; duftend; weiß.
Standort: Nährstoffreiche, ruhige Gewässer; Tiefe 1,50 m.
Vermehrung: Wurzelteilung beim Entschlammen des Teiches.
Ernte: Wurzeln im Herbst.
Verwendung: Die Volksheilkunde verwendete das pulverisierte Rhizom als Mittel gegen chronischen Durchfall, gegen Entzündungen im Mund und Rachen und bei Verbrennungen.
Hinweis: In der Signaturenlehre war die Seerose ein Symbol für Reinheit und Keuschheit. In den Klöstern des Mittelalters wurden Seerosensamen zur Unterstützung der Einhaltung des Keuschheitsgelübdes verwendet. Die Weiße Seerose ist in Deutschland heute streng geschützt.

Weiße Seerose

Basilikum
Ocimum basilicum

Weiterer Name: Basilienkraut
Familie: Lamiaceae.
Verbreitung: Tropisches Asien; Afrika.
Wuchs: Aufrecht; stark verzweigt; 15 bis 60 cm hoch.
Blatt: Eiförmig bis oval; entfernt gesägt; je nach Sorte grün oder rot.
Blüte: Juni bis September; Lippenblüten in Scheinquirlen stehend; weiß (bei rotblättrigen Sorten rosafarben).
Standort: Nahrhafte, durchlässige, frische Böden in windgeschützter Lage.
Vermehrung: Aussaat ab März unter Glas bei Temperaturen von 20 °C (Lichtkeimer).
Pflege: An die wärmste Stelle des Gartens pflanzen oder auf der Terrasse oder der Fensterbank im Topf kultivieren; regelmäßig gießen und düngen; Staunässe vermeiden; Blütenansätze entfernen. Mehrjährige Sorten können im Herbst zurückgeschnitten werden.
Ernte: Junge Blätter und Triebe vor der Blüte bei Bedarf.
Verwendung: Die Volksheilkunde nutzt das Kraut bei Magen- und Darmstörungen sowie als Gurgelmittel bei Halsentzündungen. Basilikum passt gut zu Tomaten, Suppen, Saucen, Salaten, Pestos und Pastagerichten. Nur frisch verwenden, mitgekochtes oder getrocknetes Kraut verliert an Würzkraft.
Hinweis: Basilikum stammt aus Indien und war bereits in der Antike eine geschätzte Arznei- und Gewürzpflanze. Basilikum gelangte im 12. Jahrhundert nach Mitteleuropa.

Basilikum

Würzige einjährige Basilikum-Sorten

Sorte	Bild	Wuchs	Blatt	Eigenschaften
Anis-Basilikum 'Anisum'		Stängel rötlich; 40 bis 80 cm hoch	Eiförmig; gesägt; zugespitzt; dunkelgrün	Nach Anis schmeckendes Gewürz für asiatische Gerichte, vor allem Süßspeisen. Geeignet als Teepflanze.
'Ararat'		Stängel rötlich; 30 bis 60 cm hoch	Eiförmig; gesägt; zugespitzt; dunkelgrün, purpur gezeichnet	Die aromatischen, schön gescheckten Blätter eignen sich besonders für die Garnierung von Speisen und Buffets.
'Compatto'		Stängel rötlich; 30 bis 60 cm hoch	Eiförmig; gesägt; zugespitzt; im Austrieb kraus; grün	Die etwas kompakteren, aromatischen Blätter eignen sich zum Würzen und für die Garnierung von Speisen.
'Crispum'		20 bis 40 cm hoch	Eiförmig; gesägt; zugespitzt; kraus; grün	Die Sorte ist sehr ertragreich. Die zarten, auffällig gekrausten Blätter eignen sich zum Würzen und für die Garnierung von Speisen.
'Dark Opal'		30 bis 60 cm hoch	Eiförmig; entfernt gesägt; zugespitzt; tief purpurfarben	Dank ihres herben Aromas eignet sich diese Sorte besonders gut zur Herstellung von Kräutertees. Die dunklen Blätter eignen sich gut zur Dekoration.
'Italian Star'		30 bis 60 cm hoch	Eiförmig; entfernt gesägt; zugespitzt; im Austrieb kraus; besonders groß; grün	Dank ihrer großen Blätter ist diese starkwüchsige Sorte besonders ergiebig.
'Magical Michael'		20 bis 40 cm hoch	Eiförmig; gesägt; zugespitzt; grün	Diese neue Sorte bleibt etwas kleiner. Sie gilt als besonders würzkräftig. Gut geeignet für italienische Gerichte
'Neapolitan'		40 bis 70 cm hoch	Eiförmig; gesägt; zugespitzt; sehr groß; grün	Intensives, pfeffriges Aroma für Suppen und Saucen. Bei der Kultur verlangt diese Sorte viel Wärme.
'Rotes Krauses'		30 bis 60 cm hoch	Eiförmig; entfernt gesägt; zugespitzt; tief purpurfarben	Starkes Aroma, hervorragendes Gewürz und sehr dekorativ aufgrund der dunkelroten, krausen Blätter; wärmeliebend.
'Siam Queen'		20 bis 40 cm hoch	Eiförmig; entfernt gesägt; zugespitzt; dunkelgrün	Thai-Basilikum eignet sich besonders zum Zubereiten von Curry und zum Würzen von asiatischen Speisen.

Weitere Basilikum-Sorten

Sorte	Eigenschaften
'Cuba'	Wuchsfreudiges, robustes Strauch-Basilikum; kleinlaubig
'Feines Grünes'	Feinblättrig; feines Aroma; für Süßspeisen
'Gorbatschow'	Wuchsfreudiges, robustes Strauch-Basilikum; große Blätter
'Grünes Krauses'	Großlaubig; aromatisch
'Osmin'	Rotlaubig; feines Aroma
'Provence'	Buschig; großlaubig
'Purple Delight'	Kräftig; rotlaubig; starkes Aroma
'Queen of Sheba'	Kompakt; Laub dunkelgrün; würzig
'Reunion'	Intensives, süßes Aroma; cremeweiße Blüten
'Rotes Lesbos'	Blätter panaschiert; aromatisch
'Rubin'	Rotlaubig; etwas herb
'San Valentino'	Sehr große Blätter; frisches Aroma
'Special Select'	Pilzresistent; großlaubig
'Subja'	Robust; Samen werden für kühlende Getränke verwendet
'Sweet Dany'	Starker Zitronengeschmack
'Thai-Basilikum'	Grünlaubig; rote Blütenstände; würzig
'Toscano'	Großlaubig; aromatisch
'Yiotis'	Kleine, türkisgrüne Blätter; intensives Aroma
'Zimt-Basilikum'	Robust; rote Stängel; süßes Aroma

Basilikum 'Reunion'   'Thai-Basilikum'

Basilikum 'Rotes Lesbos'

Griechisches Busch-Basilikum
Ocimum basilicum var. *minimum*

Familie: Lamiaceae.

Wuchs: Aufrecht; kompakt; 20 bis 40 cm hoch.
Blatt: Eiförmig; entfernt gesägt; zugespitzt; grün; klein.
Blüte: Juni bis September; Lippenblüten in Scheinquirlen stehend; weiß.
Standort: Warm; windgeschützt; nahrhafte, durchlässige Böden.

Vermehrung: Aussaat im März (Lichtkeimer).
Pflege: Gleichmäßig gießen und düngen; Staunässe vermeiden; Blütenansätze entfernen; deutlich robuster als andere Basilikumsorten.
Ernte: Junge Blätter und Triebe bei Bedarf.
Verwendung: Das Griechische Busch-Basilikum hat besonders würzige Blätter. Es passt gut zu Salaten, Pesto und Pastagerichten.
Sorten: 'Rotes Busch-Basilikum' hat aromatische rote Blättchen, 'Türkisches Busch-Basilikum' bildet sehr kleine grüne Blätter, die ungewöhnlich süß schmecken.

Zitronen-Basilikum
Ocimum americanum

Familie: Lamiaceae.
Wuchs: Aufrecht; stark verzweigt; 40 bis 70 cm hoch; verholzend.
Blatt: Eiförmig; entfernt gesägt; lang zugespitzt; dunkelgrün.
Blüte: Juni bis September; Lippenblüten in Scheinquirlen stehend; hellrosa.

Griechisches Busch-Basilikum

Rotes Buschbasilikum

Zitronen-Basilikum

Basilikum 'African Blue'

Tulsi-Basilikum

Standort: Warm; wind- und regengeschützt; nahrhafte, durchlässige Böden.
Vermehrung: Aussaat im Frühjahr.
Pflege: Gleichmäßig gießen und düngen; Staunässe vermeiden; Blütenansätze entfernen.
Winterschutz: Hell und kühl überwintern.
Ernte: Junge Blätter und Triebe bei Bedarf.
Verwendung: Zitronen-Basilikum hat ein süßes Aroma und wird zum Aromatisieren von Eiscreme und Desserts verwendet.

Basilikum 'African Blue'
Ocimum kilimandscharicum x *basilicum* 'African Blue'

Familie: Lamiaceae.
Wuchs: Aufrecht; stark verzweigt; 60 bis 100 cm hoch; verholzend.
Blatt: Eiförmig; entfernt gesägt; grün, purpur gezeichnet.
Blüte: Juni bis September; Lippenblüten in Scheinquirlen stehend; bildet bei uns keine Samen aus; rosa.

Standort: Warm; wind- und regengeschützt; nahrhafte, durchlässige Böden; gut geeignet für die Topfkultur.
Vermehrung: Stecklinge im Frühsommer.
Pflege: Gleichmäßig gießen und düngen; Staunässe vermeiden; Blütenansätze entfernen; Rückschnitt im Herbst.
Winterschutz: Hell und kühl überwintern.
Ernte: Junge Blätter und Triebe bei Bedarf.
Verwendung: Die Sorte hat einen etwas herben Geschmack und passt gut zu Tomaten, Pestos und Pastagerichten. Die schön gezeichneten Blätter eignen sich zum Garnieren.

Tulsi-Basilikum
Ocimum tenuiflorum (syn. *Ocimum sanctum*)

Weiterer Name: Tulasi, Indisches Basilikum.
Familie: Lamiaceae.
Wuchs: Aufrecht; stark verzweigt; 30 bis 50 cm hoch.
Blatt: Eiförmig; entfernt gesägt; zugespitzt grün, purpur gezeichnet.

Blüte: Juni bis September; kleine Lippenblüten in Scheinquirlen stehend; weiß bis rosa; Bienenweide.
Standort: Warm; wind- und regengeschützt; nahrhafte, durchlässige Böden; gut geeignet für die Topfkultur.
Vermehrung: Aussaat im Frühjahr (Lichtkeimer); warm und feucht halten.
Pflege: Gleichmäßig gießen und düngen; Staunässe vermeiden; Blütenansätze entfernen; Rückschnitt im Herbst; hell und kühl überwintern.
Ernte: Junge Blätter und Triebe bei Bedarf.
Verwendung: Tulsi stärkt das Immunsystem und verbessert den Stoffwechsel. Die Pflanze wird in der ayurvedischen Kräuterheilkunde zur Behandlung von Erkältungen, Asthma und Hautkrankheiten verwendet. Tulsi hat ein starkes, würziges Aroma und wird in der asiatische Küche zum Würzen von gebratenem Fleisch oder Currygerichten verwendet.
Hinweis: Tulsi ist eine der wichtigsten spirituellen Pflanzen der indisch-hinduistischen Kultur. Das Kraut ist den Göttern geweiht und wächst als heilige Pflanze im Garten eines jeden Tempels.

Weitere Basilikum-Arten

Deutscher Name	Botanischer Name	Eigenschaften
Wildes Basilikum	*Ocimum canum*	Schmale Blätter; minziges Aroma
Basilikum 'Wildes Purpur'	*Ocimum canum* x *basilicum*	Robust; rotlaubig
Afrikanisches Baum-Basilikum	*Ocimum gratissimum*	Groß; robust; aromatisch
Kampfer-Basilikum	*Ocimum kilimandscharicum*	Strenger Kampferduft
Peruanisches Basilikum	*Ocimum micranthemum*	Schmale Blätter; minziges Aroma
Basilikum 'Green Pepper'	*Ocimum selloi*	Blätter ledrig; Paprikaaroma

Großer Wasserfenchel

Java-Wasserfenchel

Gewöhnliche Nachtkerze

Großer Wasserfenchel
Oenanthe aquatica

Weiterer Name: Pferdesaat.
Familie: Apiaceae.
Verbreitung: Europa; Asien; Nordamerika.
Wuchs: Horstig; Blütenstiele locker aufrecht; 1 bis 1,50 m hoch.
Blatt: Doppelt gefiedert; Blättchen schmal; grün.
Blüte: Juni bis August; Kreuzblüten in Dolden stehend; weiß.
Standort: Ufer von ruhigen, nährstoffreichen Gewässern.
Vermehrung: Aussaat im Frühjahr; Wurzelteilung im Herbst.
Pflege: Nicht austrocknen lassen; gut geeignet zum Verwildern am Teichrand.
Ernte: Früchte im Herbst.
Verwendung: Die Volksheilkunde verwendet die Pflanze gelegentlich als schleimlösendes,

hustenstillendes Mittel und bei Blähungen. Homöopathische Zubereitungen werden bei Entzündungen der Atemwege verwendet.
Warnung: Die Pflanze ist giftig. Bei Überdosierung wurden Schwindelgefühle beobachtet.
Weitere Art: Java-Wasserfenchel *(Oenanthe javanica).*

Gewöhnliche Nachtkerze
Oenothera biennis

Weiterer Name: Gemeine Nachtkerze.
Familie: Onagraceae.
Verbreitung: Europa; Nordamerika.
Wuchs: Horstig; Blütenstiele locker aufrecht; 50 bis 100 cm hoch.
Blatt: Lanzettlich; zugespitzt; grün.
Blüte: Juni bis August; becherförmige Einzel-

blüten in ährenartigen Blütenständen, die sich abends öffnen; gelb.
Frucht: Kapsel; aufspringend.
Standort: Alle Böden mit geringem bis normalem Nährstoffgehalt.
Vermehrung: Aussaat im Sommer; neigt zur Selbstaussaat.
Pflege: Wenig gießen oder düngen; Rückschnitt nach der Blüte verhindert allzu starkes Ausbreiten.
Ernte: Blätter im Sommer und Wurzeln im Herbst des ersten Jahres; Blüten und Samen im zweiten Jahr.
Verwendung: Die Volksheilkunde empfiehlt den Tee aus Blüten und Blättern bei Durchfällen und den Tee aus Samen bei Erkältungen und Husten. Nachtkerzenöl ist Bestandteil von Präparaten, die innerlich und äußerlich zur unterstützenden Behandlung von Neurodermitis eingesetzt werden. In der Küche sind Blätter und Wurzeln ein delikates Gemüse.
Hinweis: Bereits die Indianer Nordamerikas

verwendeten die Nachtkerze als Heilpflanze. Sie wurde zu Beginn des 17. Jahrhunderts bei uns eingeführt und vor allem im 18. und 19. Jahrhundert in Bauerngärten als Gemüse angebaut. Als Kulturflüchtling verbreitete sie sich rasch auf Ödland, in Steinbrüchen und später auch auf Bahndämmen.

Weitere Art: Duftende Nachtkerze (*Oenothera odorata*).

Dornige Hauhechel
Ononis spinosa

Familie: Fabaceae.
Verbreitung: Östliches Europa; Asien; Nordafrika; auf trockenen Wiesen, an Wegrändern.
Wuchs: Buschig; tief wurzelnd; 20 bis 60 cm hoch.
Blatt: 3-zählig; Blättchen länglich, stachelig; dunkelgrün.
Blüte: Juni bis August; Schmetterlingsblüten einzeln oder zu 2; rot bis rosa.
Standort: Durchlässige, auch sandige, trockene Böden mit geringem Nährstoffgehalt.
Vermehrung: Aussaat im Frühjahr; Wurzelteilung im Herbst.
Pflege: Wenig gießen oder düngen; auf Raupen achten.
Ernte: Wurzeln im Herbst.
Verwendung: Hauhechelwurzeln wirken harntreibend und sind Bestandteil von Blasen- und Nierentees, die zur Durchspülung bei entzündlichen Erkrankungen der ableitenden Harnwege angewendet werden. Der Extrakt ist Bestandteil von Fertigpräparaten. Homöopathische Zubereitungen werden bei Wassersucht angewendet. Die Volksheilkunde nutzt Hauhechel bei rheumatischen Beschwerden, bei Gicht und bei chronischen Hauterkrankungen.
Hinweis: Die wassertreibende Wirkung der Hauhechel war bereits in der Antike bekannt.

Gewöhnliche Eselsdistel
Onopordum acanthium

Familie: Asteraceae.
Verbreitung: Europa; Asien; Nordafrika; Nordamerika.
Wuchs: Rosettig; Blütenstiel aufrecht; 1,50 bis 3 m hoch.
Blatt: Lanzettlich; stachelig gezähnt; grauweiß.
Blüte: Juni bis September; röhrenförmige Einzelblüten in Köpfchen stehend; purpur.
Standort: Durchlässige Böden mit hohem Nährstoffgehalt.

Vermehrung: Aussaat im Frühjahr; neigt zur Selbstaussaat.
Pflege: Wenig gießen; gelegentlich düngen; Rückschnitt nach der Blüte verhindert allzu starkes Ausbreiten.
Ernte: Kraut zur Blütezeit.
Verwendung: Die Volksheilkunde verwendete Eselsdistelkraut als verdauungsförderndes Mittel sowie als Mittel gegen Gallenleiden und Husten. Äußerlich wurde der Saft der Blätter zur Behandlung von Ausschlägen und Geschwüren angewendet. Homöopathische Zubereitungen werden gelegentlich bei Herzerkrankungen eingesetzt.

Kleines Knabenkraut
Orchis morio

Weitere Namen: Salep-Knabenkraut; Narrenkappe.

Familie: Orchidaceae.
Verbreitung: Europa; Westasien; Nordafrika.
Wuchs: Rosettig; Blütenstiele aufrecht; 10 bis 20 cm hoch.
Blatt: Breit linealisch; grün.
Blüte: April bis Juni; helmförmige Lippenblüten in Ähren stehend; purpurviolett.
Standort: Magere, trockene Böden.
Vermehrung: Aussaat im Frühjahr; Wurzelteilung im Herbst.
Pflege: Wenig gießen, nicht düngen.
Ernte: Tochterknollen im Herbst.
Verwendung: Die Wurzeln enthalten zu 50% Schleimstoffe. Salepschleim wurde früher häufig gegen Durchfall, bei Sodbrennen und bei entzündetem Darm verwendet. Die Volksheilkunde kennt die Droge als Kräftigungsmittel und auch als Aphrodisiakum. In der Türkei wird Salep-Eis noch heute als angeblich potenzsteigerndes Genussmittel verzehrt.
Hinweis: Die wenigen Bestände des Kleinen Knabenkrautes sind heute stark gefährdet.

Gewöhnliche Eselsdistel mit Blüte

Dornige Hauhechel

Blatt der Gewöhnlichen Eselsdistel

Kleines Knabenkraut

Diptam-Dost
Origanum dictamnus

Weitere Namen: Kretischer Diptam, Kreta-Oregano, Kreta-Majoran.
Familie: Lamiaceae.
Verbreitung: Kreta.
Wuchs: Breitbuschig; polsterbildend; 15 bis 30 cm hoch.
Blatt: Wintergrün; rundlich; klein; silbrig behaart.
Blüte: Juli bis September; Einzelblüten mit Tragblättern in Scheinähren stehend; rosafarben.
Standort: Warme, durchlässige, trockene Böden; bei uns nur für die Topfkultur geeignet.
Vermehrung: Aussaat erfolgt ab März unter Glas.
Pflege: Sparsam gießen und düngen; Rückschnitt im Frühjahr.
Winterschutz: In hellen, frostfreien Räumen

Ernte: Junge Blätter und Triebe während der gesamten Vegetationsperiode.
Verwendung: Die mild-aromatischen Blätter werden wie Majoran zum Würzen von mediterranen Speisen verwendet. Die Blüten eignen sich als Garnierung. Das getrocknete Kraut kann als Tee verwendet werden und ist zum Herstellen von Duftkissen geeignet.
Hinweis: Diptam-Dost ist eine Pflanze der kretischen Mythologie. Schon Aphrodite soll die Heilkraft der Pflanze gekannt haben. Der Legende nach haben kretische Wildziegen nach Pfeilverletzungen zur Wundheilung von dem Kraut gefressen.

Majoran
Origanum majorana

Weiterer Name: Echter Majoran.
Familie: Lamiaceae.

Verbreitung: Mittelmeerraum.
Wuchs: Bei uns einjährig; buschig; verzweigt; flaumig behaart; teilweise rötlich überlaufen; 50 cm hoch.
Blatt: Spatelförmig; klein; beiderseits flaumig behaart; grün.
Blüte: Juli bis August; Lippenblüten mit graugrünen Hochblättern in Scheinähren stehend; hellrot bis weiß.
Standort: Durchlässige, nahrhafte, leichte Böden.
Vermehrung: Aussaat im Frühjahr; Majoran muss in jedem Jahr an einem neuen Standort gesät werden.
Pflege: Wenig gießen; regelmäßig düngen; Staunässe vermeiden.
Ernte: Frische Blätter und Triebe während der gesamten Vegetationsperiode; zum Trocknen krautige Pflanzenteile während der Blütezeit.
Verwendung: Die Volksheilkunde verwendet Majoran-Tee bei Magen- und Darmbeschwerden, Blähungen und Kopfschmerzen. Extrakt und das ätherische Öl sind in Gurgelwässern und Badezusätzen enthalten. Majoran wird frisch oder getrocknet als Gewürz von deftigen Speisen wie Eintöpfen, Fleischgerichten und Aufläufen verwendet.
Hinweis: Majoran ist seit der Antike als Gewürz bekannt. Im Altertum war die Pflanze der Aphrodite geweiht. Seit dem 16. Jahrhundert ist das Kraut auch in unseren Breiten bekannt.

Diptam-Dost

Majoran

Winterfester Majoran
Origanum x majoricum

Weiterer Name: Sizilianischer Oregano.
Familie: Lamiaceae.
Verbreitung: Nur als Kulturpflanze.
Wuchs: Buschig; Stängel rötlich; 40 bis 80 cm hoch.
Blatt: Eiförmig; ganzrandig; flaumig behaart; grün.
Blüte: Juli bis August; Lippenblüten in Trugdolden stehend; rosa oder weiß.
Standort: Durchlässige, trockene Böden.
Vermehrung: Stecklinge im Sommer.
Pflege: Wenig gießen und düngen; vollständiger Rückschnitt im Frühjahr.
Winterschutz: Im ersten Jahr sinnvoll.
Ernte: Frische Blätter während der gesamten Vegetationsperiode; Blüten im Sommer.
Verwendung: Aus den frischen Blüten wird Majoranöl gewonnen, das in der Volksheilkunde bei Magenleiden, Nervenschwäche und Migräne verwendet wird. In der Küche wird der milde Winterfeste Majoran zum Würzen von Fleischgerichten und Suppen verwendet.

Winterfester Majoran

Französischer Majoran

Französischer Majoran
Origanum onites

Weiterer Name: Kretischer Dost.
Familie: Lamiaceae.
Verbreitung: Südosteuropa.
Wuchs: Horstig; Blütenstiele niederliegend bis aufrecht; 30 bis 50 cm hoch.
Blatt: Klein; breit eiförmig; flaumig behaart.
Blüte: Juni bis Juli; Lippenblüten in Scheinähren stehend; weiß.
Standort: Warme, durchlässige, trockene Böden; für die Topfkultur geeignet.
Vermehrung: Aussaat im Frühjahr; Stecklinge im Sommer; Wurzelteilung im Herbst.
Pflege: Regelmäßig gießen und düngen; Staunässe vermeiden; Rückschnitt im Frühjahr.
Winterschutz: Im Freiland gut abdecken; Töpfe in hellen, frostfreien Räumen überwintern.
Ernte: Blätter und Blüten im Sommer.
Verwendung: Die Volksheilkunde nutzt Kretischen Dost bei Magen- und Darmbeschwerden. Das Kraut hat ein mildes Aroma und wird in der Küche gern für Fleisch- und Gemüsegerichte verwendet.

Griechischer Oregano
Origanum vulgare ssp. *viridulum*
(syn. *Origanum heracleoticum*)

Familie: Lamiaceae.
Verbreitung: Südosteuropa.
Wuchs: Dichtbuschig; Ausläufer bildend; 40 bis 60 cm hoch.
Blatt: Eiförmig; ganzrandig; abgerundet; flaumig behaart; grün.
Blüte: Juli bis August; Lippenblüten in Trugdolden stehend; weiß.
Standort: Warme, durchlässige, trockene Böden.

Vermehrung: Aussaat im Frühjahr; Stecklinge im Sommer; Wurzelteilung im Herbst.
Pflege: Regelmäßig gießen und düngen; Staunässe vermeiden; Rückschnitt im Frühjahr.
Winterschutz: In rauen Lagen erforderlich.
Ernte: Frische Blätter und Triebspitzen während des ganzen Sommers; Kraut zum Trocknen im Spätsommer.
Verwendung: Oregano regt den Appetit an und fördert die Verdauung. Griechischer Oregano hat ein intensives Aroma und schmeckt sehr gut als Pizzagewürz oder zu Tomaten-, Kartoffel- oder Bohnengerichten.

Gewöhnlicher Dost
Origanum vulgare ssp. *vulgare*

Weitere Namen: Wilder Majoran; Oregano.
Familie: Lamiaceae.
Verbreitung: Europa; Asien; Nordafrika.
Wuchs: Dichtbuschig; Stängel rötlich; Ausläufer bildend; bis 50 cm hoch.
Blatt: Eiförmig; ganzrandig; flaumig behaart; grün.
Blüte: Juli bis September; Lippenblüten in Trugdolden stehend; rosa oder weiß. **Standort:** Durchlässige, trockene Böden.
Vermehrung: Aussaat im Frühjahr; Teilung des Wurzelstockes im Herbst.
Pflege: Wenig gießen und düngen; vollständiger Rückschnitt im Frühjahr.
Winterschutz: In rauen Lagen sinnvoll.
Ernte: Frische Blätter und Triebe während der gesamten Vegetationsperiode; zum Trocknen krautige Pflanzenteile während der Blütezeit.
Verwendung: Die Volksheilkunde verwendet Dost bei Erkrankungen der Atemwege und bei Verdauungsbeschwerden. Das ätherische Öl wird in der Kosmetik-, Parfümerie- und Seifenindustrie verwendet und ist Bestandteil vieler Kräuterlikörrezepturen. Oregano ist frisch oder getrocknet ein beliebtes Gewürz für Pizza, Salate und Nudelgerichte.

Griechischer Oregano

Gewöhnlicher Dost

Hinweis: Dost war bereits den Griechen als Heilmittel und Gewürz bekannt. Die Pflanze galt auch als Dämonen abwehrendes Kraut. Im Mittelalter wurde Dost als Hexenabwehrpflanze angesehen und sollte vor dem Teufel schützen.

Weitere *Origanum*-Arten und Sorten

Deutscher Name	Botanischer Name	Eigenschaften
Glatter Dost	*Origanum rotundifolium*	Hopfenähnliche Blütenstände
Weißbunter Majoran	*Origanum* spec. 'Weißbunt'	Kleinblättrig; panaschiert
Syrischer Majoran	*Origanum syriacum*	Groß; robust; starkes Aroma
Kirgisischer Oregano	*Origanum tythantum*	Ertragreich; fruchtiges Aroma
Spanischer Oregano	*Origanum virens*	Sehr aromatisch, auch als Teepflanze
Goldmajoran	*Origanum vulgare* 'Aureum'	Bodendecker für den Halbschatten
Blumen-Oregano	*Origanum vulgare* x *laevigatum* 'Aromatico'	Rotblühend; geeignet für Trockensträuße

Katzenbart

Ortosiphon grandiflorus
(syn. Ortosiphon aristatus)

Familie: Lamiaceae.
Verbreitung: Südostasien; Australien.
Wuchs: Buschig; mit vierkantigen Stängeln;
40 bis 80 cm hoch.
Blatt: Länglich; Blattrand grob gesägt; unterseits drüsig, graugrün; dunkelgrün.
Blüte: Lippenblüten mit langen Staubblättern, in Quirlen stehend; blau bis hellviolett.
Standort: Nahrhafte, humose, durchlässige
Böden; bei uns als Kübelpflanze.
Vermehrung: Stecklinge im Sommer.
Pflege: Ausreichend gießen und düngen;
regelmäßig umtopfen; regelmäßig zurückschneiden.
Winterschutz: Hell in temperierten Räumen
überwintern.
Ernte: Blätter und Triebspitzen vor der Blüte.
Verwendung: Der Kaltauszug oder Tee wirkt
harntreibend und krampflösend und wird
zur Durchspülungstherapie bei Blasen- und
Nierenerkrankungen angewendet.
Warnung: Nicht während der Schwangerschaft und Stillzeit anwenden.
Hinweis: Sehr attraktiver Blütenstrauch für
die Terrasse.

Wald-Sauerklee

Oxalis acetosella

Familie: Oxalidaceae.
Verbreitung: Europa; Asien; Nordamerika.
Wuchs: Ausgebreitet bis niederliegend;
ausläuferbildend; 5 bis 10 cm hoch.
Blatt: 3-teilig; Blättchen verkehrt herzförmig,
ausgerandet; hellgrün.
Blüte: April bis Mai; schalenförmige Einzelblüten; weiß mit lila Zeichnung.
Standort: Frische, schwach saure, humose
Böden mit eher hohem Nährstoffgehalt.
Vermehrung: Aussaat im Frühjahr; Teilung
des Wurzelstockes im Herbst.
Pflege: Ausreichend gießen und düngen; gut
geeignet zur Pflanzung unter Gehölzen.
Ernte: Frische oberirdische Teile blühender
Pflanzen.
Verwendung: Sauerklee enthält Oxalsäure
und Vitamin C. Homöopathische Zubereitungen werden bei Stoffwechselschwäche
und bei Verdauungsstörungen angewendet.
Die Volksheilkunde nutzte die Pflanze bei
Hauterkrankungen und bei Skorbut.
Warnung: Die Pflanze ist schwach giftig. Der
Verzehr größerer Mengen frischer Blätter
kann zu Reizerscheinungen im Magen-Darm-
Trakt führen.

Türkischer Mohn

Papaver orientale (syn. Papaver bracteatum)

Familie: Papaveraceae.
Verbreitung: Kaukasusländer; Türkei; Irak.
Wuchs: Rosettig; mit Pfahlwurzeln; Blütenstiele locker aufrecht; 60 bis 80 cm hoch.
Blatt: Wintergrün; fiederspaltig, Blättchen
länglich, dornig gezähnt; hellgrün.
Blüte: Juni bis Juli; schalenförmige Einzelblüten; orangerot.
Frucht: Einfächrige Kapseln.
Standort: Durchlässige, humose Böden.
Vermehrung: Aussaat im Frühjahr.
Pflege: Ausreichend gießen und düngen;
bleibt mehrere Jahre am gleichen Standort.
Ernte: Der aus den Kapseln gewonnene giftige Milchsaft wird industriell verarbeitet.
Warnung: Die ganze Pflanze, besonders der
Milchsaft, ist schwach giftig.

Passionsblume

Passiflora incarnata

Familie: Passifloraceae.
Verbreitung: Südamerika.

Katzenbart

Passionsblume

Wald-Sauerklee

Türkischer Mohn

Wuchs: Windend; bis 10 m lange Ranken.
Blatt: Gelappt; tief eingeschnitten; dunkelgrün
Blüte: Mai bis Juli; große Einzelblüten; duftend; weiß bis lavendelfarben.
Früchte: Eiförmig; 5 cm lang; gelb.

Standort: Tiefgründige, nährstoffreiche, lehmige Böden; auch als Topfkultur
Vermehrung: Aussaat im Frühjahr; Keimung unregelmäßig.
Pflege: Ausreichend gießen und düngen; Rankhilfe geben; Rückschnitt im Herbst.
Winterschutz: In rauen Lagen erforderlich; Töpfe hell und kühl überwintern.
Ernte: Kraut im Sommer.
Verwendung: Der Teeaufguss wirkt als mildes Beruhigungsmittel bei Schlaflosigkeit und Nervosität. Die Früchte sind essbar. Sie können zu Konfitüre verarbeitet werden.
Hinweis: Die Passionsblume hat als Heilpflanze eine lange Tradition.

Echter Pastinak
Pastinaca sativa

Familie: Apiaceae.
Verbreitung: Europa; Asien; Nordamerika.
Wuchs: Rosettig; Blütentriebe straff aufrecht; im oberen Bereich verzweigt; 60 bis 100 cm hoch.
Blatt: Wintergrün; unpaarig gefiedert; Blättchen eiförmig, grob gezähnt; grün.
Blüte: Juli bis August; gelbe Dolden.
Standort: Nahrhafte, etwas kalkhaltige, frische Böden.
Vermehrung: Aussaat im Frühjahr.
Pflege: Nach dem Keimen vereinzeln; ausreichend wässern und düngen.
Ernte: Wurzeln im Herbst des ersten Jahres; einige Pflanzen stehen lassen, um im Herbst des zweiten Jahres Früchte ernten zu können.

Verwendung: Die Volksheikunde verwendet die Früchte zur Zubereitung von Heiltees gegen Wassersucht, Leibschmerzen und Fieber. Sie gelten auch als aromatisches Gewürz. Pastinakwurzeln sind mittlerweile wieder ein recht beliebtes Gemüse für Eintöpfe.
Warnung: Vorsicht im Umgang mit der Pflanze, phototoxische Substanzen können eine Dermatitis erzeugen.
Hinweis: Wahrscheinlich wurde Pastinak in wilder Form schon von unseren Urahnen gesammelt und gegessen. Im 18. Jahrhundert wurde sie dann als Lebensmittel von Karotten und Kartoffeln abgelöst. Schon in der Antike war Pastinak auch als Heilpflanze bekannt.

Blatt der Pastinakpflanze

Echter Pastinak

Duftgeranie (hier: 'Prince of Orange')

Duftgeranien

Name	Bild	Wuchs	Blatt	Blüte	Eigenschaften
Duftgeranie *Pelargonium capitatum* 'Purple Unique'		Starkwüchsig; ausladend; im unteren Bereich verholzend; stark verzweigt; 60 bis 120 cm hoch	Fünflappig; gezähnt; samtig; dunkelgrün	Purpurviolett	Zitronig-fruchtiges Aroma
Zitronenduft-Pelargonie *Pelargonium crispum* 'Lemon Fancy'		Aufrecht; im unteren Bereich verholzend; stark verzweigt; 50 bis 60 cm hoch	Eingeschnitten gezähnt; dunkelgrün	Rosa, gezeichnet	Aroma erinnert stark an Zitronen
Muskatnussgeranie *Pelargonium x fragrans*		Aufrecht; im unteren Bereich verholzend; stark verzweigt; 50 bis 60 cm hoch	Rundlich; klein; bereift; grün	Weiß, im Schlund gezeichnet	Zum Würzen geeignet
Duft-Pelargonie *Pelargonium x graveolens* 'Roberts Lemon Rose'		Aufrecht; im unteren Bereich verholzend; stark verzweigt; 60 bis 80 cm hoch	Gelappt; gezähnt; samtig; grün	Rosa, im Schlund gezeichnet	Die Sorte eignet sich gut zum Aromatisieren von Tee.
Eichenblattgeranie *Pelargonium quercifolium* 'Royal Oak'		Aufrecht; im unteren Bereich verholzend; stark verzweigt; 50 bis 60 cm hoch	Buchtig bis gelappt; gezähnt; behaart; grün, dunkel gezeichnet	Rosa, gezeichnet	Harziges Aroma

Duftgeranie
Pelargonium-Arten und -Sorten

Weiterer Name: Duftblatt-Pelargonie.
Familie: Geraniaceae.
Verbreitung: Südafrika.
Wuchs: Halbstrauch; buschig, teilweise überhängend; 50 bis 100 cm hoch.
Blatt: Meist eingeschnitten bis gelappt; oft stark behaart; duftend.
Blüte: Juni bis Oktober; in Dolden stehend; rosa, weiß oder violett, oft mehrfarbig.
Standort: Durchlässige, nährstoffreiche, leichte Böden; bei uns nur als Topfkultur.
Vermehrung: Stecklinge im Sommer.
Pflege: Gleichmäßig gießen und düngen; Rückschnitt im Frühjahr.
Winterschutz: Hell und frostfrei überwintern.
Ernte: Blätter oder Blüten während der gesamten Vegetationsperiode.
Verwendung: Die Blätter eignen sich, sparsam verwendet, zum Aromatisieren von Süßspeisen und Getränken. Die Blüten werden als Garnierung von Desserts verwendet.
Hinweis: Die Duftblatt-Pelargonien sind Wildformen der Pflanzengattung, zu der auch unsere Balkongeranien gehören. Sie gelangten im 17. Jahrhundert von Südafrika nach England. Generationen von Züchtern haben dort im Laufe der Zeit Pflanzen nach Duftqualitäten selektiert. Heute gibt es eine unübersehbare Vielfalt an duftenden Pelargonien.

Kap-Pelargonie
Pelargonium sidoides

Familie: Geraniaceae.
Verbreitung: Südafrika.
Wuchs: Halbstrauch; buschig; 20 bis 30 cm hoch.
Blatt: Rundlich; stark behaart; Blattrand wellig; dunkelgrün.
Blüte: Juli bis September; in Dolden stehend; purpurrot.
Standort: Durchlässige, nährstoffreiche, leichte Böden; bei uns nur als Topfkultur.
Vermehrung: Stecklinge im Sommer.
Pflege: Gleichmäßig gießen und düngen; Staunässe vermeiden; Rückschnitt im Frühjahr.
Winterschutz: Hell und frostfrei überwintern.
Ernte: Wurzeln bei Bedarf.
Verwendung: Kap-Pelargonien sollen verdauungsfördernd, schleimlösend und antibakteriell wirken. Die Volksheilkunde Südafrikas nutzt die Wurzeln bei Magenbeschwerden, Durchfall, Erkrankungen der Atemwege und bei grippalem Infekt.

Kap-Pelargonie

Duftgeranie *Pelargonium blandfordianum*

Duftgeranie 'Chocolate Peppermint'

Aromenvielfalt

Name	Aroma
Pelargonium blandfordianum	Moschusduft
Pelargonium capitatum 'Attar of Roses'	Starker Rosenduft
Pelargonium capitatum 'Atomic Snowflake'	Zitroniger Rosenduft
Pelargonium crispum 'Cinnamon'	Zimt
Pelargonium crispum 'Minor'	Zitrone
Pelargonium crispum 'Peach Cream'	Pfirsich
Pelargonium crispum 'Prince Rupert'	Zitrone
Pelargonium crispum 'Queen of Lemons'	Zitrone
Pelargonium denticulatum	Süßlich-herber Pinienduft
Pelargonium filicifolium	Balsamisch
Pelargonium x graveolens 'Bourbon'	Rose
Pelargonium x graveolens 'Lady Plymouth'	Minze-Rose
Pelargonium odoratissimum	Apfel
Pelargonium panduriforme 'Bienenwachsduft'	Harzig
Pelargonium scabrum 'Mabel Grey'	Stark nach Zitrone
Pelargonium scabrum 'Mrs Ninon'	Harzig
Pelargonium spec. 'Ingwerduft'	Prickelnd nach Ingwer
Pelargonium spec. 'Joy Lucille'	Pfefferminze
Pelargonium tomentosum 'Chocolate Peppermint'	Minze, Kirschwasser
Pelargonium tomentosum 'Pfefferminz'	Pfefferminze

Schwarznessel, Perilla
Perilla frutescens

Weiterer Name: Shiso.
Familie: Lamiaceae.
Wuchs: Aufrecht buschig; 40 bis 100 cm hoch.
Blatt: Breit eiförmig; gezähnt; purpurfarben oder grün.
Blüte: August bis September; ährenartige Blütenstände; weiß.
Standort: Nährstoffreiche, humose, durchlässige Böden.
Vermehrung: Aussaat im Frühjahr (Lichtkeimer).
Pflege: Regelmäßig gießen und düngen; für buschigen Wuchs frühzeitig stutzen.
Ernte: Blätter vor der Blüte.
Verwendung: Die durchdringend aromatische Schwarznessel würzt Sushi, Salate, Suppen, Fleisch oder Reis.

Russischer Salbei
Perovskia atriplicifolia

Familie: Lamiaceae.
Verbreitung: Zentralasien.
Wuchs: Horstig; Blütenstiele aufrecht; 1 bis 1,50 m hoch.
Blatt: Lanzettlich; Blattrand gekerbt; weißfilzig; aromatisch duftend; grün.
Blüte: August bis Oktober; Lippenblüten in ährenartigen Blütenständen; violett.
Standort: Geschützt; durchlässige, nährstoffarme Böden.
Vermehrung: Aussaat im Frühjahr; Stecklinge im Sommer.
Pflege: Regelmäßig gießen; gelegentlich düngen; Rückschnitt im Herbst oder Frühjahr.
Ernte: Blätter bei Bedarf.
Verwendung: Russischer Salbei ist sehr aromatisch. Er wird als Würze für Fleisch oder Fisch und zum Einlegen von Gurken verwendet. Aroma erinnert an Salbei.

Perilla-Sorten

Sorte	Eigenschaften
Bronze-Perilla	Glattblättrig; rotlaubig; aromatisch
Japanische Perilla	Wüchsig; grünlaubig; aromatisch
Koreanische Perilla	Große, grüne Blätter; eigenes Aroma
Grüne Perilla	Grünlaubig; starkes Aroma
Perilla 'Rote Auslese'	Rotlaubig; frühblühend; aromatisch
Vietnamesische Perilla	Grünlaubig; intensives Aroma

Vietnamesischer Koriander
Persicaria odorata (syn. Polygonum odoratum)

Familie: Polygonaceae.
Verbreitung: Indochina.
Wuchs: Horstig; aufrecht; 20 bis 40 cm hoch.
Blatt: Lanzettlich; derb; dunkelgrün.
Blüte: August bis September; rosa.
Standort: Durchlässige, humose Böden; bei uns als Topfkultur.
Vermehrung: Stecklinge im Sommer; Teilung des Wurzelstockes im Herbst.
Pflege: Reichlich gießen und düngen; kann oft geschnitten werden; hell und frostfrei überwintern.
Ernte: Frisches Kraut bei Bedarf im Sommer.
Verwendung: Vietnamesischer Koriander wirkt verdauungsfördernd und wird in der asiatischen Küche frisch oder getrocknet zum Würzen von Suppen, Fleischgerichten und Salaten verwendet. Sein Aroma erinnert an Koriander.

Petersilie
Petroselinum crispum

Weitere Namen: Peterling; Suppenwurzel.
Familie: Apiaceae.
Verbreitung: Europa; Afrika; nur als Kulturpflanze bekannt.
Wuchs: Rosettig; Blütentriebe straff aufrecht; im oberen Bereich verzweigt.
Blatt: Doppelt bis 3-fach gefiedert; Blättchen eingeschnitten gezähnt; grün
Blüte: Juni bis Juli; in Dolden stehend; grünlich gelb.
Standort: Humusreiche, feuchte Böden.
Vermehrung: Aussaat im Frühjahr.
Pflege: Reichlich gießen und düngen; für das üppige Wachstum ist ein jährlicher Fruchtwechsel notwendig.
Ernte: Blätter im ersten Jahr während der gesamten Vegetationsperiode; beim Ein-

setzen der Blüte werden die Blätter ungenießbar; Früchte im zweiten Jahr.
Verwendung: Petersilie wird am besten frisch verwendet und passt gut zu Quark, Salaten, Suppen, Saucen, Fleisch, Fisch und Kartoffeln. Dabei sollen die Blätter nicht mitgekocht werden, sie verlieren sonst viel von ihrem Aroma. Petersilienfrüchte sind Bestandteil von Blasen- und Nierentees.
Hinweis: In der Antike war Petersilie mehr eine Arznei- als eine Gewürzpflanze. Öl und Früchte wurden früher zu Abtreibungszwecken missbraucht, was häufig zu schweren Vergiftungen führte. Erst seit dem 16. Jahrhundert ist die Petersilie bei uns ein weit verbreitetes Küchenkraut.
Weitere Arten und Sorten: Krause Petersilie (*Petroselinum crispum* var. *crispum*); Italienische Petersilie (*Petroselinum crispum* var. *neopolitanum*); Wurzel-Petersilie (*Petroselinum crispum* var. *tuberosum*).

Anis
Pimpinella anisum

Familie: Apiaceae.
Verbreitung: Europa; Asien.
Wuchs: Rosettig; Blütentriebe aufrecht; 30 bis 50 cm hoch.
Blatt: Grundblätter ungeteilt; mittlere 3 bis 5-fach gefiedert; obere 3-teilig und tief eingeschnitten; grün.
Blüte: Juni bis Juli; Kreuzblüten in Dolden stehend; weiß.
Standort: Durchlässige, nahrhafte, leichte Böden in geschützter Lage.
Vermehrung: Aussaat im Frühjahr in den schon erwärmten Boden.
Pflege: Wenig gießen und düngen; gelegentlich kalken.
Ernte: Blätter und Blüten stets frisch; Früchte sobald sie braun werden.
Verwendung: Anisfrüchte sind häufig Bestandteil von Husten-, Magen- und Darmtees. Die frischen Blätter werden zum Würzen von Salaten, die Blüten werden als Garnierung verwendet. Anisfrüchte sind Bestandteil von verschiedenen Backrezepten und eignen sich zum Würzen von Suppen, Saucen und Currygerichten. Anis ist Bestandteil verschiedener Kräuterschnäpse (Ouzo, Rakı, Pernod). Das ätherische Öl wird zur Herstellung von Mundwässern verwendet.
Hinweis: Anis wurde bereits im alten Ägyptern als Heilmittel gegen eine Vielzahl von Erkrankungen eingesetzt. In der Klosterheilkunde war Anis als Gewürz und als Heilmittel gleichermaßen geschätzt.

Schwarznessel

Russischer Salbei

Vietnamesischer Koriander

Krause Petersilie

Glatte Petersilie

Anis

Große Bibernelle

Kleine Bibernelle

Große Bibernelle
Pimpinella major

Weiterer Name: Große Pimpinelle.
Familie: Apiaceae.
Verbreitung: Europa; Kaukasusländer.
Wuchs: Rosettig; Blütentriebe aufrecht; verzweigt; 80 bis 120 cm hoch.
Blatt: Unpaarig gefiedert; Blättchen lanzettlich; gesägt; grün.
Blüte: Juni bis Juli; Kreuzblüten in Dolden stehend; weiß.
Standort: Nahrhafte, lehmige, frische bis feuchte Böden.
Vermehrung: Aussaat im Frühjahr.
Pflege: Reichlich gießen und düngen; Rückschnitt im Herbst; auf Raupen achten.
Ernte: Blätter und Triebe im Sommer; Wurzeln im Herbst.
Verwendung: Die Große Bibernelle wird in erster Linie als Heilpflanze verwendet. Tee und Extrakte der Wurzeln werden bei Verdauungsstörungen, bei Erkrankungen der oberen Luftwege und als Gurgelmittel bei Entzündungen im Mund- und Rachenraum angewendet. Homöopathische Anwendungsgebiete sind Nasenbluten, Kopfschmerzen, Magen- und Darmstörungen, Bronchitis und Wirbelsäulenbeschwerden.
Hinweis: Seit dem frühen Mittelalter gehört die Große Bibernelle zum klösterlichen Arzneipflanzenschatz.

Kleine Bibernelle
Pimpinella saxifraga

Weiterer Name: Kleine Pimpinelle.
Familie: Apiaceae.
Verbreitung: Europa; Asien; Nordamerika.
Wuchs: Rosettig; Blütentriebe aufrecht; verzweigt; 20 bis 60 cm hoch.
Blatt: Unpaarig gefiedert; Blättchen rundlich bis eiförmig, grob ; gesägt; grün.
Blüte: Juni bis September; Kreuzblüten in Doppeldolden stehend; weiß.
Standort: Trockene, durchlässige und kalkhaltige Böden mit einem eher geringen Nährstoffgehalt.
Vermehrung: Aussaat im Frühjahr.
Pflege: Wenig gießen und düngen; vollständiger Rückschnitt im Herbst.
Ernte: Blätter und Triebe im Sommer; Wurzeln im Herbst.
Verwendung: Die Kleine Pimpinelle wird heute in erster Linie in der Küche verwendet. Das Kraut würzt Suppen und Salate oder auch Kräuterbutter. Es ist außerdem Bestandteil von Gewürzmischungen und wird in der Likörindustrie zu Bitterschnäpsen verarbeitet.
Hinweis: Wie die Große Bibernelle gehört auch die Kleine Bibernelle seit dem frühen Mittelalter zum klösterlichen Arzneipflanzenschatz.

Spitz-Wegerich
Plantago lanceolata

Familie: Plantaginaceae.
Verbreitung: Europa; Mittelasien; Nordafrika.
Wuchs: Rosettig; Blütentriebe aufrecht; 20 bis 40 cm hoch.
Blatt: Schmal lanzettlich; markant geadert; grün.
Blüte: April bis September; bräunliche Einzelblüten mit cremeweißen Staubgefäßen in walzlichen Ähren stehend.
Standort: Trockene Böden.
Vermehrung: Aussaat im Frühjahr; Teilung der Rosetten im Herbst.
Pflege: Wenig gießen oder düngen.
Ernte: Junge Blätter oder Blütenknospen bei Bedarf.
Verwendung: Spitz-Wegerich wird als Tee oder als Frischpflanzen-Presssaft zur Reizlinderung bei Entzündungen der oberen Luftwege angewendet. Der Extrakt ist Bestandteil von Hustensäften. In der Küche werden Spitz-Wegerichblätter frisch zur Zubereitung von Salaten und Frühlingssuppen verwendet. Die Blütenknospen werden eingelegt oder können zum Würzen verwendet werden. Spitz-Wegerich ist weitaus stärker wirksam als Breit-Wegerich.
Hinweis: Bereits die assyrische Medizin nutzte den Spitz-Wegerich als Heilpflanze. Die Klostermedizin verwendete die frischen Blätter als Wundmittel und zur Vermeidung von Entzündungen nach Insektenstichen.

Breit-Wegerich
Plantago major

Weiterer Name: Großer Wegerich.
Familie: Plantaginaceae.
Verbreitung: Europa; Mittelasien; Nordafrika.
Wuchs: Rosettig; Blütentriebe aufrecht; 20 bis 40 cm hoch.
Blatt: Oval bis breit eiförmig; markant geadert; grün.
Blüte: April bis September; Einzelblüten in walzlichen Ähren stehend; bräunlich.
Standort: Normale Böden mit eher hohem Nährstoffgehalt.
Vermehrung: Aussaat im Frühjahr; Teilung der Rosetten im Herbst.
Pflege: Wenig gießen oder düngen.
Ernte: Blühendes Kraut im Sommer.
Verwendung: Breit-Wegerich wirkt schleimlösend und reizmildernd und wird in der Volksheilkunde bei Husten und als Wundmittel angewendet. Homöopathische Anwendungsgebiete sind Mittelohrentzündungen, Bettnässen, Hautausschläge und Wundschmerzen.

Blaue Himmelsleiter
Polemonium caeruleum

Weiterer Name: Jacobsleiter.
Familie: Polemoniaceae.

Verbreitung: Europa; Russland; Türkei.
Wuchs: Horstig; Blütenstiele aufrecht; 30 bis 50 cm hoch.
Blatt: Unpaarig gefiedert; Blättchen lanzettlich; grün.
Blüte: Juni bis Juli; Schalenblüten in Rispen stehend; blau.
Standort: Frische bis feuchte Böden mit hohem Nährstoffgehalt.
Vermehrung: Aussaat im Frühjahr; Teilung des Wurzelstockes im Herbst.
Pflege: Reichlich gießen und düngen; vollständiger Rückschnitt im Herbst oder Frühjahr.
Ernte: Blühendes Kraut im Sommer.
Verwendung: Die Volksheilkunde verwendet die Blaue Himmelsleiter als Tee bei Erkrankungen der Atemwege.

Bolivianischer Koriander
Porophyllum ruderale

Weiterer Name: Quillquina.
Familie: Asteraceae.
Verbreitung: Mittel- und Südamerika.
Wuchs: Buschig; Blütenstiele aufrecht; 1 bis 1,50 m hoch.
Blatt: Oval; an den Blatträndern Öldrüsen; grün.
Blüte: Juli bis September; Körbchenblüten; unscheinbar; weiß.
Standort: Humose, feuchte Böden an warmen Stellen; für die Topfkultur geeignet.

Spitz-Wegerich

Breit-Wegerich

Blaue Himmelsleiter mit Blüte

Bolivianischer Koriander

Gänse-Fingerkraut

Aufrechtes Fingerkraut

Vermehrung: Aussaat im Frühjahr; benötigt hohe Keimtemperaturen.
Pflege: Reichlich gießen; wenig düngen.
Ernte: Blätter bei Bedarf.
Verwendung: Bolivianischer Koriander wirkt verdauungsfördernd und wird in Mittel- und Südamerika zum Würzen von Tomatengerichten, Salsas und Salatdressing verwendet. Sein Aroma erinnert an Koriander.

Blatt der Blauen Himmelsleiter

Gänse-Fingerkraut
Potentilla anserina

Weitere Namen: Silberkraut; Anserine.
Familie: Rosaceae.
Verbreitung: Europa; Asien; Nordamerika.
Wuchs: Rosettig; ausläufertreibend; Blütentriebe aufrecht; 20 bis 40 cm hoch.
Blatt: Unpaarig gefiedert; Blättchen länglich; scharf gesägt; unterseits weißfilzig; grün.
Blüte: Mai bis August; schalenförmige Einzelblüten; goldgelb.
Standort: Durchlässige, auch steinige Böden.
Vermehrung: Aussaat im Frühjahr; Teilung des Wurzelstockes im Herbst.
Pflege: Gelegentlich gießen und düngen; Pflanzen breiten sich schnell aus, gelegentlich reduzieren.
Ernte: Kraut zur Blütezeit; Wurzeln im Herbst.
Verwendung: Die Volksheilkunde verwendet Gänse-Fingerkraut als Tee zum Spülen und Gurgeln bei Entzündungen im Mund- und Rachenraum und in Umschlägen bei schlecht heilenden Wunden. Kraut und Wurzeln sind häufig Bestandteil von Frauen- und Leber-Galle-Tees. Frische Blätter und Blüten eignen sich zur Zubereitung von Salaten und Gemüse.
Hinweis: Das Gänse-Fingerkraut wurde als mitteleupäische Pflanze in den Kräuterbüchern der Antike nicht erwähnt. In der germanischen Heilkunde wird das Kraut aber wahrscheinlich schon sehr lange verwendet.

Aufrechtes Fingerkraut
Potentilla erecta

Weitere Namen: Blutwurz, Ruhrwurz.
Familie: Rosaceae.
Verbreitung: Europa; Asien.
Wuchs: Horstig; Wurzelstock innen rot gefärbt; Blütentriebe niederliegend bis aufsteigend; 10 bis 20 cm hoch.
Blatt: 5-teilig, Blättchen verkehrt eiförmig; Blattrand gesägt; grün.
Blüte: Juni bis August; schalenförmige Einzelblüten; goldgelb.
Standort: Magere, saure Lehmböden.
Vermehrung: Teilung des Wurzelstockes im Herbst.
Pflege: Nicht gießen; gelegentlich düngen; Rückschnitt im Herbst.
Ernte: Wurzeln im Herbst.
Verwendung: Fingerkrautwurzeln wirken zusammenziehend und antimikrobiell. Der Tee wird zum Gurgeln bei Schleimhautentzündungen im Mund- und Rachenraum verwendet und hilft bei Darmstörungen. Fingerkraut wird auch zur Herstellung von Likör verwendet.
Hinweis: Das Aufrechte Fingerkraut ist in Nord- und Mitteleuropa weit verbreitet und hat sich im Umfeld von landwirtschaftlichen Nutzflächen angesiedelt. Der große Wurzelstock wurde früher in nahezu jedem Haushalt als Heilmittel, zum Gerben von Leder, zum Färben von Textilien und als Gewürz verwendet.

Hohe Schlüsselblume

Echte Schlüsselblume

Australischer Minzstrauch

Hohe Schlüsselblume
Primula elatior

Weitere Namen: Himmelschlüssel; Große Schlüsselblume.
Familie: Primulaceae.
Verbreitung: Europa.
Wuchs: Rosettig; Blütentriebe aufrecht; bis 30 cm hoch.
Blatt: Länglich bis eiförmig; Blattrand gezähnt; runzelig; grün.
Blüte: März bis April; in Dolden stehend; gelb.
Standort: Nahrhafte, durchlässige, etwas lehmige, frische bis feuchte Böden; gut geeignet als Bodendecker unter Gehölzen.
Vermehrung: Aussaat im Herbst (Frostkeimer); Teilung des Wurzelstockes.
Pflege: Ausreichend gießen; Fruchtstände entfernen, neigt zur Selbstaussaat.
Ernte: Blätter und Blüten zur Blütezeit; Wurzelstöcke im Herbst.
Verwendung: Frische Blätter und Blüten werden zur Zubereitung von Salaten und Spinat verwendet. Alle getrockneten Pflanzenteile sind zur Zubereitung von Tee geeignet. Die Volksheilkunde verwendet Wurzeln und Blüten (mit Kelchen) als Hustenmittel, zur Nervenberuhigung sowie als harntreibendes Mittel bei Rheuma und Gicht.
Hinweis: Schlüsselblumen dürfen nicht wild gesammelt werden, sie stehen unter Artenschutz. Die Schlüsselblume ist eine nordische Pflanze und war in der antiken Medizin nicht bekannt. Die Pflanze wird erstmals in den Schriften der Klosterheilkunde erwähnt.

Echte Schlüsselblume
Primula veris

Weiterer Name: Apothekerprimel.
Familie: Primulaceae.
Verbreitung: Europa.
Wuchs: Rosettig; Blütentriebe aufrecht; bis 20 cm hoch.
Blatt: Länglich bis eiförmig; Blattrand gezähnt; runzelig; grün.
Blüte: April bis Juni; in Dolden stehend; goldgelb, am Schlund rötlich gefleckt.
Standort: Trockene, kalkhaltige Böden.
Vermehrung: Aussaat im Herbst (Frostkeimer); Teilung des Wurzelstockes.
Pflege: Ausreichend gießen; Fruchtstände entfernen; neigt zur Selbstaussaat.
Ernte: Blätter und Blüten zur Blütezeit; Wurzelstöcke im Herbst.
Verwendung: Primelwurzeln werden heute als Tee oder als Bestandteil von Teemischungen bei Erkrankungen der Atem-

wege verwendet. Extrakt oder Tinktur ist Bestandteil von verschiedenen Hustenmitteln. Frische, kleingehackte Blätter können Salaten oder Frühlingssuppen beigemengt werden. Frische Blüten werden zur Herstellung von Likör verwendet.
Hinweis: Schlüsselblumen dürfen nicht wild gesammelt werden, sie stehen unter Artenschutz.

Australischer Minzstrauch
Prostanthera rotundifolia

Weiterer Name: Honigmyrte.
Familie: Lamiaceae.
Verbreitung: Australien; Tasmanien.
Wuchs: Buschig; Blütentriebe aufrecht; 60 bis 80 cm hoch.
Blatt: Rundlich bis oval; spitz; grün.
Blüte: April bis Mai; Lippenblüten in ähren-ähnlichen Blütenständen; rosa.
Standort: Humose, durchlässige Böden; bei uns als Kübelpflanze.
Vermehrung: Aussaat im Frühjahr; Stecklinge im Sommer; Teilung des Wurzelstockes im Herbst.
Pflege: Ausreichend wässern und düngen; Rückschnitt im Herbst.
Winterschutz: Hell und kühl überwintern.
Ernte: Blätter im Sommer.
Verwendung: Das Aroma des Australischen Minzstrauches erinnert mehr an Eukalyptus als an Minze. Die Blätter werden frisch oder getrocknet zum Zubereiten von Tee und als Gewürz, besonders von Süßspeisen, verwendet.
Hinweis: Besonders attraktiv blühende Nektar- und Duftpflanze.

Großblütige Braunelle
Prunella grandiflora

Familie: Lamiaceae.
Verbreitung: Europa; Kaukasusländer; Türkei.
Wuchs: Kriechend, teils wurzelnd; Blütenstiele ausgebreitet bis niederliegend; 15 bis 25 cm hoch.
Blatt: Eiförmig bis lanzettlich; Blattrand gesägt; grün.
Blüte: Juni bis August; Lippenblüten in endständigen Ähren; purpurviolett.
Standort: Durchlässige, eher kalkhaltige Böden mit geringem Nährstoffgehalt.
Vermehrung: Aussaat im Frühjahr; Teilung des Wurzelstockes im Herbst.
Pflege: Ausreichend gießen, wenig düngen;

vollständiger Rückschnitt im Herbst oder Frühjahr.
Ernte: Kraut zur Blütezeit.
Verwendung: Braunellenkraut wirkt zusammenziehend und entzündungshemmend. Die Volksheilkunde verwendet den Tee gelegentlich bei Magen-, Darm-, oder Augenentzündungen sowie bei Entzündungen im Mund- und Rachenraum. Das frische Kraut wurde in früheren Jahrhunderten als Wundmittel verwendet.

Gewöhnliche Braunelle
Prunella vulgaris

Weiterer Name: Kleine Braunelle
Familie: Lamiaceae.
Verbreitung: Europa; Asien; Nordafrika; Nordamerika.
Wuchs: Kriechend, teils wurzelnd; Blütenstiele ausgebreitet bis niederliegend; 15 bis 25 cm hoch.
Blatt: Eiförmig bis lanzettlich; Blattrand gesägt; grün.
Blüte: Juni bis August; Lippenblüten in endständigen Ähren; purpurviolett.
Standort: Durchlässige, frische Böden mit normalem Nährstoffgehalt.
Vermehrung: Aussaat im Frühjahr; Teilung des Wurzelstockes im Herbst.
Pflege: Ausreichend gießen und düngen; vollständiger Rückschnitt im Herbst oder Frühjahr.
Ernte: Kraut zur Blütezeit.
Verwendung: Das Kraut wird genau wie das Kraut der Großblütigen Braunelle in erster Linie in der Volksheilkunde bei Entzündungen verwendet.

Schwarzer Flohsame
Psyllium afrum

Weiterer Name: Flohkraut.
Familie: Plantaginaceae.
Wuchs: Aufrecht; oben verzweigt; 20 bis 40 cm hoch.
Blatt: Lineal lanzettlich; ganzrandig mit wenigen Zähnen; lang zugespitzt; borstig behaart; grün.
Blüte: Mai bis Juli; in köpfchenartigen Ähren stehend; cremeweiß, panaschiert.
Standort: Durchlässige, nahrhafte, frische Böden.
Vermehrung: Aussaat im Frühjahr.
Pflege: Ausreichend gießen und düngen; rechtzeitig vereinzeln.
Ernte: Reife Fruchtstände, bevor der Samen ausfällt.

Großblütige Braunelle

Schwarzer Flohsame

Echtes Lungenkraut

Verwendung: Flohsamen werden genau wie der Indische Flohsamen (*Psyllium ovatum*) als mildes Abführmittel bei chronischer Verstopfung oder bei Durchfall und bei Reizdarm angewendet. Sie sind auch Bestandteil von industriell hergestellten Abführmitteln. Die reifen Samen werden ballaststoffreichen Speisen wie Müsli beigemengt.

Echtes Lungenkraut
Pulmonaria officinalis

Weiterer Name: Geflecktes Lungenkraut.
Familie: Boraginaceae.
Verbreitung: Europa.
Wuchs: Buschig; oben verzweigt; borstig behaart; 10 bis 40 cm hoch.
Blatt: Eiförmig oder herzförmig; ganzrandig; zugespitzt; borstig; hellgrün mit hellen Flecken.

Blüte: März bis Mai; in Doldentrauben stehend; hellrot, später blauviolett.
Standort: Feuchte, nahrhafte, lehmige Böden; zwischen Gehölzen.
Vermehrung: Aussaat im Frühjahr; Teilung des Wurzelstockes im Herbst.
Pflege: Ausreichend gießen und düngen.
Ernte: Frische Blätter im Frühjahr; oberirdische Pflanzenteile zur Blütezeit.
Verwendung: Das getrocknete Kraut wird zur Herstellung von Tees verwendet, der in der Volksheilkunde als Heilmittel bei Erkrankungen der Atmungsorgane genutzt wird. Frische Blätter des Lungenkrautes zählen zu den Salatkräutern.
Hinweis: In seiner Signaturlehre schreibt der große Arzt Paracelsus: „Die Natur zeichnet ein jegliches Gewächs, so von ihr ausgeht, zu dem, dazu es gut ist." Die weiße Fleckung der Grundblätter ähnelt dem Bild der menschlichen Lungenflügel – ein Hinweis darauf, dass sich die Pflanze zur Behandlung von Lungenerkrankungen eignet.

Gewöhnliche Braunelle

Bergminze

Amerikanische Bergminze
Pycnanthemum pilosum

Weiterer Name: Prärieminze.
Familie: Lamiaceae.
Herkunft: Nordamerika.
Wuchs: Horstig; Blütenstiele aufrecht, verzweigt.
Blatt: Schmal; behaart; grün.
Blüte: Juni bis August; endständige Köpfchen, mit Hochblättern; cremeweiß.
Standort: Trockene, humusreiche, durchlässige, warme Böden.
Vermehrung: Aussaat im Frühjahr; Teilung des Wurzelstockes im Herbst.
Pflege: Wenig gießen; gelegentlich düngen; auf Mehltau achten.
Ernte: Blätter und Blüten zu Beginn der Blütezeit.
Verwendung: Das aromatische Kraut wird als verdauungsfördernder und fiebersenkender Tee getrunken. Frische Blätter und Blütenknospen eignen sich mit ihrem minzigen Aroma zum Würzen von Salat und Süßspeisen.
Hinweis: Die Amerikanische Bergminze wird von den Indianern Nordamerikas als Stärkungsmittel genutzt.
Weitere Art: *Pycnanthemum tenuifolium.*

Scharfer Hahnenfuß
Ranunculus acris

Familie: Ranunculaceae.
Verbreitung: Europa; Asien; Nordamerika.
Wuchs: Horstig; Blütenstiele locker aufrecht, oben verzweigt; ausläufertreibend; 60 bis 80 cm hoch.
Blatt: 3- bis 7-teilig, Blättchen gelappt bis gezähnt; grün.
Blüte: Mai bis September; schalenförmig; endständig; gelb.
Standort: Lehmige, feuchte, humose Böden mit normalem bis hohem Nährstoffgehalt; verträgt Staunässe.
Vermehrung: Aussaat im Frühjahr; Teilung des Wurzelstockes im Herbst.
Pflege: Viel gießen und düngen; Rückschnitt nach der Blüte.
Ernte: Blühendes Kraut im Sommer.
Verwendung: Homöopathische Zubereitungen des Scharfen Hahnenfußes werden bei Hautausschlägen und Rheuma angewendet.
Warnung: Die gesamte Pflanze ist schwach giftig und darf nur in homöopathischen Dosierungen verwendet werden. Bei Berührung des frischen Krautes können Hautreizungen, Schwellungen und Blasen auftreten.

Gewöhnliches Scharbockskraut
Ranunculus ficaria

Familie: Ranunculaceae.
Verbreitung: Europa; Asien.
Wuchs: Niederliegend; ausläuferbildend; 10 bis 20 cm hoch.
Blatt: Herzförmig bis rundlich; gezähnt; grün.
Blüte: April bis Mai; schalenförmig; gelb.
Standort: Frische bis feuchte Böden mit hohem Nährstoffgehalt; gut geeignet als Bodendecker unter Gehölzen.
Vermehrung: Aussaat im Frühjahr; Teilung des Wurzelstockes im Herbst.
Pflege: Viel gießen und düngen; breitet sich stark aus, gelegentlich reduzieren
Ernte: Blätter vor der Blüte im Frühjahr.
Verwendung: Die Volksheilkunde nutzt das Scharbockskraut zur Blutreinigung, gegen chronische Hautleiden und bei Skorbut. Der Saft der Wurzelknöllchen soll bei Feigwarzen helfen. Homöopathische Zubereitungen werden bei Hämorrhoiden angewendet. Die Blätter können in Quark oder als Beigabe zu Salat gegessen werden.

Garten-Rettich
Raphanus sativus

Familie: Brassicaceae.
Verbreitung: Nur als Kulturpflanze bekannt.
Wuchs: Rosettig; mit langer Pfahlwurzel; Blütentriebe aufrecht, oben verzweigt; 40 bis 60 cm hoch.
Blatt: Fiederteilig bis buchtig; grün.
Blüte: Juni bis August; Kreuzblüten in Doppeltrauben stehend; weiß bis purpurviolett.
Frucht: Walzenförmige Schoten.
Standort: Durchlässige, humose, frische Böden mit eher hohem Nährstoffgehalt.
Vermehrung: Aussaat im Frühjahr.
Pflege: Ausreichend wässern und düngen; rechtzeitig vereinzeln.
Ernte: Wurzeln vor der Blüte im Sommer.
Verwendung: Rettich wirkt desinfizierend und fördert die Magen- und Gallensaftsekretion. Die Volksheilkunde verwendet Rettichsaft bei Bronchitis. Homöopathische Anwendungsgebiete sind Verdauungsschwächen und fettige Haut. Rettich wird roh und fein geschnitten zum Würzen von Salaten verwendet.
Hinweis: Rettich war schon in der Antike eine weit verbreitete Nutzpflanze. In mittelalterlichen Klostergärten wurde er als Gemüse und Heilpflanze angebaut.

Resede
Reseda luteola

Weitere Name: Färber-Wau; Färber-Resede.
Familie: Resedaceae.
Verbreitung: Europa; Westasien.
Wuchs: Rosettig; Blütenstiele aufrecht; 60 bis 120 cm hoch.
Blatt: Lanzettlich; grundständig; grün.
Blüte: Juni bis Juli; Kreuzblüten in ährenartigen Trauben; gelblich.
Standort: Nährstoffreiche, trockene, durchlässige Böden.
Vermehrung: Aussaat im Frühjahr oder Sommer.
Pflege: Wenig gießen, regelmäßig düngen; rechtzeitig vereinzeln; Fruchtstände entfernen; neigt zur Selbstaussaat.
Ernte: Blühende Pflanzenteile im Sommer.
Verwendung: Resede ist eine alte Färberpflanze. Das Kraut liefert gelben Farbstoff und wird bis heute zum Färben von Naturtextilien verwendet.
Hinweis: Die ältesten Funde von Samen stammen aus der Jungsteinzeit.

Gebräuchlicher Rhabarber
Rheum officinale

Weiterer Name: Südchinesischer Rhabarber.
Familie: Polygonaceae.
Verbreitung: China; Indien.
Wuchs: Rosettig; mit fleischigen Wurzeln; Blütenstiele aufrecht; 1,50 bis 2,50 m hoch.
Blatt: Handförmig geteilt; sehr groß; grün.
Blüte: Mai bis Juni; kleine Einzelblüten büschelig in Rispen stehend; rot.
Standort: Tiefgründige, humose, frische bis feuchte Böden mit hohem Nährstoffgehalt.
Vermehrung: Aussaat im Frühjahr; Wurzelschnittlinge im Herbst.
Pflege: Reichlich wässern und düngen; Riesenstaude, ausreichend Platz einplanen; welke Blätter entfernen; auf Dickmaulrüssler achten.
Ernte: Wurzelstöcke von vier bis sieben Jahre alten Pflanzen.
Verwendung: Der Extrakt der Wurzel ist Bestandteil von appetitanregenden und verdauungsfördernden Präparaten und wird äußerlich zu Pinselung bei Entzündungen von Zahnfleisch und Mundschleimhaut angewendet. Die Rhabarberwurzel ist Bestandteil von Abführ-, Gallen- und Lebertees. Die Wurzel ist Rohstoff für die Likörherstellung.
Warnung: Die Pflanze gilt als schwach giftig. Große Mengen roher und unreifer Rhabarberstängel können zu Nierenversagen führen.
Hinweis: Der Rhabarber wird in China seit Jahrtausenden verwendet. Bei uns wurde er durch die Araber einführt.
Weitere Arten: Handlappiger Rhabarber (*Rheum palmatum*); Bulgarischer Rhabarber (*Rheum rhaponticum*).

Scharfer Hahnenfuß

Gewöhnliches Scharbockskraut

Resede

Gebräuchlicher Rhabarber

Garten-Rettich

Rosmarin
Rosmarinus officinalis

Familie: Lamiaceae.
Verbreitung: Mittelmeerraum.
Wuchs: Strauch; dichtbuschig; im unteren Bereich verholzend; am Naturstandort bis 2 m hoch.
Blatt: Immergrün; linealisch; eingerollt; ledrig; unterseits graufilzig; grün.
Blüte: März bis Juni; bläuliche Lippenblüten.
Standort: Magere, humose, durchlässige Böden; Topfkultur sinnvoll.
Vermehrung: Stecklinge oder Absenker im Sommer.
Pflege: Regelmäßig gießen; Staunässe vermeiden; gelegentlich düngen; Rückschnitt im Frühjahr.
Winterschutz: Bei Freilandkultur dick abdecken; Töpfe hell und kühl überwintern.
Ernte: Blätter und Zweigspitzen bei Bedarf.
Verwendung: Rosmarin ist häufig Bestandteil von appetitanregenden Teemischungen. Das ätherische Öl ist Bestandteil von schmerzstillenden Einreibungen. Rosmarinöl wird als Badezusatz verwendet. Rosmarin ist ein intensives Gewürz, das gut zu mediterranen Gerichten wie Fleisch, Fisch, Geflügel und Suppen passt. Rosmarinzweige sind gut für die Herstellung von Würzölen oder Kräuterlikören geeignet.
Warnung: Das Berühren der Pflanze kann Kontaktallergien auslösen.
Hinweis: Rosmarin wurde als Heilpflanze erstmals in den mittelalterlichen Klostergärten angebaut.
Weitere Arten: Pinien-Rosmarin *(Rosmarinus angustifolia)*; Hängender Rosmarin *(Rosmarinus lavandulaceus)*.

Rosmarin 'Veitshöchheim'
Rosmarinus officinalis 'Veitshöchheim'

Familie: Lamiaceae.
Verbreitung: Mittelmeerraum.
Wuchs: Strauch; dichtbuschig; im unteren Bereich verholzend; bis 1 m hoch.
Blatt: Immergrün; linealisch; eingerollt; ledrig; unterseits graufilzig; grün.
Blüte: März bis Juni; Lippenblüten in Scheinquirlen stehend; blassblau.
Standort: Magere, humose, durchlässige Böden; gut geeignet für die Freilandkultur.
Vermehrung: Stecklinge im Sommer.
Pflege: Regelmäßig gießen; Staunässe vermeiden; gelegentlich düngen; Rückschnitt im Frühjahr.
Winterschutz: Die Sorte 'Veitshöchheim' gilt als absolut winterhart.
Ernte: Blätter und Zweigspitzen bei Bedarf.
Verwendung: Tee, ätherisches Öl und Gewürz; entsprechend der Wildform.
Warnung: Das Berühren der Pflanze kann Kontaktallergien auslösen.

Färber-Krapp
Rubia tinctorium

Weiterer Name: Echte Färberröte.
Familie: Rubiaceae.
Verbreitung: Südeuropa; Kleinasien.
Wuchs: Aufrecht bis aufsteigend; ausläuferbildend; rote Pfahlwurzeln; Stängel 4-kantig mit kleinen Stacheln; 50 bis 80 cm hoch.
Blatt: Lanzettlich; mattgrün.
Blüte: Juni bis August; gelbe Trugdolden.

Weitere Rosmarin-Sorten

Sorte	Eigenschaften
'Arp'	Graublättrig; winterfest; hellblau blühend
'Blauer Toskaner'	Aufrecht; großblättrig; dunkelblau blühend
'Boule'	Kriechend; robust; bedingt winterfest
'Gorizia'	Lange Blätter; frostempfindlich; amethystfarben blühend
'Majorca Pink'	Aufrecht; frostempfindlich; gutes Aroma; rosa blühend
'Prostatus'	Kriechend; bis 15 cm hoch; frostempfindlich; für die Topf- oder Ampelkultur gut geeignet.
'Rex'	Sehr wüchsig; winterfest; hellblau blühend
'Salem'	Aufrecht; frostempfindlich; schöne Blüte
'Santa Barbara'	Kriechend, robust, frostempfindlich; dunkelblau blühend
'Albiflorus'	Langsam wachsend; bis - 10 °C winterfest; weiß blühend

Rosmarin

Rosmarin-Blüte

Rosmarin 'Veitshöchheim'

Frucht: Beeren; schwarz.
Standort: Tiefgründige, humose Böden mit eher hohem Nährstoffgehalt.
Vermehrung: Aussaat im Frühjahr.
Pflege: Regelmäßig gießen; Staunässe vermeiden; gelegentlich düngen; Rückschnitt im Frühjahr oder Herbst.
Ernte: Wurzel im Herbst; von mindestens dreijährigen Pflanzen.
Verwendung: Homöopathische Zubereitungen werden bei Nierensteinleiden angewendet.
Hinweis: Die Krappwurzel hatte früher eine große Bedeutung als Farbstofflieferant.

Großer Sauer-Ampfer
Rumex acetosa

Familie: Polygonaceae.
Verbreitung: Europa; Asien.
Wuchs: Rosettig; mit fleischigen Wurzeln; Blütenstiele straff aufrecht; 80 bis 120 cm hoch.
Blatt: Wintergrün; grundständig; elliptisch.
Blüte: Mai bis August; kleine, unscheinbare Blüten in Rispen; grün, später rötlich.
Standort: Frische bis feuchte, durchlässige Böden mit eher hohem Nährstoffgehalt.
Vermehrung: Aussaat von Frühjahr bis Sommer.
Pflege: Häufig gießen und düngen; Fruchtstände entfernen, neigt zur Selbstaussaat.
Ernte: Junge Blätter und Sprossspitzen im Frühjahr.
Verwendung: Sauerampfer wirkt appetitanregend, leberstärkend, harntreibend und blutreinigend. Die Volksheilkunde verwendet frische Blätter als Salat zu Frühjahrskuren.
Warnung: Hoher Gehalt an Oxalsäure; sparsam verwenden!

Weitere Ampfer-Arten

Deutscher Name	Botanischer Name	Eigenschaften
Kleiner Sauer-Ampfer	*Rumex acetosella*	Kleine Blätter; sauer
Alpen-Ampfer	*Rumex alpinus*	Robust; gelbe Wurzeln
Krauser Ampfer	*Rumex crispus*	Gelbe Färberpflanze
Gemüse-Ampfer	*Rumex patienta*	Schnellwüchsig; wenig Oxalsäure
Blut-Ampfer	*Rumex sanguineus var. sanguineus*	Große Blätter mit roten Adern
Römischer Ampfer	*Rumex scutatus*	Zierlich; intensiver Geschmack
Arabischer Ampfer	*Rumex tingitanus*	Robust; verträgt salzige und trockene Böden

Stacheliger Mäusedorn
Ruscus aculeatus

Weiterer Name: Stechender Mäusedorn.
Familie: Ruscaceae.
Verbreitung: Südeuropa.
Wuchs: Aufrecht; stechende Zweige, blattartig verbreitert; 50 bis 100 cm hoch.
Blüte: März bis April; zweihäusig; kleine Blüten mit winzigem Tragblatt; einzeln oder zu wenigen auf den Blättern stehend; grünlich.
Frucht: Kugelige Beeren, rot glänzend.
Standort: Trockene Böden mit geringem Nährstoffgehalt; bei uns nur als Topfkultur.
Vermehrung: Aussaat im Frühjahr; Teilung des Wurzelstockes im Herbst.
Ernte: Wurzeln im Herbst.
Verwendung: Extrakte oder isolierte Inhaltsstoffe der Wurzeln sind Bestandteil von Präparaten, die bei Venenerkrankungen, Juckreiz, Schwellungen oder Hämorrhoiden angewendet werden.

Weinraute
Ruta graveolens

Familie: Rutaceae.
Verbreitung: Südeuropa.
Wuchs: Mehrjährig; buschig; im unteren Bereich verholzend; 40 bis 60 cm hoch.
Blatt: 2- bis 3-fach gefiedert; Blättchen verkehrt lanzettlich; ganzrandig; blaugrau.
Blüte: Juni bis September; in Trugdolden stehend; gelb.
Standort: Warme, durchlässige, magere Böden; für die Topfkultur geeignet.
Vermehrung: Aussaat im Frühjahr.
Pflege: Ausreichend gießen (keine Staunässe), wenig düngen; Rückschnitt im Frühjahr.
Ernte: Blätter vor der Blüte.
Verwendung: Weinraute ist ein intensives Gewürz, das nur sparsam verwendet werden darf. Es passt gut zu Salaten, Fleisch und Fisch und als Aroma für Kräuterlikör
Warnung: Die Pflanze wirkt phototoxisch.

Färber-Krapp Großer Sauer-Ampfer Stacheliger Mäusedorn Weinraute

Indianischer Räucher-Salbei

Peruanischer Salbei

Frucht-Salbei

Honigmelonen-Salbei

Frucht-Salbei
Salvia dorisiana

Familie: Lamiaceae.
Verbreitung: Mittelamerika.
Wuchs: Buschig; straff aufrecht; 80 bis 150 cm hoch.
Blatt: Groß; herzförmig; zugespitzt; samtig behaart; fruchtig duftend; hellgrün.
Blüte: März bis April; Lippenblüten in Rispen stehend; rosarot.
Standort: Durchlässige, trockene, magere Böden; bei uns nur für die Topfkultur geeignet.
Vermehrung: Stecklinge im Sommer.
Pflege: Regelmäßig gießen und düngen; Rückschnitt im Frühjahr.
Winterschutz: Hell und frostfrei überwintern.
Ernte: Blätter im Sommer.
Verwendung: Die nach Guaven und Mango duftenden Blätter eignen sich hervorragend zum Aufbrühen von Tee oder zum Würzen von Süßspeisen. Sein milder, fruchtiger Geschmack macht den Tee auch bei Kindern sehr beliebt.

Honigmelonen-Salbei
Salvia elegans

Familie: Lamiaceae.
Verbreitung: Mittelamerika.
Wuchs: Buschig; straff aufrecht; 30 bis 50 cm hoch.
Blatt: Lanzettlich; samtig behaart; fruchtig duftend; hellgrün.
Blüte: August bis Oktober; Lippenblüten in Rispen stehend; rot.
Standort: Durchlässige, trockene, magere Böden; bei uns nur für die Topfkultur geeignet.
Vermehrung: Stecklinge im Sommer.
Pflege: Regelmäßig gießen und düngen; Rückschnitt im Frühjahr.
Winterschutz: Hell und frostfrei überwintern.
Ernte: Blätter im Sommer.
Verwendung: Diese Art ist in der Kultur anspruchslos und eignet sich mit seinem fruchtigen Aroma gut als Teekraut oder zum Würzen von Süßspeisen.

Gelber Salbei
Salvia glutinosa

Familie: Lamiaceae.
Verbreitung: Europa; Westasien.
Wuchs: Buschig; straff aufrecht; 40 bis 80 cm hoch.

Indianischer Räucher-Salbei
Salvia apiana

Familie: Lamiaceae.
Verbreitung: Nordamerika.
Wuchs: Buschig; aufrecht; bis 120 cm hoch.
Blatt: Wintergrün; lanzettlich; filzig behaart; graugrün; duftend.
Blüte: Mai bis Juni; Lippenblüten in langen Rispen stehend; helllila.
Standort: Durchlässige, trockene, magere Böden; bei uns nur für die Topfkultur geeignet.
Vermehrung: Stecklinge im Sommer.
Pflege: Regelmäßig gießen und düngen; Rückschnitt im Frühjahr.
Winterschutz: Töpfe hell und frostfrei überwintern.
Ernte: Blätter im Sommer.
Verwendung: Balsamisch-aromatischer Duft; beste Salbei-Art zum Räuchern und zum Aufguss in Schwitzhütten.

Peruanischer Salbei
Salvia discolor

Familie: Lamiaceae.
Verbreitung: Südamerika.
Wuchs: Buschig; aufrecht; bis 80 cm hoch.
Blatt: Wintergrün; elliptisch; filzig behaart; graugrün.
Blüte: Mai bis Juni; Lippenblüten in Rispen stehend; schwarzviolett.
Standort: Durchlässige, trockene, magere Böden; bei uns nur für die Topfkultur geeignet.
Vermehrung: Stecklinge im Sommer.
Pflege: Regelmäßig gießen und düngen; Rückschnitt im Frühjahr.
Winterschutz: Töpfe hell und frostfrei überwintern.
Ernte: Blätter im Sommer.
Verwendung: Peruanischer Salbei ist eine Teepflanze mit eukalyptusähnlichem Aroma; wird gelegentlich auch als Gewürz verwendet.

Blatt: Groß; lanzettlich; Blattrand gezähnt; zugespitzt; grün.
Blüte: Juni bis August; Lippenblüten in Rispen stehend; gelb.
Standort: Durchlässige, nährstoffreiche, humose Böden
Vermehrung: Aussaat im Frühjahr; Stecklinge im Sommer.
Pflege: Regelmäßig gießen und düngen; Rückschnitt im Herbst oder Frühjahr; frosthart.
Ernte: Blätter im Sommer.
Verwendung: Diese Art ist in der Kultur anspruchslos und eignet sich mit seinem milden Aroma gut als Teekraut.

Pfirsich-Salbei
Salvia greggii

Familie: Lamiaceae.
Verbreitung: Mittelamerika.
Wuchs: Buschig; straff aufrecht; 40 bis 70 cm hoch.
Blatt: Immergrün; elliptisch; samtig behaart; fruchtig duftend; grün.
Blüte: Mai bis November; Lippenblüten in Rispen stehend; rosarot.
Standort: Durchlässige, trockene, magere Böden; bei uns nur für die Topfkultur geeignet.
Vermehrung: Stecklinge im Sommer.
Pflege: Regelmäßig gießen und düngen; Rückschnitt fördert lange Blütezeit.
Winterschutz: Hell und frostfrei überwintern.
Ernte: Blätter im Sommer.
Verwendung: Die nach Pfirsich und Aprikose duftenden Blätter eignen sich hervorragend zum Aufbrühen von Tee oder zum Würzen von Süßspeisen. Die Pflanze ist ein hübscher Blickfang für Balkon und Terrasse.

Kalifornischer Salbei
Salvia mellifera

Familie: Lamiaceae.
Verbreitung: Nordamerika.
Wuchs: Buschig; aufrecht; bis 120 cm hoch.
Blatt: Wintergrün; lanzettlich; filzig behaart; graugrün; duftend.
Blüte: Mai bis Juni; Lippenblüten in langen Rispen stehend; blau.
Standort: Durchlässige, trockene, magere Böden; für die Topfkultur geeignet.
Vermehrung: Stecklinge im Sommer.
Pflege: Regelmäßig gießen und düngen; Rückschnitt im Frühjahr.
Winterschutz: Töpfe hell und frostfrei überwintern.

Ernte: Blätter im Sommer.
Verwendung: Aromatischer Duft; gut geeignet zum Räuchern.

Chinesischer Salbei
Salvia miltiorrhiza

Weiterer Name: Roter Salbei.
Familie: Lamiaceae.
Verbreitung: China.
Wuchs: Breitbuschig; im unteren Bereich verholzend; 40 bis 80 cm hoch.
Blatt: Elliptisch; gekerbt; filzig behaart; graugrün.

Blüte: Juni bis August; Lippenblüten in Scheinquirlen stehend; rot.
Standort: Durchlässige, kalkhaltige Böden.
Vermehrung: Aussaat im Frühjahr; Stecklinge im Sommer.
Pflege: Regelmäßig gießen und düngen; Rückschnitt im Frühjahr.
Winterschutz: In rauen Lagen erforderlich.
Ernte: Wurzeln im Herbst.
Verwendung: Ein Absud der Wurzeln gilt als wirksam gegen Bluthochdruck, Gefäßentzündungen, Angina pectoris, Schuppenflechte und Dermatitis.
Warnung: Salbeitee ist nicht für den Dauergebrauch geeignet.
Hinweis: Wichtige Heilpflanze der Traditionellen Chinesischen Medizin.

Gelber Salbei

Kalifornischer Salbei

Pfirsich-Salbei

Chinesischer Salbei

Echter Salbei
Salvia officinalis

Weiterer Name: Garten-Salbei.
Familie: Lamiaceae.
Verbreitung: Mittelmeerraum.
Wuchs: Breitbuschig; im unteren Bereich verholzend; 40 bis 60 cm hoch.
Blatt: Elliptisch; gekerbt; filzig behaart; graugrün.
Blüte: Juni bis August; Lippenblüten in Scheinquirlen stehend; hellviolettblau.
Standort: Durchlässige, kalkhaltige Böden.
Vermehrung: Aussaat im Frühjahr; Stecklinge oder Absenker im Sommer.
Pflege: Regelmäßig gießen und düngen; Rückschnitt im Frühjahr.
Winterschutz: In rauen Lagen erforderlich.
Ernte: Junge Blätter oder krautige Triebspitzen vor der Blüte.
Verwendung: Salbeitee wirkt entzündungshemmend und wird bei Erkältungen getrunken oder zum Gurgeln gegen Halsschmerzen und Entzündungen im Mund- und Rachenraum verwendet. Das Kraut hat einen leicht bitteren, dominanten Geschmack und wird zum Würzen von Fleisch- und Fischgerichten, Suppen, Schinken und Käse verwendet.
Warnung: Salbeitee ist nicht für den Dauergebrauch geeignet.
Hinweis: Echter Salbei wurde zuerst in Griechenland in Kultur genommen und erlangte später vor allem im Römischen Reich großes Ansehen. Bei uns wurde Salbei erstmals in Klostergärten angebaut.

Echter Salbei

Echter Salbei: Unterarten und Sorten

Sorte	Eigenschaften
'Aurea'	Robust; Blätter gelb-grün gefleckt
'Creme de la Creme'	Weißbunt belaubt
'Crispa'	Krauses Laub; weich behaart
'Extrakta'	Küchensalbei; aromatisch
'Nana'	Gedrungen; üppig blühend
'Nazareth'	Mäßig frosthart; schönes Aroma
'Non-Flower'	Nicht blühend; ideal als Küchenkraut
'Purpurascens'	Niedrig; purpurrote Blätter
'Rosea'	Kleinere Blätter; mildes Aroma; rosa blühend
Dalmatiner-Salbei *Salvia officinalis* ssp. *major*	Große Blätter; ertragreich
Weißer Salbei *Salvia officinalis* ssp. *minor* 'Alba'	Klein; weiß blühend

Wiesen-Salbei
Salvia pratensis

Familie: Lamiaceae.
Verbreitung: Europa.
Wuchs: Aufrecht; 40 bis 60 cm hoch.
Blatt: Elliptisch; gekerbt; dunkelgrün.
Blüte: Juni bis August; Lippenblüten in Scheinquirlen stehend; lavendelblau.
Standort: Durchlässige, kalkhaltige, nahrhafte Böden.
Vermehrung: Aussaat im Frühjahr.
Pflege: Regelmäßig gießen und düngen; Rückschnitt im Frühjahr.
Ernte: Junge Blätter oder krautige Triebspitzen vor der Blüte.
Verwendung: Wiesen-Salbei wird wie Echter Salbei als Küchengewürz verwendet. Allerdings ist sein Aroma weniger intensiv.

Ananas-Salbei
Salvia rutilans

Familie: Lamiaceae.
Verbreitung: Mittelamerika.
Wuchs: Breitbuschig; im unteren Bereich verholzend; 80 bis 150 cm hoch.
Blatt: Groß; eiförmig; gekerbt; filzig behaart; duftend; grün.
Blüte: November bis Februar; rot; Rispen.
Standort: Durchlässige, trockene, magere Böden; bei uns nur für die Topfkultur geeignet.
Vermehrung: Stecklinge im Sommer.
Pflege: Regelmäßig gießen und düngen; Rückschnitt im Frühjahr.
Winterschutz: Hell und frostfrei überwintern.
Ernte: Blätter und Blüten im Sommer.
Verwendung: Der süß schmeckende Ananas-Salbei wird als Teepflanze und zum Würzen von Süßspeisen verwendet. Die Blüten eignen sich zum Garnieren von Salat.

Muskateller-Salbei
Salvia sclarea

Familie: Lamiaceae.
Verbreitung: Mittelmeerraum.
Wuchs: Rosettig; Blütentriebe aufrecht; 1 bis 1,50 m hoch.
Blatt: Breit eiförmig; gezähnt; runzelig; graugrün.
Blüte: Juni bis August; Lippenblüten in Ähren stehend; hellviolettfarben.
Standort: Nahrhafte; durchlässige, kalkhaltige Böden.

Vermehrung: Aussaat im Frühjahr oder Sommer.

Pflege: Ausreichend gießen und düngen; verbreitet sich durch Selbstaussaat.

Ernte: Junge Blätter und Blüten im Sommer.

Verwendung: Die Blätter können für Tee verwendet werden. Die Blüten eignen sich zum Würzen von Omeletts, Süßspeisen und Säften.

Warnung: Tees nicht über längeren Zeitraum anwenden.

Hinweis: Im 19. Jahrhundert wurde er als berauschender Anteil dem Bier zugesetzt und zum Aromatisieren von Wein verwendet.

Schopf-Salbei
Salvia viridis (syn. *Salvia horminum*)

Familie: Lamiaceae.

Verbreitung: Mittelmeerraum.

Wuchs: Aufrecht; 40 bis 60 cm hoch.

Blatt: Breit-eiförmig; gezähnt; runzelig; graugrün.

Blüte: Juni bis August; Lippenblüten mit rosa Hochblättern.

Standort: Nahrhafte; durchlässige, kalkhaltige Böden.

Vermehrung: Aussaat im Frühjahr oder Sommer.

Pflege: Ausreichend gießen und düngen; verbreitet sich durch Selbstaussaat.

Ernte: Junge Blätter und Blüten im Sommer.

Verwendung: Schopf-Salbei wurde früher als Tee zum Gurgeln oder als Bestandteil von Schnupftabak verwendet, heute als Zierpflanze.

Wiesen-Salbei

Ananas-Salbei

Muskateller-Salbei

Schopf-Salbei

Weitere Salbei-Arten und -Sorten

Botanischer Name	Deutscher Name	Eigenschaften und Blütenfarbe
Salvia canariensis	Kanarischer Salbei	Kübelkultur; Teepflanze; rosa
Salvia chamaedryoides 'Heavenly blue'	Gamander-Salbei	Kübelkultur; blau
Salvia chiapensis	Chiapas-Salbei	Kübelkultur; lange blühend; rot
Salvia coahuilensis	Sierra-Madre-Salbei	Kübelkultur; magere Böden; blau
Salvia darcyi	Guaven-Salbei	Kübelkultur; rot
Salvia disermas	Disermas-Salbei	Kübelkultur; rosa
Salvia greggii x *lycioides*	Canyon-Salbei	Kübelkultur; magere Böden; violett
Salvia heerii	Strauchsalbei	Kübelkultur; lange blühend; rot
Salvia x *jamensis*	Pfirsich-Salbei	Kübelkultur; kompakt; orangerot
Salvia lavandulifolia	Spanischer Salbei	Kübelkultur; kompakt; blau
Salvia leucantha	Samt-Salbei	Kübelkultur; wüchsig; rotweiß
Salvia nemorosa	Steppen-Salbei (Wildform)	Kompakt; für Dufthecken geeignet; blau
Salvia nevadensis	Kriechender Salbei	Kriechend; kleinlaubig; aromatisch; hellblau

Kleiner Wiesenknopf
Sanguisorba minor

Weiterer Name: Pimpinelle.
Familie: Rosaceae.
Verbreitung: Europa; Asien; Nordafrika.
Wuchs: Horstig; Blütenstiele locker aufrecht; 30 bis 80 cm hoch.
Blatt: Unpaarig gefiedert; Blättchen breit eiförmig bis elliptisch, grob gesägt; grün.
Blüte: Mai bis August; in Köpfchen stehend; rotbraun.
Standort: Trockene, lockere Lehmböden, wärmeliebend.
Vermehrung: Aussaat im Frühjahr; Wurzelteilung im Herbst.
Pflege: Regelmäßig gießen und düngen; vollständiger Rückschnitt im Herbst oder Frühjahr; auf Raupen und Käfer achten.
Ernte: Blätter im Sommer; Wurzeln im Herbst.
Verwendung: Die Volksheilkunde verwendet den Kleinen Wiesenknopf wie den Großen Wiesenknopf zur Behandlung von Wunden, Blutungen und Durchfallerkrankungen. Das Kraut wird zum Würzen von Marinaden und Saucen verwendet und gehört zu den klassischen Kräutern der Frankfurter Grünen Soße.

Großer Wiesenknopf
Sanguisorba officinalis
(syn. *Sanguisorba major*)

Weiterer Name: Garten-Bibernelle.

Familie: Rosaceae.
Verbreitung: Europa; Asien.
Wuchs: Horstig; Blütenstiele locker aufrecht; 60 bis 100 cm hoch.
Blatt: Unpaarig gefiedert; Blättchen breit eiförmig, gesägt; dunkelgrün.
Blüte: Mai bis August; in Köpfchen stehend; rotbraun.
Standort: Nährstoffreiche, saure, humose Böden.
Vermehrung: Aussaat im Frühjahr; Wurzelteilung im Herbst.
Pflege: Regelmäßig gießen und düngen; vollständiger Rückschnitt im Herbst oder Frühjahr; auf Raupen und Käfer achten.
Ernte: Blätter im Sommer; Wurzeln im Herbst.
Verwendung: Das Kraut wirkt keimtötend und zusammenziehend. Die Volksheilkunde verwendet den Großen Wiesenknopf wie den Kleinen Wiesenknopf zur Behandlung von Wunden, Blutungen und Durchfallerkrankungen. Homöopathische Anwendungsgebiete sind Krampfaderleiden, Blutungen und Durchfallerkrankungen.

Wald-Sanikel
Sanicula europaea

Familie: Apiaceae.
Verbreitung: Europa; Asien; Nordafrika.
Wuchs: Rosettig; Blütenstiele aufrecht; bis 30 cm hoch.
Blatt: Handförmig geteilt; Blattrand gesägt.
Blüte: Mai bis Juni; in zusammengesetzten Dolden stehend; weiß.

Standort: Nährstoffreiche, humose, feuchte Böden.
Vermehrung: Aussaat im Frühjahr (schwierig); Wurzelteilung im Herbst.
Pflege: Regelmäßig gießen, nicht düngen; vollständiger Rückschnitt im Herbst oder Frühjahr; auf Rost achten.
Ernte: Blätter im Frühjahr; Blüten; Wurzeln im Herbst.
Verwendung: Sanikel wirkt blutstillend und desinfizierend. Die Volksheilkunde verwendet einen Brei aus Blättern und Wurzeln zum Stillen von Blutungen und den Absud aus Wurzeln zum Auswaschen von Wunden. Der Tee aus Blättern und Blüten wirkt schleimlösend und wird bei Husten getrunken. Sanikel wird in der Küche zum Würzen von Eintöpfen und Fleischgerichten verwendet.

Graue Heiligenblume
Santolina chamaecyparissus

Weitere Namen: Heiligenkraut; Zypressenkraut.
Familie: Asteraceae.
Verbreitung: Mittelmeerraum.
Wuchs: Buschig; im unteren Bereich verholzend; 20 bis 50 cm hoch.
Blatt: Immergrün; gefiedert oder 4-teilig, Blättchen; weißfilzig.
Blüte: Juni bis August; in Köpfchen stehend; gelb.
Standort: Trockene, steinige, neutrale bis alkalische Böden mit eher hohem Nährstoffgehalt.

Kleiner Wiesenknopf

Großer Wiesenknopf

Wald-Sanikel

Graue Heiligenblume

Echtes Seifenkraut

Vermehrung: Stecklinge im Herbst.
Pflege: Wenig gießen, reichlich düngen; Staunässe vermeiden; Formschnitt im Frühjahr.
Ernte: Blätter und Blüten im Sommer.
Verwendung: Der bitter schmeckende Tee aus Blättern und Blüten wirkt entzündungshemmend und verdauungsfördernd. Die Volksheilkunde kennt die Pflanze auch als Wurmmittel. Insektenstiche können mit gequetschten Blüten behandelt werden.

Indianische Minze

Weitere Arten: Gefiedertes Heiligenkraut *(Santolina pinnata)*; Grünes Heiligenkraut *(Santolina rosmarinifolia)*.

Echtes Seifenkraut
Saponaria officinalis

Familie: Caryophyllaceae.
Verbreitung: Europa; Asien; Nordamerika.
Wuchs: Aufrecht; ausläuferbildend; 50 bis 80 cm hoch.
Blatt: Länglich lanzettlich, ganzrandig; zugespitzt; dunkelgrün.
Blüte: Juni bis September; in Trugdolden stehend; blassrosa bis weiß.
Standort: Warme, durchlässige Böden.
Vermehrung: Aussaat im Frühjahr; Wurzelteilung im Herbst.
Pflege: Wenig gießen oder düngen; vollständiger Rückschnitt im Frühjahr oder Herbst.
Ernte: Blätter kurz vor der Hauptblüte; Blüten im Sommer; Wurzeln im Herbst.
Verwendung: Die Volksheilkunde nutzt das Seifenkraut in erster Linie als Hustenmittel. Ein Auszug aus den Wurzeln wird bei chronischen Hautleiden und rheumatischen Beschwerden verwendet. Der Aufguss mit Blättern oder Wurzeln ist eine starke Waschlauge speziell für Leinenstoffe. Die Seifenwurzel ist Rohstoff zur Herstellung von Wasch- und Reinigungsmitteln und Zusatz von Zahncremes. Die Blüten garnieren Speisen und Duftschalen.

Indianische Minze
Satureja douglasii

Familie: Lamiaceae.
Verbreitung: Mittelamerika.
Wuchs: Kriechend oder hängend; bis 2 m lang.
Blatt: Rundlich; Blattrand gekerbt; hellgrün.
Blüte: Juli bis September; Lippenblüten in Scheinähren stehend; weiß.
Standort: Nahrhafte, humose, durchlässige Böden; gut geeignet für die Topf- oder Ampelkultur.
Vermehrung: Stecklinge im Sommer.
Pflege: Gleichmäßig gießen; regelmäßig düngen; auf Falschen Mehltau achten.
Winterschutz: Ampeln und Töpfe hell und kühl überwintern.
Ernte: Triebe bei Bedarf.
Verwendung: Blätter und Triebe werden als Würzkraut verwendet. Der Tee oder auch ein Vollbad hilft gegen Erkältungen und Kopfschmerzen.
Weitere Arten: Afrikanisches Bohnenkraut *(Satureja biflora)* blüht rosa, im Kübel halten; Kriechendes Bohnenkraut *(Satureja spicigera)*, weiß blühender, nicht winterfester Bodendecker.
Hinweis: Die Indianische Minze ist streng genommen ein Bohnenkraut mit herrlich frischem, an Spearmint-Minze erinnerndem Aroma. Die Pflanze bildet lange Ausläufer und ist deshalb sehr gut für die Bepflanzung von Balkonkästen oder Hängekörben geeignet.

Sommer-Bohnenkraut

Berg-Bohnenkraut

Zitronen-Bohnenkraut

Chinesisches Spaltkölbchen

Frische Blätter eignen sich zum Würzen von Salaten, frische Triebe zum Aromatisieren von Öl und Essig. Die Volksheilkunde verwendet Zubereitungen mit Bohnenkraut bei Verdauungsbeschwerden und Entzündungen. **Hinweis:** Bohnenkraut war bereits in der Antike ein geschätztes Gewürz. Benediktinermönche brachten es im 9. Jahrhundert über die Alpen und kultivierten es in ihren Klostergärten.

Berg-Bohnenkraut
Satureja montana

Familie: Lamiaceae.
Verbreitung: Östlicher Mittelmeerraum.
Wuchs: Buschig; im unteren Bereich verholzend; 25 bis 50 cm hoch.
Blatt: Schmal lanzettlich; fast sitzend; mit Drüsenschuppen besetzt; glänzend dunkelgrün.
Blüte: Juli bis Oktober; Lippenblüten in Scheinähren stehend; weiß bis lilafarben.
Standort: Nährstoffreiche, kalkhaltige, durchlässige, leichte Böden.
Vermehrung: Aussaat im Frühjahr (Lichtkeimer!).
Pflege: Wenig gießen; im Frühjahr düngen; Rückschnitt im Frühjahr; alle fünf Jahre umsetzen; auf Rostpilze achten (befallene Blätter entfernen).
Ernte: Zweige zur Blütezeit.
Verwendung: Das Berg-Bohnenkraut wird genau wie das Sommer-Bohnenkraut als Tee und zum Würzen von Bohnengerichten, Eintöpfen und deftigen Speisen verwendet. Sein Aroma ist etwas gröber.

Chinesisches Spaltkölbchen
Schisandra chinensis

Weitere Namen: Schisandra; Beerentraube.
Familie: Schisandraceae.
Verbreitung: China; Japan.

Sommer-Bohnenkraut
Satureja hortensis

Weitere Namen: Garten-Bohnenkraut.
Familie: Lamiaceae.
Verbreitung: Östlicher Mittelmeerraum.
Wuchs: Buschig; Blütenstiele straff aufrecht; stark verzweigt; bis 40 cm hoch.
Blatt: Schmal lanzettlich; behaart; dunkelgrün.
Blüte: Juli bis Oktober; Lippenblüten in Scheinähren stehend; weiß bis lilafarben.
Standort: Nährstoffreiche, kalkhaltige, durchlässige, leichte Böden.
Vermehrung: Aussaat im Frühjahr (Lichtkeimer!).
Pflege: Regelmäßig gießen, wenig düngen; nicht austrocknen lassen.

Ernte: Frische Blättchen während des Sommers; das ganze Kraut während der Blüte.
Verwendung: Bohnenkraut wirkt verdauungsfördernd und wird als intensive Würze für Bohnengerichte, Kartoffeln, Braten und Eintöpfe verwendet (lange mitkochen).

Weitere Bohnenkraut-Sorten

Sorte	Botanischer Name	Eigenschaften
Sommer-Bohnenkraut 'Aromata'	*Satureja hortensis* 'Aromata'	sehr aromatisch
Sommer-Bohnenkraut 'Saturn'	*Satureja hortensis* 'Saturn'	blatt- und ertragreich
Purpurnes Bohnenkraut	*Satureja montana* ssp. *liliaciana*	purpur blühend
Zitronen-Bohnenkraut	*Satureja montana* ssp. *citriodora*	nach Zitrone duftend

Wuchs: Kletternd, rankend; bis 3 m hoch.
Blatt: Eiförmig bis oval; Blattrand gezähnt; grün.
Blüte: Juli bis August; zweihäusig; gelb.
Frucht: Beeren.
Standort: Nährstoffreicher, feuchter Boden; kletternd an Mauern oder Zäunen.
Vermehrung: Aussaat im Herbst; Stecklinge im Sommer; Wurzelableger im Frühjahr.
Pflege: Reichlich gießen und düngen; Staunässe vermeiden; Rückschnitt bei Bedarf im Herbst; auf Raupen achten.
Ernte: Blätter im Sommer; Zweige und Früchte im Herbst.
Verwendung: Das Spaltkölbchen stärkt Herz und Nerven und wird in der Traditionellen Chinesischen Medizin als stimulierendes Mittel bei Depressionen verwendet.

Spaltkrone
Schizopetalon walkeri

Familie: Brassicaceae.
Verbreitung: Chile.
Wuchs: Buschig; Blütenstiele aufrecht; 20 bis 30 cm hoch.
Blüte: Juni bis August; Kreuzblüten, geschlitzt; abends süßlich nach Mandeln duftend; weiß.
Standort: Magere, durchlässige Böden.
Vermehrung: Aussaat im Frühjahr.
Pflege: Nach der Aussaat warm stellen; rechtzeitig vereinzeln; regelmäßig gießen und düngen.
Ernte: Blüten im Sommer.
Verwendung: Die bei uns noch recht unbekannte Spaltkrone ist eine attraktive Duftpflanze für Potpourris und Duftsträuße.
Hinweis: Die Spaltkrone ist gut geeignet für Duftrasen, Dufthecken und als Nektarpflanze für Schmetterlinge, Bienen und Hummeln.

Spanische Schwarzwurzel
Scorzonera hispanica

Familie: Asteraceae.
Verbreitung: Südosteuropa.
Wuchs: Rosettig, mit Pfahlwurzel; Blütenstiele aufrecht; 60 bis 120 cm hoch.
Blatt: Schmal lanzettlich; lang zugespitzt; grün.
Blüte: Juni bis Juli; Körbchenblüten in verzweigten Blütenständen stehend; gelb; duftende Nektarpflanze für Insekten.
Standort: Durchlässige, nährstoffreiche, frische Böden.
Vermehrung: Aussaat im Frühjahr.

Pflege: Regelmäßig gießen und düngen; rechtzeitig vereinzeln; als Kulturpflanze einjährig; auf Echten und Falschen Mehltau achten.
Ernte: Blätter im Sommer; Wurzeln im Herbst des ersten Jahres.
Verwendung: Schwarzwurzeln werden als Suppe oder Gemüsebeilage gegessen. Blätter werden Salaten beigemengt.
Hinweis: Bereits Karl der Große kannte die Heilkraft der Schwarzwurzel und ließ sie in großen Mengen anbauen. Die Wurzel wurde später auch zum Strecken von Bohnenkaffee verwendet. Heute ist die Schwarzwurzel ziemlich in Vergessenheit geraten.

Spaltkrone

Spanische Schwarzwurzel

Bei Xuan Shen
Scrophularia buergeriana

Familie: Scrophulariaceae.
Verbreitung: China; Japan.
Wuchs: Horstig; aufrecht; 60 bis 90 cm hoch.
Blatt: Schmal eiförmig; Blattrand gezähnt; grün.
Blüte: Juli bis September; in rispenähnlichen Blütenständen stehend; violett.
Standort: Durchlässige, nahrhafte Böden.
Vermehrung: Aussaat im Frühjahr; Wurzelteilung im Herbst.
Pflege: Regelmäßig gießen und düngen; vollständiger Rückschnitt im Herbst oder Frühjahr.
Ernte: Blühendes Kraut im Sommer.
Verwendung: Das Kraut wird in Japan gegen Malaria, Fieber, Halsschmerzen, zum Ausschwemmen von Giften sowie bei hohem Blutdruck verwendet.

Knotige Braunwurz
Scrophularia nodosa

Familie: Scrophulariaceae.
Verbreitung: Europa; Asien; Nordamerika.
Wuchs: Buschig; Blütenstiele aufrecht; 60 bis 80 cm hoch.
Blatt: Eiförmig; Blattrand gesägt; grün.
Blüte: Juni bis August; unscheinbare Rachenblüten in Rispen stehend bräunlich.
Standort: Frische bis feuchte Böden mit hohem Nährstoffgehalt.

Vermehrung: Stecklinge im Sommer; Wurzelteilung im Herbst.
Pflege: Ausreichend gießen und düngen; auf Dickmaulrüsslerlarven an den Wurzeln achten.
Ernte: Kraut im Sommer; Wurzeln im Herbst.
Verwendung: Braunwurz hat harntreibende und schwach abführende Wirkung (bisher nicht belegt). Die Volksheilkunde verwendet das Kraut gelegentlich bei verschiedenen Hautkrankheiten. Homöopathische Anwendungsgebiete sind Lymphdrüsenschwellungen und Ekzeme.
Weitere Art: Mohnbrötchen-Blume *(Scrophularia chrysantha)*.

Baikal-Helmkraut
Scutellaria baicalensis

Weiterer Name: Chinesisches Helmkraut.
Familie: Lamiaceae.
Verbreitung: Asien.
Wuchs: Horstig; Blütenstiele aufrecht; 20 bis 40 cm hoch.
Blatt: Lanzettlich; ganzrandig; grün.
Blüte: Juli bis September; Lippenblüten in Trauben stehend; violettblau.
Standort: Durchlässige, auch steinige Böden; in Steingärten, auf Mauern.
Vermehrung: Aussaat im Frühjahr; Wurzelteilung im Herbst.
Pflege: Regelmäßig gießen, wenig düngen; vollständiger Rückschnitt im Herbst oder Frühjahr.
Ernte: Wurzeln im Herbst.

Verwendung: Das Helmkraut ist ein wichtiges chinesisches Heilkraut. Es wirkt beruhigend, fiebersenkend und kräftigend. Helmkraut wird bei Depressionen, Kopfschmerzen, Reizbarkeit, Schlaflosigkeit sowie bei Störungen des zentralen Nervensystems angewendet.

Scharfer Mauerpfeffer
Sedum acre

Familie: Crassulaceae.
Verbreitung: Europa; Asien; Nordafrika; Nordamerika.
Wuchs: Mattenbildend; 5 bis 15 cm hoch.
Blatt: Immergrün; nadelförmig; sukkulent.
Blüte: Juni bis September; in Trugdolden stehend; gelb.
Standort: Magere, steinige Böden; auch auf Mauern und Dächern.
Vermehrung: Unbewurzelte Triebspitzen werden im Frühjahr ausgestreut und bis zum Bewurzeln feucht gehalten; Wurzelteilung im Herbst.
Pflege: Wenig gießen und düngen; Staunässe vermeiden; gelegentlich reduzieren, breitet sich stark aus.
Ernte: Triebspitzen ganzjährig.
Verwendung: Der Saft des Mauerpfeffers wirkt schmerzstillend und kühlend. Die Volksheilkunde verwendet die Pflanze gelegentlich zur Heilung von Wunden und Verbrennungen.
Warnung: Mauerpfeffer gilt als schwach giftig. Nur äußerlich anwenden.

Bei Xuan Shen

Knotige Braunwurz

Baikal-Helmkraut

Tripmadam
Sedum reflexum

Weiterer Name: Felsen-Fetthenne.
Familie: Crassulaceae.
Verbreitung: Europa.
Wuchs: Kriechend mit langen Trieben; 10 bis 20 cm hoch.
Blatt: Immergrün; nadelförmig; spitz; sukkulent; blaugrau.
Blüte: Juli bis August; in Trugdolden stehend; goldgelb.
Standort: Magere, durchlässige, steinige Böden.
Vermehrung: Unbewurzelte Triebspitzen werden im Frühjahr ausgestreut und bis zum Bewurzeln feucht gehalten; Wurzelteilung im Herbst.
Pflege: Wenig gießen und düngen; Staunässe vermeiden; gelegentlich reduzieren.
Ernte: Triebspitzen ganzjährig.
Verwendung: Tripmadam schmeckt scharf und kann als Würze von Kräuterbutter, Salaten und Rohkost verwendet oder auch in Essig eingelegt werden. Gewürzsträußchen aus frischen Trieben sind eine beliebte essbare Tischdekoration.
Hinweis: Nektarpflanze für Bienen. Tripmadam ist beliebt für die Dachbegrünung, Trogbepflanzung und für Mauerkronen.

Dach-Hauswurz
Sempervivum tectorum

Familie: Crassulaceae.
Verbreitung: Europa.
Wuchs: Rosettig; ausläufertreibend; 20 bis 30 cm hoch.
Blatt: Immergrün; lanzettlich; spitz; sukkulent; grün bis rot.
Blüte: Juni bis Juli; sternförmige Einzelblüten in Dolden stehend; weiß oder rosa.
Standort: Magere, durchlässige, steinige Böden; auch auf Mauern und Dächern.
Vermehrung: Aussaat im Frühjahr; Wurzelteilung im Herbst.
Ernte: Hauswurzblätter ganzjährig.
Verwendung: Der Pflanzensaft wirkt kühlend, schmerzlindernd und zusammenziehend. Die Volksheilkunde verwendet die Hauswurz äußerlich bei Verbrennungen, Quetschungen, kleinen Wunden, Hautentzündungen und bei Insektenstichen. Homöopathische Anwendungsgebiete sind Menstruationsbeschwerden und auch knotige Verhärtungen der Haut.
Hinweis: Die Hauswurz ist eines unserer ältesten Heilkräuter.

Scharfer Mauerpfeffer

Tripmadam

Dach-Hauswurz

Griechischer Bergtee

Griechischer Bergtee
Sideritis syriaca

Weiterer Name: Syrisches Gliedkraut.
Familie: Lamiaceae.
Verbreitung: Griechenland, Türkei, Syrien.
Wuchs: Buschig; Blütenstiele aufrecht; 30 bis 40 cm hoch.
Blatt: Oval; filzig behaart; runzelig; graugrün.
Blüten: Juni bis Juli; Lippenblüten in Scheinquirlen stehend; gelbgrün.
Standort: Durchlässige, auch steinige, nahrhafte Böden.

Vermehrung: Aussaat im Frühjahr; Wurzelteilung im Herbst.
Pflege: Wenig gießen, gelegentlich düngen; Staunässe vermeiden; vollständiger Rückschnitt im Herbst oder Frühjahr.
Ernte: Blätter im Sommer.
Verwendung: Die traditionelle Zubereitung verlangt ein zehnminütiges Kochen der Blätter. Der milde Tee hat ein leichtes Zimtaroma und wirkt entzündungshemmend. Er ist bei Erkältungen, besonders bei Halsschmerzen sehr zu empfehlen.
Hinweis: Griechischer Bergtee ist ein altes Heilkraut, das bereits von den alten Kretern verwendet wurde.

Gewöhnliche Mariendistel, Blüte

Gewöhnliche Mariendistel, Blätter

Vermehrung: Aussaat im Frühjahr, bei zweijähriger Kultur im Herbst.
Pflege: Regelmäßig gießen und düngen; Standort in jedem Jahr wechseln.
Ernte: Junge Blätter bei Bedarf; Samen im Sommer.
Verwendung: Weißer Senf ist etwas milder als Schwarzer Senf. Senföl ist Wirkstoff von durchblutungsfördernden Einreibemitteln bei rheumatischen Beschwerden. Die Volksheilkunde wendet Senfwickel bei Entzündungen von Lunge, Brustfell und Bronchien an. Getrocknete Senfkörner werden zur Herstellung von Speisesenf verwendet, eines der gesündesten Gewürze überhaupt. Frische Blätter sind Würze von Salaten und Quark.
Warnung: Senföl ist ein starkes Hautreizmittel. Senfwickel dürfen daher nicht zu lange aufgelegt werden und die behandelten Hautbereiche müssen nach dem Abnehmen des Wickels gereinigt werden.
Hinweis: Senf wird schon seit Jahrtausenden als Würz- und Heilkraut verwendet. Die Kenntnis über Anbau und Verwendung verdanken wir orientalischen und antiken Völkern. Die im Mittelalter einsetzende Klosterkultur machte Senf auch bei uns populär.

Gewöhnliche Mariendistel
Silybum marianum

Familie: Asteraceae.
Verbreitung: Mittelmeerraum.
Wuchs: Rosettig; Blütentriebe aufrecht; verzweigt; bis 2 m hoch.
Blatt: Gelappt; Ränder bedornt; dunkelgrün, weiß marmoriert.
Blüte: Juni bis August; Körbchenblüten mit stacheligen Hüllblättern; purpurrosa.
Standort: Nahrhafte, durchlässige Böden.
Vermehrung: Aussaat im Frühjahr.
Pflege: Gleichmäßig gießen und düngen; neigt zur Selbstaussaat.
Ernte: Junge Blätter im Frühjahr; Stängel und Blütenknospen im Sommer. Samen im Spätsommer.
Verwendung: Wirkstoffe der Mariendistelsamen haben sich als Leberschutzstoff erwiesen. Sie sind Bestandteil von Präparaten zur Stärkung der Leber. Die Volksheilkunde verwendet Mariendistelfrüchtetee bei leichten Verdauungs- und bei Gallenblasenbeschwerden. In der Küche werden junge Stängel der Mariendistel ähnlich wie Spargel zubereitet. Die Blüten sind zum Garnieren geeignet.
Hinweis: Die Mariendistel wurde zwar von den Botanikern der Antike beschrieben, in der Heilkunde wurde sie aber nur selten verwendet. Erst in der mittelalterlichen Klosterheilkunde fand die Pflanze ihren festen Platz.

Weißer Senf
Sinapis alba

Familie: Brassicaceae.
Verbreitung: Europa; Asien; Nordafrika.
Wuchs: Aufrecht; verzweigt; bis 1,20 m hoch.
Blatt: Länglich bis eiförmig; selten geteilt; rau behaart; grün.
Blüte: Juni bis September; Kreuzblüten in lockeren Doldentrauben stehend; goldgelb.
Frucht: Schote, länglich; mit gelben Samen.
Standort: Nahrhafte, etwas kalkhaltige Böden.

Wegrauke
Sisymbrium officinale

Weitere Namen: Raukensenf, Wegsenf.
Familie: Brassicaceae.
Verbreitung: Europa; Westasien; an Wegen und Gehölzrändern.
Wuchs: Locker aufrecht; 70 bis 90 cm hoch.
Blatt: Wintergrün; länglich; Blattrand gezähnt bis fiederspaltig; grün.

Weißer Senf

Wegrauke

Blüte: Mai bis Oktober; Kreuzblüten in Trauben stehend; blassgelb.
Standort: Frische, auch steinige Böden mit normalem Nährstoffgehalt.
Vermehrung: Aussaat im Frühjahr.
Pflege: Regelmäßig gießen, gelegentlich düngen; Standort gelegentlich wechseln.
Ernte: Junge Blätter bei Bedarf; Samen im Sommer.
Verwendung: Die Volksheilkunde verwendet die Wegrauke bei Erkrankungen der Atemwege und bei Heiserkeit. Junge Triebe und Blätter werden in kleinen Mengen zum Würzen verwendet. Die reifen Samen werden zu Senf verarbeitet.
Warnung: Die Pflanze enthält herzwirksame Glykoside; in großen Mengen verzehrt ist die Pflanze schädlich für den Menschen.

Gewöhnliche Goldrute
Solidago virgaurea

Familie: Asteraceae.
Verbreitung: Europa; Asien.
Wuchs: Horstig; Blütenstiele aufrecht; 40 bis 70 cm hoch.
Blatt: Länglich elliptisch; zugespitzt; Blattrand gesägt; grün.
Blüte: August bis Oktober; Körbchenblüten in Rispen stehend; gelb.
Standort: Frische Böden mit eher geringem Nährstoffgehalt.
Vermehrung: Aussaat im Herbst; Wurzelteilung.
Pflege: Gelegentlich gießen; wenig düngen; vollständiger Rückschnitt im Herbst oder Frühjahr.
Ernte: Blühende Sprossspitzen im Sommer.
Verwendung: Goldrutenkraut wird als

Tee oder als Bestandteil von Blasen- und Nierentees zur Durchspülungstherapie der ableitenden Harnwege verwendet. Homöopathische Anwendungsgebiete sind Nierenschwäche und Leberstörungen. Die Volksheilkunde verwendet das Kraut auch als Mittel gegen Rheuma, Gicht und Hautleiden sowie als Wundmittel.
Warnung: Der Umgang mit Goldrute kann Kontaktallergien auslösen.

Echter Ziest
Stachys officinalis (syn. *Betonica officinalis*)

Weitere Namen: Heil-Ziest, Betonie.
Familie: Lamiaceae.
Verbreitung: Europa; in lichten Wäldern, auf Wiesen.
Wuchs: Horstig; Blütenstiele aufrecht; 30 bis 50 cm hoch.
Blatt: Lanzettlich; Blattrand gekerbt; grün.
Blüte: Juli bis August; Lippenblüten in Scheinähren stehend; purpurrosa.
Standort: Frische bis feuchte, schwach saure Böden mit eher geringem Nährstoffgehalt.
Vermehrung: Aussaat im Frühjahr; Wurzelteilung im Herbst.
Pflege: Gelegentlich gießen; wenig düngen; vollständiger Rückschnitt im Herbst oder Frühjahr.
Ernte: Blühende Sprossspitzen und Blätter im Sommer.
Verwendung: Der Tee stärkt das Nervensystem und hilft gegen stressbedingte Kopfschmerzen. Die Volksheilkunde verwendet das Kraut auch bei Asthma, Entzündungen der Atemwege und äußerlich als Wundheilmittel. Homöopathische Zubereitungen werden bei Schwächezuständen gegeben.

Weitere Arten: Knollen-Ziest (*Stachys affinis*, syn. *Stachys sieboldii*); Woll-Ziest (*Stachys byzantina*); Verschiedenfarbiger Ziest (*Stachys discolor*); Sumpf-Ziest (*Stachys palustris*).

Süßkraut
Stevia rebaudiana

Familie: Asteraceae.
Verbreitung: Südamerika.
Wuchs: Buschig; Blütenstiele aufrecht buschig; 30 bis 70 cm hoch.
Blatt: Eiförmig bis elliptisch; gezähnt; grün.
Blüte: September bis Oktober; achselständige Einzelblüten; weiß.
Standort: Durchlässige, nahrhafte Böden; gut geeignet für die Topfkultur.
Vermehrung: Aussaat im Frühjahr; Stecklinge im Sommer.
Pflege: Regelmäßig gießen und düngen; Rückschnitt nach der Blüte.
Winterschutz: Mehrjährige, bei uns nicht winterharte Kultur, daher bei uns nur im Topf zu halten: Töpfe in temperierten, hellen Räumen überwintern.
Ernte: Blätter bei Bedarf.
Verwendung: Die Blätter werden zum Süßen von Tees und verschiedenen Speisen verwendet. Das kalorienarme Süßkraut enthält zahlreiche Vitamine und Mineralstoffe.
Hinweis: Das Süßkraut hat eine höhere Süßkraft als Zucker und gilt als kalorienarmes Süßungsmittel. Die Lebensmittelindustrie sieht großes Potenzial im Einsatz von Süßkrautextrakten bei der Herstellung von Süßspeisen und Getränken. In Asien und in der Schweiz sind Süßkraut-Produkte bereits zugelassen, in der EU steht dieser Schritt noch aus.

Gewöhnliche Goldrute

Echter Ziest

Süßkraut

Gewöhnlicher Teufelsabbiss

Gemeiner Beinwell

Verwendung: Beinwellzubereitungen wirken entzündungshemmend, wundheilungsfördernd und reizmildernd. Umschlagpasten und Salben werden zur Behandlung von Sportverletzungen (Blutergüsse, Prellungen, Verstauchungen), Knochenhauterkrankungen, Venenentzündungen und rheumatischen Gelenkerkrankungen angewendet.
Warnung: Die Pflanze ist schwach giftig. Auf die innerliche Anwendung muss verzichtet werden. Äußerlich darf die Droge nur bei intakter Haut angewendet werden.
Hinweis: Die Wirkung des Beinwells ist seit der Antike bekannt. Auch Hildegard von Bingen und Paracelsus nutzten die Pflanze zur Behandlung von Knochenschäden, Wunden und Geschwüren.

Gewöhnlicher Teufelsabbiss
Succisa pratensis

Familie: Dipsacaceae.
Verbreitung: Europa; Asien; Nordafrika; Nordamerika.
Wuchs: Locker buschig; Blütenstiele aufrecht; 70 bis 90 cm hoch.
Blatt: Lanzettlich; borstig behaart; dunkelgrün.
Blüte: Juli bis September; in Köpfchen stehend; blauviolett.
Standort: Frische bis feuchte Böden mit geringem Nährstoffgehalt.
Vermehrung: Aussaat im Frühjahr; Stecklinge im Sommer.
Pflege: Regelmäßig gießen, wenig düngen; vollständiger Rückschnitt im Frühjahr oder Herbst.
Ernte: Wurzeln im Herbst.
Verwendung: Teufelsabbisswurzel wirkt leicht abführend und schwach wassertreibend. Die Volksheilkunde verwendet die Wurzel als Bestandteil von Blutreinigungstees und als auswurfförderndes Mittel. Homöopathische Zubereitungen werden bei chronischen Hautleiden angewendet.
Hinweis: Die Heilwirkung der Pflanze wurde bereits von den mittelalterlichen Kräuterkundigen beschrieben.

Gemeiner Beinwell
Symphytum officinale

Weitere Namen: Beinwurz; Bienenkraut.
Familie: Boraginaceae.
Verbreitung: Europa.

Wuchs: Buschig; ausläufertreibend; mit fleischigen Wurzeln; Blütenstiele locker aufrecht; 90 bis 110 cm hoch.
Blatt: Lanzettlich; lang zugespitzt; borstig behaart; dunkelgrün.
Blüte: Juni bis September; Röhrenblüten in Trauben stehend; rotviolett bis gelblich weiß.
Standort: Feuchte bis sehr feuchte Böden mit hohem bis sehr hohem Nährstoffgehalt.
Vermehrung: Aussaat im Frühjahr; Wurzelteilung oder -schnittlinge im Herbst.
Pflege: Regelmäßig gießen und düngen; vollständiger Rückschnitt im Frühjahr oder Herbst; auf Rost achten.
Ernte: Blätter vor der Blüte; Wurzeln im Herbst.

Studentenblume
Tagetes patula

Familie: Asteraceae.
Verbreitung: Mexiko.
Wuchs: Aufrecht; 20 bis 40 cm hoch.
Blatt: Fiederteilig; Blattrand gezähnt; dunkelgrün.
Blüte: Juni bis September; endständige Körbchenblüten; gelb, orange, rot.
Standort: Nahrhafte, durchlässige Gartenböden.
Vermehrung: Aussaat im Frühjahr.
Pflege: Reichlich gießen und düngen; auf Schnecken und Blattläuse achten.
Ernte: Blüten bei Bedarf.

Studentenblume

Verwendung: Die Blüten der Studentenblume werden zum Färben von Textilien verwendet.
Weitere Art: Hohe Studentenblume *(Tagetes erecta).*

Gewürz-Tagetes
Tagetes tenuifolia

Familie: Asteraceae.
Verbreitung: Mexiko.
Wuchs: Aufrecht; 20 bis 40 cm hoch.
Blatt: Fiederteilig; Blattrand gezähnt; dunkelgrün.
Blüte: Juni bis September; endständige Körbchenblüten; gelb, orange, rot.
Standort: Nahrhafte, durchlässige Gartenböden.
Vermehrung: Aussaat im Frühjahr.
Pflege: Reichlich wässern und düngen; Haupttrieb früh stutzen; alte Blüten entfernen; auf Schnecken und Blattläuse achten.
Ernte: Blätter und Blüten bei Bedarf.
Verwendung: Die Blätter werden als würziges Küchenkraut verwendet. Die Blüten sind essbar und daher als Salatdekoration sehr gut geeignet. Das durch Wasserdampfdestillation gewonnene ätherische Öl der Blüten ist Bestandteil von Massageölen.
Sorten: 'Lemon Gem'; 'Orange Gem'; 'Red Gem'.
Weitere Arten: Lakritz-Tagetes *(Tagetes filifolia)*; Strauch-Tagetes *(Tagetes lemmonii)*; Yauthli *(Tagetes lucida)*; Mexikanische Gewürz-Tagetes *(Tagetes minuta).*

Balsamkraut

Balsamkraut
Tanacetum balsamita

Weiterer Name: Frauenminze; Marienblatt.
Familie: Asteraceae.
Verbreitung: Osteuropa; Mittelasien.
Wuchs: Horstig; 60 bis 120 cm hoch.
Blatt: Elliptisch; grau behaart; grün.
Blüte: August bis September; kleine Köpfchenblüten in Dolden stehend; gelb.
Standort: Durchlässige Böden mit normalem Nährstoffgehalt.
Vermehrung: Aussaat im Frühjahr; Wurzelteilung im Herbst.

Bunte Margerite

Pflege: Regelmäßig gießen und düngen; vollständiger Rückschnitt im Frühjahr oder Herbst; auf Schnecken achten.
Ernte: Blätter vor der Blüte.
Verwendung: Die Volksheilkunde verwendet die Pflanze bei Leber- und Gallenbeschwerden sowie bei Menstruationsstörungen. Die Blätter werden als Würze von Salaten und Saucen verwendet.
Hinweis: Balsamkraut wurde seit dem Mittelalter häufig in Gärten angebaut.

Bunte Margerite
Tanacetum coccineum

Weiterer Name: Bunte Wucherblume.
Familie: Asteraceae.
Verbreitung: Kaukasusländer; Iran.
Wuchs: Lockerhorstig; Blütenstiele aufrecht; 30 bis 50 cm hoch.
Blatt: Doppelt gefiedert; Blättchen gezähnt; grün.
Blüte: Mai bis Juni; endständige Körbchenblüten; rot.
Standort: Durchlässige Böden mit normalem Nährstoffgehalt.
Vermehrung: Aussaat im Frühjahr; Wurzelteilung im Herbst.
Pflege: Regelmäßig gießen und düngen; vollständiger Rückschnitt im Frühjahr oder Herbst.
Ernte: Blüten im Sommer.
Verwendung: Die Blütenköpfe werden zur Gewinnung von Pyrethroiden verwendet. Pyrethroide sind Bestandteil einiger medizinischer Präparate zur äußerlichen Anwendung bei Kopf- und Filzläusen.
Hinweis: Pyrethroide werden heute in großem Rahmen zur biologischen Schädlingsbekämpfung genutzt.

Hohe Studentenblume

Gewürz-Tagetes

Mutterkraut
Tanacetum parthenium
(syn. *Chrysanthemum parthenium*)

Weitere Namen: Goldkamille; Mutterkamille.
Familie: Asteraceae.
Verbreitung: Balkanhalbinsel; Türkei.
Wuchs: Buschig; 60 bis 80 cm hoch.
Blatt: Unpaarig gefiedert; Blättchen grob
gezähnt bis fiederspaltig; grün.
Blüte: Juni bis August; Körbchenblüten in
Doldenrispen stehend; weiß.
Standort: Durchlässige Böden mit norma-
lem Nährstoffgehalt.
Vermehrung: Aussaat im Frühjahr.
Pflege: Regelmäßig gießen und düngen;
Rückschnitt nach der Blüte; neigt zur Selbst-
aussaat.
Ernte: Blätter und Blüten im Sommer.
Verwendung: Die Volksheilkunde verwendet
den Tee innerlich bei Menstruationsbe-
schwerden und Verdauungsstörungen sowie
äußerlich zur Wundheilung bei Quetschun-
gen und Schwellungen. Neuerdings werden
Extrakte zur vorbeugenden Migränebehand-
lung eingesetzt. Frische Blätter können auf
Butterbrot gegessen werden. Blüten werden
kurz überbrüht und Salaten beigemengt.
Warnung: Die Berührung kann allergische
Reaktionen auslösen. Mutterkraut darf nicht
während der Schwangerschaft verzehrt
werden.
Sorte: Goldenes Mutterkraut (*Tanacetum
parthenium* 'Aureum').

Goldenes Mutterkraut 'Aureum'

Gemeiner Rainfarn

Gemeiner Rainfarn
Tanacetum vulgare

Familie: Asteraceae.
Verbreitung: Europa; Asien; Australien.
Wuchs: Horstig; Blütenstiele aufrecht; 60 bis
100 cm hoch.
Blatt: Unpaarig gefiedert, Blättchen länglich-
lanzettlich; eingeschnitten gesägt; dunkelgrün.
Blüte: Juli bis September; Körbchenblüten in
Doldenrispen stehend; gelb.
Standort: Durchlässige Böden mit norma-
lem Nährstoffgehalt.

Vermehrung: Aussaat im Frühjahr; Wurzelteilung im Herbst.
Pflege: Regelmäßig gießen und düngen;
vollständiger Rückschnitt im Frühjahr oder
Herbst.
Ernte: Blüten im Sommer.
Verwendung: Die Volksheilkunde verwendet
Rainfarn als Wurmmittel und bei Magen-
krämpfen, Verdauungs- und Menstruationsbeschwerden. Homöopathische Zubereitungen werden bei nervöser Erschöpfung und
bei Krämpfen eingesetzt.
Warnung: Die Pflanze ist schwach giftig. Nur
die homöopathische Anwendung ist heute
vertretbar.
Hinweis: Rainfarn gilt als Kompasspflanze,
die Blüten richten sich im Sonnenlicht nach
Süden aus. Die stark duftenden Blätter
und Blüten enthalten insektenabweisende
Wirkstoffe und wurden früher ausgestreut,
um Ungeziefer fernzuhalten. Imker nutzen
getrockneten Rainfarn zur Beruhigung der
Bienen.

Gewöhnlicher Löwenzahn
Taraxacum officinale

Weitere Namen: Gewöhnliche Kuhblume,
Butterblume, Wiesenlattich.
Familie: Asteraceae.
Verbreitung: Weltweit; auf Wiesen.
Wuchs: Rosettig; Blütenstängel aufrecht; bis
30 cm hoch.
Blatt: Länglich; gezähnt bis fiederlappig; grün.
Blüte: April bis Juni; nur aus Zungenblüten
bestehend Korbblüten; gelb.
Standort: Nahrhafte, frische Ton- und Lehm-
böden.
Vermehrung: Aussaat im Frühjahr.

Mutterkraut

Pflege: Häufig reduzieren; Löwenzahn neigt zur Selbstaussaat.
Ernte: Blätter bei Bedarf; Wurzeln im Frühjahr oder Herbst.
Verwendung: Die Volksheilkunde empfiehlt den Löwenzahn bei rheumatischen Erkrankungen, bei Ekzemen und als leichtes Abführmittel. Die frischen jungen Blätter werden in Form von Presssaft, Suppen und Salaten zu Frühjahrskuren verwendet. Die Wurzeln werden als Gemüse zubereitet oder geröstet als Kaffeeersatz verwendet.
Gefahren: Der Milchsaft kann eine Kontaktdermatitis auslösen.

Weihrauchpflanze
Tetradenia riparia (syn. *Iboza riparia*)

Familie: Lamiaceae.
Verbreitung: Südafrika.
Wuchs: Aufrecht; verzweigt; die ganze Pflanze ist drüsig behaart; bis 80 cm hoch.
Blatt: Rundlich bis breit eiförmig; auffällig gerippt; Blattrand gesägt; grün.
Blüte: August bis September; Lippenblüten in quirligen Blütenständen; weiß.
Standort: Nahrhafte, durchlässige Erde; bei uns als Kübelpflanze.
Vermehrung: Aussaat im Frühjahr; Stecklinge im Sommer.
Pflege: Ausreichend gießen und düngen; Rückschnitt im Herbst.
Winterschutz: In hellen, frostfreien Räumen überwintern.
Ernte: Blätter und Blüten im Sommer.
Verwendung: Getrocknete Blätter und Blüten eignen sich gut zum Mischen von Potpourris.
Hinweis: Die Weihrauchpflanze wird in Südafrika zur Geburtserleichterung verwendet.

Edel-Gamander
Teucrium chamaedrys

Familie: Lamiaceae.
Verbreitung: Europa; Westasien.
Wuchs: Ausgebreitet bis niederliegend; ausläuferbildend; 20 bis 25 cm hoch.
Blatt: Fiederlappig; Blättchen eirund; grün.
Blüte: Juli bis September; Lippenblüten in Scheintrauben stehend; rosa bis purpurfarbig.
Standort: Trockene, durchlässige, auch steinige Böden mit geringem Nährstoffgehalt.
Vermehrung: Stecklinge im Sommer; Ausläufer und Wurzelteilung im Herbst.
Pflege: Wenig gießen und düngen; vollstän-

diger Rückschnitt im Frühjahr oder Herbst; auf Rost achten.
Ernte: Blühendes Kraut im Sommer.
Verwendung: Die Volksheilkunde verwendet das bitter schmeckende Edel-Gamanderkraut als Tee, bei Appetitlosigkeit, Magen-Darmstörungen, Bronchitis sowie Rheuma und Gicht. Edel-Gamanderkraut ist Rohstoff für die Herstellung von Kräuterlikören.
Warnung: Edel-Gamander gilt als schwach giftig. Von der Verwendung des Krautes ist heute abzuraten.

Salbei-Gamander
Teucrium scorodonia

Familie: Lamiaceae.
Verbreitung: Europa.
Blatt: Wintergrün; herz-eiförmig; gekerbt; grün.

Blüte: Juli bis August; zu 1 bis 2 in Ähren stehend, mit kleinen Hochblättern; cremeweiß.
Wuchs: Horstig; Blütenstiele aufrecht; 40 bis 60 cm hoch.
Standort: Trockene, durchlässige, auch steinige Böden mit geringem Nährstoffgehalt; in lichten Laub- und Nadelwäldern.
Vermehrung: Aussaat im Frühjahr; Wurzelteilung im Herbst.
Pflege: Wenig gießen und düngen; vollständiger Rückschnitt im Frühjahr oder Herbst.
Ernte: Blühendes Kraut im Sommer.
Verwendung: Salbei-Gamanderkraut wird in der Volksheilkunde bei Magen- und Darmerkrankungen, bei Bronchialleiden, als Wundheilkraut und als Gurgelmittel bei Entzündungen im Mund- und Rachenraum verwendet. Homöopathische Zubereitungen werden bei Entzündungen der Atemwege angewendet.
Weitere Arten: Amberkraut; Katzen-Gamander *(Teuricum marum)*, Lauch-Gamander *(Teucrium scordium)*.

Gewöhnlicher Löwenzahn

Weihrauchpflanze

Edel-Gamander

Salbei-Gamander

Gelbbunter Zitronen-Thymian 'Aureus'

Grüner Zitronen-Thymian

Weißbunter Zitronen-Thymian 'Variegatus'

Zitronen-Thymian 'Golden Dwarf'

Zitronen-Thymian
Thymus x *citriodorus*

Familie: Lamiaceae.
Verbreitung: Nur als Kulturpflanze.
Wuchs: Polster bildend; im unteren Bereich verholzend; 20 cm hoch.
Blatt: Immergrün; rundlich bis eiförmig; duftend; grün.
Blüte: Juni bis Juli; Lippenblüten in Ähren stehend; rosa.
Standort: Durchlässige, kalkhaltige Böden.
Vermehrung: Stecklinge im Sommer.
Pflege: Wenig gießen und düngen; Rückschnitt im Frühjahr.
Ernte: Blätter und blühende Sprossspitzen bei Bedarf.
Verwendung: Zitronen-Thymian wird wegen seines feinen Aromas in der Küche zum Würzen von Salaten, Fischgerichten und Saucen sowie als Teepflanze und zum Aromatisieren von Honig verwendet.
Hinweis: Zitronen-Thymian ist eine weit verbreitete Weiterzüchtung des Feld-Thymians und seit Anfang des 17. Jahrhunderts in Kultur. Er eignet sich sehr gut zur Anlage von Duftrasen, als Zierpflanze für Steingärten, als Einfassungspflanze oder als duftender Bodendecker. Zur Blütezeit werden die dichten Blütenteppiche von zahlreichen Insekten wie Hummeln, Bienen und Schmetterlingen umlagert.

Orangen-Thymian
Thymus fragrantissimus

Familie: Lamiaceae.
Verbreitung: Mittelmeerraum.
Wuchs: Aufrecht buschig; kompakt; 25 bis 30 cm hoch.
Blatt: Rundlich bis eiförmig; duftend; graugrün.
Blüte: Juni bis August; Lippenblüten in Ähren stehend; weiß bis hellrosa.
Standort: Frische bis trockene, durchlässige, auch steinige Böden.
Vermehrung: Aussaat im Frühjahr; Stecklinge im Sommer.
Pflege: Wenig gießen oder düngen; Rückschnitt ausschließlich im Frühjahr.
Winterschutz: In kalten Lagen erforderlich.
Ernte: Triebspitzen vor der Blüte.
Verwendung: Orangen-Thymian ist wie Zitronen-Thymian bestens als Teekraut oder als Küchengewürz für Süßspeisen, Gemüse oder Suppen geeignet.
Hinweis: Orangen-Thymian ist bei uns erst seit etwa 15 Jahren bekannt.

Empfehlenswerte Zitronen-Thymian-Sorten

Sorte	Deutscher Name	Eigenschaften
'Aureus'	Gelbbunter Zitronen-Thymian	Aufrecht; gelbbuntes Laub; süßes Zitronenaroma
'Golden Dwarf'	Zitronen-Thymian 'Golden Dwarf'	Polsterbildend; gelbgrünes Laub; stark zitronig
'Grün'	Grüner Zitronen-Thymian	Aufrecht; grünes Laub; Schatten vertragend
'Variegatus'	Weißbunter Zitronen-Thymian	Aufrecht; weißgrünes Laub

Kümmel-Thymian
Thymus herba-barona

Familie: Lamiaceae.
Verbreitung: Mittelmeerraum.
Wuchs: Niederliegend; 15 bis 30 cm hoch.
Blatt: Rundlich bis eiförmig; duftend; graugrün.
Blüte: Selten blühend; Juni bis August; Lippenblüten in Ähren stehend; rosa.
Standort: Frische bis trockene, durchlässige, auch steinige Böden.
Vermehrung: Stecklinge im Sommer; Teilung des Wurzelstockes im Herbst.
Pflege: Wenig gießen oder düngen; Rückschnitt ausschließlich im Frühjahr.
Winterschutz: In kalten Lagen erforderlich.
Ernte: Triebspitzen vor der Blüte.

Verwendung: Wegen seines kümmelartigen Geschmackes wird Kümmel-Thymian als Küchenkraut für deftige Speisen, wie Suppen, Fleisch, Kartoffeln und Salate, aber auch als Tee- und Duftpflanze verwendet.

Sand-Thymian
Thymus serpyllum

Weiterer Name: Quendel.
Familie: Lamiaceae.
Verbreitung: Europa.
Wuchs: Polsterbildend; im unteren Bereich verholzend; 10 bis 25 cm hoch.
Blatt: Immergrün; rundlich bis eiförmig; duftend; grün.

Blüte: Juni bis September; Lippenblüten in Ähren stehend; rosa.
Standort: Frische bis trockene, durchlässige, auch steinige Böden.
Vermehrung: Aussaat im Frühjahr; Teilung des Wurzelstockes im Herbst.
Pflege: Wenig gießen oder düngen; Rückschnitt ausschließlich im Frühjahr.
Ernte: Triebe und Blätter bei Bedarf.
Verwendung: Die Volksheilkunde verwendet Sand-Thymian wie den Echten Thymian als Hustenmittel und als Badezusatz. Der Tee gilt als wirksam bei Appetitlosigkeit und bei Magen-Darm-Störungen. Sand-Thymian wird zum Würzen von Fleisch- und Gemüsegerichten verwendet.
Hinweis: Sand-Thymian ist eine sehr alte Heilpflanze, die bereits in den mittelalterlichen Kräuterbüchern beschrieben wurde.

Orangen-Thymian

Sand-Thymian

Kümmel-Thymian

Italienischer Oregano-Thymian
Thymus spec.

Familie: Lamiaceae.
Verbreitung: Mittelmeerraum.
Wuchs: Buschig; kompakt; 20 bis 30 cm hoch.
Blatt: Rundlich bis eiförmig; duftend.
Blüte: Juni bis August; Lippenblüten in Ähren stehend; weiß.
Standort: Frische bis trockene, nahrhafte Böden.
Vermehrung: Aussaat im Frühjahr; Stecklinge im Sommer.
Pflege: Wenig gießen oder düngen; Rückschnitt ausschließlich im Frühjahr.
Winterschutz: In kalten Lagen erforderlich.
Ernte: Triebspitzen vor der Blüte.
Verwendung: Italienischer Oregano-Thymian wird als Küchenkraut für deftige Speisen wie Suppen, Pizza und Pasta verwendet.

Lavendel-Thymian
Thymus thracicus

Familie: Lamiaceae.
Verbreitung: Mittelmeerraum.
Wuchs: Buschig; kompakt; 20 bis 30 cm hoch.
Blatt: Rundlich bis eiförmig; duftend.
Blüte: Juni bis August; Lippenblüten in Ähren stehend; weiß.
Standort: Frische bis trockene, durchlässige, auch steinige Böden.
Vermehrung: Aussaat im Frühjahr; Stecklinge im Sommer.
Pflege: Wenig gießen oder düngen; Rückschnitt ausschließlich im Frühjahr.

Winterschutz: In kalten Lagen erforderlich.
Ernte: Triebspitzen vor der Blüte.
Verwendung: Das harzig pikante Kraut wird zum Würzen von deftigen Suppen und Fleischgerichten verwendet.

Garten-Thymian
Thymus vulgaris

Weitere Namen: Gewöhnlicher Thymian, Echter Thymian.
Familie: Lamiaceae.
Verbreitung: Mittelmeerraum.
Wuchs: Polster bildend; im unteren Bereich verholzend; 10 bis 40 cm hoch.
Blatt: Immergrün; rundlich bis eiförmig; Blattrand eingerollt; unterseits behaart; duftend; graugrün.
Blüte: Juni bis September; Lippenblüten in Ähren stehend; weiß bis hellrosa.
Standort: Durchlässige, kalkhaltige Böden.

Vermehrung: Aussaat im Frühjahr, Absenker im Sommer.
Pflege: Wenig gießen und düngen; Rückschnitt im Frühjahr.
Ernte: Blätter vor der Blüte; blühende Sprossspitzen.
Verwendung: Thymian wird als Tee bei Entzündungen der oberen Luftwege getrunken. Der Extrakt ist Bestandteil von zahlreichen Hustenmitteln, das ätherische Öl von Mundwässern, Zahncremes, Erkältungsbalsamen und von Rheumasalben. Thymian wirkt verdauungsfördernd und wird zum Würzen von Fleisch- und Kartoffelgerichten, Suppen und Saucen verwendet. Das Kraut ist Rohstoff für die Likörindustrie.
Hinweis: Schon im alten Ägypten wurde Thymian angebaut, um Leichenharze zu parfümieren. Es ist anzunehmen, dass die Pflanze bereits damals arzneilich verwendet wurde. Bei den Griechen und Römern war die Heilpflanze ebenfalls bekannt. Bei uns wurde Thymian in Klostergärten angebaut und in allen wichtigen Kräuterbüchern beschrieben.

Sorten des Garten-Thymians

Deutscher Name	Eigenschaften
Französischer Thymian	Knorriger Wuchs; kleines Laub; liebliches Aroma
Kugel-Thymian	Kompakt; für Kräuterhecken
Portugiesischer Thymian	Aufrecht; kompakt; große, fleischige Blätter
Silber-Thymian 'Argenteus'	Weißbuntes Laub
Spanischer Thymian 'Bernia'	Flach; kompakt; aromatisch
Weißbunter Thymian	Blätter silbergrün-weiß panaschiert; aromatisch
Winter-Thymian	Starkes, würziges Aroma
Zwerg-Thymian 'Compactus'	Buschig; ertragreich; aromatisch

Italienischer Oregano-Thymian

Lavendel-Thymian

Garten-Thymian

Garten-Thymian 'Argenteus'

Garten-Thymian 'Compactus'

Kugelthymian

Bergamotte-Thymian

Aromatischer Kaskaden-Thymian

Spar ischer Waldmajoran

Weitere Thymian-Arten

Deutscher Name	Botanischer Name	Eigenschaften
Spanischer Zitronen-Thymian	*Thymus baeticus*	Minzig-zitroniges Aroma; Teepflanze
Portugiesischer Thymian	*Thymus carnosus*	Dicke Blätter; ergiebig; harzig-würzig
Bergamotte-Thymian	*Thymus chamaedrys*	Kriechend; herb-fruchtiges Aroma
Aromatischer Kaskaden-Thymian	*Thymus longicaulis* ssp. *odoratus*	Kriechend; wüchsig; robust; aromatisch
Spanischer Waldmajoran	*Thymus mastichina*	Aromatisch; frisch
Orosped-Thymian	*Thymus orospedanus*	Selten; herbes Aroma
Ungarischer Thymian	*Thymus pannonicus*	Aromatisch; Tee- und Gewürzpflanze
Kriechender Thymian	*Thymus polytrichus*	Aromatisch; Tee- und Gewürzpflanze
Wolliger Thymian	*Thymus pseudolanguinosus*	Blätter behaart; Tee- und Gewürzpflanze
Feld-Thymian	*Thymus pulegioides*	Ersatz für den Garten-Thymian; etwas milder m Aroma
Englischer Thymian	*Thymus x spec.* 'Broadleaf English'	Wüchsig; kleine Blätter; klares Aroma
Spanischer Thymian	*Thymus zygis*	Kompakt; silbergrau belaubt; zum Trocknen gut geeignet

Rot-Klee   Griechischer Bockshornklee   Große Kapuzinerkresse   Zimmerknoblauch

Rot-Klee
Trifolium pratense

Weiterer Name: Wiesen-Klee.
Familie: Fabaceae.
Verbreitung: Europa; Asien; Nordafrika; Nordamerika; auf Wiesen und Äckern.
Wuchs: Aufrecht; 20 bis 30 cm hoch.
Blatt: Wintergrün; 3-teilig, Blättchen rundlich bis elliptisch, ganzrandig; grün, weiß gefleckt.
Blüte: Juni bis Juli; September; in endständigen Köpfchen; purpurrot bis rosa.
Standort: Tiefgründige, nährstoffreiche, frische Böden.
Vermehrung: Aussaat im Frühjahr.
Pflege: Breitet sich stark aus; gelegentlich reduzieren.
Ernte: Blühendes Kraut im Sommer
Verwendung: Die Volksheilkunde verwendet Wiesen-Klee bei Krankheiten wie Durchfall, Bronchitis, Hautproblemen und Depressionen. Heute gilt das Kraut als wirksam gegen Beschwerden in den Wechseljahren der Frau. Homöopathische Anwendungsgebiete sind Entzündungen der Ohrspeicheldrüse und Entzündungen der oberen Atemwege.
Hinweis: Schon vor Jahrhunderten galt Rot-Klee als Wundermittel gegen verschiedene Krankheitsbilder.
Weitere Art: Hasen-Klee (*Trifolium arvense*).

Griechischer Bockshornklee
Trigonella foenum-graecum

Familie: Fabaceae.
Verbreitung: Östlicher Mittelmeerraum.
Wuchs: Aufrecht bis niederliegend; nur oben verzweigt; 30 bis 60 cm hoch.
Blatt: 3-zählig; Blättchen elliptisch; ganzrandig; grün.
Blüte: Mai bis Juni; zu 1 bis 2 achselständig; gelblich weiß.
Frucht: Hülsen.
Standort: Durchlässige, magere Böden.
Vermehrung: Aussaat im Frühjahr.
Pflege: Reichlich gießen; wenig düngen; neigt zur Selbstaussaat.
Ernte: Frische Blätter im Sommer; Samen im Spätsommer.
Verwendung: In der Küche sind junge Blätter Würze von Lamm, Gemüse und Braten. Samen des Griechischen Bockshornklees werden in Hustentees und äußerlich als Mittel bei lokalen Entzündungen verwendet. Die pulverisierten Samen sind Bestandteil von Currygewürzen.
Hinweis: Der Bockshornklee stammt ursprünglich aus Persien. Bei den alten Ägyptern wurde er zu Heilzwecken und auch in religiösen Handlungen gebraucht. Frühzeitig bekannt war er in China, in Indien, in Griechenland und bei den Römern. Karl der Große hat Bockshornklee als Futtermittel nach Mitteleuropa eingeführt. Dort wurde er bald in Klostergärten angebaut. Hildegard von Bingen beschrieb ihn als Heilmittel gegen Hautkrankheiten.

Große Kapuzinerkresse
Tropaeolum majus

Weiterer Name: Salatblume.
Familie: Tropaeolaceae.
Verbreitung: Südamerika (Brasilien, Peru).
Wuchs: Buschig, niederliegend oder rankend; Triebe bis zu 3 m lang.

Blatt: Rundlich bis schildförmig; entfernt gekerbt; hellgrün, teilweise bläulich bereift.
Blüte: Juli bis Oktober; Trichterblüten, gespornt; duftend; gelb, orangerot oder rot.
Standort: Nahrhafte, durchlässige, frische Böden.
Vermehrung: Aussaat im Frühjahr.
Pflege: Gleichmäßig gießen; während des Blattwachstums reichlich düngen, auf Blattläuse achten.
Ernte: Frische Blätter, Blüten, Blütenknospen und unreife Samen.
Verwendung: Der Extrakt der Blätter ist Bestandteil von Präparaten zur unterstützenden Therapie bei Erkrankungen der Harnwege und bei Entzündungen der oberen Luftwege. Äußerliche Anwendungsgebiete sind durchblutungsfördernde Mittel bei Muskelschmerzen und bei Prellungen. Blätter und Blüten werden als dekorartive Salatbeigabe oder auf Butterbrot gegessen. Geschlossene Blütenknospen und unreife Samen werden in Essig eingelegt oder als Kapernersatz verwendet.
Warnung: Bei Berührung der Pflanze können Hautreizungen ausgelöst werden. Der Genuss allzu vieler Blätter kann zu Magenreizungen führen.
Hinweis: Kapuzinerkresse wächst in Brasilien und Peru in Auen und an anderen feuchten Stellen. Die Pflanze wurde im 17. Jahrhundert nach Europa gebracht und seither als Zierpflanze in Gärten angebaut. Die Pflanze ist reich an antibiotischen Substanzen und wird von den Indianern Südamerikas zur Wundheilung eingesetzt.
Weitere Arten: Kleine Kapuzinerkresse (*Tropaeolum minus*); Kanaren-Kapuzinerkresse (*Tropaeolum peregrinum*). Der Fachhandel verfügt über ein großes Sortiment der Großen Kapuzinerkresse (*Tropaeolum majus*) für den Ziergarten.

Zimmerknoblauch
Tulbaghia violacea

Familie: Alliaceae.
Verbreitung: Südafrika.
Wuchs: Horstig; Blütenstiele aufrecht; 40 bis 80 cm hoch.
Blatt: Immergrün; schmal lineal; grün.
Blüte: Mai bis September; in Dolden stehend; purpurviolett oder weiß.
Standort: Durchlässige, humose, nahrhafte, feuchte Böden; für die Topfkultur geeignet.
Vermehrung: Aussaat im Frühjahr; Teilung des Wurzelstockes im Herbst.
Pflege: Viel gießen, reichlich düngen; verträgt zeitweise Staunässe; Rückschnitt im Herbst.
Winterschutz: Nicht winterhart; Töpfe hell und kühl überwintern.
Ernte: Blätter und Blüten bei Bedarf.
Verwendung: Blätter und Blüten werden wie Schnittlauch zum Würzen von Salaten und Saucen verwendet.

Huflattich
Tussilago farfara

Familie: Asteraceae.
Verbreitung: Europa; Asien; Nordafrika.
Wuchs: Rosettig; Blütenstiele aufrecht bis bogig; 10 bis 20 cm hoch.
Blatt: Rundlich bis herzförmig; dunkelgrün; unterseits weißfilzig.
Blüte: März bis April; erscheinen vor den Blättern; körbchenartige Einzelblüten; gelb.
Standort: Frische bis feuchte, kalkhaltige Böden mit hohem Nährstoffgehalt.
Vermehrung: Aussaat im Sommer.

Ernte: Blüten im zeitigen Frühjahr, Blätter im späten Frühjahr.
Verwendung: Huflattich wirkt reizlindernd und entzündungshemmend und wird als Tee, als Bestandteil von Teemischungen oder als Presssaft bei trockenem Reizhusten und bei Heiserkeit angewendet. Gurgeln mit Tee hilft bei leichten Entzündungen der Mund- und Rachenschleimhaut.
Warnung: Die ganze Pflanze ist schwach giftig und darf nicht über einen längeren Zeitraum angewendet werden.

Große Brennnessel
Urtica dioica

Familie: Urticaceae.
Verbreitung: Europa.
Wuchs: Straff aufrecht; mit Brennhaaren bedeckt; 80 bis 120 cm hoch.
Blatt: Länglich eiförmig; grob gesägt; mit Brennhaaren bedeckt; grün.
Blüte: Juni bis Oktober; zweihäusig; unscheinbar; in rispenartigen Blütenständen stehend.
Standort: Frische, stickstoffreiche Böden.
Vermehrung: Aussaat im Frühjahr; Teilung des Wurzelstockes im Herbst.
Pflege: Ausreichend wässern und düngen; gelegentlich reduzieren, breitet sich stark aus.
Ernte: Kraut vor der Blüte.
Verwendung: Die Volksheilkunde schätzt Brennnesselspiritus zu Einreibungen bei rheumatischen Beschwerden. Frische Blätter und Frischpflanzen-Presssaft werden zur Frühjahrskur verwendet. Brennnesseltee wird häufig zur Durchspülungstherapie bei Erkrankungen der ableitenden Harnwege angewendet. Der Extrakt wird von der Kosmetikindustrie zur Herstellung von Haarwässern verwendet.

Frische Blätter werden als Gemüse gedünstet oder Salaten beigemengt.
Hinweis: Die Geschichte der Brennnessel als Heilpflanze lässt sich bis in die Antike zurückverfolgen.

Echter Baldrian
Valeriana officinalis

Weiterer Name: Arznei-Baldrian.
Familie: Valerianaceae.
Verbreitung: Europa; Asien.
Wuchs: Horstig; 50 bis 100 cm hoch.
Blatt: Unpaarig gefiedert; Blättchen lanzettlich, zugespitzt, gesägt; dunkelgrün.
Blüte: Juni bis August; trichterförmige Einzelblüten in Trugdolden stehend; rosa bis weiß.
Standort: Tiefgründige, humose, frische Böden.
Vermehrung: Aussaat im Frühjahr; Teilung des Wurzelstockes im Herbst.
Pflege: Ausreichend wässern und düngen; Rückschnitt nach der Blüte; neigt zur Selbstaussaat.
Ernte: Wurzeln älterer Pflanzen im Herbst.
Verwendung: Baldrian wirkt beruhigend und wird als Tee und als Tinktur bei nervösen Erregungszuständen, bei Einschlafstörungen und bei nervös bedingten Organbeschwerden angewendet. Extrakt und Tinktur sind Bestandteil von zahlreichen Präparaten und Badezusätzen gegen Unruhezustände, Konzentrationsschwäche und nervös bedingte Einschlafstörungen.
Hinweis: Baldrian wurde im Volksglauben vor allem als Schutz vor bösen Mächten betrachtet. Als Heilpflanze spielte er bereits im 4. und 5. Jahrhundert vor unserer Zeitrechnung eine Rolle.

Huflattich-Blatt

Huflattich-Blüten

Große Brennnessel

Echter Baldrian

Großblütige Königskerze

Windblumen-Königskerze

Großblütige Königskerze
Verbascum densiflorum

Familie: Scrophulariaceae.
Verbreitung: Europa; Marokko.
Wuchs: Rosettig; Blütenstiele straff aufrecht; 1,20 bis 1,80 m hoch.
Blatt: Breit lanzettlich bis verkehrt eiförmig; Blattspitzen zugespitzt; graugrün.

Blüte: Juni bis August; große Trichterblüten in ährenartigen Blütenständen; gelb.
Standort: Warme, durchlässige, magere Böden.
Vermehrung: Aussaat im Sommer.
Pflege: Gelegentlich gießen; nicht düngen; verblühte Blütenstände entfernen, neigt zur Selbstaussaat; auf Raupen achten.
Ernte: Blüten im Sommer; nicht quetschen!
Verwendung: Königskerzenblüten wirken reizlindernd, auswurffördernd und entzündungshemmend und sind häufig Bestandteil von Husten- und Erkältungstees. Der Extrakt ist Bestandteil von Hustentropfen. Die Volksheilkunde verwendet die Blüten als harntreibendes Mittel, bei Rheuma und zu Umschlägen bei schlecht heilenden Wunden.
Hinweis: Die Geschichte der Königskerze als Heilpflanze lässt sich bis in die Antike zurückverfolgen.
Weitere Arten: Schwarze Königskerze *(Verbascum nigrum)*; Windblumen-Königskerze *(Verbascum phlomoides)*; Kleinblütige Königskerze *(Verbascum thapsus)*.

Echtes Eisenkraut
Verbena officinalis

Weiterer Name: Taubenkraut
Familie: Verbenaceae.
Verbreitung: Europa; Asien; Nordafrika.
Wuchs: Horstig; aufrecht, stark verzweigt; Stängel vierkantig; 70 bis 100 cm hoch.
Blatt: Gezähnt; teilweise tief eingeschnitten; dunkelgrün.
Blüte: Juli bis September; trichterförmige Blüten in Ähren stehend; blasslila bis weiß.
Standort: Trockene, durchlässige Böden mit eher hohem Nährstoffgehalt.
Vermehrung: Aussaat im Frühjahr; Teilung des Wurzelstockes im Herbst.
Pflege: Wenig gießen und düngen; Rückschnitt im Herbst.
Ernte: Blätter und blühende Sprossspitzen im Sommer.
Vermehrung: Aussaat im Frühjahr.
Verwendung: Eisenkraut wirkt immunstimulierend und schleimlösend. Extrakte der Droge werden bei Entzündungen der oberen Atemwege und bei Entzündungen der Nasennebenhöhlen angewendet. Die Volksheilkunde verwendet Eisenkrauttee äußerlich zur Wundbehandlung, bei Hautausschlägen, zum Gurgeln bei Erkrankungen im Mund- und Rachenraum und innerlich als Tee bei leichten Magenbeschwerden.
Hinweis: Eisenkraut genoss von der Antike bis zum Mittelalter als Heilpflanze hohes Ansehen und wurde auch zur rituellen Reinigung von Tempeln verwendet.

Echtes Eisenkraut

März-Veilchen
Viola odorata

Weiterer Name: Duft-Veilchen.
Familie: Violaceae.
Verbreitung: Süd- und Mitteleuropa.
Wuchs: Ausgebreitet; ausläuferbildend; 10 bis 15 cm hoch.
Blatt: Nierenförmig bis herzförmig; grün.
Blüte: März bis April, Nachblüte im Herbst; einzeln stehende Lippenblüten; violett.
Standort: Feuchte, humose Böden mit hohem Nährstoffgehalt; ideal unter Gehölzen.
Vermehrung: Aussaat im Frühjahr; Teilung des Wurzelstockes im Herbst.
Pflege: Viel gießen und düngen; gut geeignet zum Verwildern.
Ernte: Blätter und Blüten im Frühjahr; Wurzeln im Herbst.
Verwendung: Frische Blätter und Blüten werden Frühlingssalaten beigemengt. Blüten werden kandiert oder zum Garnieren von Süßspeisen verwendet. Die Volksheilkunde empfiehlt Veilchentee aus Kraut und Wurzeln zur Blutreinigung und zur Behandlung von Erkrankungen der Atemwege. Homöopathische Anwendungsgebiete sind Entzündungen der Atemwege, rheumatische Gelenkerkrankungen sowie Hautunreinheiten.
Sorten: 'Alba', weiß blühend; 'Red Charme'; rot blühend.

Wildes Stiefmütterchen
Viola tricolor

Familie: Violaceae.
Verbreitung: Europa; Russland.

März-Veilchen

Wuchs: Ausgebreitet bis niederliegend; 10 bis 30 cm hoch.
Blatt: Wintergrün; breit lanzettlich, gekerbt bis fiederspaltig; grün.
Blüte: April bis November; einzeln stehende Lippenblüten; blauviolett, gelb und weiß.
Standort: Humose, durchlässige Böden mit eher hohem Nährstoffgehalt.
Vermehrung: Aussaat im Sommer.
Pflege: Viel gießen und düngen; gut geeignet zum Verwildern.
Ernte: Blätter und Blüten im Frühjahr und Sommer.
Verwendung: Die Volksheilkunde verwendet Stiefmütterchenkraut in Teemischungen gegen Entzündungen der Harnwege, zum Abführen und zur Blutreinigung. Äußerlich wird das Wilde Stiefmütterchen bei leichten Hauterkrankungen (Schuppenbildung, Milchschorf, Akne) angewendet. Frische Triebe können als Salat oder als Gemüse verzehrt werden. Blüten können zum Garnieren von Desserts verwendet werden.
Warnung: Stiefmütterchentee kann in sehr seltenen Fällen zu allergischen Hautreaktionen führen.

Mönchspfeffer
Vitex agnus-castus

Weiterer Name: Keuschlamm.
Familie: Verbenaceae.
Verbreitung: Europa; Asien.
Wuchs: Aufrecht; verzweigt; 3 bis 5 m hoch.
Blatt: Wintergrün; 5- bis 7-lappig; Blättchen lanzettlich; ganzrandig; lang zugespitzt; unterseits weißfilzig; grün.
Blüte: Juli bis September; in ährenartigen Blütenständen stehend; lavendelblau.
Frucht: Scheinbeeren.
Standort: Durchlässige, nahrhafte, feuchte Böden; gut für die Topfkultur geeignet.
Vermehrung: Stecklinge im Sommer; Teilung im Herbst.
Pflege: Ausreichend gießen und düngen; Rückschnitt im Herbst.
Winterschutz: Mäßig frosthart; ausreichender Winterschutz erforderlich; Töpfe hell und kühl überwintern.
Ernte: Früchte im Herbst.
Verwendung: Die scharf schmeckenden Früchte gelten als Pfefferersatz. Extrakte sind Bestandteil von Präparaten gegen Zyklusstörungen. Homöopathische Zubereitungen werden bei Potenzstörungen und bei Störungen des Milchflusses verwendet.
Hinweis: Die Pflanze war von jeher eng mit dem klösterlichen Leben verbunden. Die scharf schmeckenden Früchte wurden zur Beruhigung des Geschlechtstriebes angewendet.

Echter Ingwer
Zingiber officinale

Familie: Zingiberaceae.
Verbreitung: Südasien.
Wuchs: Buschig; aufrecht; rhizombildend; bis 1 m hoch.
Blatt: Schmal lanzettlich; grün.
Blüte: Juni bis Juli; zapfenartige Ähren mit großen, grünen Deckblättern; gelb mit purpurfarbenem Rand.
Standort: Nährstoffreiche Böden; bei uns nur für die Topfkultur geeignet; warme Räume mit hoher Luftfeuchtigkeit.
Vermehrung: Rhizomteilung in der Ruhephase.
Pflege: Reichlich gießen und düngen; Staunässe vermeiden; vertrocknete Blätter entfernen.
Winterschutz: Töpfe hell und warm überwintern.
Ernte: Rhizome nach acht bis zehn Monaten Kulturzeit.
Verwendung: Ingwer wird insbesondere in der asiatischen Alternativmedizin zur Behandlung von Rheuma, Muskelschmerzen, Erkältungen, aber auch zur Anregung der Verdauung, bei Magenbeschwerden und auch bei Seekrankheit angewendet. Ingwer zählt zu den bekanntesten Gewürzen für die asiatische Küche. Geriebene Ingwerknollen schmecken brennend scharf und werden zum Würzen von Suppen, Saucen, Currygerichten und auch Desserts und Kuchen verwendet. Ingwer wird häufig in der Getränkeindustrie (Ginger Ale) eingesetzt.
Hinweis: Ingwer ist eines der ältesten und beliebtesten Gewürze der Welt. Konfuzius liebte ihn über alles und auch in Rom schätzte man dieses Gewürz sehr.

Wildes Stiefmütterchen

Mönchspfeffer

Echter Ingwer

Giftige Heilkräuter

Blauer Eisenhut
Aconitum napellus

Weiterer Name: Echter Eisenhut.
Familie: Ranunculaceae.
Verbreitung: Europa.
Wuchs: Horstig; Blütenstiele straff aufrecht; 1 bis 2 m hoch.
Blatt: 5- bis 7-teilig; dunkelgrün.
Blüte: Juli bis August; helmförmige Einzelblüten in Trauben stehend; dunkelblau.
Standort: Frische bis sehr feuchte, humose Böden mit hohem Nährstoffgehalt.
Vermehrung: Aussaat im Frühjahr; Wurzelteilung im Herbst.
Pflege: Regelmäßig gießen; Staunässe vermeiden; gelegentlich düngen; Rückschnitt im Frühjahr oder Herbst.
Ernte: Aufgrund hoher gesundheitlicher Risiken werden Eisenhutknollen heute nicht mehr verwendet. Das Homöopathikum Aconitum wird aus der frischen blühenden Pflanze bereitet.
Verwendung: Homöopathische Anwendungsgebiete sind fieberhafte Erkältungskrankheiten, Neuralgien, Ischias und Herzstörungen.

Warnung: Die ganze Pflanze, besonders Wurzeln und Samen, ist sehr stark giftig. Von der Verwendung des Krautes ist mit Ausnahme von homöopathischen Zubereitungen abzuraten. Vorsicht beim Umgang mit der Pflanze (Handschuhe tragen bei der Gartenarbeit)!
Hinweis: Eisenhut war bereits im Altertum als Giftpflanze bekannt und wurde genutzt um Schwerter und Pfeilspitzen zu vergiften.

Sommer-Adonisröschen
Adonis aestivalis

Weiterer Name: Sommer-Blutströpfchen.
Familie: Ranunculaceae.
Verbreitung: Europa; Asien; Nordafrika.
Wuchs: Aufrecht; 20 bis 30 cm hoch.
Blatt: 2- bis 3-fach fiederteilig; grün.
Blüte: Mai bis Juni; schalenförmige Einzelblüten; rot.
Standort: Trockene, kalkhaltige Böden mit eher geringem Nährstoffgehalt.
Vermehrung: Aussaat im Frühjahr.
Pflege: Gelegentlich gießen, wenig düngen; neigt zur Selbstaussat.

Ernte: Blühendes Kraut im Sommer.
Verwendung: Die ganze Pflanze wurde früher wie das Frühlings-Adonisröschen zur Behandlung von leichter Herzschwäche verwendet.
Warnung: Die Pflanze ist giftig. Von der Verwendung des Krautes ist abzuraten.

Frühlings-Adonisröschen
Adonis vernalis

Familie: Ranunculaceae.
Verbreitung: Europa; Kaukasusländer; Russland.
Wuchs: Horstig; Blütenstiele aufrecht; 15 bis 25 cm hoch.
Blatt: Mehrfach gefiedert, Blättchen lineal.
Blüte: April bis Mai; schalenförmige Einzelblüten; goldgelb.
Standort: Trockene, kalkhaltige Böden mit geringem Nährstoffgehalt.
Vermehrung: Aussaat im Herbst (Frostkeimer!).
Pflege: Gelegentlich gießen, wenig düngen; kein Rückschnitt.

Blauer Eisenhut

Sommer-Adonisröschen

Frühlings-Adonisröschen

Gewöhnliche Akelei

Gewöhnliche Osterluzei   Gefleckter Aronstab, Blätter   Gefleckter Aronstab, Früchte   Gewöhnliche Haselwurz

Ernte: Blühendes Kraut im Frühjahr.
Verwendung: Adoniskraut ist herzwirksam und wurde als Extrakt oder Tinktur in Präparaten zur Behandlung von leichter Herzschwäche und funktionellen Herzbeschwerden angewendet. Heute werden die Inhaltsstoffe nur noch als Reinsubstanzen verwendet.
Warnung: Die ganze Pflanze ist giftig. Von der Verwendung ist abzuraten.
Hinweis: Früher wurde Adoniskraut als Mittel gegen Wassersucht, Gicht und Nierensteine verwendet.

Gewöhnliche Akelei
Aquilegia vulgaris

Familie: Ranunculaceae.
Verbreitung: Europa; Nordafrika.
Wuchs: Horstig; Blütenstiele aufrecht; 30 bis 40 cm hoch.
Blatt: Doppelt 3-teilig, Blättchen rundlich, gelappt; blaugrün.
Blüte: Mai bis Juni; glockig; gespornt; dunkelblau.
Standort: Humose Böden mit eher geringem Nährstoffgehalt.
Vermehrung: Aussaat im Frühjahr.
Pflege: Regelmäßig gießen; gelegentlich düngen; Rückschnitt im Frühjahr oder Herbst.
Ernte: Blühendes Kraut im Frühjahr.
Verwendung: Homöopathische Zubereitungen bei Schwächezuständen, Nervosität oder Menstruationsstörungen.
Warnung: Die ganze Pflanze ist giftig. Von der Verwendung des Krautes ist mit Ausnahme von homöopathischen Zubereitungen abzuraten.

Gewöhnliche Osterluzei
Aristolochia clematitis

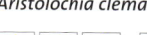

Familie: Aristolochiaceae.
Verbreitung: Europa; Kaukasusländer; Türkei.
Wuchs: Aufrecht; ausläuferbildend; 60 bis 100 cm hoch.
Blatt: Herzförmig; fein gesägt; grün.
Blüte: Mai bis Juni; Röhrenblüten zu 2 bis 8 in Büscheln stehend; hellgelb.
Standort: Humose, kalkhaltige Böden mit hohem Nährstoffgehalt.
Vermehrung: Aussaat im Frühjahr; Wurzelteilung im Herbst.
Ernte: Blühendes Kraut im Sommer.
Verwendung: Homöopathische Anwendungsgebiete sind Entzündungen der Atemwege, Darmkatarrhe, Menstruationsstörungen, Venenerkrankungen und leichte Hautverletzungen.
Warnung: Die ganze Pflanze ist giftig. Von der Verwendung des Krautes ist mit Ausnahme von homöopathischen Zubereitungen abzuraten.

Gefleckter Aronstab
Arum maculatum

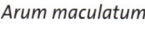

Familie: Araceae.
Verbreitung: Europa; Westasien.
Wuchs: Horstig; Blütenstiele bogig; 30 bis 40 cm hoch.
Blatt: Spießförmig; zugespitzt; dunkelgrün.
Blüte: April bis Mai; Einzelblüte; gelblich mit weißlicher, gefleckter Blütenscheide.
Standort: Frische bis sehr feuchte Böden mit hohem Nährstoffgehalt.

Vermehrung: Aussaat im Herbst.
Ernte: Wurzeln im Herbst.
Verwendung: Homöopathische Anwendungsgebiete sind Entzündungen der oberen Atemwege und Nasenpolypen.
Warnung: Die ganze Pflanze ist sehr stark giftig. Von der Verwendung des Krautes ist mit Ausnahme von homöopathischen Zubereitungen abzuraten.

Gewöhnliche Haselwurz
Asarum europaeum

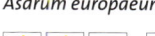

Familie: Aristolochiaceae.
Verbreitung: Europa; Russland.
Wuchs: Mattenartig; langsam wachsend; 5 bis 10 cm hoch.
Blatt: Nierenförmig bis rundlich; glänzend grün.
Blüte: März bis Mai; glockenförmige Einzelblüten; unscheinbar; braun.
Standort: Humose, frische Böden mit eher hohem Nährstoffgehalt.
Vermehrung: Aussaat im Herbst; Teilung des Wurzelstockes.
Ernte: Wurzeln im Herbst.
Verwendung: Haselwurz wirkt auswurffördernd, krampflösend und antibakteriell. Die Wurzel wird heute ausschließlich zur Herstellung von Präparaten gegen Entzündungen der unteren Atemwege und Asthma genutzt. Die homöopathische Urtinktur Asarum wird bei geistiger Erschöpfung, bei Durchfällen und bei Schleimhautreizungen verwendet.
Warnung: Die ganze Pflanze ist giftig. Von der Verwendung der Pflanze ist mit Ausnahme von Fertigpräparaten und homöopathischen Zubereitungen abzuraten.

Echte Tollkirsche, blühend   Früchte der Echten Tollkirsche   Zaunrübe   Sumpf-Dotterblume

Echte Tollkirsche
Atropa belladonna

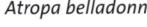

Familie: Solanaceae.
Verbreitung: Europa; Westasien; Nordafrika.
Wuchs: Horstig; Blütenstiele aufrecht;
1 bis 1,50 m hoch.
Blatt: Breit lanzettlich; spitz; blaugrün.
Blüte: Juni bis September; glockenförmige
Einzelblüten, braunviolett, am Grund gelblich.
Frucht: Kugelige Beere, schwarz glänzend.
Standort: Frische, humose, kalkhaltige
Böden mit hohem Nährstoffgehalt.
Vermehrung: Aussaat im Frühjahr; Teilung
des Wurzelstockes im Herbst.
Ernte: Kraut im Sommer; Wurzeln im Herbst.
Verwendungen: Tollkirsche wird zur Gewin-
nung von Reinalkaloiden verwendet. Diese
sind Bestandteil von Präparaten zur Behand-
lung von Krämpfen im Magen-Darm-Trakt
sowie Asthma, Parkinson und Rheuma. Das
pupillenerweiternd wirkende Atropin wird in
der Augenheilkunde verwendet. Homöopathische Anwendungsgebiete sind fieberhafte
Entzündungen der Mandeln und Atemwege,
Kopfschmerzen und Erregungszustände.
Warnung: Die ganze Pflanze ist sehr stark
giftig und darf niemals selbst angewendet
werden.

Zaunrübe
Bryonia cretica ssp. *dioica*

Familie: Cucurbitaceae.
Verbreitung: Europa; Afrika.
Wuchs: Rankend; Stängel spiralig drehend;
1 bis 1,50 m hoch.

Blatt: 5-lappig; grob gesägt; grün.
Blüte: Mai bis September; in Trauben ste-
hend; weiß.
Frucht: Beeren; rot.
Standort: Durchlässige, frische, kalkhaltige
Böden mit eher hohem Nährstoffgehalt.
Vermehrung: Aussaat im Frühjahr.
Ernte: Wurzeln im Herbst.
Verwendungen: Zaunrübenwurzeln sind
gelegentlich Bestandteil von Venensalben.
Das Homöopathikum Bryonia ist ein Mittel
gegen akute fieberhafte Erkrankungen,
Rheuma, Gicht und Muskelschmerzen.
Warnung: Die ganze Pflanze, besonders
Beeren und Wurzeln, ist stark giftig. Von der
Verwendung der Pflanze ist mit Ausnahme
von Fertigpräparaten und homöopathischen
Zubereitungen abzuraten. Bei Berührung der
Pflanze ist mit Hautreizungen und Blasen-
bildung zu rechnen.

Sumpf-Dotterblume
Caltha palustris

Familie: Ranunculaceae.
Verbreitung: Europa; Asien; Nordamerika
Wuchs: Horstig; aufrecht bis niederliegend;
35 bis 40 cm hoch.
Blatt: Herzförmig bis rundlich; fleischig;
hellgrün.
Blüte: April bis Mai; schalenförmige Einzel-
blüten; goldgelb.
Standort: Feuchte, eher saure Böden mit
hohem Nährstoffgehalt; geeignet für die
Teichrandbepflanzung.
Vermehrung: Aussaat im Frühjahr; Teilung
des Wurzelstockes im Herbst.
Pflege: Gelegentlich reduzieren.
Ernte: Blühendes Kraut.

Verwendung: Die Volksheilkunde verwendet
die Sumpf-Dotterblume gelegentlich bei
Leber- und Gallenbeschwerden. Homöopathische Anwendungsgebiete sind Hautausschläge, Bronchialkatarrhe, Keuchhusten und
Menstruationsbeschwerden.
Warnung: Die ganze Pflanze ist giftig.
Von der Verwendung des Krautes ist mit
Ausnahme von homöopathischen Zubereitungen abzuraten. Bei Berührung der Pflanze
können Hautreizungen auftreten.

Tropisches Immergrün
Catharanthus roseus

Familie: Apocynaceae.
Verbreitung: Madagaskar; Tropen.
Wuchs: Buschig; verzweigt; im unteren

Tropisches Immergrün

Bereich verholzend; 40 bis 80 cm hoch.
Blatt: Eiförmig; stumpf; grün.
Blüte: März bis Oktober; zu 2 bis 3 stehend; weiß, blassrosa, rosarot.
Standort: Durchlässige, humose Böden mit hohem Nährstoffgehalt; bei uns nur für die Topfkultur geeignet.
Vermehrung: Stecklinge im Sommer.
Winterschutz: Töpfe hell und warm überwintern.
Ernte: Blätter und Wurzeln werden ausschließlich zur Isolierung der Inhaltsstoffe verwendet. Diese sind Reinsubstanzen in Fertigarzneimitteln zur Chemotherapie verschiedener Krebserkrankungen.
Warnung: Die ganze Pflanze, besonders die Wurzeln, ist stark giftig. Von der Verwendung der Pflanze ist mit Ausnahme von Fertigpräparaten und homöopathischen Zubereitungen abzuraten.
Hinweis: Die Volksheilkunde verwendet den Blütenauszug gegen Halsschmerzen und Erkältungen. In Afrika werden die getrockneten Blätter als Rauschmittel und Aphrodisiaka geraucht. Der Missbrauch der Pflanze als Rauschmittel kann zu schweren Nieren- und Nervenschädigungen führen!

Schöllkraut
Chelidonium majus

Familie: Papaveraceae.
Verbreitung: Europa; Asien; Nordamerika.
Wuchs: Horstig; Blütenstiele aufrecht; 30 bis 60 cm hoch.
Blatt: Unpaarig gefiedert; Blättchen gekerbt bis gelappt; graugrün.
Blüte: April bis Juni; Nachblüte im Herbst; in 2- bis 8-blütigen Dolden stehend; gelb.

Standort: Frische, eher kalkhaltige Böden mit hohem Nährstoffgehalt..
Vermehrung: Aussaat im Frühjahr; Teilung des Wurzelstockes im Herbst.
Ernte: Blühendes Kraut.
Verwendung: Schöllkraut ist Bestandteil von Teemischungen gegen Magen-, Darm- und Gallenbeschwerden. Extrakt oder Tinktur sind Bestandteil von zahlreichen Leber- und Gallentherapeutika. Homöopathische Anwendungsgebiete sind außerdem Entzündungen der Atemwege und rheumatische Beschwerden.
Warnung: Die ganze Pflanze, besonders der Milchsaft, ist giftig. Bei Hautkontakt können Hautentzündungen und später Geschwüre auftreten.
Hinweis: Schon vor unserer Zeitrechnung wurde die Heilpflanze genutzt. Später wurde sie in den Kräuterbüchern des Mittelalters beschrieben. Äußerlich wurde der Milchsaft gegen Warzen angewendet.

Giftiger Wasserschierling
Cicuta virosa

Familie: Apiaceae.
Verbreitung: Europa; Asien.
Wuchs: Horstig; Blütenstiele aufrecht; 60 bis 150 cm hoch.
Blatt: 2- bis 3-fach gefiedert, gesägt.
Blüte: Juli bis September; Kreuzblüten in Dolden stehend; weiß.
Standort: Feuchte Böden mit eher hohem Nährstoffgehalt; geeignet für die Teichrandbepflanzung.
Vermehrung: Aussaat im Frühjahr; Teilung des Wurzelstockes im Herbst.
Drogen: Wurzeln im Herbst.

Verwendung: Homöopathische Anwendungsgebiete sind Krampfleiden, Schwindel, nervöse Störungen, Gesichtsausschläge. Von der Verwendung der Pflanze ist mit Ausnahme von homöopathischen Zubereitungen abzuraten.
Warnung: Die ganze Pflanze, besonders Stängel und Wurzelstock, ist sehr stark giftig. Bereits bei der Aufnahme von kleinen Mengen der Pflanze sind schwere Vergiftungen nicht auszuschließen.

Herbstzeitlose
Colchicum autumnale

Familie: Colchicaceae.
Verbreitung: Europa; auf Wiesen.
Wuchs: Zwiebelpflanze; rosettig; Blütenstiele aufrecht; 15 bis 25 cm hoch.
Blatt: Breit lanzettlich; grün.
Blüte: September bis Oktober; trichterförmige Einzelblüten, rosaviolett.
Standort: Frische, humose Böden mit hohem Nährstoffgehalt.
Vermehrung: Teilung der Zwiebeln im Herbst.
Drogen: Samen im Herbst; Zwiebeln im Frühjahr.
Verwendung: Herbstzeitlosensamen liefern Rohstoffe für Präparate zur Behandlung von akuten Gichtanfällen. Homöopathische Anwendungsgebiete sind auch Gelenkrheumatismus, Nierenentzündung und Entzündungen des Magen-Darm-Kanals.
Warnung: Die ganze Pflanze ist sehr stark giftig. 5 g der Herbstzeitlosensamen gelten für Erwachsene als tödlich. Von der Verwendung der Pflanze ist mit Ausnahme von Fertigpräparaten und homöopathischen Zubereitungen abzuraten.

Schöllkraut | Giftiger Wasserschierling | Herbstzeitlose | Blätter der Herbstzeitlose

Gefleckter Schierling
Conium maculatum

Familie: Apiaceae.
Verbreitung: Europa; Asien; Afrika.
Wuchs: Rosettig; Blütenstiele aufrecht, gefleckt, bereift; 50 bis 250 cm hoch.
Blatt: Wintergrün; 3-fach gefiedert; grün.
Blüte: Juni bis Oktober; in zusammengesetzten Dolden stehend; weiß.
Standort: Frische bis feuchte Böden mit hohem Nährstoffgehalt.
Vermehrung: Aussaat im Sommer.
Ernte: Blühendes Kraut im Sommer.
Verwendung: Früher wurde Schierling als Mittel gegen Krampfhusten und Nervenschmerzen verwendet. Aus heutiger Sicht kann nur eine homöopathische Anwendung empfohlen werden. Homöopathische Anwendungsgebiete sind Neuralgien, Drüsenschwellungen und Verstimmungszustände.

Gefleckter Schierling

Warnung: Die ganze Pflanze, besonders die Früchte, ist sehr stark giftig. Von der Verwendung der Pflanze ist mit Ausnahme von homöopathischen Zubereitungen abzuraten. Das Gift wird auch über die unverletzte Haut aufgenommen.
Hinweis: Im Altertum wurde der Schierlingsbecher häufig zum Vollstrecken von Todesurteilen verwendet.

Ackerrittersporn
Consolida regalis

Familie: Ranunculaceae.
Verbreitung: Europa; Asien.
Wuchs: Aufrecht; 50 bis 100 cm hoch.
Blatt: Handförmig geteilt; Blattränder gezähnt; dunkelgrün.
Blüte: Juni bis Juli; in Trauben stehend; blau oder rosa.
Standort: Frische Böden mit normalem Nährstoffgehalt.
Vermehrung: Aussaat im Frühjahr.
Pflege: Regelmäßig gießen; gelegentlich düngen; neigt zur Selbstaussaat.
Ernte: Blüten im Sommer.
Verwendung: Ritterspornblüten wirken schwach harntreibend und sind Bestandteil von Blasen- und Nierentees. Die Volksmedizin verwendet Ritterspornblüten als Blutreinigungstee.
Warnung: Die ganze Pflanze, mit Ausnahme der Blüten, ist giftig.

Gewöhnliches Maiglöckchen
Convallaria majalis

Weiterer Name: Maienriesli.
Familie: Convallariaceae.
Verbreitung: Europa; Asien.
Wuchs: Horstig; ausläufertreibend; Blütenstiele locker aufrecht; 15 bis 20 cm hoch.
Blatt: Oval bis breit lanzettlich; grün.
Blüte: Mai; glockenförmige Einzelblüten in Trauben stehend; weiß.
Frucht: Kugelige Beeren, rot.
Standort: Humose, kalkhaltige, eher nährstoffarme Böden.
Vermehrung: Teilung im Herbst.
Pflege: Regelmäßig gießen; gelegentlich düngen; Rückschnitt im Herbst; gelegentlich reduzieren.
Ernte: Blätter und Blüten während der Blüte.
Verwendung: Maiglöckchenkraut hat starke Herzwirkung. Das Kraut wird heute zur Gewinnung der herzwirksamen Rein-

Ackerrittersporn

substanzen verwendet. Homöopathische Anwendungsgebiete sind Herzschwäche und Herzrhythmusstörungen.
Warnung: Die ganze Pflanze ist stark giftig. Von der Verwendung der Pflanze ist mit Ausnahme von Fertigpräparaten und homöopathischen Zubereitungen abzuraten. Bei Berührung ist mit Haut- und Augenreizungen zu rechnen.
Hinweis: Als Heilkraut wurde das Maiglöckchen erstmals in den Schriften der Hildegard von Bingen empfohlen.

Hohler Lerchensporn
Corydalis cava

Familie: Fumariaceae.
Verbreitung: Europa; Asien.
Wuchs: Dicht buschig; 10 bis 20 cm hoch.
Blatt: Doppelt 3-zählig; blaugrün.
Blüte: März bis April; röhrenförmige Einzelblüten in Trauben stehend; lilarosa bis weiß.
Standort: Frische bis feuchte, eher kalkhaltige Böden mit hohem Nährstoffgehalt.
Vermehrung: Aussaat im Herbst; neigt zur Selbstaussaat.
Ernte: Knollen im Sommer.
Verwendung: Lerchensporn wirkt beruhigend. Extrakte der Knollen sind Bestandteil von Präparaten gegen Schlafstörungen und nervöse Erregungszustände. Homöopathische Zubereitungen werden bei Entzündungen der Atemwege, Rheuma und Verdauungsschwächen angewendet.
Warnung: Die ganze Pflanze, besonders die Knolle, ist giftig. Von der Verwendung der Pflanze ist mit Ausnahme von Fertigpräparaten und homöopathischen Zubereitungen abzuraten.

Wildes Alpenveilchen
Cyclamen purpurascens

Familie: Primulaceae.
Verbreitung: Europa; im Gebirge.
Wuchs: Buschig; 10 bis 20 cm hoch.
Blatt: Herzförmig; lang gestielt; Oberseite grün, gefleckt; Unterseite purpurrot.
Blüte: Juni bis August; Einzelblüten; lang gestielt; rosa.
Standort: Frische, humose, eher kalkhaltige Böden mit hohem Nährstoffgehalt.
Vermehrung: Aussaat im Herbst.
Pflege: Regelmäßig gießen und düngen.
Ernte: Knollen im Herbst.
Verwendung: Homöopathische Anwendungsgebiete sind Migräne, Menstruations-

Gewöhnliches Maiglöckchen

Maiglöckchen-Früchte

Hohler Lerchensporn

Flaumiger Stechapfel

Weißer Stechapfel

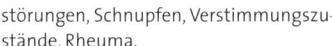

Wildes Alpenveilchen

störungen, Schnupfen, Verstimmungszustände, Rheuma.
Warnung: Die Knolle ist giftig. Von der Verwendung der Pflanze ist mit Ausnahme von homöopathischen Zubereitungen abzuraten.

Flaumiger Stechapfel
Datura metel

Weiterer Name: Indischer Stechapfel.
Familie: Solanaceae.
Verbreitung: Tropisches Asien.
Wuchs: Straff aufrecht; 40 bis 100 cm hoch.
Blatt: Eiförmig; buchtig gezähnt bis gelappt; flaumig behaart; dunkelgrün.
Blüte: Juni bis September; trichterförmige Einzelblüten, rosa.
Frucht: Eiförmige Kapseln.
Standort: Eher feuchte, warme Böden mit einem hohen Nährstoffgehalt.

Vermehrung: Aussaat im zeitigen Frühjahr; nur mit Vorkultur unter Glas.
Pflege: Regelmäßig gießen und düngen; neigt zur Selbstaussaat.
Ernte: Blätter und Samen im Sommer.
Verwendung: Der Flaumige Stechapfel wurde häufig als Rauschmittel verwendet.
Warnung: Die ganze Pflanze ist sehr stark giftig. Vor einer Selbstbehandlung mit Stechapfel muss ausdrücklich gewarnt werden!

Weißer Stechapfel
Datura stramonium

Weiterer Name: Gemeiner Stechapfel.
Familie: Solanaceae.
Verbreitung: Europa.
Wuchs: Straff aufrecht; 40 bis 100 cm hoch.
Blatt: Eiförmig; buchtig gezähnt bis gelappt; dunkelgrün.

Blüte: Juni bis September; trichterförmige Einzelblüten, weiß.
Frucht: Eiförmige Kapseln, dicht mit Stacheln besetzt.
Standort: Eher trockene, warme Böden mit hohem Nährstoffgehalt.
Vermehrung: Aussaat im Frühjahr.
Ernte: Blätter und Samen im Sommer.
Verwendung: Der Extrakt ist Bestandteil von Präparaten gegen Krampfhusten, asthmatische Beschwerden und Parkinson. Homöopathische Anwendungsgebiete sind fieberhafte Infektionen, nervöse Reizzustände, Keuchhusten, Asthma und verschiedene Neuralgien.
Warnung: Die ganze Pflanze ist sehr stark giftig. Vor einer Selbstbehandlung mit Stechapfel muss ausdrücklich gewarnt werden!!!
Hinweis: Die Blätter wurden von vielen Völkern als Rauschmittel und als Bestandteil von Hexensalben verwendet. Aus den Samen wurden Liebestränke zubereitet, um sich gewünschte Personen gefügig zu machen.

Roter Fingerhut

Gewöhnlicher Wurmfarn

Roter Fingerhut
Digitalis purpurea

Weiterer Name: Waldglocke.
Familie: Scrophulariaceae.
Verbreitung: Europa; Westasien; Kultivierung als Arznei- und Zierpflanze.
Wuchs: Rosettig; Blütenstiele aufrecht; 80 bis 130 cm hoch.
Blatt: Lanzettlich bis eiförmig; graugrün.
Blüte: Juni bis Juli; rachenförmige Einzelblüten in einseitswendigen Trauben.
Frucht: Kapseln, aufspringend.
Standort: Frische bis feuchte, eher saure Böden mit normalem bis hohem Nährstoffgehalt.
Vermehrung: Aussaat im Sommer.
Pflege: Regelmäßig gießen; gelegentlich düngen; Rückschnitt im Herbst; neigt zur Selbstaussaat.
Ernte: Blätter von einjährigen Pflanzen im Sommer.
Verwendung: Der Rote Fingerhut wird heute zur Gewinnung von herzwirksamen Substanzen angebaut. Diese sind Bestandteil von Präparaten zur Behandlung von Herzschwäche. Homöopathische Anwendungsgebiete sind Herzschwäche und Migräne.
Warnung: Die ganze Pflanze ist sehr stark giftig. Der Rote Fingerhut ist eine unserer stärksten Giftpflanzen. Jede Selbstbehandlung muss unterbleiben!
Hinweis: Die medizinische Anwendung des Fingerhuts ging wahrscheinlich von den nordischen Ländern aus. Er wurde bei verschiedenen Krankheiten wie Leber- und Milzleiden, Epilepsie und auch als Wundkraut angewendet.
Weitere Arten: Großblütiger Fingerhut *(Digitalis grandiflora)*; Wolliger Fingerhut *(Digitalis lanata)*; Gelber Fingerhut *(Digitalis lutea)*. Alle Arten sind stark bis sehr stark giftig.

Gewöhnlicher Wurmfarn
Dryopteris filix-mas

Weiterer Name: Waldfarn.
Familie: Dryopteridaceae.
Verbreitung: Europa; Asien; Nordafrika; in Wäldern
Wuchs: Horstig; locker aufrecht bis bogig; 50 bis 100 cm hoch.
Blatt: Doppelt gefiedert; Blättchen gesägt; grün.
Standort: Frische, saure Böden mit normalem bis hohem Nährstoffgehalt.
Vermehrung: Teilung des Wurzelstockes im Herbst.
Pflege: Regelmäßig gießen; gelegentlich düngen; Rückschnitt Frühjahr.
Ernte: Wurzeln im Herbst; Sporen.
Verwendung: Der Extrakt wird in der Tiermedizin als sicher wirkendes Bandwurmmittel angewendet.
Warnung: Die ganze Pflanze ist giftig. Von der Anwendung der Wurzel ist abzuraten.
Hinweis: Extrakte wurden früher als Mittel zum Vertreiben von Bandwürmern angewendet. Diese Mittel waren nur in hohen Gaben wirksam, ihre Anwendungen waren daher immer riskant.

Kleines Schneeglöckchen
Galanthus nivalis

Familie: Amaryllidaceae.
Verbreitung: Europa.
Wuchs: Zwiebelpflanze; horstig; Blütenstiele aufrecht bis bogig überhängend; 10 bis 20 cm hoch.
Blatt: Schmal lineal; blaugrün bis graugrün.
Blüte: Januar bis März; glockenförmige Einzelblüten; weiß, innen grün gerandet.
Standort: Frische, humose Böden mit hohem Nährstoffgehalt.
Vermehrung: Zwiebelteilung im Sommer.
Pflege: Rückschnitt nach dem Vergilben der Blätter.
Ernte: Laub im Frühjahr.
Verwendung: Die giftigen Inhaltsstoffe werden industriell zu verschiedenen Präparaten verarbeitet.
Warnung: Die ganze Pflanze ist giftig. Von der Verwendung der Pflanze ist mit Ausnahme von homöopathischen Fertigpräparaten abzuraten.

Gottes-Gnadenkraut
Gratiola officinalis

Familie: Scrophulariaceae.
Verbreitung: Europa; Asien.
Wuchs: Horstig; kriechend, teils wurzelnd; Stängel vierkantig; 20 bis 40 cm hoch.
Blatt: Lanzettlich; dunkelgrün.

Blüte: Juni bis August; röhrige Einzelblüten; weiß bis rötlich.
Standort: Durchlässige Böden mit normalem Nährstoffgehalt.
Vermehrung: Aussaat im Frühjahr.
Pflege: Regelmäßig gießen und düngen; Rückschnitt bei Bedarf im Frühjahr.
Ernte: Oberirdische Pflanzenteile im Sommer.
Verwendung: Gottes-Gnadenkraut wirkt stark abführend. Homöopathische Zubereitungen werden bei Entzündungen des Magen-Darm-Traktes angewendet.
Warnung: Stark giftig. Schon therapeutische Dosen können schwere Nebenwirkungen hervorrufen. Die Anwendung des Krautes ist nur in Form von homöopathischen Zubereitungen zu empfehlen.

Stinkende Nieswurz
Helleborus foetidus

Weiterer Name: Palmblatt-Nieswurz.
Familie: Ranunculaceae.
Verbreitung: Europa.
Wuchs: Dichtbuschig; 30 bis 50 cm hoch.
Blatt: Wintergrün; 7-teilig bis mehrteilig, Blättchen länglich lanzettlich; gezähnt; dunkelgrün.
Blüte: März bis April; glockenförmige Einzelblüten; hellgrün, rotbraun gerandet.
Standort: Frische, humose Böden mit geringem bis normalem Nährstoffgehalt.
Vermehrung: Aussaat im Herbst (Frostkeimer!).
Pflege: Regelmäßig gießen; gelegentlich düngen; kein Rückschnitt.
Ernte: Wurzeln im Herbst.
Verwendung: Die Wurzeln der Stinkenden Nieswurz wurden früher volksmedizinisch

Kleines Schneeglöckchen

als Wurm- und Abführmittel und gegen Menstruationsbeschwerden verwendet. Bei der Anwendung überwiegen erhebliche gesundheitliche Risiken; sie ist heute nicht mehr zu vertreten.
Warnung: Die ganze Pflanze ist sehr stark giftig. Von der Verwendung der Pflanze ist abzuraten.
Hinweis: Die Landwirtschaft nutzt Nieswurzpräparate zur Schädlingsbekämpfung.

Christrose
Helleborus niger

Weiterer Name: Schwarze Nieswurz.
Familie: Ranunculaceae.
Verbreitung: Mitteleuropa.
Wuchs: Dichtbuschig; 30 bis 50 cm hoch.

Gottes-Gnadenkraut

Blatt: Wintergrün; 7-teilig bis mehrteilig, Blättchen elliptisch; gezähnt; dunkelgrün.
Blüte: Dezember bis März; schalenförmige Einzelblüten; weiß.
Standort: Frische, humose Böden mit geringem bis normalem Nährstoffgehalt.
Vermehrung: Aussaat im Herbst (Frostkeimer!).
Pflege: Regelmäßig gießen; gelegentlich düngen; kein Rückschnitt.
Ernte: Wurzeln im Herbst.
Verwendung: Homöopathische Anwendungsgebiete sind Durchfälle, Nierenentzündungen, Hirnhautentzündung und Gemütsleiden.
Warnung: Die ganze Pflanze ist stark giftig. Von der Verwendung der Pflanze ist mit Ausnahme von homöopathischen Zubereitungen abzuraten.
Hinweis: Die gepulverte Wurzel war früher Bestandteil von Schnupftabak.

Stinkende Nieswurz

Christrose

Purpur-Nieswurz
Helleborus purpurascens

Familie: Ranunculaceae.
Verbreitung: Östliches Mitteleuropa.
Wuchs: Dichtbuschig; 30 bis 50 cm hoch.
Blatt: Wintergrün; 7- bis 9-teilig; Blättchen elliptisch; gezähnt; dunkelgrün.
Blüte: März bis April; schalenförmige Einzelblüten; purpurfarben.
Standort: Frische, neutrale bis kalkhaltige Böden mit hohem Nährstoffgehalt.
Vermehrung: Aussaat im Herbst (Frostkeimer!).
Pflege: Regelmäßig gießen; gelegentlich düngen; kein Rückschnitt.
Ernte: Wurzeln im Herbst.
Verwendung: Die Wurzeln wurden früher als Brech- und Abführmittel verwendet. Bei der Anwendung überwiegen erhebliche gesundheitliche Risiken.

Warnung: Die ganze Pflanze ist stark giftig. Von der Verwendung ist abzuraten.

Grüne Nieswurz
Helleborus virides

Familie: Ranunculaceae.
Verbreitung: Europa.
Wuchs: Dichtbuschig; 30 bis 50 cm hoch.
Blatt: Wintergrün; fiederschnittig; gesägt; hellgrün.
Blüte: März bis April; schalenförmige Einzelblüten; grün.
Standort: Frische, kalkhaltige Böden mit hohem Nährstoffgehalt.
Vermehrung: Aussaat im Herbst (Frostkeimer!).
Pflege: Regelmäßig gießen; gelegentlich düngen; kein Rückschnitt.
Ernte: Wurzeln im Herbst.

Verwendung: Die Wurzeln wurden früher als Brech- und Abführmittel verwendet. Bei der Anwendung überwiegen erhebliche gesundheitliche Risiken, sie ist heute nicht mehr zu vertreten.
Warnung: Die ganze Pflanze ist stark giftig. Von der Verwendung ist abzuraten.

Gewöhnliches Leberblümchen
Hepatica nobilis

Familie: Ranunculaceae.
Verbreitung: Europa; Asien.
Wuchs: Horstig; Blütenstiele aufrecht; 10 bis 20 cm hoch.
Blatt: 3- bis 5-lappig; ganzrandig; dunkelgrün.
Blüte: März bis April; schalenförmige Einzelblüten; blau.
Standort: Frische, humose, kalkhaltige Böden mit normalem Nährstoffgehalt.
Vermehrung: Aussaat im Sommer.
Pflege: Regelmäßig gießen; gelegentlich düngen; kein Rückschnitt.
Ernte: Blätter im Frühjahr.
Verwendung: Die Volksheilkunde verwendet den Tee bei Leber- und Gallenbeschwerden, Reizerscheinungen im Kehlkopfbereich und Lungenleiden. Homöopathische Zubereitungen werden bei Entzündungen im Mund- und Rachenraum, Bronchitis und Lebererkrankungen angewendet.
Warnung: Die ganze Pflanze ist giftig. Von der Verwendung der Pflanze ist mit Ausnahme von Fertigpräparaten und homöopathischen Zubereitungen abzuraten.
Hinweis: Das Leberblümchen war eine Heilpflanze der mittelalterlichen Signaturenlehre, die Blattform erinnert an die Form der menschlichen Leber.

Purpur-Nieswurz

Grüne Nieswurz

Gewöhnliches Leberblümchen

Schwarzes Bilsenkraut

Schwarzes Bilsenkraut
Hyoscyamus niger

Familie: Solanaceae.
Verbreitung: Europa; Asien; Afrika.
Wuchs: Aufrecht; 40 bis 60 cm hoch.
Blatt: Buchtig gelappt; mattgrün.
Blüte: Mai bis Juni; trichterförmige Einzelblüten in einseitswendigen Wickeln; cremeweiß, mit roten Adern und rotem Schlund.
Frucht: Kapseln.
Standort: Frische bis trockene, kalkhaltige Böden mit hohem Nährstoffgehalt.
Vermehrung: Aussaat im Frühjahr.
Ernte: Blätter im Sommer.

Herbst-Alraune

Bauern-Tabak

Virginischer Tabak

Verwendung: Bilsenkraut wird heute zur Gewinnung von Rohstoffen zur Herstellung von Präparaten gegen Krämpfe im Magen-Darm-Bereich, Bronchialasthma und zur Behandlung des Parkinson-Syndroms angebaut. Homöopathische Anwendungsgebiete sind Entzündungen der Atemwege und Muskel- und Nervenschmerzen.
Warnung: Die ganze Pflanze, besonders Wurzeln und Samen, ist sehr stark giftig. Der Missbrauch der Pflanze kann zu lebensgefährlichen Vergiftungen führen.
Hinweis: Im Altertum wurde Bilsenkraut als Pfeilgift und wohl auch für Giftmorde verwendet. Seit der altbabylonischen Zeit wurde die Pflanze nachweislich auch als Arzneipflanze genutzt. Im Mittelalter galt Bilsenkraut als die Zauberpflanze schlechthin. Sie zählte zu den Rauschdrogen und war häufig Bestandteil von Hexensalben- und Liebestrankrezepturen.

Herbst-Alraune
Mandragora autumnalis

Familie: Solanaceae.
Verbreitung: Östlicher Mittelmeerraum.
Wuchs: Rosettig; fleischiger Wurzelstock mit bis zu 60 cm langen Wurzeln; 20 bis 30 cm hoch.
Blatt: Länglich eiförmig; Blätter werden im Sommer häufig eingezogen; grün, purpurn überlaufen.
Blüte: September bis Oktober; glockenförmige Einzelblüten; violett.
Frucht: Beeren; gelborange.
Standort: Durchlässige, steinige Böden mit eher geringem Nährstoffgehalt.
Vermehrung: Aussaat im Herbst.

Pflege: Gelegentlich gießen, nicht düngen; vor Staunässe schützen.
Winterschutz: In rauen Lagen erforderlich.
Ernte: Wurzeln im Herbst.
Verwendung: Die Alraune wird heute nur homöopathisch, z.B. bei Blasenkrampf, Schlaflosigkeit und Schüttellähmung, verwendet.
Warnung: Die Alraune ist stark giftig und darf nur in homöopathischer Dosierung angewendet werden.
Hinweis: Die Alraune wurde früher als Schmerzmittel, zur Betäubung und zur Behandlung von nervösen Beschwerden verwendet. Die Wurzel diente als Glücksbringer und war Bestandteil von magischen Ritualen sowie von Hexen- und Flugsalben.

Bauern-Tabak
Nicotiana rustica

Familie: Solanaceae.
Verbreitung: Europa; Nordamerika.
Wuchs: Aufrecht; 50 bis 70 cm hoch.
Blatt: Eiförmig; zugespitzt; grün.
Blüte: Juni bis August; trichterförmige Einzelblüten in Rispen stehend; gelbgrün.
Frucht: Kapseln, eiförmig.
Standort: Frische, humose Böden mit hohem Nährstoffgehalt.
Vermehrung: Aussaat im Frühjahr.
Ernte: Blätter im Sommer.
Verwendung: Tabak wird zur Gewinnung von Nicotinsäure angebaut, die Bestandteil von Präparaten zur Gefäßerweiterung, von Raucherentwöhnungspräparaten und von Rheumasalben ist. Die fermentierten Blätter werden zu Zigaretten und Zigarren verarbeitet. Tabakauszüge werden außerdem zur Herstellung von Insektiziden verwendet.

Warnung: Die ganze Pflanze, mit Ausnahme der reifen Samen, ist sehr stark giftig. Von der Verwendung der Pflanze ist mit Ausnahme von Fertigpräparaten und homöopathischen Zubereitungen abzuraten.
Hinweis: Indianer nutzten verschiedene Arten des Tabaks als Narkotikum und für rituelle Zwecke. Um 1560 brachten Spanier Samen der Tabakpflanze erstmals nach Europa, wo die Pflanzen zunächst als Zierpflanzen kultiviert wurden.

Virginischer Tabak
Nicotiana tabacum

Familie: Solanaceae.
Verbreitung: Südamerika.
Wuchs: Aufrecht; 50 bis 70 cm hoch.
Blatt: Eiförmig; zugespitzt; grün.
Blüte: Juni bis August; trichterförmige Einzelblüten in Rispen stehend; rosa.
Frucht: Kapseln, eiförmig.
Standort: Frische, humose Böden mit hohem Nährstoffgehalt.
Vermehrung: Aussaat im Frühjahr.
Ernte: Blätter im Sommer.
Verwendung: Tabak wird zur Gewinnung von Nicotinsäure angebaut, die Bestandteil von Präparaten zur Gefäßerweiterung, von Raucherentwöhnungspräparaten und von Rheumasalben ist. Die fermentierten Blätter werden zu Zigaretten und Zigarren verarbeitet. Tabakauszüge werden zur Herstellung von Insektiziden verwendet.
Warnung: Die ganze Pflanze, mit Ausnahme der reifen Samen, ist sehr stark giftig. Von der Verwendung der Pflanze ist mit Ausnahme von Fertigpräparaten und homöopathischen Zubereitungen abzuraten.

Schlaf-Mohn

Schlaf-Mohn, Samenkapsel

Gewöhnliche Pestwurz

Schlaf-Mohn
Papaver somniferum

Familie: Papaveraceae.
Verbreitung: Asien; Europa.
Wuchs: Aufrecht; im oberen Bereich verzweigt; 70 bis 90 cm hoch.
Blatt: Länglich; unregelmäßig tief gezähnt; meist spitz; bläulich grün bereift.
Blüte: Juni bis August; rosa, weiß oder violettfarben, innen gezeichnet.
Frucht: Kapseln.
Standort: Durchlässige, tiefgründige, humose Gartenböden.
Vermehrung: Aussaat im Frühjahr.
Pflege: Ausreichend gießen und düngen; Mohnkapseln rechtzeitig entfernen; neigt zum Verwildern.
Ernte: Der reife Samen wird aus den trockenen, braunen Kapsel ausgeschlagen und nachgetrocknet.
Verwendung: Mohn wird in größeren Mengen in Bäckereien zur Herstellung von Kuchen, Brot und Brötchen verwendet.
Warnung: Die ganze Pflanze, mit Ausnahme der Samen, ist giftig.
Hinweis: Schlaf-Mohn zählt zu unseren ältesten Arznei- und Kulturpflanzen. Auch in der Klosterheilkunde hatte der Schlafmohn einen festen Platz. Seit dem 17. Jahrhundert wurde die Pflanze, ausgehend von China, als Rauschdroge (Opium) missbraucht. Heute ist das Alkaloid Morphium Rohstoff für einige pharmazeutische Produkte. Der Anbau von Schlaf-Mohn, selbst wenn es sich nur um eine einzige Pflanze handelt, fällt unter das Betäubungsmittelgesetz und ist genehmigungspflichtig sowie kostenpflichtig.
Sorte: Besonders attraktiv ist der rosa blühende 'Weiße Speisemohn'.

Gewöhnliche Pestwurz
Petasites hybridus

Familie: Asteraceae.
Verbreitung: Europa.
Wuchs: Rosettig; ausläufertreibend; Blütenstiele aufrecht; bis 1 m hoch.
Blatt: Eirund; Blattrand gezähnt; runzelig; grün.
Blüte: März bis April; zweihäusig; erscheinen vor dem Laubaustrieb; Röhrenblüten in Trauben stehend; purpurfarben, selten weiß.
Standort: Sehr feuchte Böden mit hohem Nährstoffgehalt; Staunässe vertragend; ideal für den Teichrand.
Vermehrung: Aussaat im Frühjahr; Wurzelteilung im Herbst.
Pflege: Reichlich gießen und düngen; Rückschnitt im Herbst.
Ernte: Wurzeln im Herbst.
Verwendung: Wurzelextrakte wirken krampflösend und schmerzstillend. Sie sind Bestandteil von Fertigpräparaten gegen krampfartige Schmerzen im Bereich der ableitenden Harnwege, aber auch gegen Kopfschmerzen, Migräne und Asthma. Homöopathische Anwendungsgebiete sind Erkrankungen der Atemwege sowie Gallen- und Nierenkoliken.
Warnung: Blätter und Wurzeln sind giftig (leberschädigend). Von dem Verzehr der Wurzeln ist abzuraten.
Hinweis: Die Pestwurz war als Heilpflanze schon den Griechen und Römern bekannt. Ihre Ärzte verwendeten die Pflanze bereits im 1. Jahrhundert gegen bösartige Geschwüre. Im Mittelalter stand die schweißtreibende Wirkung der Droge im Vordergrund. Sie wurde in erster Linie zur Behandlung der Pest angewendet.

Echtes Salomonssiegel
Polygonatum odoratum

Weiterer Name: Wohlriechende Weißwurz.
Familie: Convallariaceae.
Verbreitung: Europa; Asien; Nordafrika.
Wuchs: Locker aufrecht bis bogig; rhizombildend; 20 bis 40 cm hoch.
Blatt: Lanzettlich; grün gefärbt.
Blüte: Mai bis Juni; röhrige Einzelblüten in den Blattachseln hängend; weiß
Standort: Humose Böden mit geringem Nährstoffgehalt.
Vermehrung: Teilung des Wurzelstockes im Herbst.
Pflege: Gelegentlich gießen, wenig düngen; Rückschnitt bald nach der Blüte.
Ernte: Wurzelstock im Herbst.
Verwendung: Die Volksheilkunde hat getrocknete Wurzelstöcke innerlich als harntreibendes Mittel und äußerlich als Breiumschlag bei Prellungen und Blutergüssen verwendet. Die russische Volksheilkunde kennt einen Brei aus zerstampften Wurzeln als Brechmittel.
Warnung: Die Pflanze ist giftig, besonders die Samen. Von der Anwendung der Pflanze ist heute abzuraten.

Gewöhnliche Küchenschelle
Pulsatilla vulgaris

Weiterer Name: Echte Küchenschelle.
Familie: Ranunculaceae.
Verbreitung: Europa.
Wuchs: Horstig; Blütenstiele überhängend; 20 bis 40 cm hoch.

Blatt: Fiederschnittig; Blättchen länglich lanzettlich, grün.
Blüte: März bis April; glockenförmige Einzelblüten; außen dicht weich behaart, violett.
Standort: Trockene, kalkhaltige Böden mit geringem Nährstoffgehalt.
Vermehrung: Aussaat im Frühjahr.
Pflege: Regelmäßig gießen; gelegentlich düngen; kein Rückschnitt.
Drogen: Blätter im Sommer.
Verwendung: Das Homöopathikum Pulsatilla wird bei unregelmäßigen Periodenblutungen, bei Entzündungen der Atemwege, Erkältungen, Blasen- und Nierenleiden, sowie bei Hautkrankheiten, Rheuma und Gicht verwendet.
Warnung: Die ganze Pflanze ist mittelstark giftig. Von der Verwendung der Pflanze ist mit Ausnahme von homöopathischen Zubereitungen abzuraten. Bei Berührung des frischen Krautes können Hautreizungen auftreten.

Knolliger Hahnenfuß
Ranunculus bulbosus

Familie: Ranunculaceae.
Verbreitung: Europa; Asien; Nordafrika; Nordamerika.
Wuchs: Horstig; Blütenstiele locker aufrecht, oben verzweigt; ausläufertreibend; 30 bis 50 cm hoch.
Blatt: 3-teilig, Blättchen gezähnt; grün.
Blüte: Juli bis August; schalenförmig; endständig; gelb.
Standort: Lehmige, trockene, humose Böden mit eher geringem Nährstoffgehalt.
Vermehrung: Aussaat im Frühjahr; Teilung des Wurzelstockes im Herbst.
Pflege: Wenig gießen und düngen; Rückschnitt nach der Blüte.
Ernte: Blühendes Kraut im Sommer.
Verwendung: Homöopathische Zubereitungen des knolligen Hahnenfußes werden bei Gürtelrose, Nervenschmerzen, Erkrankungen des Brustfells und Rheuma angewendet.
Warnung: Die gesamte Pflanze, besonders die Wurzel, ist giftig. Bei Berührung des frischen Krautes können Hautreizungen, Schwellungen und Blasen auftreten.

Wunderbaum
Ricinus communis

Weitere Namen: Palma Christi; Rizinus; Wunderstrauch.

Familie: Euphorbiaceae.
Verbreitung: Tropisches Afrika.
Wuchs: Aufrecht; bei uns einjährig; 1 bis 1,50 m hoch.
Blatt: Handförmig geteilt; tief gebuchtet; rot bis grün.
Blüte: Juli bis September; einhäusig; männliche Blüten in Rispen stehend; cremeweiß; weibliche Blüten in Büscheln stehend; rot.
Frucht: Kapseln; fleischig gestachelt; dunkelrot; mit ovalen, marmorierten Samen.
Standort: Durchlässige, humose Böden mit hohem Nährstoffgehalt.
Vermehrung: Aussaat im Frühjahr; mit Vorkultur unter Glas.
Pflege: Regelmäßig gießen und düngen.
Ernte: Samen im Herbst.
Verwendung: Durch Kaltpressung der Samen wird fettes Öl gewonnen, ein Rohstoff zur Herstellung von Rizinusöl. Rizinusöl wurde früher als starkes Abführmittel verwendet. Das Öl ist heute Hilfsstoff zur Herstellung von Salben und kosmetischen Präparaten. Homöopathische Anwendungsgebiete sind Gallensteinerkrankungen und Durchfälle. Das Öl wird auch in der Farben- und Lackindustrie verarbeitet und als Schmieröl verwendet.
Warnung: Die Samen sind sehr stark giftig. Von der Verwendung der Pflanze ist mit Ausnahme von homöopathischen Zubereitungen abzuraten.
Hinweis: Bereits 4000 v. Chr. gelangte die Rizinuspflanze nach Ägypten, wo sie später in Kulturen angebaut wurde. Das Öl wurde als Lampenöl zur Beleuchtung der Tempel verwendet und war auch damals schon als Mittel gegen Verstopfung bekannt.

Echtes Salomonssiegel

Gewöhnliche Küchenschelle

Knolliger Hahnenfuß

Wunderbaum

Krainer Tollkraut
Scopolia carniolica

Familie: Solanaceae.
Verbreitung: Mitteleuropa.
Wuchs: Horstig; Blütenstiele aufrecht; 30 bis 60 cm hoch.
Blatt: Verkehrt eiförmig; ganzrandig; grün.
Blüte: April bis Mai; glockenförmige Einzelblüten; braunviolett; innen gelblich.
Standort: Humose, frische Böden mit normalem Nährstoffgehalt.
Vermehrung: Teilung des Wurzelstockes im Herbst.
Ernte: Wurzeln im Herbst.
Verwendung: Extrakte des Tollkrautes sind Bestandteil von Präparaten gegen krampfartige Beschwerden im Magen-Darm-Bereich, der Gallen- und der ableitenden Harnwege.
Warnung: Die ganze Pflanze, besonders die Wurzel, ist sehr stark giftig. Die Giftaufnahme ist auch durch die Haut möglich. Vor der Selbstanwendung des Tollkrautes muss ausdrücklich gewarnt werden.

Bittersüßer Nachtschatten
Solanum dulcamara

Weiterer Name: Bittersüß.
Familie: Solanaceae.
Verbreitung: Europa; Asien; Nordafrika.
Wuchs: Halbstrauch; 2 bis 2,50 m hoch.
Blatt: Eiförmig; zugespitzt; dunkelgrün.

Blüte: Juli bis September; sternförmige Einzelblüten in Büscheln stehend; violett.
Standort: Durchlässige, humose Böden mit geringem Nährstoffgehalt.
Vermehrung: Aussaat im Herbst; Stecklinge im Sommer.
Ernte: 2- bis 3-jährige Stängel.
Verwendungen: Der Extrakt ist Bestandteil von äußerlich anzuwendenden Präparaten zur unterstützenden Therapie von chronischen Hautleiden. Homöopathische Zubereitungen werden bei fieberhaften Infekten, bei Erkrankungen der Atemorgane, der Haut, der Harnwege und des Magen-Darm-Kanals angewendet.
Warnung: Die ganze Pflanze ist stark giftig. Von der Verwendung der Pflanze ist mit Ausnahme von Fertigpräparaten und homöopathischen Zubereitungen abzuraten.

Weiße Meerzwiebel
Urginea maritima

Familie: Hyacinthaceae.
Verbreitung: Mittelmeerraum.
Wuchs: Zwiebelpflanze; Blütenstiele aufrecht; 50 bis 60 cm hoch.
Blatt: Länglich lanzettlich; spitz; graugrün.
Blüte: Juli bis August; sternförmige Einzelblüten in Trauben zusammenstehend; weiß.
Standort: Trockene, durchlässige Böden mit eher geringem Nährstoffgehalt; bei uns nur als Topfkultur.
Vermehrung: Aussaat im Sommer; Zwiebelteilung im Herbst.

Winterschutz: Töpfe hell und kühl überwintern.
Ernte: Fleischige Schuppen von vor dem Austrieb gesammelten Zwiebeln.
Verwendung: Meerzwiebel ist herzwirksam und wird hauptsächlich zur Gewinnung von Rohstoffen zur Herstellung von Präparaten zur Behandlung von Altersherz, Angina pectoris oder nierenbedingten Ödemen angebaut. Homöopathische Zubereitungen werden bei Herzschwäche, bei Harnblasenentleerungsstörungen und bei Schnupfen angewendet.
Warnung: Die ganze Pflanze, besonders die Zwiebel, ist stark giftig. Von der Verwendung der Pflanze ist mit Ausnahme von Fertigpräparaten und homöopathischen Zubereitungen abzuraten. Der Pflanzensaft wirkt blasenziehend auf der Haut.
Hinweis: Die Meerzwiebel gehörte bereits zum Arzneimittelschatz der Antike. Sie galt als auswurffördernd und wurde als Mittel zur Erhöhung der Harnausscheidung eingesetzt. Äußerlich angewendet, galt sie als Mittel gegen Warzen, Frostbeulen und Brandwunden. Meerzwiebel ist seit alters Bestandteil von Ratten- und Mäusegift.

Großes Immergrün
Vinca major

Weiterer Name: Großblättriges Immergrün.
Familie: Apocynaceae.
Verbreitung: Europa.
Wuchs: Niederliegend bis überhängend; teils wurzelnd; 30 bis 40 cm hoch.

Krainer Tollkraut

Bittersüßer Nachtschatten

Blatt: Herzförmig bis eiförmig; ledrig; dunkelgrün.
Blüte: April bis Mai; Nachblüte im September; Einzelblüten; hellblau.
Standort: Durchlässige, humose Böden mit eher hohem Nährstoffgehalt.
Vermehrung: Stecklinge im Sommer; Wurzelteilung im Herbst.
Pflege: Regelmäßig gießen; gelegentlich düngen; gelegentlich Rückschnitt.
Ernte: Blätter und Blüten im Frühjahr.
Verwendung: Immergrün wurde zur Gewinnung von Rohstoffen für Präparate zur Behandlung zerebraler Durchblutungsstörungen angebaut. Heute werden Ginkgo-Extrakte bevorzugt verwendet. Die Volksheilkunde kennt das Große Immergrün als stärkendes, wassertreibendes und blutreinigendes Mittel.
Warnung: Die ganze Pflanze ist giftig. Von der Verwendung der Pflanze ist abzuraten.
Hinweis: Immergrün war bereits in der Antike als Heilkraut bekannt. Dioskurides empfahl seine Zubereitungen gegen Durchfall und gegen Zahnweh. Im Mittelalter wurden Immergrünblätter verräuchert, um Kinder vor Hexen und Zauberern zu schützen und Krankheitsgeister zu vertreiben.

Kleines Immergrün
Vinca minor

Weiterer Name: Kleinblättriges Immergrün.
Familie: Apocynaceae.
Verbreitung: Europa; Westasien.
Wuchs: Niederliegend bis überhängend; teils wurzelnd; 20 bis 30 cm hoch.
Blatt: Herzförmig bis eiförmig; ledrig; dunkelgrün.
Blüte: April bis Mai; Nachblüte im September; Einzelblüten; hellblau.
Standort: Durchlässige, humose Böden mit eher hohem Nährstoffgehalt.
Vermehrung: Stecklinge im Sommer; Wurzelteilung im Herbst.
Pflege: Regelmäßig gießen; gelegentlich düngen; gelegentlich Rückschnitt.
Ernte: Blätter und Blüten im Frühjahr.
Verwendung: Kleines Immergrün wurde genau wie Großes Immergrün zur Gewinnung von Rohstoffen für Präparate zur Behandlung zerebraler Durchblutungsstörungen angebaut. Heute werden Ginkgo-Extrakte bevorzugt verwendet. Die Volksheilkunde kennt Immergrün als stärkendes, wassertreibendes und blutreinigendes Mittel.
Warnung: Die ganze Pflanze ist giftig. Von der Verwendung ist abzuraten.
Hinweis: Die Verbreitung erfolgte fast ausschließlich über den Menschen. Größere Vor-

Weiße Meerzwiebel

Großes Immergrün

Kleines Immergrün

Weiße Schwalbenwurz

kommen zeigen noch heute die Lage ehemaliger Siedlungen an. Heute wird das Kleine Immergrün als Bodendecker gepflanzt.

Weiße Schwalbenwurz
Vincetoxicum hirundinaria

Familie: Asclepiadaceae.
Verbreitung: Mittelmeerraum.
Wuchs: Buschig; Blütenstiele aufrecht; 60 bis 100 cm hoch.
Blatt: Lanzettlich; lang zugespitzt; derb; grün.
Blüte: Juni bis August; sternförmig in Trugdolden stehend; weiß.

Standort: Durchlässige, eher trockene Böden mit geringem Nährstoffgehalt.
Vermehrung: Aussaat im Frühjahr; Teilung des Wurzelstockes im Herbst.
Pflege: Wenig gießen und düngen; vollständiger Rückschnitt im Herbst oder Frühjahr.
Ernte: Wurzeln im Herbst.
Verwendung: Die Volksheilkunde verwendet den Tee als harn- und schweißtreibendes Mittel zur Blutreinigung. Homöopathische Zubereitungen werden zur Aktivierung der körpereigenen Abwehr angewendet.
Warnung: Alle Pflanzenteile, besonders die Wurzeln, gelten als giftig. Die Anwendung sollte nur in Form von homöopathischen Zubereitungen erfolgen.

Heilkräftige Gehölze

Weiß-Tanne, Edel-Tanne
Abies alba

Familie: Pinaceae.
Verbreitung: Europa; Alaska.
Blatt: Nadelförmig; oberseits dunkelgrün, unterseits hellgrün.
Wuchs: Baum; 30 bis 50 m hoch; Durchmesser 6 bis 10 m.
Standort: Nahrhafte, humose Böden.
Ernte: Zweigspitzen mit Zapfen im Sommer.
Verwendung: Aus den Zweigspitzen wird Edel-Tannenöl destilliert, das auswurffördernde, antimikrobielle und hautreizende Eigenschaften hat. Es wird zur Inhalation bei Erkrankungen der Atemwege, zu Einreibungen bei rheumatischen Beschwerden und bei Durchblutungsstörungen verwendet.

Gewöhnliche Rosskastanie
Aesculus hippocastanum

Weiterer Name: Balkan-Rosskastanie.

Familie: Hippocastanaceae.
Verbreitung: Europa; Westasien.
Wuchs: Baum; 20 bis 30 m hoch; Durchmesser 15 bis 20 m.
Blatt: Gefingert mit fünf bis sieben Blättchen; oberseits dunkelgrün, unterseits hellgrün.
Blüte: April bis Mai; 5-zählige Einzelblüten in aufrechten Rispen stehend, weiß mit gelbem, später rotem Saftmal.
Frucht: Aufspringende Kapseln; rundlich, stachelig; mit ein bis zwei großen braunen Nüssen.
Standort: Nahrhafte, humose Böden.
Ernte: Samen im Herbst.
Verwendung: Kastanienzubereitungen sind Bestandteil von zahlreichen Präparaten gegen Schwellungen in den Beinen, Krampfadern, Hämorrhoiden und auch Durchblutungsstörungen, Muskelprellungen und Frostschäden. Homöopathische Anwendungsgebiete sind trockene Katarrhe im Nasen- und Rachenraum, Hämorrhoiden und Unterschenkelgeschwüre.
Warnung: Früchte und Samen sind schwach giftig. Von der Verwendung der Samen ist mit Ausnahme von Fertigpräparaten und homöopathischen Zubereitungen abzuraten.

Rotfrüchtige Bärentraube
Arctostaphylos uva-ursi

Weiterer Name: Immergrüne Bärentraube.
Familie: Ericaceae.
Verbreitung: Europa; Amerika.
Wuchs: Halbstrauch; 30 bis 40 cm hoch.
Blatt: Verkehrt eiförmig ledrig; dunkelgrün.
Blüte: April bis Mai; krugförmige Einzelblüten in kurzen Trauben stehend; weiß.
Frucht: Beerenartige Steinfrüchte, rot.
Standort: Feuchte, saure Böden mit eher geringem Nährstoffgehalt.
Ernte: Blätter im Sommer.
Verwendungen: Bärentraubenblättertee (Kaltauszug) wird bei leicht entzündlichen Erkrankungen der Harnwege angewendet. Bärentraubenblätter sind häufig Bestandteil von Blasen- und Nierentees. Der Extrakt ist Bestandteil verschiedener Kombinationspräparate.
Warnung: Die Blätter sind schwach giftig. Bei Überdosierung können Magenreizungen ausgelöst werden.
Hinweis: Die Pflanze ist in Deutschland geschützt. Blätter nicht sammeln!

Weiß-Tanne

Gewöhnliche Rosskastanie

Rotfrüchtige Bärentraube, blühend

Bärentraube mit Früchten

Gewöhnliche Berberitze Hänge-Birke Duftende Engelstrompete Besenheide

Gewöhnliche Berberitze
Berberis vulgaris

 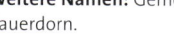

Weitere Namen: Gemeine Berberitze; Sauerdorn.
Familie: Berberidaceae.
Verbreitung: Europa; Westasien.
Wuchs: Strauch; 2 bis 3 m hoch; Durchmesser 2 bis 3 m.
Blatt: Verkehrt breit eiförmig bis elliptisch; grün oder rot.
Blüte: Mai; Glockenblüten in Trauben stehend; gelb.
Frucht: Beeren, rot.
Standort: Alle Böden mit eher geringem Nährstoffgehalt.
Ernte: Blätter; Beeren; Rinde.
Verwendung: Ein Tee aus Blättern und Wurzelrinde wird gelegentlich bei Appetitlosigkeit oder als leichtes Abführmittel verordnet. Die homöopathische Urtinktur Berberis wird bei rheumatischen Erkrankungen, Leber-Galle-Beschwerden, Hauterkrankungen und Nierensteinen angewendet. Reife Früchte werden zu Marmeladen und Getränken verarbeitet.
Warnung: Die ganze Pflanze, mit Ausnahme der gekochten Beeren, ist schwach giftig. Blätter und Wurzelrinde dürfen nicht ohne ärztlichen Rat angewendet werden.

Hänge-Birke
Betula pendula

Weitere Namen: Europäische Weiß-Birke.
Familie: Betulaceae.
Verbreitung: Europa; Westasien; Nordafrika.

Wuchs: Baum; 20 bis 25 m hoch; Durchmesser 8 bis 15 m.
Blatt: Breit eiförmig bis dreieckig; Blattrand gesägt; unterseits hellgrün, oberseits matt grün.
Blüte: März bis Mai; einhäusig; männliche Kätzchen walzlich, weibliche Kätzchen zylindrisch; gelblich.
Frucht: Fruchtkätzchen, aus einsamigen Nüssen bestehend.
Standort: Alle Böden.
Ernte: Blätter im Sommer; Rinde im Frühjahr; Saft im Frühjahr.
Verwendung: Birkenblätter-Tee fördert die Wasserausscheidung, ohne die Nieren zu reizen, und wird zur Durchspülungstherapie bei Harnwegsinfektionen verwendet. Birkenteer wird aus der Rinde gewonnen und ist gelegentlich Bestandteil von Salben gegen Hautparasiten und Ekzeme, hauptsächlich für die Tiermedizin. Der Birkensaft ist Bestandteil von Haarwässern gegen Schuppen und Haarausfall.

Duftende Engelstrompete
Brugmansia suaveolens

Weiterer Name: Großblütiger Stechapfel.
Verbreitung: Brasilien.
Wuchs: Strauch; buschig; 1,50 bis 2,50 m hoch.
Blatt: Eiförmig; groß; zugespitzt; grün.
Blüte: August bis Oktober; trichterförmige Einzelblüten; weiß.
Standort: Warm; bei uns als Kübelpflanze; Topfpflanzenerde mit Lehmzusatz.
Vermehrung: Stecklinge im Sommer.
Pflege: Reichlich gießen und düngen; Rückschnitt im Herbst.

Winterschutz: Kübel hell und frostfrei überwintern.
Verwendung: Engelstrompete wird zur Gewinnung von Rohstoffen verwendet, die Wirkstoffe von Beruhigungsmitteln bei Angstzuständen, bei Reisekrankheit und zur Narkosevorbereitung sind.
Warnung: Die ganze Pflanze ist sehr stark giftig. Der Missbrauch der Pflanze kann zu lebensgefährlichen Vergiftungen führen.
Hinweis: Schon der Duft der Blüten hat narkotisierende Eigenschaften und ruft Kopfschmerzen hervor.

Besenheide
Calluna vulgaris

Weitere Namen: Heidekraut; Sommerheide.
Familie: Ericaceae.
Verbreitung: Europa; Nordafrika; Nordamerika.
Wuchs: Strauch; 20 bis 60 cm hoch; Durchmesser bis 1 m.
Blatt: Nadelförmig; dunkelgrün.
Blüte: Juli bis September; Glockenblüten in Trauben stehend; violettrosa.
Standort: Saure, durchlässige Böden mit geringem Nährstoffgehalt.
Vermehrung: Stecklinge oder Absenker im Frühsommer.
Pflege: Rückschnitt alle zwei bis drei Jahre im Frühjahr.
Ernte: Kraut zur Blütezeit.
Verwendung: Die Volksheilkunde verwendet Heidekraut als harntreibendes Mittel bei Blasen- und Nierenleiden, rheumatischen Beschwerden und Hauterkrankungen. Homöopathische Anwendungsgebiete sind Blasenleiden und rheumatische Beschwerden.

Kamelie

Kapernstrauch

Bitter-Orange

Zitrone

Kamelie
Camellia sinensis

Weitere Namen: Teepflanze; Teestrauch.
Familie: Theaceae.
Verbreitung: China; Indien.
Wuchs: Strauch; am Naturstandort 10 bis 15 m hoch.
Blatt: Schmal eiförmig bis oval; Blattrand gesägt; ledrig; dunkelgrün.
Blüte: April bis Mai; schalenförmige Einzelblüten; weiß.
Standort: Warme Standorte; bei uns als Kübelpflanze; Topfpflanzenerde.
Vermehrung: Stecklinge im Sommer.
Pflege: Ausreichend gießen und düngen; Rückschnitt bei Bedarf im Herbst.
Winterschutz: Kübel hell und frostfrei überwintern.
Ernte: Junge Triebe und Blätter im Sommer.
Verwendung: Die Blätter werden fermentiert und getrocknet (Schwarzer Tee) oder mit Wasserdampf unter Druck behandelt und getrocknet (Grüner Tee). Tee ist als anregendes Genussmittel weit verbreitet.
Warnung: Übermäßiger Genuss kann zu starken Erregungszuständen führen.
Hinweis: Möglicherweise haben Mönche die anregende Wirkung der Teeblätter erkannt und für ihre Verbreitung gesorgt. In Europa gewann Tee erst im 18. Jahrhundert seine Bedeutung.

Kapernstrauch
Capparis spinosa var. inermis

Familie: Capparaceae.

Verbreitung: Mittelmeerraum.
Wuchs: Strauch; hängend oder kriechend; 30 bis 90 cm hoch.
Blatt: Oval; fleischig; dunkelgrün.
Blüte: Mai bis Juli; weiß.
Standort: Warme Standorte; bei uns als Kübelpflanze; sandige, kalkreiche Erde.
Vermehrung: Stecklinge im Sommer.
Pflege: Wenig gießen oder düngen; Rückschnitt bei Bedarf im Herbst; auf Wollläuse achten.
Winterschutz: Kübel hell in temperierten Räumen überwintern.
Ernte: Blütenknospen am frühen Morgen; Wurzeln im Herbst.
Verwendung: Kapernstrauch wirkt zusammenziehend, harntreibend und schleimlösend. Die Abkochung der Rinde wird als Tinktur gegen Rheuma und vaginale Pilze angewendet. Getrocknete Blütenknospen werden in Essig eingelegt und zum Würzen von Fleisch- oder Fischgerichten verwendet.

Bitter-Orange
Citrus x aurantium

Weiterer Name: Pomeranze.
Familie: Rutaceae.
Verbreitung: Südostasien.
Wuchs: Strauch; 1 bis 2 m hoch; am Naturstandort 7 bis 10 m.
Blatt: Breit elliptisch bis eiförmig; zugespitzt; ledrig; dunkelgrün.
Blüte: April bis Juni; einzeln oder in Trauben stehend; weiß.
Frucht: Rundliche Beeren, mit rauer Schale; orange.
Standort: Warme Standorte; bei uns als Kübelpflanze; Topfpflanzenerde.

Vermehrung: Aussaat im Frühjahr; Veredlung.
Pflege: Ausreichend gießen und düngen; Rückschnitt bei Bedarf im Herbst; auf Eisenmangel achten.
Winterschutz: Kübel hell und frostfrei überwintern.
Ernte: Schale von reifen Früchten; Blütenöl, das durch Wasserdampfdestillation gewonnene ätherische Öl der Blüten.
Verwendung: Pomeranzenschale wirkt appetitanregend und verdauungsfördernd. Tinktur oder Sirup werden häufig bei Appetitmangel oder bei Verdauungsbeschwerden verwendet. Homöopathische Zubereitungen werden bei Zahnfleischbluten angewendet. Pomeranzenschalenöl wird in der Lebensmittelindustrie und als Rohstoff von Bitterschnäpsen verwendet.
Hinweis: Die Bitter-Orange wurde von den Arabern auf der Iberischen Halbinsel eingeführt. Anfang des 16. Jahrhunderts wurde sie durch spanische und portugiesische Seefahrer nach Amerika gebracht.

Zitrone
Citrus limon

Familie: Rutaceae.
Verbreitung: Südostasien.
Wuchs: Strauch; 1 bis 2 m hoch; am Naturstandort 5 bis 7 m.
Blatt: Breit elliptisch bis eiförmig; zugespitzt; ledrig; dunkelgrün.
Blüte: April bis Juni; einzeln oder in Trauben stehend; weiß.
Frucht: Elliptische Beeren, gelb.
Standort: Warme Standorte; bei uns als Kübelpflanze; Topfpflanzenerde.
Vermehrung: Aussaat im Frühjahr; Veredlung.

Orange

Pflege: Ausreichend gießen und düngen; Rückschnitt bei Bedarf im Herbst; auf Eisenmangel achten.
Winterschutz: Kübel hell und frostfrei überwintern.
Ernte: Schale von reifen Früchten; Zitronenöl, das durch Wasserdampfdestillation gewonnene ätherische Öl der Schalen.
Verwendung: Die Volksheilkunde verwendet Zitronensaft mit heißem Wasser als Mittel gegen Erkältungen. Das leicht hautreizend wirkende ätherische Öl ist gelegentlich Bestandteil von Einreibungen. Homöopathische Zubereitungen werden bei Zahnfleischbluten angewendet. In der Küche werden Zitronen zum Backen oder Kochen verwendet.
Hinweis: Die Zitrone gelangte erst sehr spät aus dem indischen Großraum in das chinesische Kaiserreich. Von dort aus erreichte sie über Handelswege Persien und Arabien. Zwischen dem 10. und 13. Jahrhundert verbreitete sich die Zitrone im Mittelmeergebiet. Bald galt Zitronensaft als wirksames Mittel gegen Skorbut.

Orange
Citrus sinensis

Weiterer Name: Apfelsine.
Familie: Rutaceae.
Verbreitung: Südostasien.
Wuchs: Strauch; 1 bis 2 m hoch; am Naturstandort 5 bis 7 m.
Blatt: Breit elliptisch bis eiförmig; zugespitzt; ledrig; dunkelgrün.
Blüte: April bis Juni; einzeln oder in Trauben stehend; weiß.
Frucht: Rundliche Beeren, orange.

Standort: Warme Standorte; bei uns als Kübelpflanze; Topfpflanzenerde.
Vermehrung: Aussaat im Frühjahr; Veredlung.
Pflege: Ausreichend gießen und düngen; Rückschnitt bei Bedarf im Herbst; auf Eisenmangel achten.
Winterschutz: Kübel hell und frostfrei überwintern.
Ernte: Reife Früchte; Schale von reifen Früchten; Orangenschalenöl, das durch Wasserdampfdestillation gewonnene ätherische Öl der Schalen.
Verwendung: Das ätherische Öl wird zum Aromatisieren von Arzneimitteln verwendet. Apfelsinenschalen sind häufig Bestandteil von Früchtetees. In der Küche werden Orangen als vitaminreiches Obst gegessen.
Hinweis: Orangen wurden schon mehrere Jahrhunderte in China kultiviert, bevor sie in Europa Anfang des 15. Jahrhunderts durch die Araber eingeführt wurden. Christoph Kolumbus wird es zugeschrieben, die ersten Samen nach Nordamerika gebracht zu haben.

Zweigriffliger Weißdorn
Crataegus laevigata

Familie: Rosaceae.
Verbreitung: Europa.
Wuchs: Strauch; 5 bis 8 m hoch; Durchmesser 2 bis 5 m.
Blatt: Tief eingeschnitten gesägt bis fiederlappig; unterseits hell graugrün; oberseits dunkelgrün.
Blüte: Mai bis Juni; in Doldenrispen stehend; stark und unangenehm riechend; weiß.
Frucht: Eiförmige Apfelfrüchte, scharlachrot.
Standort: Humose Böden mit normalem bis hohem Nährstoffgehalt.

Ernte: Blätter mit Blüten im Frühjahr; Früchte im Herbst.
Verwendung: Weißdorn wird in Teemischungen oder als Extrakt in Präparaten bei nachlassender Leistungsfähigkeit des Herzens im Alter und nach Infektionskrankheiten angewendet. Homöopathische Anwendungsgebiete sind Herz- und Kreislaufbeschwerden.
Hinweis: Bereits die großen Ärzte der Spätantike nutzten die Heilkräfte des Weißdorns. In der mittelalterlichen Klosterheilkunde wurde die Pflanze allerdings nicht verwendet. Spätere Werke beschrieben die Wirkung des Weißdorns und die Pflanze fand Einzug in die Volksheilkunde.
Weitere Art: Eingriffliger Weißdorn (*Crataegus monogyna*) wird ebenso verwendet.

Echte Quitte
Cydonia oblonga

Familie: Rosaceae.
Verbreitung: Europa; Westasien; Nordafrika.
Wuchs: Strauch; 4 bis 6 m hoch; Durchmesser 4 bis 6 m.
Blatt: Lanzettlich bis eiförmig; spitz; unterseits graugrün; oberseits stumpf grün.
Standort: Frische bis feuchte Böden mit normalem bis hohem Nährstoffgehalt.
Ernte: Früchte und reife Samen im Herbst.
Verwendung: Der Schleim der unzerkleinerten Samen ist Bestandteil von Salben und Cremes gegen Verbrennungen, Wundliegen, aufgesprungene Haut oder Hämorrhoiden. Der Saft der ganzen Früchte wird bei Darmstörungen und bei leichten Entzündungen im Mund- und Rachenraum angewendet.

Zweigriffliger Weißdorn

Echte Quitte

Besenginster
Cytisus scoparius ssp. *scoparius*

Familie: Fabaceae.
Verbreitung: Europa.
Wuchs: Strauch; 1,50 bis 2 m hoch; Durchmesser 1,50 bis 2 m.
Blatt: 3-zählig; dunkelgrün.
Blüte: Mai bis Juni; Schmetterlingsblüten in Trauben stehend; goldgelb.
Standort: Trockene, durchlässige, eher saure Böden mit geringem Nährstoffgehalt.
Ernte: Kraut zur Blütezeit; Blüten.
Verwendungen: Besenginster wirkt gefäßverengend und blutdrucksteigernd. Der Extrakt ist Bestandteil von Präparaten bei funktionellen Herz- und Kreislaufbeschwerden. Homöopathische Anwendungsgebiete sind Herzrhythmusstörungen.
Warnung: Die ganze Pflanze ist giftig. Von der Verwendung als Tee ist abzuraten.

Gewöhnlicher Seidelbast
Daphne mezereum

Familie: Thymelaeaceae.
Verbreitung: Europa; Westasien.
Wuchs: Strauch; 1 bis 1,5 m hoch; Durchmesser 1 bis 1,5 m.
Blatt: Länglich lanzettlich; unterseits hell blaugrün; oberseits mattgrün.
Blüte: Februar bis April; Röhrenblüten, meist zu 3 stehend; purpurrosa bis purpurlila.
Frucht: Steinfrüchte; scharlachrot.
Standort: Humose Böden mit eher hohem Nährstoffgehalt.
Ernte: Rinde vor der Blüte.
Verwendung: Seidelbast wurde früher häufig in Salben zur Behandlung von chronischen Hautleiden und rheumatischen Beschwerden verwendet, was häufig zu Vergiftungen führte. Homöopathische Anwendungsgebiete sind Nervenschmerzen, Gürtelrose und juckende Hauterkrankungen.
Warnung: Die ganze Pflanze ist sehr stark giftig. Von der Verwendung der Pflanze muss mit Ausnahme von homöopathischen Zubereitungen abgeraten werden.

Echte Glocken-Heide
Erica tetralix

Familie: Ericaceae.
Verbreitung: Europa.
Wuchs: Strauch; 30 bis 40 cm hoch.
Blatt: Nadelförmig; spitz; unterseits silbrig; oberseits graugrün.
Blüte: Juli bis September; glockige Einzelblüten in Doldentrauben stehend; rosa.
Standort: Feuchte, saure Böden mit geringem Nährstoffgehalt.
Vermehrung: Stecklinge oder Absenker im Frühsommer.
Pflege: Rückschnitt alle zwei bis drei Jahre im Frühjahr.
Ernte: Blüten im Sommer.
Verwendung: Die Volksheilkunde verwendet die Blüten als auswurfförderndes Mittel bei Husten (Wirksamkeit bisher nicht belegt).

Eukalyptus
Eucalyptus globulus

Familie: Myrtaceae.
Verbreitung: Australien.
Wuchs: Baum; am Naturstandort 40 bis 60 m hoch.
Blatt: Elliptisch bis oval; ledrig; graugrün.
Blüte: Mai bis Juni; einzeln in den Blattachseln stehend; gelblich bis rot.
Frucht: Kreiselförmige Kapsel.
Standort: Warme Standorte; bei uns als Kübelpflanze; Topfpflanzenerde.
Vermehrung: Aussaat im Frühjahr.
Pflege: Ausreichend gießen und düngen; Rückschnitt im Herbst.
Winterschutz: Kübel hell und frostfrei überwintern.
Ernte: Blätter und Zweigspitzen im Sommer.
Verwendung: Die Volksheilkunde nutzt die Blätter bei Magen-Darm-Beschwerden sowie als auswurfförderndes Mittel bei schleimigem Husten. Aus frischen Blättern oder Zweigspitzen wird das schleimlösende, auswurffördernde, antibakterielle ätherische Öl gewonnen. Eukalyptuszubereitungen werden bei schleimigem Husten und bei Asthma verwendet. Badekonzentrate wirken durchblutungsfördernd und helfen bei rheumatischen Beschwerden.

Besenginster

Gewöhnlicher Seidelbast

Echte Glocken-Heide

Eukalyptus

Rot-Buche   Gewöhnliches Pfaffenhütchen   Feigenbaum   Faulbaum

Warnung: Das ätherische Öl wirkt in größeren Dosen lähmend auf die Zentralnerven.

Gewöhnliches Pfaffenhütchen
Euonymus europaeus

Weiterer Name: Europäisches Pfaffenhütchen.
Familie: Celastraceae.
Verbreitung: Europa; Westasien.
Wuchs: Strauch; 3 bis 6 m hoch; Durchmesser 2 bis 4 m.
Blatt: Eiförmig bis elliptisch; dunkelgrün.
Blüte: Mai bis Juni; unscheinbar; radförmige Einzelblüten in Trugdolden stehend; grünlich.
Frucht: Kapseln; rot.
Standort: Feuchte, eher alkalische Böden mit hohem Nährstoffgehalt.
Ernte: Reife Früchte im Herbst.
Verwendung: Früher verwendete die Volksheilkunde Abkochungen der Früchte als harntreibendes Mittel. Die gepulverten Früchte und das fette Öl waren Mittel gegen Ungeziefer. Homöopathische Zubereitungen werden bei Kopfschmerzen und bei Lebererkrankungen angewendet.
Warnung: Die ganze Pflanze ist stark giftig. Von der Verwendung der Pflanze muss mit Ausnahme von homöopathischen Zubereitungen abgeraten werden.

Rot-Buche
Fagus sylvatica

Weiterer Name: Gemeine Buche.

Familie: Fagaceae.
Verbreitung: Europa; Westasien.
Wuchs: Baum; 25 bis 35 m hoch; Durchmesser 10 bis 25 m.
Blatt: Eiförmig bis elliptisch; glänzend grün.
Blüte: April bis Mai; einhäusig; männliche Blüten in Büscheln, weibliche Blüten zu 2 bis 3 stehend; gelbgrün.
Frucht: Nuss.
Standort: Kalkhaltige, humose Böden mit eher hohem Nährstoffgehalt.
Ernte: Der aus dem Holz industriell gewonnene Buchenteer.
Verwendung: Buchenteer wurde früher äußerlich bei rheumatischen Beschwerden und bei Hauterkrankungen angewendet. Homöopathische Zubereitungen der Holzkohle werden bei Entzündungen der Atemwege, Krampfadern, Herz- und Kreislaufschwäche sowie Schwäche der Verdauungsorgane verwendet.

Feigenbaum
Ficus carica

Familie: Moraceae.
Verbreitung: Mittelmeerraum.
Wuchs: Baum; kompakt; 2 bis 4 m hoch und breit; als Kübelpflanze kleiner.
Blatt: Handförmig gelappt; derbhäutig; grün.
Blüte: März bis September; einhäusig; unscheinbar.
Frucht: Scheinfrucht (Feigen).
Standort: Frische bis feuchte, humose Böden mit eher hohem Nährstoffgehalt. In frostgefährdeten Lagen nur als Kübelpflanze.
Vermehrung: Aussaat im Frühjahr; Stecklinge im Sommer.
Pflege: Ausreichend gießen und düngen;

Rückschnitt im Herbst; Kübelpflanzen frostfrei überwintern.
Verwendung: Feigen sind Nahrungsmittel und gelten als leichtes Abführmittel. Sie werden auch als Zusatz in Hustentees und als Geschmackskorrigens in Arzneimitteln verwendet.

Gewöhnlicher Faulbaum
Frangula alnus

Familie: Rhamnaceae.
Verbreitung: Europa; West- bis Mittelasien; Nordafrika.
Wuchs: Strauch; 2 bis 4 m hoch; Durchmesser 2 bis 3 m.
Blatt: Breit eiförmig bis elliptisch; unterseits hellgrün; oberseits dunkelgrün.
Blüte: Mai bis Juli; trichterförmige Einzelblüten in Büscheln stehend; weiß.
Frucht: Kugelige Steinfrüchte, schwarzrot.
Standort: Feuchte, saure Böden mit eher geringem Nährstoffgehalt.
Ernte: Rinde im Frühjahr.
Verwendungen: Faulbaumrinde ist Bestandteil von abführenden Teemischungen. Homöopathische Zubereitungen werden bei Verdauungsschwäche und bei Neigung zu Durchfall angewendet.
Warnung: Laub, Rinde und Früchte sind mittelstark giftig. Wie alle drastischen Abführmittel soll Faulbaumrinde nicht allzu häufig verwendet werden.
Hinweis: Faulbaumrinde wurde ursprünglich äußerlich zur Behandlung von eitrigen Hautentzündungen und von faulen Zähnen verwendet (Faulbaum). Weitere Anwendungsgebiete waren Hämorrhoiden, Leber- und Milzleiden sowie Wassersucht.

Niederliegende Scheinbeere
Gaultheria procumbens

Familie: Ericaceae.
Verbreitung: Nordamerika.
Wuchs: Strauch; 10 bis 20 cm hoch; Durchmesser 20 bis 40 cm.
Blatt: Verkehrt eiförmig bis elliptisch; ledrig; dunkelgrün.
Blüte: Juli bis August; Glockenblüten einzeln in den Blattachseln oder selten in kleinen Trauben stehend; weiß bis hellrosa.
Frucht: Kugelige Kapsel; rot.
Standort: Feuchte, saure Böden mit normalem Nährstoffgehalt.
Vermehrung: Teilung des Wurzelstockes im Herbst.
Pflege: Ausreichend gießen, gelegentlich düngen; nicht schneiden.
Ernte: Blätter im Sommer.
Verwendungen: Das aus den Blättern gewonnene ätherische Öl ist Bestandteil von Einreibemitteln gegen Rheuma und Nervenschmerzen. Wintergrünblätter sind gelegentlich blähungstreibender Bestandteil von Teemischungen. Das ätherische Öl wird in der Parfüm- und Seifenindustrie sowie in der Kosmetik verwendet.

Färber-Ginster
Genista tinctoria

Weiterer Name: Eiblatt-Ginster.
Familie: Fabaceae.
Verbreitung: Europa; Russland.
Wuchs: Strauch; 50 bis 100 cm hoch; Durchmesser 80 bis 150 cm.

Blatt: Lanzettlich; spitz; glänzend grün.
Blüte: Juni bis August; in Trauben stehend; goldgelb.
Frucht: Hülsen.
Standort: Durchlässige, trockene Böden mit geringem Nährstoffgehalt.
Ernte: Blühende Zweigspitzen im Sommer.
Verwendung: Die Volksheilkunde verwendet Färber-Ginsterkraut als Bestandteil von Blutreinigungstees bei Harnwegsinfektionen, bei Blasen- und Nierensteinen sowie bei Rheuma und Gicht. Homöopathische Zubereitungen werden bei Kopfschmerzen, bei Verdauungsschwäche und bei Hautausschlägen verwendet.
Warnung: Die gesamte Pflanze ist stark giftig. Von der Verwendung der Pflanze muss mit Ausnahme von homöopathischen Zubereitungen abgeraten werden.
Hinweis: Ginsterblüten können zum Färben von Textilien verwendet werden.

Ginkgo
Ginkgo biloba

Weitere Namen: Elefantenohrbaum; Fächerblattbaum.
Familie: Ginkgoaceae.
Verbreitung: China.
Wuchs: Baum; 20 bis 30 m hoch; Durchmesser 10 bis 15 m.
Blatt: Fächerförmig, am oberen Rand eingeschnitten; derb; frisch grün.
Blüte: April bis Mai; zweihäusig; männliche Blüten in den Achseln von Niederblättern; weibliche Blüten zu 2 bis 3 stehend; unscheinbar, gelbgrün.
Frucht: Pflaumenähnlich; fleischig; unangenehm riechend.

Standort: Alle Böden.
Ernte: Blätter im Sommer.
Verwendung: Ginkgopräparate werden zur Behandlung von Durchblutungsstörungen, Konzentrationsschwäche, Vergesslichkeit, Verwirrtheit und von bestimmten Seh- und Hörstörungen verwendet. Homöopathische Zubereitungen werden bei Kopfschmerzen und Mandelentzündungen verwendet.
Warnung: Die Samen sind schwach giftig. Die fleischige Samenschale kann Hautreizungen verursachen.
Hinweis: Die chinesische Medizin verwendet Ginkgo-Blätter seit Jahrhunderten als Wundpflaster sowie als Heiltee.

Virginische Zaubernuss
Hamamelis virginiana

Familie: Hamamelidaceae.
Verbreitung: Nordamerika.
Wuchs: Strauch; 5 bis 6 m hoch; Durchmesser 3 bis 5 m.
Blatt: Breit elliptisch bis verkehrt eiförmig; unterseits hellgrün; oberseits stumpf grün.
Blüte: Oktober bis November; in Köpfchen stehend; hellgelb.
Frucht: Holzige Kapseln.
Standort: Frische bis feuchte, eher saure Böden.
Ernte: Blätter im Herbst; Rinde im Frühjahr.
Verwendung: Der Tee aus Blättern oder Rinde wird bei Durchfallerkrankungen und zum Gurgeln bei Entzündungen von Zahnfleisch und Mundschleimhaut empfohlen. Salben mit den Wirkstoffen der Zaubernuss werden zur Venenpflege, bei Krampfadern, bei Neurodermitis und bei Hämorrhoiden angewendet.

Niederliegende Scheinbeere

Färber-Ginster

Ginkgo

Gewöhnlicher Efeu
Hedera helix

Familie: Araliaceae.
Verbreitung: Europa; Asien; Nordamerika.
Wuchs: Gehölz; kriechend oder kletternd; 15 bis 25 m hoch.
Blatt: Dreieckig bis handförmig gelappt; ledrig; oberseits dunkelgrün, unterseits gelbgrün.
Blüte: Erst bei alten Pflanzen; September bis Oktober; unscheinbare Einzelblüten in halbkugeligen Dolden stehend; gelblich grün.
Frucht: Kugelige Beeren; im Frühjahr reifend; schwarz.
Standort: Humose, durchlässige Böden mit normalem bis hohem Nährstoffgehalt.
Vermehrung: Stecklinge im Sommer.
Pflege: Regelmäßig gießen; gelegentlich düngen.
Ernte: Blätter im Sommer.
Verwendung: Der Extrakt ist Bestandteil von Präparaten, die bei Entzündungen der Atemwege, Keuchhusten, spastischer Bronchitis, Asthma und Reizhusten verwendet werden. Homöopathische Anwendungsgebiete sind auch Erkrankungen der Verdauungsorgane und Schilddrüsenüberfunktion.
Warnung: Laub und Früchte sind giftig. Von der Verwendung der Pflanze ist mit Ausnahme von Fertigpräparaten und homöopathischen Zubereitungen abzuraten.
Hinweis: Efeu ist wie kaum eine andere Heilpflanze eng mit der europäischen Kunst- und Kulturgeschichte verbunden. Sie hatte auch ihren festen Platz in der antiken Medizin.

Gewöhnlicher Sanddorn
Hippophaë rhamnoides

Familie: Elaeagnaceae.
Verbreitung: Europa; Asien.
Wuchs: Strauch; 3 bis 6 m hoch; Durchmesser 2 bis 4 m.
Blatt: Lineal lanzettlich; unterseits silbrig; oberseits graugrün.
Blüte: März bis April; zweihäusig; in Trauben stehend; erscheinen vor dem Laubaustrieb; unscheinbar.
Frucht: Beerenähnliche Scheinfrucht; orange.
Standort: Trockene, durchlässige Böden mit geringem Nährstoffgehalt.
Ernte: Früchte im Herbst. Da sich Beeren schlecht von Ästen lösen wird häufig das Schockfrostverfahren angewendet. Dazu wird das ganze Fruchtholz geschnitten und eingefroren. Anschließend können die Beeren abgeklopft werden.

Virginische Zaubernuss

Gewöhnlicher Efeu

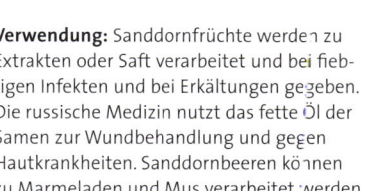

Gewöhnlicher Sanddorn

Echte Walnuss

Verwendung: Sanddornfrüchte werden zu Extrakten oder Saft verarbeitet und bei fiebrigen Infekten und bei Erkältungen gegeben. Die russische Medizin nutzt das fette Öl der Samen zur Wundbehandlung und gegen Hautkrankheiten. Sanddornbeeren können zu Marmeladen und Mus verarbeitet werden.

Echte Walnuss
Juglans regia

Familie: Juglandaceae.
Verbreitung: Europa; Asien.
Wuchs: Baum; 15 bis 20 m hoch; Durchmesser 10 bis 15 m.
Blatt: Unpaarig gefiedert; derbhäutig; unterseits hellgrün; oberseits dunkelgrün.
Blüte: April bis Mai; einhäusig; männliche Blüten in Kätzchen; weibliche Blüten in Ähren stehend; grün.

Frucht: Elliptische Nüsse.
Standort: Frische bis feuchte Böden mit eher hohem Nährstoffgehalt.
Ernte: Blätter im Sommer; Früchte und Fruchtschalen im Herbst.
Verwendung: Der Tee aus Walnussblättern wird äußerlich zu Waschungen und Umschlägen bei leichten Hautentzündungen wie Akne, Frostschäden und Ekzemen sowie bei übermäßiger Schweißabsonderung an Händen und Füßen verwendet. Homöopathische Anwendungsgebiete sind Lymphknotenentzündungen und eitrige Hautausschläge. Die Volksheilkunde nutzt den Walnusstee innerlich bei Magen- und Darmstörungen, zur Blutreinigung und zum Spülen bei Entzündungen im Mund- und Rachenraum. Walnüsse sind ein hochwertiges Nahrungsmittel und werden in der Küche zum Kochen und Backen verwendet.
Hinweis: Die getrockneten Fruchtschalen werden zum Braunfärben von Haut, Haar und auch von Textilien verwendet.

Gewöhnlicher Wacholder

Gewöhnlicher Goldregen

Gewöhnlicher Bocksdorn

Gewöhnliche Mahonie

Gewöhnlicher Goldregen
Laburnum anagyroides

Familie: Fabaceae.
Verbreitung: Europa.
Wuchs: Strauch; 5 bis 7 m hoch; Durchmesser 3 bis 4 m.
Blatt: 3-zählig; unterseits graugrün; oberseits stumpf grün.
Blüte: Mai bis Juni; Schmetterlingsblüten in Trauben stehend; gelb.
Frucht: Hülse; braun.
Standort: Alle Böden.
Ernte: Frische Blätter und Blüten.
Verwendung: Früher wurden Extrakte des Goldregens als Brech- und Abführmittel sowie bei Nervenschmerzen und Asthma angewendet. Heute wird Goldregen nur noch homöopathisch verwendet, zum Beispiel bei Schwindel, nervöser Schlaflosigkeit, Migräne oder Magen- und Darmerkrankungen.
Warnung: Die ganze Pflanze, besonders die reifen Samen, ist sehr stark giftig. Von der Verwendung der Pflanze muss mit Ausnahme von homöopathischen Zubereitungen abgeraten werden.

Gewöhnlicher Bocksdorn
Lycium barbarum

Weiterer Name: Goji-Beere.
Familie: Solanaceae.
Verbreitung: Südosteuropa bis China.
Wuchs: Strauch, Äste bogenartig hängend; bis zu 4 m hoch.
Blatt: Lanzettlich; spitz; grün.
Blüte: Juni bis August; violett.
Frucht: Beeren; leuchtend rot bis orange.
Standort: Frische, warme, schwach kalkhaltige, nährstoffarme Böden.
Vermehrung: Aussaat im Frühjahr; Stecklinge, Absenker im Sommer.
Pflege: Mäßig gießen und düngen.
Ernte: Beeren im Herbst.
Verwendung: Die aus Asien stammenden Goji-Beeren erleben zur Zeit einen regelrechten Boom. Die Beeren sind reich an Vitaminen und Mineralstoffen und werden in der Küche roh oder gekocht als Konfitüre gegessen. Die Traditionelle Chinesische Medizin verwendet Goji-Beeren gegen hohen Blutdruck, Blutzucker, bei Augenproblemen und zur Unterstützung des Immunsystems.
Hinweis: In Zentral-Asien gilt die Goji-Beere als Aphrodisiakum und als Frucht für Langlebigkeit und Wohlbefinden.

Gewöhnlicher Wacholder
Juniperus communis

Weiterer Name: Krammetsbeere.
Familie: Cupressaceae.
Verbreitung: Europa; Asien; Nordafrika; Nordamerika.
Wuchs: Strauch, kegelförmig, säulenförmig oder mehrstämmig; 3 bis 10 m hoch; Durchmesser 2 bis 3 m.
Blatt: Immergrün; scharf zugespitzt; zu 3 in Quirlen stehend; graugrün.
Blüte: April bis Juni; zweihäusig; unscheinbar; gelblich.
Frucht: Beerenzapfen, schwarzblau.
Standort: Durchlässige, auch sandige Böden mit eher geringem Nährstoffgehalt.
Ernte: Reife Beeren.
Verwendung: Wacholderbeeren haben harntreibende und blutdrucksenkende Wirkung. Sie sind Bestandteil von Blasen- und Nierentees, gelegentlich von Magentees. Das ätherische Öl wird äußerlich in Einreibungen bei rheumatischen Beschwerden und als Badezusatz verwendet. Wacholderbeeren sind ein beliebtes Gewürz und werden in größeren Mengen von der Likörindustrie verarbeitet.
Warnung: Die Früchte sind sehr schwach giftig. Die längere Anwendung oder zu hohe Dosierung kann zu Reizungen des Nierengewebes führen.
Hinweis: Wacholderbeeren waren bereits in der Antike bekannt. Sie wurden von Hippokrates äußerlich zur Behandlung von Fisteln und Wunden und innerlich zur Geburtsbeschleunigung angewendet. Hildegard von Bingen empfiehlt die Beeren gegen Lungenleiden, Fieber und als harntreibendes Mittel. Räucherungen mit den Beeren galten als Schutz vor der Pest. Der Volksglaube kennt einen alten Weihnachtsbrauch. Demnach wurden Wacholderzweige angebracht, um Hexen zu vertreiben.

Gewöhnliche Mahonie
Mahonia aquifolium

Weiterer Name: Fiederberberitze
Familie: Berberidaceae.
Verbreitung: Europa; Nordamerika.
Wuchs: Strauch; 0,5 bis 1 m hoch; Durchmesser 0,6 bis 1 m.
Blatt: Unpaarig gefiedert; bedornt; ledrig; unterseits hellgrün; oberseits dunkelgrün.
Blüte: April bis Mai; in Trauben stehend; gelb.
Frucht: Beere; bereift; blau.
Standort: Alle Gartenböden mit eher hohem Nährstoffgehalt.
Ernte: Zweigspitzen im Sommer; Rinde im Herbst.
Verwendung: Rindenextrakte wirken schuppenablösend und entzündungshemmend. Salben werden zur Langzeittherapie der Schuppenflechte verwendet. Homöopathische Zubereitungen werden innerlich bei trockenen Hautausschlägen und auch bei Leber- und Gallenbeschwerden angewendet.
Warnung: Die ganze Pflanze ist schwach giftig.

Apfelbaum
Malus domestica

Familie: Rosaceae.
Verbreitung: Kulturpflanze.
Wuchs: Baum; je nach Veredlung 3 bis 10 m hoch; Durchmesser 2 bis 7 m.
Blatt: Eiförmig; Blattrand gesägt; zugespitzt; grün.
Blüte: April bis Juni; in Doldentrauben stehend; weiß, außen rosa.

Standort: Alle Gartenböden mit eher hohem Nährstoffgehalt.
Ernte: Äpfel im Spätsommer und Herbst.
Verwendung: Frische geriebene Äpfel wirken leicht stopfend und werden Kindern mit leichten Durchfallerkrankungen gegeben. Apfelpektin wird bei inneren und äußeren Blutungen angewendet. Die Schalen sind häufig Bestandteil von Haus- und Arzneitees. Äpfel sind unser wichtigstes heimisches Obst.
Warnung: Die Samen sind schwach giftig.

Echte Mispel
Mespilus germanica

Familie: Rosaceae.
Verbreitung: Europa; Asien.
Wuchs: Strauch; 3 bis 5 m hoch und breit.
Blatt: Schmal oval bis länglich lanzettlich; gezähnt; derb; unterseits hellgrün; oberseits dunkelgrün.
Blüte: Mai bis Juni; schalenförmige Einzelblüten; weiß.
Frucht: Apfelfrucht.
Standort: Alle Gartenböden mit eher hohem Nährstoffgehalt.
Ernte: Früchte.
Verwendung: Die Volksheilkunde verwendet Mispeln als Heilmittel gegen innere Blutungen und Darmerkrankungen. Tee aus Früchten und Blättern wurden früher als Gurgelwasser gegen Entzündungen im Mund- und Rachenraum angewendet. Mispeln können zum Klären von Wein genutzt werden.
Hinweis: Die Früchte werden erst nach längerer Lagerung oder nach dem ersten Frost genießbar.

Oleander
Nerium oleander

Familie: Apocynaceae.
Verbreitung: Mittelmeerraum.
Wuchs: Strauch; am Naturstandort 3 bis 5 m hoch; als Kübelpflanze 1,5 bis 3 m hoch.
Blatt: Lineal; zugespitzt; ledrig unterseits hellgrün; oberseits dunkelgrün.
Blüte: Juni bis Oktober; trichterförmige Einzelblüten in Trugdolden stehend; rosa, rot oder weiß.
Frucht: Schotenartige Balgfrüchte.
Standort: Warme Standorte; bei uns als Kübelpflanze; Topfpflanzenerde.
Vermehrung: Stecklinge im Sommer.
Pflege: Ausreichend gießen und düngen; Rückschnitt bei Bedarf im Herbst oder im zeitigen Frühjahr.
Winterschutz: Kübel hell und frostfrei überwintern.
Ernte: Blätter im Sommer.
Verwendung: Anwendung finden heute nur noch Reinsubstanzen als Bestandteil von Präparaten zur Behandlung von geschwächter Herzleistung. Homöopathische Anwendungsgebiete sind auch nässende Ekzeme und Darmkatarrhe.
Warnung: Die ganze Pflanze ist stark giftig. Von der Verwendung der Pflanze muss mit Ausnahme von homöopathischen Zubereitungen abgeraten werden.
Hinweis: Schon unter Alexander dem Großen war die Giftwirkung des Oleanders bekannt. Dioskurides empfiehlt Oleanderwein gegen Schlangenbisse. In der mittelalterlichen Volksheilkunde wurde Oleander gegen Parasiten und als Rattengift eingesetzt. Als Zierpflanze wird Oleander seit dem 16. Jahrhundert kultiviert.

Apfelbaum

Echte Mispel

Oleander

Ölbaum

Gewöhnliche Fichte

Wald-Kiefer

Mandelbaum

Ölbaum
Olea europaea

Weiterer Name: Olive.
Familie: Oleaceae.
Verbreitung: Mittelmeerraum.
Wuchs: Strauch; am Naturstandort 5 bis 10 m hoch; als Kübelpflanze 1,5 bis 3 m hoch.
Blatt: Lineal lanzettlich; ledrig; graugrün.
Blüte: Juni bis Juli; sternförmige Einzelblüten in Rispen stehend, gelblich bis weiß.
Frucht: Steinfrucht, jung olivgrün, später schwarz.
Standort: Warme Standorte; bei uns als Kübelpflanze; Topfpflanzenerde.
Vermehrung: Stecklinge im Sommer.
Pflege: Ausreichend gießen und düngen; Rückschnitt bei Bedarf im Herbst oder im zeitigen Frühjahr.
Winterschutz: Kübel hell und frostfrei überwintern.
Ernte: Blätter im Sommer; Früchte im Herbst.
Verwendung: Blattextrakte sind Bestandteil von Präparaten, die bei leichten Formen des Bluthochdrucks angewendet werden. Oliven und das aus den Früchten gepresste Öl sind aus der Küche nicht wegzudenken. Olivenöl wird als Hautpflegemittel verwendet.
Hinweis: In den alten Hochkulturen galt der Olivenbaum als heilig. Schon im Alten Testament wird vom Olivenzweig berichtet. Die Pflanze ist sehr eng mit der griechischen Kultur verbunden. Der Sage nach stiftete Athena den ersten Ölbaum auf dem Felsen der Akropolis und wurde zur Stadtgöttin Athens.

Gewöhnliche Fichte
Picea abies

Weitere Namen: Deutsche Fichte; Europäische Fichte; Rot-Fichte; Rottanne.
Familie: Pinaceae.
Verbreitung: Europa.
Wuchs: Baum; 30 bis 50 m hoch; Durchmesser 6 bis 8 m.
Blatt: Nadelförmig; dunkelgrün.
Blüte: April bis Mai; einhäusig; männliche Blüte rot; weibliche Blüte purpurfarben.
Frucht: Zylindrische Zapfen mit rhombischen Schuppen.
Standort: Alle Gartenböden mit eher geringem Nährstoffgehalt.
Ernte: Zweigspitzen im Sommer.
Verwendung: Die aus den Zweigspitzen gewonnenen ätherischen Öle haben auswurffördernde, antimikrobielle und hautreizende Eigenschaften. Fichtennadelöl ist Bestandteil von Erkältungsbalsamen und wird zur Inhalation bei Erkrankungen der Atemwege und zu Einreibungen bei rheumatischen Beschwerden und Durchblutungsstörungen verwendet.

Wald-Kiefer
Pinus sylvestris

Weitere Namen: Gemeine Kiefer; Föhre.
Familie: Pinaceae.
Verbreitung: Europa; Asien.

Wuchs: Baum; 10 bis 30 m hoch; Durchmesser 7 bis 12 m.
Blatt: Nadelförmig; blaugrün bis graugrün.
Blüte: Mai; einhäusig; männliche Blüte gelb; weibliche Blüte rötlich.
Frucht: Zapfen.
Standort: Alle Gartenböden mit eher geringem Nährstoffgehalt.
Ernte: Sprosse im Frühjahr; Nadeln im Sommer.
Verwendung: Das aus den Sprossen und Nadeln gewonnene ätherische Öl wird für Inhalationen gegen Atemwegserkrankungen, in durchblutungsfördernden Einreibungen und als Hautpflegemittel verwendet. Der industriell gewonnene Holzteer wird gelegentlich bei chronischen Hauterkrankungen angewendet. Homöopathische Anwendungsgebiete sind Rheumaerkrankungen, Ekzeme und Entzündungen der Atemwege.

Mandelbaum
Prunus dulcis

Familie: Rosaceae.
Verbreitung: Mittelmeerraum; Westasien.
Wuchs: Strauch; 5 bis 10 m hoch; Durchmesser 4 bis 6 m.
Blatt: Länglich lanzettlich bis elliptisch; lang zugespitzt; hellgrün.
Blüte: März bis Mai; schalenförmige Einzelblüten meist zu 2 stehend; blassrosa.
Frucht: Steinfrüchte; samtig behaart.
Standort: Warme Standorte; bei uns als Kübelpflanze; Topfpflanzenerde.

Kirschlorbeer

Blatt: Länglich bis verkehrt eiförmig; ledrig; unterseits blassgrün; oberseits dunkelgrün.
Blüte: April bis Mai; Nachblüte im Herbst; in Trauben stehend; weiß.
Frucht: Steinfrucht; schwarz.
Standort: Alle Gartenböden mit eher hohem Nährstoffgehalt.
Ernte: Blätter oder Zweigspitzen im Sommer.
Verwendung: Früher wurde das durch Wasserdampfdestillation aus den Blättern gewonnene Kirschlorbeerwasser bei Hustenreiz und als leicht schmerzstillendes Mittel verwendet. Homöopathische Zubereitungen werden bei Herzschwäche, Reizhusten und Atemnot verwendet.
Warnung: Die ganze Pflanze ist giftig. Von der Verwendung der Pflanze muss mit Ausnahme von homöopathischen Zubereitungen abgeraten werden.

Gewöhnliche Trauben-Kirsche
Prunus padus

Weiterer Name: Faulbaum.
Familie: Rosaceae.
Verbreitung: Europa; Asien; Nordafrika.
Wuchs: Baum; 10 bis 15 m hoch; Durchmesser 6 bis 8 m.
Blatt: Elliptisch bis verkehrt eiförmig; zugespitzt; unterseits hell blaugrün; oberseits stumpf grün.
Blüte: April bis Mai; in Trauben stehend; weiß.
Frucht: Steinfrucht.
Standort: Frische bis feuchte Böden mit eher hohem Nährstoffgehalt.
Ernte: Frische Rinde junger Zweige.
Verwendung: Die Volksheilkunde verwendet Abkochungen der Rinde bei Husten und bei

Durchfall. Homöopathische Zubereitungen werden bei Kopfschmerzen und bei Herzbeschwerden angewendet.
Warnung: Die ganze Pflanze, besonders Rinde und Samen, ist schwach giftig. Von der Verwendung der Pflanze muss mit Ausnahme von homöopathischen Zubereitungen abgeraten werden.

Gewöhnliche Schlehe
Prunus spinosa

Familie: Rosaceae.
Verbreitung: Europa; Asien; Nordafrika.
Wuchs: Strauch; 2 bis 4 m hoch; Durchmesser 3 bis 5 m; breitet sich stark aus.
Blatt: Elliptisch bis verkehrt eiförmig; derbhäutig; dunkelgrün.
Blüte: April bis Mai; erscheinen vor den Blättern; schalenförmige Einzelblüten; weiß.
Frucht: Steinfrucht.
Standort: Trockene, alkalische Böden mit eher hohem Nährstoffgehalt.
Ernte: Blüten im Frühjahr; Früchte im Herbst.
Verwendung: Die Volksheilkunde verwendet die Blüten vor allem in Blutreinigungstees, in Blasen- und Nierentees sowie in Hustenmitteln. Die reifen Früchte werden zu Mus, Saft, Wein und Schlehenlikör verarbeitet. Schlehenmus hilft bei Magen-, Blasen- und Nierenleiden. Der Saft dient der Steigerung der Abwehrkräfte und wird als Gurgelmittel bei Entzündungen im Mund- und Rachenraum verwendet. Homöopathische Anwendungsgebiete sind Herzschwäche und Nervenschmerzen im Kopfbereich.
Warnung: Die Samen sind mittelstark giftig.
Hinweis: Die Früchte sind erst nach Frosteinwirkung roh genießbar.

Vermehrung: Aussaat im Frühjahr; Stecklinge im Sommer.
Pflege: Ausreichend gießen und düngen; Rückschnitt bei Bedarf im Herbst.
Winterschutz: Kübel hell und frostfrei überwintern.
Ernte: Früchte.
Verwendung: Kalt gepresstes Mandelöl wird zur Herstellung von Injektionslösungen, Salben und Cremes verwendet. Homöopathische Zubereitungen der Bitteren Mandel *(Prunus dulcis* var. *amara)* werden bei Mandelentzündungen angewendet. Die Süße Mandel *(Prunus dulcis* var. *dulcis)* ist in der Küche eine wichtige Zutat zum Kochen und Backen.
Warnung: Bittere Mandeln sind giftig. Der Genuss größerer Mengen kann zu schweren Vergiftungen führen.
Hinweis: Die Mandel wurde im Nahen Osten und in Griechenland bereits in der Steinzeit verbreitet; sie ist möglicherweise das älteste Kulturobst der Alten Welt. Der Mandelbaum ist Pflanze der griechischen Mythologie und wurde auch in der Bibel mehrfach erwähnt. Die Römer haben die Mandelkultur sehr früh von den Griechen übernommen.

Kirschlorbeer
Prunus laurocerasus

Weiterer Name: Lorbeerkirsche.
Familie: Rosaceae.
Verbreitung: Europa; Westasien.
Wuchs: Strauch; 1,5 bis 2 m hoch; Durchmesser 2 bis 3 m.

Gewöhnliche Trauben-Kirsche

Gewöhnliche Schlehe

Granatapfelbaum
Punica granatum

Familie: Punicaceae.
Verbreitung: Mittelmeerraum.
Wuchs: Strauch; am Naturstandort 2 bis 5 m hoch; als Kübelpflanze 1,50 bis 2 m hoch.
Blatt: Länglich lanzettlich bis eiförmig; zugespitzt; grün.
Blüte: Mai bis Juni; zu 1 bis 3 stehend; orangerot.
Frucht: Samen mit Perikarp (fleischige Samenschale).
Standort: Warme Standorte; bei uns als Kübelpflanze; Topfpflanzenerde.
Vermehrung: Stecklinge im Sommer.
Pflege: Ausreichend gießen und düngen; Rückschnitt bei Bedarf im Herbst.
Winterschutz: Kübel hell und frostfrei überwintern.
Ernte: Rinde im Frühjahr; Früchte im Herbst.

Verwendung: Die in der Rinde enthaltenen Gerbstoffe wirken zusammenziehend und entzündungshemmend. Die Volksheilkunde nutzte die Rinde häufig als Bandwurmmittel, was oft zu Vergiftungen führte. Homöopathische Anwendungsgebiete sind Magen-Darm-Störungen und Schwindel. Die Früchte können als Dessert zubereitet werden.
Warnung: Alle Pflanzenteile mit Ausnahme der Früchte gelten als giftig.
Hinweis: Der Granatapfel war bei den alten Ägyptern und bei den Juden eine heilige Pflanze. Den Griechen galt er als Symbol der Fruchtbarkeit.

Stiel-Eiche
Quercus robur

Familie: Fagaceae.
Verbreitung: Europa; Westasien.

Wuchs: Baum; 25 bis 35 m hoch; Durchmesser 15 bis 20 m.
Blatt: Buchtig fiederlappig; unterseits hell blaugrün; oberseits dunkelgrün.
Blüte: April bis Mai; einhäusig; männliche Blüten in Kätzchen; weibliche Blüte in Ähren; gelbgrün.
Frucht: Nüsse.
Standort: Alle Böden mit eher hohem Nährstoffgehalt.
Ernte: Die Rinde jüngerer Zweige.
Verwendung: Abkochungen der Rinde auch der Stein-Eiche *(Quercus petraea)* werden äußerlich in Bädern oder Umschlägen bei nässenden Hauterkrankungen, Schweißfüßen, Erfrierungen oder Hämorrhoiden angewendet. Der Tee wird zum Gurgeln bei Infektionen im Mund- und Rachenraum sowie gelegentlich bei akuten Durchfällen und bei Magen- und Darmstörungen verwendet.
Hinweis: Die Eiche wurde von fast jeder Kultur als heilig anerkannt. Besonders bei den Kelten und bei den nordischen Völkern erlangte sie große Achtung. Da Eichen oft vom Blitz getroffen werden, wurden sie häufig mit Blitz- und Donnergottheiten wie Zeus und Thor in Verbindung gebracht. Seit der Antike gilt die Eiche als Königin der Bäume und genießt auch als Heilpflanze hohes Ansehen.

Schwarze Johannisbeere
Ribes nigrum

Weiterer Name: Ahlbeere.
Familie: Grossulariaceae.
Verbreitung: Europa; Asien.
Wuchs: Strauch; 1 bis 2 m hoch und breit.
Blatt: Handförmig gelappt; borstig behaart; grün.
Blüte: April bis Mai; in Trauben stehend; grünlich.
Frucht: Beere; kugelig; schwarz.
Standort: Feuchte, saure Böden mit eher hohem Nährstoffgehalt.
Pflege: Gelegentlicher Rückschnitt von stark verholzten Trieben.
Ernte: Blätter im Sommer; Früchte im Spätsommer.
Verwendung: Die aromatischen Blätter wirken schwach wassertreibend und sind häufig in Hausteemischungen enthalten. Die Volksheilkunde verwendet die Droge als harn- und schweißtreibenden Tee bei rheumatischen Erkrankungen, Gicht, Wassersucht und Keuchhusten. Johannisbeersaft wird als Vorbeugemittel gegen Erkältungskrankheiten, zur Kräftigung sowie bei Appetitlosigkeit und Magen- und Darmbeschwerden angewendet.

Granatapfelbaum

Stiel-Eiche

Schwarze Johannisbeere

Robinie

Hunds-Rose

Hundertblättrige Rose

Apotheker-Rose

Robinie
Robinia pseudoacacia

Weiterer Name: Falsche Akazie, Schein-Akazie.
Familie: Fabaceae.
Verbreitung: Europa; Nordamerika.
Wuchs: Baum; 20 bis 25 m hoch; Durchmesser 10 bis 15 m.
Blatt: Unpaarig gefiedert; Blättchen mit Stachelspitze; unterseits graugrün; oberseits grün.
Blüte: Mai bis Juni; Schmetterlingsblüten in Trauben stehend.
Frucht: Hülse.
Standort: Alle Böden mit eher hohem Nährstoffgehalt.
Ernte: Die Rinde jüngerer Zweige.
Verwendung: Die Rinde wird nur in homöopathischen Zubereitungen bei Überproduktion von Magensäure, Durchfall, Migräne und Gesichtsneuralgien verwendet. Der wegen seines milden Geschmackes gern zum Süßen von Desserts und Getränken verwendete Akazienhonig wird in erster Linie von Robinien gesammelt.
Warnung: Die ganze Pflanze ist stark giftig. Von der Verwendung der Pflanze muss mit Ausnahme von homöopathischen Zubereitungen abgeraten werden.

Hunds-Rose
Rosa canina

Weiterer Name: Gemeine Hecken-Rose.
Familie: Rosaceae.
Verbreitung: Europa; Asien; Nordafrika.

Wuchs: Strauch; 2 bis 3 m hoch und breit.
Blatt: Unpaarig gefiedert; Blättchen gesägt, zugespitzt; dunkelgrün.
Blüte: Mai bis Juni; schalenförmige Einzelblüten zu 2 bis 3 stehend; duftend; hellrosa bis weiß.
Frucht: Sammelfrucht (Hagebutte).
Standort: Frische Böden mit eher hohem Nährstoffgehalt.
Pflege: Gelegentlicher Rückschnitt von stark verholzten Trieben.
Ernte: Früchte im Herbst.
Verwendung: Hagebutten gelten als schwach harntreibend und mild abführend. Wegen ihres guten Geschmackes sind die getrockneten Fruchtschalen Bestandteil von kräftigenden Hausteemischungen. Das vitaminreiche Fruchtfleisch wird zu Marmeladen und Säften verarbeitet.

Hundertblättrige Rose
Rosa x centifolia

Weiterer Name: Kohl-Rose.
Verbreitung: Kaukasusländer.
Familie: Rosaceae.
Wuchs: Strauch; 1 bis 1,50 m hoch und breit.
Blatt: Unpaarig gefiedert; Blättchen gesägt, zugespitzt; dunkelgrün.
Blüte: Juni bis Juli; stark gefüllt; duftend; rosa.
Frucht: Sammelfrucht (Hagebutte).
Standort: Frische Böden mit eher hohem Nährstoffgehalt.
Pflege: Gelegentlicher Rückschnitt von stark verholzten Trieben.
Ernte: Blütenblätter.
Verwendung: Das durch Wasserdampfdestillation gewonnene ätherische Öl wird als Geruchs- und Geschmacksverbesserer

für Arzneimittel verwendet. Rosenöl wird häufig in der Parfüm- und Kosmetikindustrie verwendet.
Hinweis: Die stark duftende Kohl-Rose wird seit Jahrhunderten in großen Mengen zur Gewinnung von Rosenöl angebaut.

Apotheker-Rose
Rosa gallica 'Officinalis'

Verbreitung: Kulturpflanze.
Familie: Rosaceae.
Wuchs: Strauch; 70 bis 120 cm hoch und breit.
Blatt: Unpaarig gefiedert; Blättchen gesägt, zugespitzt; dunkelgrün.
Blüte: Mai bis Juni; schalenförmige Einzelblüten zu 2 bis 3 stehend; rosarot, oft panaschiert; duftend.
Frucht: Sammelfrucht (Hagebutte).
Standort: Frische Böden mit eher hohem Nährstoffgehalt.
Pflege: Gelegentlicher Rückschnitt von stark verholzten Trieben.
Ernte: Blütenblätter gefüllt blühender Sorten.
Verwendung: Rosenöl hat entzündungshemmende und bakterizide Wirkung. Die Volksheilkunde verwendet den Tee bei Durchfall, als Gurgelmittel und in Bädern bei schlecht heilenden Wunden. Das durch Wasserdampfdestillation gewonnene ätherische Öl wird als Geruchs- und Geschmacksverbesserer für Arzneimittel verwendet. Rosenöl wird häufig in der Parfum- und Kosmetikindustrie verwendet.
Hinweis: Vor der Rose gab es bereits in der Antike zahlreiche Züchtungen. Dioskurides und Galen bevorzugten Wildformen. Auch in der Klosterheilkunde war die Rose eine beliebte Pflanze.

Echte Brombeere

Himbeere

Echte Brombeere
Rubus fruticosus

Familie: Rosaceae.
Verbreitung: Europa.
Wuchs: Strauch; rankend; 1 bis 3 m hoch; Ranken bis 3 m.
Blatt: Unpaarig gefiedert; unterseits graugrün; oberseits dunkelgrün.
Blüte: Juni bis August; in Rispen stehend; weiß bis hellrosa.
Frucht: Steinfrüchte, zu halbkugeliger Sammelfrucht vereinigt; schwarzrot, glänzend.

Standort: Alle Böden.
Pflege: Rückschnitt nach der Ernte.
Ernte: Blätter im Sommer; Früchte im Herbst.
Verwendung: Brombeerblättertee wird bei leichten Durchfallerkrankungen getrunken und zum Gurgeln bei entzündeten Schleimhäuten und seltener zu Waschungen bei chronischen Hauterkrankungen verwendet. Brombeerblätter sind Bestandteil von vielen Hausteemischungen. Die Früchte werden zu Kompott, Säften, Marmeladen und Obstwein verarbeitet.
Hinweis: Die Brombeere zählt zu den ältesten Heil- und Kulturpflanzen. Sie war bereits den Ägyptern, Griechen und Römern bekannt und wurde im Mittelalter von den Kräuterbuchautoren übernommen. Heute gibt es zahlreiche Kultursorten für den Garten.

Himbeere
Rubus idaeus

Familie: Rosaceae.
Verbreitung: Europa; Asien; Nordamerika.
Wuchs: Strauch; 1,50 bis 2 m hoch.
Blatt: Unpaarig gefiedert; Ränder doppelt gesägt; unterseits hellgrün; oberseits dunkelgrün.
Blüte: Juni bis Juli; in Rispen stehend; weiß.
Frucht: Steinfrüchte, zu halbkugeliger, fein behaarter Sammelfrucht vereinigt; rot.
Standort: Alle Böden mit eher hohem Nährstoffgehalt.
Pflege: Rückschnitt nach der Ernte.
Ernte: Blätter im Sommer; Früchte im Herbst.
Verwendung: Himbeerblättertee wird genau wie Brombeerblättertee bei leichten Durchfallerkrankungen getrunken und zum Gurgeln bei entzündeten Schleimhäuten. Himbeerblätter sind Bestandteil von wassertreibenden und gallewirksamen Teemischungen. Die Volksheilkunde empfiehlt Himbeerblättertee zum Ende der Schwangerschaft. So sollen Wehen verkürzt und die Geburt erträglicher gemacht werden. Der Sirup wird aus frischen Früchten hergestellt und zum Färben und zur Geschmacksverbesserung von Arzneisäften genutzt. In der Küche werden Himbeeren als Süßspeise und Dessert zubereitet.
Hinweis: Die in den Laubwäldern Mittel- und Nordeuropas beheimatete Himbeere wurde von Menschen wahrscheinlich seit der Jungsteinzeit gesammelt. Als Heilpflanze war sie bereits im Altertum bekannt und wurde in vielen Schriften erwähnt. Mönche kannten die Heilwirkung der Pflanze und legten Himbeerkulturen in ihren Klostergärten an. Heute gibt es zahlreiche Kultursorten für den Garten.

Silber-Weide
Salix alba

Weiterer Name: Baum-Weide.
Familie: Salicaceae.
Verbreitung: Europa; Asien; Nordafrika.
Wuchs: Baum; 15 bis 25 m hoch; Durchmesser 8 bis 15 m.
Blatt: Lanzettlich; lang zugespitzt; unterseits hell blaugrün; oberseits dunkel graugrün.
Blüte: April bis Mai; zweihäusig; Kätzchen; gelb.
Frucht: Kapseln.
Standort: Feuchte Böden mit eher hohem Nährstoffgehalt.
Ernte: Rinde verschiedener Weidenarten.
Verwendung: Die Rinde wirkt fiebersenkend, entzündungshemmend und schmerzstillend. Die Volksheilkunde verwendet Weidenrinde bei fieberhaften grippalen Infekten, Kopfschmerzen und bei rheumatischen Beschwerden.
Hinweis: Die Verwendung der Weide als Heilpflanze reicht bis in das Altertum zurück. Mönche und Ärzte des Mittelalters nutzten die Weide als Mittel gegen Fieber und Schmerzen. Seitdem Salicylsäure synthetisch hergestellt werden kann, spielt Weidenrinde als Fieber- und Rheumamittel keine große Rolle mehr.

Schwarzer Holunder
Sambucus nigra

Weiterer Name: Fliederbeere, Hollerbusch.
Familie: Caprifoliaceae.
Verbreitung: Europa; Westasien.

Silber-Weide

Japanischer Schnurbaum

Eberesche, blühend

Eberesche mit Vogelbeeren

Wuchs: Strauch; 3 bis 10 m hoch; Durchmesser 3 bis 5 m.
Blatt: Unpaarig gefiedert; lang zugespitzt; unterseits hellgrün; oberseits dunkelgrün.
Blüte: Juni bis Juli; in Doldenrispen stehend; duftend; weiß.
Frucht: Kugelige, beerenartige Steinfrüchte; glänzend schwarz.
Standort: Alle Böden.
Ernte: Blüten und Blätter im Sommer; Beeren im Herbst.
Verwendung: Holunderblüten werden als Tee oder in Teemischungen als schweißtreibendes Mittel bei fieberhaften Erkältungskrankheiten verwendet. Der Extrakt ist Bestandteil von Fertigpräparaten. Äußerlich werden die Blüten in Gurgelwässern und

Bädern angewendet. Homöopathische Anwendungsgebiete sind Entzündungen der Atemwege. Die frischen Früchte enthalten viel Vitamin C und werden zu Saft verarbeitet oder zur Herstellung von Lebensmittelfarbstoffen verwendet.
Warnung: Laub, Rinde und rohe Früchte wirken stark abführend und können Erbrechen auslösen.
Hinweis: Holunder ist eine der beliebtesten Heilpflanzen der Volksheilkunde und wird bereits seit der Steinzeit angewendet. Der Holunderstrauch galt auch als Wohnsitz der beschützenden Hausgötter und wuchs häufig in der Nähe von Häusern und Stallungen.

Japanischer Schnurbaum
Sophora japonica

Weiterer Name: Japanische Sophore.
Familie: Fabaceae.
Verbreitung: China; Korea.
Wuchs: Baum; 15 bis 20 m hoch; Durchmesser 10 bis 15 m.
Blatt: Unpaarig gefiedert; unterseits blaugrün; oberseits dunkelgrün.
Blüte: Juli bis August; schmetterlingsförmige Einzelblüten in Rispen stehend; gelblich.
Frucht: Hülsen, schwarz.
Standort: Trockene, kalkhaltige Böden mit eher geringem Nährstoffgehalt.
Ernte: Blütenknospen im Sommer.
Verwendungen: Schnurbaumknospen werden zur industriellen Gewinnung von Rutin verwendet. Rutin ist Bestandteil von

Arzneimitteln gegen Venenerkrankungen. Homöopathische Zubereitungen wurden gelegentlich bei Ruhr angewendet.
Warnung: Samen, Rinde und Früchte sind stark giftig. Von der Verwendung der Pflanze ist mit Ausnahme von Fertigpräparaten und von homöopathischen Zubereitungen abzuraten.

Eberesche
Sorbus aucuparia

Weiterer Name: Vogelbeere.
Familie: Rosaceae.
Verbreitung: Europa; Asien.
Wuchs: Baum; 10 bis 15 m hoch; Durchmesser 6 bis 10 m.
Blatt: Unpaarig gefiedert; unterseits blaugrün; oberseits dunkelgrün.
Blüte: Mai bis Juni; in Rispen stehend; weiß.
Frucht: Apfelfrucht; kugelig; orange bis rot.
Standort: Alle Böden mit eher hohem Nährstoffgehalt.
Ernte: Früchte im Herbst.
Verwendung: Die Volksheilkunde verwendet Zubereitungen aus frischen Früchten als mildes Abführmittel. Durch das Trocknen oder Kochen der Beeren geht die abführende Wirkung verloren. Die Früchte enthalten viel Vitamin C und galten als wirksames Mittel gegen Erkältungskrankheiten und Skorbut.
Warnung: Der Genuss größerer Mengen roher Beeren führt zu Reizungen der Schleimhäute des Magen-Darm-Traktes und zu Erbrechen und Durchfall.

Schwarzer Holunder

Europäische Eibe
Taxus baccata

Weiterer Name: Gemeine Eibe.
Familie: Taxaceae.
Verbreitung: Europa; Asien; Nordafrika.
Wuchs: Baum; 10 bis 20 m hoch; Durchmesser 8 bis 12 m.
Blatt: Nadelförmig; unterseits blassgrün; oberseits dunkelgrün.
Blüte: März bis April; zweihäusig; unscheinbar; gelblich.
Frucht: Samen mit fleischigem Samenmantel (Arillus); rot bis orange.
Standort: Alle Böden.
Ernte: Zweigspitzen im Sommer.
Verwendung: Die Volksheilkunde verwendete Eibenzubereitungen bei Wurmbefall, als Herzmittel oder zur Förderung der Menstruation. Schwere Vergiftungen waren dabei nicht auszuschließen. Aus den Wirkstoffen der Zweige werden Präparate zur Behandlung von Brust- und Eierstockkrebs hergestellt. Homöopathische Zubereitungen werden bei Verdauungsschwäche und bei Hautpusteln angewendet.
Warnung: Alle Pflanzenteile, mit Ausnahme des fleischigen Samenmantels, sind stark giftig. Von der Verwendung der Pflanze ist mit Ausnahme von Fertigpräparaten und von homöopathischen Zubereitungen abzuraten.
Hinweis: Der vielleicht langlebigste Baum der Welt wird seit Langem mit Magie, Tod und Wiedergeburt in Verbindung gebracht. In Großbritannien findet man in alten Kirchhöfen uralte Eiben, die dort schon lange vor dem Bau der Kirchen standen. Eibenholz gilt als wertvolles Nutzholz.

Abendländischer Lebensbaum
Thuja occidentalis

Familie: Cupressaceae.
Verbreitung: Nordamerika.
Wuchs: Baum; 15 bis 20 m hoch; Durchmesser 3 bis 6 m.
Blatt: Schuppenförmig; unterseits gelbgrün; oberseits dunkelgrün.
Blüte: April bis Mai; einhäusig; unscheinbar; gelblich.
Frucht: Zapfen; hellbraun.
Standort: Feuchte Böden mit eher hohem Nährstoffgehalt.
Ernte: Junge Zweige im Sommer.
Verwendungen: Das ätherische Öl ist gelegentlich Bestandteil von Einreibungen gegen Rheuma und Erkältungskrankheiten. Homöopathische Anwendungsgebiete sind Rheuma, Erkältungen, Muskel- und Gelenkschmerzen und Warzen.
Warnung: Die ganze Pflanze, besonders die Zweigspitzen, ist sehr stark giftig. Von der Verwendung der Pflanze ist mit Ausnahme von Fertigpräparaten und von homöopathischen Zubereitungen abzuraten.
Hinweis: Der Tee wurde früher als wassertreibendes Mittel und in hoher Dosis zu Abtreibungszwecken verwendet.

Winter-Linde
Tilia cordata

Weiterer Name: Stein-Linde.
Familie: Tiliaceae.
Verbreitung: Europa; Asien.

Wuchs: Gehölz; 20 bis 30 m hoch; Durchmesser 10 bis 20 m.
Blatt: Rundlich bis herzförmig; zugespitzt; unterseits graugrün; oberseits grün.
Blüte: Juni bis Juli; in Trugdolden stehend; mit blassgrünem Hochblatt; duftend; gelblich.
Frucht: Kugelige Nüsse; braunfilzig behaart.
Standort: Alle Böden.
Ernte: Blüten im Sommer.
Verwendungen: Lindenblütentee ist ein beliebtes Mittel bei fiebrigen Erkältungskrankheiten mit Husten. Die Teekur soll die körpereigenen Abwehrkräfte aktivieren. Homöopathische Anwendungsgebiete sind Rheuma, allergische Hautausschläge, Infekte mit vermehrter Schweißbildung und Entzündungen der weiblichen Geschlechtsorgane. Lindenholzkohle wird gelegentlich bei Darmerkrankungen verwendet.
Hinweis: Heilige Plätze der Kelten waren stets von Winter-Linden umgeben.
Weitere Art: Sommer-Linde (*Tilia platyphyllos*).

Heidelbeere
Vaccinium myrtillus

Weiterer Name: Blaubeere.
Familie: Ericaceae.
Verbreitung: Europa; Asien.
Wuchs: Zwergstrauch; 30 bis 50 cm hoch; Durchmesser 30 bis 50 cm.
Blatt: Eiförmig bis elliptisch; spitz; hellgrün.
Blüte: Mai bis Juni; krugförmige Einzelblüten; grünlich, oft rötlich überlaufen.
Frucht: Kugelige Beeren; bereift; dunkelblau.
Standort: Saure Böden mit geringem Nährstoffgehalt.
Ernte: Blätter im Sommer; Beeren im Herbst.

Europäische Eibe

Abendländischer Lebensbaum

Winter-Linde

Heidelbeere · Preiselbeere · Laubholz-Mistel · Weinrebe

Verwendungen: Der Tee aus getrockneten Heidelbeeren wird bei akuten, unspezifischen Durchfällen verwendet. Der verdünnte Saft kann als Gurgelmittel bei leichten Entzündungen im Mund- und Rachenraum angewendet werden. Isolierte Inhaltsstoffe sind Bestandteil von Fertigpräparaten gegen Netzhauterkrankungen und Sehstörungen. Homöopathische Präparate aus den Früchten werden bei entzündlichen Erkrankungen verwendet. In der Küche werden Heidelbeeren als Dessert zubereitet.
Warnung: Die Blätter sind schwach giftig; von der Anwendung des Heidelbeerblättertees ist abzuraten. Der Genuss frischer Früchte in größeren Mengen führt zu Durchfällen.

Preiselbeere
Vaccinium vitis-idaea

Weiterer Name: Kronsbeere.
Familie: Ericaceae.
Verbreitung: Europa; Asien; Nordamerika.
Wuchs: Zwergstrauch; 20 bis 30 cm hoch; Durchmesser 30 bis 50 cm.
Blatt: Verkehrt eiförmig bis elliptisch; ledrig; unterseits blaugrün; oberseits glänzend dunkelgrün.
Blüte: Mai bis Juni; glockenförmige Einzelblüten in Trauben stehend; weiß bis rosa.
Frucht: Kugelige Beeren; glänzend rot.
Standort: Feuchte, saure Böden mit geringem Nährstoffgehalt.
Ernte: Blätter im Sommer; Früchte im Herbst.
Verwendung: Preiselbeerblätter gelten als Ersatz für Bärentraubenblätter. Sie werden als Tee bei Blasenentzündungen und als Bestandteil von Blasen- und Nierentees ver-

wendet. Die Früchte werden zu Marmeladen, Kompott und Säften verarbeitet.
Hinweis: Bereits die indianischen Ureinwohner Nordamerikas verwendeten Preiselbeeren als Mittel gegen Erkältungen und reinigten ihre Wunden mit dem Saft. Preiselbeerumschläge wurden aufgelegt, um Pfeilgifte aus den Wunden zu ziehen.

Laubholz-Mistel
Viscum album ssp. *album*

Weiterer Name: Scheinbeere.
Familie: Viscaceae.
Verbreitung: Europa; Asien.
Wuchs: Halbstrauch; Durchmesser 50 bis 100 cm.
Blatt: Schmal oval bis lanzettlich; ledrig; gelbgrün.
Blüte: März bis April; zweihäusig; unscheinbar; in Büscheln stehend; gelblichgrün.
Frucht: Beerenartige Scheinfrüchte; mit dicker, klebriger Schleimschicht; durchscheinend weiß.
Standort: Halbparasit, der meist auf Laubbäumen wächst.
Ernte: Junge Zweige mit Blättern, Blüten und Früchten.
Verwendung: Misteltee und Präparate mit Mistelextrakten werden traditionell bei Bluthochdruck und zur Vorbeugung von Arteriosklerose verwendet. Die Volksheilkunde nutzt Misteltee auch bei nervösen Herzbeschwerden. Die Wirkung ist bisher nicht belegt. Mistelpräparate werden auch bei Gelenkerkrankungen, Arthrosen, Bandscheibenerkrankungen sowie in der alternativen Tumortherapie angewendet.
Warnung: Die ganze Pflanze ist schwach

giftig. Von der Verwendung der Pflanze ist mit Ausnahme von Fertigpräparaten abzuraten. Die Wirkungsintensität ist von der Wirtspflanze abhängig. Die giftigsten Misteln wachsen auf Ahorn, Linde, Walnuss, Pappel und Robinie.
Hinweis: Die Mistel war die wichtigste heilige Zauberpflanze der keltischen Druiden. Sie war häufig Bestandteil ihrer Zaubertrankrezepturen. Die Germanen sahen in der Mistel eine todbringende Zauberpflanze. Die arzneiliche Verwendung der Mistel lässt sich bis in das 5. Jahrhundert v. Chr. zurückverfolgen.

Weinrebe
Vitis vinifera

Familie: Vitaceae.
Verbreitung: Europa.
Wuchs: Strauch; rankend; mit 10 bis 20 m langen Ranken.
Blatt: Handförmig gespalten; gezähnt; zugespitzt; grün.
Blüte: Juni bis Juli; unscheinbar; in Rispen stehend; grün;
Frucht: Beeren.
Standort: Warme, eher kalkhaltige Böden mit hohem Nährstoffgehalt.
Ernte: Blätter im Sommer; Früchte im Herbst.
Verwendung: Blattextrakte wirken entzündungshemmend und venentonisierend und sind Bestandteil von Präparaten gegen Venenerkrankungen. Aus den Beeren hergestellter Wein wirkt appetitanregend und kräftigend und wird gelegentlich als medizinischer Wein verwendet. Weinstein wirkt abführend und harntreibend. Traubenkernöl hat hautpflegende Eigenschaften und wird in der Kosmetikindustrie verarbeitet.

Auf einen Blick – Übersichtstabellen

Kräuter und Gewürze für die Küche

Name		Ernte	Verwendung	Seite
Küchenzwiebel	*Allium cepa*	Zwiebeln im Sommer, sobald das Laub eingetrocknet ist	Suppen, Salate, Gemüse-, Fleisch- und Fischgerichte	100
Knoblauch	*Allium sativum*	Knollen im Sommer, sobald das Laub eingetrocknet ist	Suppen, Gemüse-, Fleisch- und Fischgerichte	100
Schnittlauch	*Allium schoenoprasum*	Blätter im Frühjahr und Sommer	Suppen, Salate, Pesto, Fischgerichte	100
Bärlauch	*Allium ursinum*	Blätter im Frühjahr vor der Blüte, Zwiebeln im Sommer	Suppen, Salate, Saucen, Pesto, Gemüse-, Fleisch- und Fischgerichte	101
Garten-Dill	*Anethum graveolens*	frische Blätter und Blüten während der gesamten Vegetationszeit; Samen kurz vor der vollständigen Reife	Suppen, Salate, Saucen, Fischgerichte	104
Garten-Kerbel	*Anthriscus cerefolium* ssp. *cerefolium*	junge Blätter, das ganze blühende Kraut	Suppen, Salate, Saucen, Fleisch- und Fischgerichte	106
Schnitt-Sellerie	*Apium graveolens* var. *secalinum*	junge Blätter vor der Blüte	Suppen, Saucen, Kartoffelgerichte	106
Gewöhnlicher Meerrettich	*Armoracia rusticana*	Wurzeln ganzjährig	Fleisch- und Fischgerichte	107
Russischer Estragon	*Artemisia dracunculus*	frische Triebspitzen vor der Blüte	Suppen, Salate, Saucen, Pesto, Fleisch- und Fischgerichte	108
Gewöhnlicher Beifuß	*Artemisia vulgaris*	Blätter vor der Blüte; ganzes Kraut im Sommer	Suppen, Gemüse- und Fleischgerichte	109
Borretsch	*Borago officinalis*	junge Triebe und Blätter im Sommer	Suppen, Salate, kalte Saucen, Blüten als essbare Dekoration	113
Senf, Schwarzer	*Brassica nigra*	junge Blätter bei Bedarf; Samen im Sommer	Salate, Fleischgerichte	113
Paprika	*Capsicum annuum*	Früchte von Juli bis Oktober	Suppen, Salate, Gemüse- und Fleischgerichte	114
Echter Kümmel	*Carum carvi*	junge Blätter im ersten Jahr; reife Samen im zweiten Jahr	Suppen, Gemüse-, Fleischgerichte	115
Koriander	*Coriandrum sativum*	Blätter im Frühjahr; Früchte kurz vor der Vollreife	Saucen, Gemüse, asiatische Gerichte, Backwaren	120
Gewürz-Fenchel	*Foeniculum vulgare* ssp. *vulgare* var. *dulce*	einzelne junge Blätter im Frühjahr und Sommer; Dolden mit reifen Samen im Spätsommer	Salate, Saucen, Fischgerichte, Backwaren	128
Ysop	*Hyssopus officinalis* ssp. *officinalis*	Blätter und junge Triebe bei Bedarf; blühendes Kraut im Sommer	Suppen, Eintöpfe, Fleisch- und Fischgerichte	134
Lorbeer	*Laurus nobilis*	Blätter oder Triebspitzen bei Bedarf	Suppen, Saucen, Gemüse, Fleisch und Fisch	135
Liebstöckel	*Levisticum officinale*	Blätter von Frühjahr bis Herbst; Wurzeln und Samen von älteren Pflanzen im Herbst	Suppen, Eintöpfe	138
Echter Schwarzkümmel	*Nigella sativa*	Samen im Sommer	Saucen, Gemüse-, Fleisch- und Fischgerichte, Backwaren	151
Basilikum	*Ocimum basilicum*	junge Blätter und Triebe vor der Blüte	Suppen, Salate, Saucen, Pesto, Fleisch- und Fischgerichte	152 ff.
Oregano-Arten	*Origanum*	frische Blätter und Triebe während der gesamten Vegetationsperiode; zum Trocknen krautige Pflanzenteile während der Blütezeit	Salate, Saucen, Pizza, Fleischgerichte, Backwaren	158 f.
Petersilie	*Petroselinum crispum*	Blätter im ersten Jahr während der gesamten Vegetationsperiode; beim Einsetzen der Blüte werden die Blätter ungenießbar; Früchte im zweiten Jahr	Suppen, Salate, Saucen, Pesto, Fleisch- und Fischgerichte	164
Anis	*Pimpinella anisum*	Blätter und Blüten stets frisch; Früchte, sobald sie braun werden	Suppen, Saucen, Gemüsegerichte, Backwaren	164
Rosmarin	*Rosmarinus officinalis*	Blätter und Zweigspitzen bei Bedarf	Fleisch- und Fischgerichte, Backwaren	172
Salbei	*Salvia officinalis*	junge Blätter oder krautige Triebspitzen vor der Blüte	Suppen, Fleisch- und Fischgerichte	176
Sommer-Bohnenkraut	*Satureja hortensis*	frische Blättchen während des Sommers; das ganze Kraut während der Blüte	Suppen, Salate, Eintöpfe, Bohnengerichte	180
Thymian	*Thymus vulgaris*	Blätter vor der Blüte; blühende Sprossspitzen	Suppen, Saucen, Kartoffel-, Fleisch- und Fischgerichte, Backwaren	192

Heilkräuter

Name	Ernte	Wirkung/Verwendung	Seite
Gewöhnliche Schafgarbe *Achillea millefolium*	im Frühjahr junge Blätter; im Sommer das ganze blühende Kraut	Tee zur Appetitanregung und bei krampfartigen Magenbeschwerden; Homöopathikum bei Krampfschmerz oder Hautveränderungen	94
Knoblauch *Allium sativum*	Knollen im Sommer, sobald das Laub eingetrocknet ist	gefäßerweiternd, blutverflüssigend und blähungstreibend: bei altersbedingten Gefäßveränderungen und zur unterstützenden Behandlung von Bluthochdruck und erhöhten Blutfettwerten	100
Echte Aloe *Aloe vera*	Blätter ganzjährig	bei kleinen Verbrennungen und Wunden; Bestandteil vieler Abführmittel, bitteres Magenmittel	102
Echter Eibisch *Althaea officinalis*	Blätter vor der Blüte; das ganze blühende Kraut; Wurzeln im Herbst	bei trockenem Reizhusten sowie bei entzündlichen Schleimhautreizungen	102
Echte Engelwurz *Angelica archangelica*	frische Blätter und Blattstiele während des ganzen Sommers; Früchte und Wurzeln im späten Herbst	Wurzeln in Teemischungen gegen Magen- und Darmstörungen; Vorsicht im Umgang mit der Pflanze: phototoxische Substanzen können eine Dermatitis erzeugen	105
Arnika *Arnica montana*	Blüten	Salben und Tinkturen äußerlich als Wundheilmittel, bei Sportverletzungen, rheumatischen Beschwerden und zum Gurgeln bei Mund- und Zahnfleischerkrankungen	107
Echter Wermut *Artemisia absinthium*	Blätter und Triebspitzen vor der Blüte	als Tee oder als Bestandteil von Kräuterlikörrezepturen zur Appetitanregung und bei Verdauungsstörungen	108
Senf, Schwarzer *Brassica nigra*	junge Blätter bei Bedarf; Samen im Sommer	altbewährtes Hausmittel gegen Rheuma und Gicht, Senfwickel bei Entzündungen von Lunge, Brustfell und Bronchien	113
Ringelblume *Calendula officinalis*	Blütenblätter und junge Blättchen im Sommer	Blüten wirken wundheilend, entzündungshemmend und blutreinigend als Tee bei leichten Magen- und Darmbeschwerden und zur Blutreinigung, Ringelblumensalben äußerlich bei Entzündungen und bei leichten Verbrennungen	114
Echter Kümmel *Carum carvi*	junge Blätter im ersten Jahr; reife Samen im zweiten Jahr	Tee bei Völlegefühl, krampfartigen Bauchschmerzen, Blähungen und Gallenbeschwerden	115
Roter Sonnenhut *Echinacea purpurea*	Blätter vor der Blüte; Blüten im Sommer; Wurzeln im Herbst	wirkt antibakteriell, antiviral und stärkend für das Immunsystem	123
Echtes Mädesüß *Filipendula ulmaria*	junge Blätter und voll entwickelte Blüten im Sommer	für Schwitzkuren gegen beginnende Erkältungen, Bestandteil von Teemischungen gegen Rheuma und Gicht	128
Gewürz-Fenchel *Foeniculum vulgare* ssp. *vulgare* var. *dulce*	einzelne junge Blätter im Frühjahr und Sommer, Dolden mit reifen Samen im Spätsommer	Fenchelfrüchte haben schleimlösende, auswurffördernde, krampflösende, blähungstreibende und antibakterielle Wirkung; Bestandteil von Husten-, Abführ- sowie Magen-Darm-Tees, Tee als milchbildendes Getränk für stillende Frauen	128
Gelber Enzian *Gentiana lutea*	Wurzeln im Herbst	appetitanregend, verdauungsfördernd und fördert die Gallensekretion	130
Tüpfel-Johanniskraut *Hypericum perforatum*	blühende Zweigspitzen im Sommer	als Tee bei nervöser Unruhe und leichten Verstimmungszuständen; Extrakt oder Tinktur sind Bestandteil von Präparaten zur Behandlung von nervöser Erschöpfung und Depressionen; Johanniskrautöl äußerlich als Wundheilmittel	133
Liebstöckel *Levisticum officinale*	Blätter von Frühjahr bis Herbst; Wurzeln und Samen von älteren Pflanzen im Herbst	Tee zur Durchspülung bei entzündlichen Erkrankungen der Harnwege, Verdauungsbeschwerden, Menstruationsstörungen und als schleimlösendes Mittel bei Husten	138
Wilde Malve *Malva sylvestris*	Blätter im Frühjahr; Blüten im Sommer	Malvenblüten, seltener Malvenblätter, als Tee bei Entzündungen	142
Echte Kamille *Matricaria recutita* (syn. *Chamomilla recutita*)	Blütenköpfchen im Sommer	innerlich bei Erkrankungen im Magen- und Darmbereich, bei Verdauungsstörungen sowie bei Menstruationsbeschwerden, äußerlich in Form von Salben, Umschlägen und Bädern bei Entzündungen der Haut und der Schleimhäute	142
Spitz-Wegerich *Plantago lanceolata*	junge Blätter oder Blütenknospen bei Bedarf	als Tee oder als Frischpflanzen-Presssaft zur Reizlinderung bei Entzündungen der oberen Luftwege; Extrakt ist Bestandteil von Hustensäften	166
Rosmarin *Rosmarinus officinalis*	Blätter und Zweigspitzen bei Bedarf	Bestandteil von appetitanregenden Teemischungen; ätherisches Öl ist Bestandteil von schmerzstillenden Einreibungen, als Badezusatz	172
Echter Salbei *Salvia officinalis*	junge Blätter oder krautige Triebspitzen vor der Blüte	entzündungshemmend und adstringierend als Tee, Einreibungen oder zum Gurgeln gegen Halsschmerzen und Entzündungen im Mund- und Rachenraum	176
Gewöhnliche Mariendistel *Silybum marianum*	junge Blätter im Frühjahr; Stängel und Blütenknospen im Sommer; Samen im Spätsommer	Wirkstoffe der Mariendistelsamen als Leberschutzstoff; Bestandteil von Präparaten zur Stärkung der Leber, bei leichten Verdauungs- und bei Gallenblasenbeschwerden	184
Gemeiner Beinwell *Symphytum officinale*	Blätter vor der Blüte; Wurzeln im Herbst	entzündungshemmend, wundheilungsfördernd und reizmildernd, Umschlagpasten und Salben zur Behandlung von Blutergüssen, Prellungen, Verstauchungen, Knochenhauterkrankungen, Venenentzündungen und rheumatischen Gelenkerkrankungen	186
Thymian *Thymus vulgaris*	Blätter vor der Blüte; blühende Sprossspitzen	als Tee bei Entzündungen der oberen Luftweg, Bestandteil von Hustenmitteln, Mundwässern, Zahncremes, Erkältungsbalsamen und Rheumasalben; verdauungsfördernd	192
Echter Baldrian *Valeriana officinalis*	Wurzeln älterer Pflanzen im Herbst	als Tee und Tinktur bei nervösen Erregungszuständen, Einschlafstörungen und nervös bedingten Organbeschwerden; Extrakt und Tinktur sind Bestandteil von Präparaten und Badezusätzen gegen Unruhezustände, Konzentrationsschwäche und nervös bedingte Einschlafstörungen	195
Großblütige Königskerze *Verbascum densiflorum*	Blüten im Sommer; nicht quetschen!	reizlindernd, auswurffördernd und entzündungshemmend: Bestandteil von Husten- und Erkältungstees; Extrakt ist Bestandteil von Hustentropfen, Blüten als harntreibendes Mittel, bei Rheuma und zu Umschlägen bei schlecht heilenden Wunden	196

Exotische Kräuter

Deutscher Name	Botanischer Name	Herkunft	Ernte	Verwendung	Seite
Apamarga	*Achyranthes aspera*	Indien, China	im Sommer das ganze Kraut	Heilpflanze	94
Kreuzkümmel	*Cuminum cyminum*	Asien, Nordafrka	Früchte im Sommer, kurz vor der Vollreife; nachtrocknen	Küche, Gewürz	121
Zitronengras	*Cymbopogon citratus*	Südostasien	Blätter bei Bedarf	Heilpflanze, Küche	121
Kardamom	*Elettaria cardamomum*	Indien	Früchte kurz vor Reife der Samen im Herbst	Heilpflanze, Küchengewürz	124
Afrikanischer Rosmarin	*Eriocephalus africanus*	Südafrika	Zweige oder Blätter bei Bedarf	Heilpflanze, Tee, Gewürz, Duftpflanze	125
Jiao gu lan	*Gynostemma pentaphyllum*	China, Japan, Thailand	Blätter im Sommer, Wurzeln im Herbst	Heilpflanze	132
Maca	*Lepidium meyenii* (syn. *Lepidium peruvianum*)	Südamerika	Wurzeln im Herbst	Heilpflanze, Küche	138
Aztekisches Süßkraut	*Lippia dulcis*	Mittel- und Südamerika	Blätter und Blüten bei Bedarf	Küche, Tee, Duftpflanze	140
Mexikanischer Oregano	*Lippia graveolens*	Mittelamerika	Blätter und Blüten bei Bedarf	Küche, Duftpflanze	140
Kreta-Melisse	*Melissa officinalis* ssp. *altissima*	östlicher Mittelmeerraum	junge Blätter und Triebspitzen vor der Blüte	Küche, Tee, Duftpflanze	143
Chinesische Minze	*Mentha haplocalyx*	Asien	Blätter im Sommer	Küche, Tee, Duftpflanze	145
Korsische Minze	*Mentha requienii*	Korsika; Sardinien	Polster	Küche, Duftpflanze	146
Moujean-Tee	*Nashia inaguensis*	Bahamas	Blätter ganzjährig	Tee, Duftpflanze	150
Basilikum	*Ocimum basilicum*	tropisches Asien, Afrika	junge Blätter und Triebe vor der Blüte bei Bedarf	Heilpflanze, Gewürz, Küche	152 ff.
Tulsi-Basilikum	*Ocimum tenuiflorum* (syn. *Ocimum sanctum*)	tropisches und subtropisches Asien	junge Blätter und Triebe bei Bedarf	Heilpflanze	155
Diptam-Dost	*Origanum dictamnus*	Kreta	junge Blätter und Triebe während der gesamten Vegetationsperiode	Tee, Küche, Duftpflanze	158
Duftgeranie	*Pelargonium*-Arten und -Sorten	Südafrika	Blätter oder Blüten während der gesamten Vegetationsperiode	Küche, Zierpflanze	162 f.
Russischer Salbei	*Perovskia atriplicifolia*	Zentralasien	Blätter bei Bedarf	Küche, Gewürz	164
Vietnamesischer Koriander	*Persicaria odorata* (syn. *Polygonum odoratum*)	Südostasien	frisches Kraut bei Bedarf im Sommer	Küche	164
Anis	*Pimpinella anisum*	Europa, Asien	Blätter und Blüten stets frisch; Früchte sobald sie braun werden	Heilpflanze, Küche	164
Bolvianischer Koriander	*Porophyllum ruderale*	Mittel- und Südamerika	Blätter bei Bedarf	Küche	166
Australischer Minzstrauch	*Prostanthera rotundifolia*	Australien, Tasmanien	Blätter im Sommer	Küche, Tee	168
Amerikanische Bergminze	*Pycnanthemum pilosum*	Nordamerika	Blätter und Blüten zu Beginn der Blütezeit	Küche, Tee	170
Indianischer Räucher-Salbei	*Salvia apiana*	Nordamerika	Blätter im Sommer	Duftpflanze	174
Frucht-Salbei	*Salvia dorisiana*	Mittelamerika	Blätter im Sommer	Küche, Duftpflanze, Zierpflanze, Tee	174
Kalifornischer Salbei	*Salvia mellifera*	Nordamerika	Blätter im Sommer	Duftpflanze, Zierpflanze	175
Chinesischer Salbei	*Salvia miltiorrhiza*	China	Wurzeln im Herbst	Heilpflanze, Tee	175
Indianische Minze	*Satureja douglasii*	Mittelamerika	Triebe bei Bedarf	Heilpflanze, Tee, Gewürz	179
Chinesisches Spaltkölbchen	*Schisandra chinensis*	China, Japan	Blätter im Sommer; Zweige und Früchte im Herbst	Heilpflanze	180
Spaltkrone	*Schizopetalon walkeri*	Chile	Blüten im Sommer	Duftpflanze	181
Bei Xuan Shen	*Scrophularia buergeriana*	China, Japan	blühendes Kraut im Sommer	Heilpflanze	182
Baikal-Helmkraut	*Scutellaria baicalensis*	Asien	Wurzeln im Herbst	Heilpflanze	182
Griechischer Bergtee	*Sideritis syriaca*	östlicher Mittelmeerraum	Blätter im Sommer	Heilpflanze, Tee	183
Süßkraut	*Stevia rebaudiana*	Südamerika	Blätter bei Bedarf	Küche	185
Zimmerknoblauch	*Tulbaghia violacea*	Südafrika	Blätter und Blüten bei Bedarf	Küche	195
Ingwer	*Zingiber officinale*	Südasien	Rhizome nach acht bis zehn Monaten Kulturzeit	Heilpflanze, Küche	197

Teekräuter

Deutscher Name	Botanischer Name	Ernte	Wirkung	Seite
Gewöhnliche Schafgarbe	Achillea millefolium	im Frühjahr junge Blätter; im Sommer das ganze blühende Kraut	zur Appetitanregung und bei krampfartigen Magenbeschwerden; bei Krampfschmerz oder Hautveränderungen	94
Agastache-Arten	Agastache	während des Sommers Blätter und Blüten frisch; zum Trocknen oberirdische Pflanzenteile kurz vor der Blüte	als Tee oder zum Armoatisieren von Süßspeisen und getränken; Blüten als Dekoration	96
Odermennig	Agrimonia eupatoria (A. procera)	Blätter und Blüten im Sommer	mild zusammenziehend, bei Durchfällen und Appetitmangel	98
Gewöhnlicher Frauenmantel	Alchemilla xanthochlora (syn. Alchemilla vulgaris)	blühendes Kraut im Sommer	Tee gegen Wechseljahresbeschwerden, bei zu starken Monatsblutungen und als Blutreinigungskur; auch als Tee bei Magen- und Darmstörungen und bei unspezifischen Durchfällen	99
Zitronenverbene	Aloysia triphylla	während des ganzen Sommers Blätter und Blüten	zitronig schmeckender Entspannungstee aus frischen oder getrockneten Blättern	102
Echter Eibisch	Althaea officinalis	Blätter vor der Blüte; das ganze blühende Kraut; Wurzeln im Herbst	als Bestandteil von Teemischungen oder als Sirup bei trockenem Reizhusten sowie bei entzündlichen Schleimhautreizungen	102
Echter Wermut	Artemisia absinthium	Blätter und Triebspitzen vor der Blüte	zur Appetitanregung und bei Verdauungsstörungen	108
Bergminze	Calamintha nepeta ssp. nepeta (syn. Satureja calamintha)	Blätter und junge Triebe vor der Blüte	nervenstärkend, schweißfördernd, löst Verstopfungen, regt die Gebärmutter an; in der Volksheilkunde auch bei fiebriger Erkältung, Menstruationsschmerzen und seelischer Verstimmung	113
Echter Kümmel	Carum carvi	junge Blätter im ersten Jahr; reife Samen im zweiten Jahr	bei Völlegefühl, krampfartigen Bauchschmerzen, Blähungen und Gallenbeschwerden	115
Koriander	Coriandrum sativum	Blätter im Frühjahr; Früchte kurz vor der Vollreife	als Bestandteil von Teemischungen zur Behandlung von Verdauungsstörungen.	120
Zitronengras	Cymbopogon citratus	Blätter bei Bedarf	erfrischend, verdauungsfördernd, krampflösend, antibakteriell und schweißtreibend; häufig bei Magen- und Darmbeschwerden	121
Afrikanischer Rosmarin	Eriocephalus africanus	bei Bedarf Zweige oder Blätter	harntreibend, bei Erkältungen, Husten und Blähungen	125
Echtes Mädesüß	Filipendula ulmaria	junge Blätter und voll entwickelte Blüten im Sommer	zu Schwitzkuren gegen beginnende Erkältungen; Bestandteil von Teemischungen gegen Rheuma und Gicht	128
Gewürz-Fenchel	Foeniculum vulgare ssp. vulgare var. dulce	einzelne junge Blätter im Frühjahr und Sommer; Dolden mit reifen Samen im Spätsommer	schleimlösend, auswurffördernd, krampflösend, blähungstreibend und antibakteriell	128
Süßholz	Glycyrrhiza glabra	Wurzeln im Herbst	bei Husten	131
Alant	Inula helenium	Blätter im Frühjahr; Blüten im Sommer; Wurzeln im Herbst	auswurffördernd, verdauungsfördernd und galleanregend; Tee aus Wurzel bei Bronchitis, Reiz- und Keuchhusten, in der Volksheilkunde auch bei Infektionen der Harnwege und Menstruationsbeschwerden; Überdosis vermeiden!	134
Lavendel	Lavandula angustifolia	junge Blätter während der gesamten Vegetationsperiode; Blütenstiele nach dem vollständigen Aufblühen	bei Unruhe, Einschlafstörungen und Migräne	136
Aztekisches Süßkraut	Lippia dulcis	Blätter und Blüten bei Bedarf	Tee mit leicht entspannender Wirkung	140
Wilde Malve	Malva sylvestris	Blätter im Frühjahr; Blüten im Sommer	bei Entzündungen	142
Echte Kamille	Matricaria recutita (syn. Chamomilla recutita)	Blütenköpfchen im Sommer	bei Erkrankungen im Magen- und Darmbereich, Verdauungsstörungen sowie Menstruationsbeschwerden; Warnung: nicht zum Dauergebrauch geeignet	142
Zitronen-Melisse	Melissa officinalis	junge Blätter und Triebspitzen vor der Blüte	beruhigender Schlaf- und Nerventee	143
Minzen	Mentha-Arten und -Sorten	junge Blätter und Triebe bei Bedarf; oberirdische Pflanzenteile kurz vor der Blüte	guter Haustee, bei empfindlichem Magen Minze mit Kamille im Verhältnis 1:1 mischen	144
Moujean-Tee	Nashia inaguensis	Blätter ganzjährig	aromatischer Tee	150
Anis	Pimpinella anisum	Früchte, sobald sie braun werden	Husten-, Magen- und Darmtee	164
Spitz-Wegerich	Plantago lanceolata	junge Blätter oder Blütenknospen bei Bedarf	zur Reizlinderung bei Entzündungen der oberen Luftwege	166
Rosmarin	Rosmarinus officinalis	Blätter und Zweigspitzen bei Bedarf	häufig Bestandteil von appetitanregenden Teemischungen	172
Echter Salbei	Salvia officinalis	junge Blätter oder krautige Triebspitzen vor der Blüte	entzündungshemmend, bei Erkältungen; Warnung: nicht für den Dauergebrauch geeignet	176
Thymian	Thymus vulgaris	Blätter vor der Blüte; blühende Sprossspitzen	bei Entzündungen der oberen Luftwege	192
Großblütige Königskerze	Verbascum densiflorum	Blüten im Sommer; nicht quetschen	reizlindernd, auswurffördernd und entzündungshemmend: bei Husten oder Erkältung	196

Kräuter für sonnige Beete

Deutscher Name	Botanischer Name	Wuchshöhe	Ernte	Verwendung	Seite
Gewöhnliche Schafgarbe	Achillea millefolium	bis 80 cm	im Frühjahr junge Blätter; im Sommer das ganze blühende Kraut	Heilpflanze, Tee, Küche	94
Agastache-Arten	Agastache	50 bis 120 cm	während des Sommers Blätter und Blüten frisch; zum Trocknen oberirdische Pflanzenteile kurz vor der Blüte	Tee, Gewürz, Duft, Heilpflanze	96
Gewöhnliche Stockrose	Alcea rosea	1,50 bis 2 m	Blüten im Sommer	Küche, Heilpflanze, Zierpflanze	98
Knoblauch	Allium sativum	bis 80 cm	Knollen im Sommer, sobald das Laub eingetrocknet ist	Heilpflanze, Küche	100
Zitronenverbene	Aloysia triphylla	bis 2,50 m	während des ganzen Sommers Blätter und Blüten	Küche, Duftpflanze	102
Arnika	Arnica montana	40 bis 60 cm	Blüten	Heilpflanze	107
Echter Wermut	Artemisia absinthium	bis 1 m	Blätter und Triebspitzen vor der Blüte	Heilpflanze, Tee, Küche	108
Gewöhnlicher Beifuß	Artemisia vulgaris	80 bis 150 cm	Blätter vor der Blüte; ganzes Kraut im Sommer	Heilpflanze, Küche, Tee	109
Borretsch	Borago officinalis	bis 80 cm	junge Triebe und Blätter im Sommer	Tee, Küche	113
Senf, Schwarzer	Brassica nigra	bis 1,20 m	junge Blätter bei Bedarf; Samen im Sommer	Heilpflanze, Zierpflanze, Küche	113
Bergminze	Calamintha nepeta ssp. nepeta	40 bis 60 cm	Blätter und junge Triebe vor der Blüte	Heilpflanze, Küche, Duftpflanze, Tee	113
Ringelblume	Calendula officinalis	20 bis 60 cm	Blütenblätter und junge Blättchen im Sommer	Heilpflanze, Tee, Küche, Zierpflanze	114
Paprika	Capsicum annuum	20 bis 50 cm	Früchte von Juli bis Oktober	Heilpflanze, Küche, Gewürz	114
Koriander	Coriandrum sativum	50 bis 70 cm	Blätter im Frühjahr; Früchte kurz vor der Vollreife	Heilpflanze, Gewürz, Küche	120
Echte Artischocke	Cynara cardunculus Scolymus-Gruppe	bis 2 m	Blätter und nicht aufgeblühte Blütenköpfe im zweiten Jahr	Heilpflanze, Küche	121
Roter Sonnenhut	Echinacea purpurea	60 bis 80 cm	Blätter vor der Blüte; Blüten im Sommer; Wurzeln im Herbst	Heilpflanze, Zierpflanze	123
Gewürz-Fenchel	Foeniculum vulgare ssp. vulgare var. dulce	80 bis 200 cm	einzelne junge Blätter im Frühjahr und Sommer; Dolden mit reifen Samen im Spätsommer	Heilpflanze, Tee, Küche, Gewürz	128
Currystrauch	Helichrysum italicum	40 bis 60 cm	junge Triebe vor der Blüte; Blütendolden im Sommer	Tee, Gewürz, Heilpflanze, Zierpflanze	132
Tüpfel-Johanniskraut	Hypericum perforatum	50 bis 90 cm	blühende Zweigspitzen im Sommer	Heilpflanze, Tee, Küche	133
Ysop	Hyssopus officinalis ssp. officinalis	30 bis 60 cm	Blätter und junge Triebe bei Bedarf; blühendes Kraut im Sommer	Heilpflanze, Küche, Tee	134
Lorbeer	Laurus nobilis	am Naturstandort bis 10 m hoch	Blätter oder Triebspitzen bei Bedarf	Küchenkraut, Zierpflanze	135
Lavendel	Lavandula angustifolia	30 bis 60 cm	junge Blätter während der gesamten Vegetationsperiode; Blütenstiele nach dem vollständigen Aufblühen	Tee, Duftpflanze, Heilpflanze, Gewürz	136
Wilde Malve	Malva sylvestris	40 bis 100 cm	Blätter im Frühjahr; Blüten im Sommer	Heilpflanze, Tee, Küche	142
Gewöhnlicher Andorn	Marrubium vulgare	bis 60 cm	Blätter während der gesamten Vegetationsphase; nicht verholzte, blühende Triebe im Sommer	Heilpflanze, Küche	142
Echte Kamille	Matricaria recutita	30 bis 50 cm	Blütenköpfchen im Sommer	Heilpflanze, Tee	142
Zitronen-Melisse	Melissa officinalis	bis 100 cm	junge Blätter und Triebspitzen vor der Blüte	Heilpflanze, Tee, Küche, Duftpflanze	143
Echter Schwarzkümmel	Nigella sativa	bis 30 cm	Samen im Sommer	Heilpflanze, Küche, Gewürz	151
Oregano-Arten	Origanum	15 bis 80 cm	frische Blätter und Triebe während der gesamten Vegetationsperiode; zum Trocknen krautige Pflanzenteile während der Blütezeit	Tee, Heilpflanze, Gewürz, Küche	158 f.
Anis	Pimpinella anisum	30 bis 50 cm	Blätter und Blüten stets frisch; Früchte, sobald sie braun werden	Tee, Gewürz	164
Rosmarin	Rosmarinus officinalis	am Naturstandort bis 2 m	Blätter und Zweigspitzen bei Bedarf	Tee, Heilpflanze, Gewürz, Küche	172
Echter Salbei	Salvia officinalis	40 bis 60 cm	junge Blätter oder krautige Triebspitzen vor der Blüte	Tee, Heilpflanze, Gewürz, Küche, Duftpflanze	176
Sommer-Bohnenkraut	Satureja hortensis	bis 40 cm	frische Blättchen während des Sommers; das ganze Kraut während der Blüte	Heilpflanze, Küche	180
Gewönliche Mariendistel	Silybum marianum	bis 2 m	junge Blätter im Frühjahr; Stängel und Blütenknospen im Sommer; Samen im Spätsommer	Heilpflanze, Küche, Tee	184
Thymian	Thymus vulgaris	10 bis 40 cm	Blätter vor der Blüte; blühende Sprossspitzen	Heilpflanze, Küche	192
Großblütige Königskerze	Verbascum densiflorum	1,20 bis 1,80 m	Blüten im Sommer; nicht quetschen	Heilpflanze	196
Echtes Eisenkraut	Verbena officinalis	1,20 bis 1,80 m	Blätter und blühende Sprossspitzen im Sommer	Heilpflanze, Tee	196

Kräuter für halbschattige Beete

Deutscher Name	Botanischer Name	Wuchshöhe	Ernte	Verwendung	Seite
Odermennig	*Agrimonia eupatoria* (*A. procera*)	30 bis 60 cm (60 bis 200 cm)	Blätter und Blüten im Sommer	Heilpflanze, Tee	98
Kriechender Günsel	*Ajuga reptans*	10 bis 20 cm	Blätter im Sommer	Heilpflanze, Küche	98
Gewöhnlicher Frauenmantel	*Alchemilla xanthochlora* (syn. *Alchemilla vulgaris*)	bis 50 cm	blühendes Kraut im Sommer	Heilpflanze, Küche, Tee	99
Gewöhnliche Knoblauchsrauke	*Alliaria petiolata*	30 bis 50 cm	Blätter und Stängel vor der Blüte	Heilpflanze, Tee, Küche	99
Bärlauch	*Allium ursinum*	20 bis 30 cm	Blätter im Frühjahr vor der Blüte; Zwiebeln im Sommer	Heilpflanze, Küche, Gewürz	101
Acker-Gauchheil	*Anagallis arvensis*	10 bis 30 cm	blühendes Kraut	Heilpflanze	104
Echte Engelwurz	*Angelica archangelica*	bis 2,50 m	frische Blätter und Blattstiele während des ganzen Sommers; Früchte und Wurzeln im späten Herbst	Heilpflanze, Tee, Küche	105
Garten-Kerbel	*Anthriscus cerefolium* ssp. *cerefolium*	70 bis 100 cm	junge Blätter; das ganze blühende Kraut	Heilpflanze, Küche, Tee	106
Schnitt-Sellerie	*Apium graveolens* var. *secalinum*	30 bis 50 cm	junge Blätter vor der Blüte	Küche	106
Gewöhnlicher Meerrettich	*Armoracia rusticana*	bis 120 cm	Wurzeln ganzjährig	Heilpflanze, Küche	107
Russischer Estragon	*Artemisia dracunculus*	40 bis 70 cm	frische Triebspitzen vor der Blüte	Küche	108
Echter Kümmel	*Carum carvi*	bis 120 cm	junge Blätter im ersten Jahr; reife Samen im zweiten Jahr	Heilpflanze, Tee, Küche, Gewürz	115
Tausendgüldenkraut	*Centaurium erythraea*	10 bis 40 cm	blühende oberirdische Pflanzenteile	Heilpflanze, Tee	116
Trauben-Silberkerze	*Cimicifuga racemosa*	80 bis 150 cm	Rhizome im Herbst	Heilpflanze	118
Echtes Löffelkraut	*Cochlearia officinalis*	10 bis 20 cm	Blätter bei Bedarf, auch im Winter	Heilpflanze, Küche	118
Echtes Mädesüß	*Filipendula ulmaria*	60 bis 100 cm	junge Blätter und voll entwickelte Blüten im Sommer	Heilpflanze, Küche	128
Wald-Erdbeere	*Fragaria vesca*	20 bis 30 cm	Blätter und Früchte im Sommer	Heilpflanze, Tee,	128
Waldmeister	*Galium odoratum*	20 bis 30 cm	Kraut am besten vor der Blütezeit	Heilpflanze, Küche, Tee	129
Gewöhnlicher Gundermann	*Glechoma hederacea*	10 bis 20 cm	Kraut, auch mit Blüten, im Frühjahr oder Sommer	Heilpflanze, Tee, Küche	131
Echter Alant	*Inula helenium*	1,5 bis 2,5 m	Blätter im Frühjahr; Blüten im Sommer; Wurzeln im Herbst	Heilpflanze, Tee, Küche	134
Weiße Taubnessel	*Lamium album*	20 bis 30 cm	junge Blätter; Blüten; Wurzeln im Herbst	Heilpflanze, Tee, Küche	135
Liebstöckel	*Levisticum officinale*	100 bis 200 cm	Blätter von Frühjahr bis Herbst; Wurzeln und Samen von älteren Pflanzen im Herbst	Heilpflanze, Tee, Küche	138
Minzen	*Mentha*	60 bis 80 cm	junge Blätter und Triebe bei Bedarf; oberirdische Pflanzenteile kurz vor der Blüte	Küche, Tee, Duftpflanze	144
Süßdolde	*Myrrhis odorata*	60 bis 100 cm	Blätter im Frühjahr; Samen im Sommer; Wurzeln im Herbst	Heilpflanze, Küche, Tee	149
Echte Brunnenkresse	*Nasturtium officinale*	bis zu 70 cm	Junge Triebe während des ganzen Jahres	Heilpflanze, Küche	150
Basilikum	*Ocimum basilicum*	15 bis 60 cm	junge Blätter und Triebe vor der Blüte bei Bedarf	Heilpflanze, Küche	152 ff.
Wald-Sauerklee	*Oxalis acetosella*	5 bis 10 cm	frische oberirdische Teile blühender Pflanzen	Heilpflanze	160
Petersilie	*Petroselinum crispum*	15 bis 25 cm	Blätter im ersten Jahr während der gesamten Vegetationsperiode (beim Einsetzen der Blüte werden die Blätter ungenießbar); Früchte im zweiten Jahr	Küche, Früchte auch als Tee	164
Große Bibernelle	*Pimpinella major*	80 bis 120 cm	Blätter und Triebe im Sommer; Wurzeln im Herbst	Heilpflanze, Tee	165
Kleine Bibernelle	*Pimpinella saxifraga*	20 bis 60 cm	Blätter und Triebe im Sommer; Wurzeln im Herbst	Küche	165
Echte Schlüsselblume	*Primula veris*	bis 20 cm hoch	Blätter und Blüten zur Blütezeit; Wurzelstöcke im Herbst	Heilpflanze, Küche, Tee	168
Echtes Lungenkraut	*Pulmonaria officinalis*	10 bis 40 cm	frische Blätter im Frühjahr; oberirdische Pflanzenteile zur Blütezeit	Heilpflanze, Tee	169
Gewöhnliches Scharbockskraut	*Ranunculus ficaria*	10 bis 20 cm	Blätter vor der Blüte im Frühjahr	Heilpflanze, Küche	170
Kleiner Wiesenknopf	*Sanguisorba minor*	30 bis 50 cm	Blätter im Sommer; Wurzeln im Herbst	Heilpflanze, Küche	178
Großer Wiesenknopf	*Sanguisorba officinalis* (syn. *Sanguisorba major*)	60 bis 100 cm	Blätter im Sommer; Wurzeln im Herbst	Heilpflanze, Küche	178
Knotige Braunwurz	*Scrophularia nodosa*	60 bis 80 cm	Kraut im Sommer; Wurzeln im Herbst	Heilpflanze	182
Große Kapuzinerkresse	*Tropaeolum majus*	Triebe bis zu 3 m lang	frische Blätter, Blüten, Blütenknospen und unreife Samen	Heilpflanze, Küche	194
Echter Baldrian	*Valeriana officinalis*	50 bis 100 cm	Wurzeln älterer Pflanzen im Herbst	Heilpflanze	195

Glossar

Abführend: Als abführend wirkend werden Kräuter oder Arzneien bezeichnet, die die absondernde Tätigkeit des Darms fördern.

Abkochung / Absud: Harte Pflanzenteile wie Wurzeln oder Hölzer können nicht als Tee zubereitet werden. Sie müssen längere Zeit gekocht werden, um ihre Wirkung entfalten zu können.

Absonnig: Pflanzenstandorte, die zum Himmel offen sind, ohne dass die Pflanzen direkt von Sonnenstrahlen getroffen werden, z.B. lichte Innenhöfe.

Alkaloide: Natürliche, meist giftige organische Verbindungen, die von Pflanzen, Tieren und Mikroorganismen produziert werden und auf den tierischen oder menschlichen Organismus wirken.

Ätherische Öle: Fettlösliche Pflanzeninhaltsstoffe mit einem charakteristischen Geruch.

Aufguss: Wässriger Extrakt, der durch Übergießen von Kräutern mit heißem oder kochendem Wasser gewonnen wird.

Auflage: Mit Kräutertee oder -extrakt getränkte Tücher, die zur Behandlung auf die Haut gelegt werden.

Ausläufer: Weit verzweigte Pflanzenwurzeln, an deren Vegetationspunkten neue Jungpflanzen entstehen, die abgetrennt (abgestochen) werden können.

Ayurvedische Medizin: Traditionelle indische Heilkunst.

Badeaufguss: Kräuterzubereitung (Tee, Abkochung oder ätherisches Öl), die dem Badewasser zugegeben wird.

Blattachsel: Ist der Bereich einer Pflanze, an der Blatt- (oder Blattstieloberfläche) und Spross ineinander übergehen.

Boden, durchlässiger: Boden mit wenig Wasserhaltekraft, z.B. Sandboden.

Boden, leichter: Boden mit hohem Sandanteil.

Boden, magerer: Boden mit wenig Nährstoffen, meist leicht.

Boden, tiefgründiger: Boden, der auch in tieferen Schichten noch locker ist.

Brutzwiebeln: Zwiebelartige Brutknospen (mit Reservestoffen angereicherte Pflanzenteile, die sich ablösen und neue Pflanzen bilden).

Direktaussaat: Freilandaussaat direkt in dem für die Pflanzenkultur vorgesehenen Beet.

Dolde: Blütenstand mit gleichlangen Blütenachsen, die gemeinsam an der Sprossspitze ansetzen.

Dunkelkeimer: Saatgut, das zum Keimen keinen Lichtreiz benötigt.

Einjährig: Einjährige Pflanzen sind krautige Pflanzen, die von der Keimung des Samens, Ausbildung der Pflanze, Blüte und Samen eine Vegetationsperiode (ein Jahr) benötigen.

Extrakt: Organische Wirkstoffe, die mit Lösungsmitteln wie Wasser, Alkohol oder Öl gewonnen werden.

Flavonoide: Gruppe von wasserlöslichen Pflanzenfarbstoffen, die eine wichtige Rolle beim Stoffwechsel vieler Pflanzen spielen.

Folgeaussaaten: Weitere Aussaat, nachdem eine (kurze) Kultur abgeerntet wurde.

Formschnitt: Pflanzenschnitt zur Formgebung eines Gehölzes.

Frostkeimer: Saatgut, das zum Keimen einen Kältereiz (Frost) benötigt.

Gewürze: Teile von Pflanzen, die wegen ihres natürlichen Gehaltes an Geschmacks- und Geruchsstoffen verwendet werden.

Gurgelwasser / Gurgelmittel: Flüssigkeit, die zur Spülung des Mund- und Rachenraumes verwendet wird.

Homöopathikum: Homöopathisches Arzneimittel. Zu seiner Herstellung wird die Arzneisubstanz schrittweise extrem verdünnt, sodass der Ausgangsstoff nicht mehr nachweisbar ist.

Horstig / horstbildend : Pflanzen, meist Stauden mit mehreren gleich großen Austrieben.

Humos / humusreich: Böden mit hohem Anteil an organischen Substanzen.

Hybride: Eine Hybride ist in der Biologie ein Individuum, das aus einer Kreuzung zwischen Eltern verschiedener Arten oder Unterarten hervorgegangen ist.

Klimmend / kletternd: Pflanzen, die nicht frei aufrecht stehen können und sich mit Hilfe von Ranken oder Wurzeln an ihre Umgebungen anheften, werden als Kletterpflanzen bezeichnet.

Kräutergeist / Schnaps: Hochprozentiges alkoholisches Getränk mit Kräutern.

Kräuterlikör: Aromatisches alkoholisches Getränk mit relativ hohem Zuckergehalt und Kräutern.

Kräuteröl: Ein mit Kräutern aromatisiertes Speiseöl.

Lanzettförmig: Blattform, die an eine Lanzette erinnert. Das Blatt ist länglich, in der Mitte am breitesten und zu den Enden hin verschmälert.

Lichtkeimer: Saatgut, das zum Keimen einen Lichtreiz benötigt und daher nach der Aussaat nicht mit Erde abgedeckt werden darf.

Mehrjährige Pflanzen: Gehölze oder krautige Pflanzen, die in (nahezu) jedem Jahr blühen und fruchten.

Phototoxisch: Phototoxische Pflanzen haben Inhaltsstoffe, die unter Einwirkungen von Sonnenlicht auf der Hautoberfläche vergiftende (toxische) Wirkungen haben.

ph-Wert: Der pH-Wert ist ein Maß für die Stärke der sauren bzw. basischen Wirkung einer wässrigen Lösung.

Presssaft: Saft, der aus frischen Pflanzenteilen wie Früchten, Blättern, Wurzeln gepresst wird.

Rhizom: Ein meist unterirdisch oder dicht über dem Boden wachsendes Sprossachsensystem.

Rhizomsperre: Mit einer Rhizomsperre (Kunststoff, Blech) wird ein Teil des Erdreiches für Pflanzen mit starker Rhizombildung isoliert. Sie ist nach unten offen.

Rosettiger Wuchs: Durch reduziertes Längenwachstum des Stängels einer Pflanze sitzen viele Blätter auf derselben Höhe (Blattrosette).

Saponine: Pflanzeninhaltsstoffe vielfältiger Struktur, die beim Schütteln mit Wasser einen seifenartigen Schaum ergeben.

Schmuckdroge: Kräuter, die fertigen Teemischungen durch Form und Farbe ein ansprechendes Aussehen verleihen und selbst keine oder nur geringe Wirkung haben (meist Blüten).

Sirup: Dickflüssige, konzentrierte Lösung, die durch Kochen und andere Techniken aus zuckerhaltigen Flüssigkeiten wie Fruchtsäften oder Pflanzenextrakten gewonnen wird.

Sorte: Pflanzensorten, die der Mensch aus vorgefundenen Wildformen gezüchtet hat. Die Sorte unterscheidet sich durch verschiedene Merkmale (Größe, Farbe) von anderen Sorten der gleichen Art.

Spätfröste: Fröste, die im Laufe des Frühjahrs auftreten.

Sporen: Sporen sitzen auf der Unterseite von Pilzen und Farnen und dienen der ungeschlechtlichen Vermehrung.

Standortwechsel: Wechsel der Beetfläche nach erfolgter Kultur einer Pflanze.

Staunässe: Bodennässe, die sehr langsam abtrocknet und so zu Sauerstoffmangel im Boden führen kann.

Stecklinge: Pflanzenteile, die geschnitten und zur Vermehrung verwendet werden.

Steckzwiebeln: Aus Samen gezogene kleine Zwiebeln, die zur Verkürzung der Kulturzeit direkt in die Erde gesteckt werden.

Sud / Kräutersud: Mit kochendem Wasser übergossene (und wieder abgesiebte) Kräuter.

Sukkulente: Saftreiche Pflanzen, die an besondere Klima- und Bodenverhältnisse angepasst sind.

Tee: Mit kochendem Wasser übergossene (und wieder abgesiebte) Kräuter (s. auch Sud).

Teilung / Wurzelteilung: Pflanzenvermehrung durch Abtrennung von Teilen des Wurzelstockes.

Tinktur: Organischer Wirkstoff, der mit Ethanol gewonnen wurde (s. auch Extrakt).

Traditionelle Chinesische Medizin (TCM): Heilkunde, die in China vor gut 2000 Jahren in Schriften begründet und in der Folgezeit weiterentwickelt worden ist.

Umschläge: Mit Heilmitteln (Salben, Extrakte oder Tinkturen) getränkte Tücher, die zu Heilzwecken auf die Haut gelegt werden.

Vereinzeln: Verpflanzen (pikieren) von zu dicht stehenden Sämlingen auf größere Abstände.

Verjüngen: Die Erneuerung einer Pflanze ohne geschlechtliche Fortpflanzung.

Verwildern: Etablierung einer Kulturpflanze in einer natürlichen oder auch menschlich erzeugten wilden Lebensgemeinschaft von Pflanzen.

Winterschutz: Schutz von Kulturpflanzen vor den Auswirkungen strenger Fröste.

Wurzelableger: Aus Ausläufern (s. S. 236) gezogene Pflanzen.

Zweijährig: Zweijährige Pflanzen sind krautige Pflanzen, die im Jahr der Keimung Blätter (meist Rosetten, s. auch Rosetten) bilden und im zweiten Jahr blühen, fruchten und anschließend absterben.

Zwiebelteilung: Einfache Vermehrungsart von Zwiebelgewächsen (s. auch Teilung).

Thymian und Oregano

Ringelblumen

Service

Literatur

Berg, Peter:
Biogärtnern,
Kosmos Verlag, Stuttgart.

Beiser, Rudi:
Essbare Wildkräuter und
Wildbeeren für unterwegs,
Kosmos Verlag, Stuttgart.

Bickel, Gabriele:
Geschenke aus meinem
Kräutergarten,
Kosmos Verlag, Stuttgart.

Bohne, Burkhard:
Taschenatlas Küchenkräuter,
Verlag Eugen Ulmer, Stuttgart.

Bohne, Burkhard:
Kräutergärtnern,
Kosmos Verlag, Stuttgart.

Bohne, Burkhard:
Kräuterwissen aus alter Zeit,
Kosmos Verlag, Stuttgart.

Bohne, Burkhard und Dietze, Peter:
Taschenatlas Heilpflanzen,
Verlag Eugen Ulmer, Stuttgart.

Bohne, Burkhard und Dietze, Peter:
Heil- und Giftpflanzen-CD,
Verlag Eugen Ulmer, Stuttagrt

Braun-Bernhart Ursula und
Bohne, Burkhard:
Kräuter auf Balkon und Terrasse,
Kosmos Verlag Stuttgart.

Bühring, Ursel:
Alles über Heilpflanzen,
Verlag Eugen Ulmer, Stuttgart.

Buser, Marianne / Koch, Antonia:
Alte Kräuter & Gemüse
wiederentdeckt,
FONA – Bundesministerium für
Bildung und Forschung, Bonn.

Cunningham, Scott:
Enzyklopädie der magischen
Kräuter,
Schirner Verlag, Darmstadt.

Greiner, Karin und
Weber, Dr. Angelika:
Kräuter,
Gräfe und Unzer Verlag, München.

Haßkerl, Heide:
Gesundheit aus eigenem Garten.
Für Selbstversorger!,
Leopold Stocker Verlag, Graz.

Haßkerl, Heide:
Kleine Kräuterapotheke,
Buchverlag für die Frau, Leipzig.

Hess, Reinhard:
Garten- und Wildkräuter.
Schätze aus der Natur,
Kosmos Verlag, Stuttgart.

Kawollek, Wolfgang und
Falk, Henning:
Bibelpflanzen,
Verlag Eugen Ulmer, Stuttgart.

Kreuter, Marie-Luise:
Der Biogarten,
BLV-Verlag, München.

Kreuter, Marie-Luise:
Gartenkräuter. Die besten Arten
und Sorten,
BLV-Verlag, München.

Mann, Dirk:
Küchenkräuter. Gestalten,
pflanzen, ernten,
Kosmos Verlag, Stuttgart.

Mayer, Johannes Gottfried u.a.:
Das große Buch der
Klosterheilkunde,
Verlag Zabert Sandmann GmbH,
München.

Pahlow, Mannfried:
Das große Buch der Heilpflanzen,
Nikol Verlag, Hamburg.

Puhle, Annekatrin u.a.:
Heilpflanzen für die Gesundheit.
300 Pflanzen – neues und
überliefertes Heilwissen,
Pflanzenkunde, Homöopathie und
Aromakunde,
Kosmos Verlag, Stuttgart.

Rias-Bucher, Barbara /
Merkel, Daniela:
Aromatische Geschenke mit
Kräutern. Kulinarische Genüsse
lecker verpackt,
Frechverlag, Stuttgart.

Roth u.a.:
Giftpflanzen-Pflanzengifte,
Nikol Verlag, Hamburg.

Rühlemann's Kräuter und
Duftpflanzen,
Katalog der Kräutergärtnerei
Rühlemann.

Scherf, Gertrude:
Alte Nutzpflanzen wieder
entdeckt,
BLV-Verlag, München.

Scherf, Gertrude:
Die geheimnisvolle Welt der
Zauberpflanzen und Hexenkräuter,
BLV-Verlag, München.

Scherf, Gertrude:
Pflanzengeheimnisse aus
alter Zeit,
BLV-Verlag, München.

Schönfelder, Ingrid und Peter:
Das neue Handbuch der
Heilpflanzen,
Kosmos Verlag, Stuttgart.

Schönfelder, Ingrid und Peter:
Der Kosmos Heilpflanzenführer,
Kosmos Verlag, Stuttgart.

Tornieporth, Gerda:
Hildegard von Bingen
– Das Gartenbuch,
BLV-Verlag, München.

Wichtel, Max:
Teedrogen und Phytopharmaka,
Wissenschaftliche Verlagsgesell-
schaft mbH, Stuttgart.

Treml, Franz-Xaver:
Kräuter aus dem Garten,
Kosmos Verlag, Stuttgart.

Nützliche Adressen

Vereine und Verbände (www.gartenbauvereine.de)

Naturschutzbund Deutschland e.V. (NABU)
Charitéstr. 3
10117 Berlin
Tel.: 0 30 / 28 49 84 - 0
Fax: 0 30 / 28 49 84 - 20 00
E-Mail: NABU@NABU.de
www.nabu.de

Deutsche Gartenbau-Gesellschaft 1822 e.V.
Haus der Land- und Ernährungs-
wirtschaft in Berlin
Claire-Waldoff-Str. 7
10117 Berlin
Tel.: 0 30 / 28 09 34 25
Fax: 0 30 / 28 09 34 26
E-Mail: info@dgg1822.de
www.dgg1822.de

Bund für Umwelt und Naturschutz Deutschland e.V. (BUND)
Am Köllnischen Park 1
10179 Berlin
Tel.: 0 30 / 27 58 64 - 0
E-Mail: bund@bund.net
www.bund.net

Bundesverband Deutscher
Gartenfreunde e.V.
Platanenallee 37
14050 Berlin
Tel.: 0 30 / 30 20 71 40
Fax: 0 30 / 30 20 71 39
E-Mail: bdg@kleingarten-bund.de
www.kleingarten-bund.de

Zentralverband Gartenbau e.V. (ZVG)
Godesberger Allee 142–148
53175 Bonn
Tel.: 02 28 / 8 10 02 - 0
Fax: 02 88 / 8 10 02 - 48
E-Mail: info@g-net.de
www.g-net.de

Österreich

Bundesverband
der Österreichischen Gärtner
Schauflergasse 6
A-1010 Wien
Tel.: +43 (0)1 / 53441 - 8559
Fax: +43 (0)1 / 53441 - 8549
E-Mail: office@gartenbau.or.at
www.gartenbau.or.at

Informationsstellen und Fortbildungsstätten (www.gartenakademien.de)

Sächsisches Landesamt für
Umwelt, Landwirtschaft und
Geologie
Gartenbau – Gartenakademie
Söbrigener Str. 3 A
01326 Dresden-Pillnitz
Tel.: 03 51 / 2612 - 80
E-Mail: gartenakademie@smul.
sachsen.de
www.landwirtschaft.sachsen.de

Permakultur Akademie
Geschäftsstelle Berlin
Kreutziger Str. 19
10247 Berlin
Tel.: 030 / 89 20 84 88
E-Mail: bueroberlin@permakultur-
akademie.net
www.permakultur-akademie.de

Verein Bildungsstätte des deutschen Gartenbaues e. V.
Gießener Str. 47
35305 Grünberg
Tel.: 0 64 01 / 91 01 - 0
Fax: 0 64 01 / 91 01 - 91
E-Mail: info@bildungsstaette-
gartenbau.de
www.bildungsstaette-gartenbau.de

LLH - Hessische Gartenakademie
Zentrale
Brentanostraße 9
65366 Geisenheim
Tel.: 0 67 22 / 5 02 - 8 51
Fax: 0 67 22 / 5 02 - 8 50
E-Mail: hessische.gartenakademie.
gs@llh.hessen.de
www.llh-hessen.de

Bildungszentrum Gartenbau
Essen
Fachschule für Gartenbau
Külshammerweg 18-26
45149 Essen
Tel.: 0201 / 87965 - 0
Fax: 0201 / 87965 - 65
www.gartenbauzentrum.de

Gartenakademie Rheinland-Pfalz
im Dienstleistungszentrum
Ländlicher Raum Rheinpfalz
Breitenweg 71
67435 Neustadt
Tel.: 0 63 21 / 6 71 - 2 62
Fax: 06 71 / 9 28 96 - 3 42
E-Mail: gartenakademie@dlr.rlp.de
www.gartenakadeie.rlp.de

Saarländische Gartenakademie
Landwirtschaftskammer für das
Saarland
Frau Karen Falch
Dillinger Str. 67
66822 Lebach
Tel.: 0 68 81 / 9 28 - 1 09
Fax: 0 68 81 / 9 28 - 1 00
E-Mail: karen.falch@lwk-Saarland.de
www.lwk-saarland.de

Hochschule Weihenstephan-
Triesdorf
Zentrum für Forschung und Wei-
terbildung
Institut für Gartenbau
Am Staudengarten 8
85354 Freising
Tel.: 08161 / 71 - 5110
Fax: 08161 / 71 - 5106
E-Mail: igb@hswt.de
www.hswt.de

Bayerische Landesanstalt für
Weinbau und Gartenbau
An der Steige 15
97209 Veitshöchheim
Tel.: 09 31 / 98 01 - 0
Fax: 09 31 / 9801 - 100
E-Mail: poststelle@lwg.bayern.de
www.lwg.bayern.de
www.fachschule-ve tshoechheim.
bayern.de

Staatliche Boden-untersuchungsinstitute (www.vdlufa.de)

LUFA = Landwirtschaftliche Unter-
suchungs- und Forschungsanstalt

LUFA Rostock der LMS
Graf-Lippe-Str. 1
18059 Rostock
Tel.: 03 81 / 2 03 07 - 0
Fax: 03 81 / 2 03 07 - 90
E-Mail: info@lms-lufa.de
www.lms-lufa.de

LUFA Nord-West
Jägerstr. 23 - 27
26121 Oldenburg
Tel.: 04 41 / 80 18 21
Fax: 04 41 / 80 18 99
E-Mail: lufa@lufa-nord-west.de
www.lufa-nord-west.de

Institut für Boden und Umwelt
LUFA Nord-West
Standort Hameln
Finkenborner Weg 1 A
31787 Hameln
Tel.: 0 51 51 / 98 71 - 0
Fax: 0 51 51 / 98 71 - 11
E-Mail: ifb@lufa-nord-west.de
www.lufa-nord-west.de

LUFA NRW
Landwirtschaftskammer
Nordrhein-Westfalen
Nevinghoff 40
48147 Münster
Tel.: 02 51 / 23 76 - 595
Fax: 02 5 / 23 76 - 702
E-Mail: lufa@lwk.nrw.de
www.lwk-nrw.de/lufa

Landesbetrieb Hessisches
Landeslabor (LHL)
Abt. Landwirtschaft und Umwelt
- Haupts tz -
Schubertstraße 60
Haus 13
35392 Gießen
Tel: 06 4 / 48 00 - 5 55
Fax: 06 41 / 48 00 - 59 00
www.lhl.hessen.de

LUFA Speyer
Obere Langgasse 40
67346 Speyer
Tel.: 0 62 32 / 1 36 - 0
Fax: 0 62 32 / 1 36 - 1 10
E-Mail: info@lufa-speyer.de
www.lufa-speyer.de

Technische Universität München
Zentralinstitut für Ernährungs-
und Lebensmittelforschung (ZIEL)
Bioanalytik
Weihenstephaner Berg 1
85354 Freising
Tel.: 0 81 61 / 71 - 3501
Fax: 0 81 61 / 71 - 50 29
E-Mail: martina.koltz@tum.de
www.ziel.tum.de

Österreich

Höhere Bundeslehr- und
Forschungsanstalt für Gartenbau
Schönbrunn (HBLFA)
Grünbergstr. 24
A-1130 Wien
Tel.: +43 (0)1 / 8 13 59 50 - 0
Fax: +43 (0)1 / 8 13 59 50 - 99
E-Mail: office@gartenbau.at
www.gartenbau.at

Chemisch-technische Umwelt-
schutzanstalt (CTUA)
Langer Weg 27
6020 Innsbruck
Tel.: +43 (0)512 / 508 76 02
Fax: +43 (0)512 / 508 74 76 05
E-Mail: Ctua@tirol.gv.at
www.tirol.gv.at/umwelt/ctua

Landwirtschaftliches Versuchs-
zentrum Steiermark
– Referat Boden- und Pflanzen-
analytik
Ragnitzstr. 193
A-8047 Graz
Tel.: + 43 (0)31 / 68 77 - 66 50
Fax: + 43 (0)31 / 68 77 - 66 38
E-Mail: wolfgang.krainer@stmk.
gv.at
www.verwaltung.steiermark.at

**Private Bodenuntersuchungs-
institute**

Institut Koldingen GmbH
Breslauer Str. 60
31157 Sarstedt
Tel.: 0 50 66 / 9 01 93 - 0
Fax: 0 50 66 / 9 01 93 - 35
E-Mail: koldingen@agrolab.de
www.agrolab.de

Agrofor Consulting & Products
Wiesenstr. 36
35435 Wettenberg
Tel.: 06 41 / 98 03 56
Fax: 06 41 / 98 03 57
E-Mail: agrofor@t-online.de
www.agrofor.de

Ing. Bernd Riffel Bodenlabor
Weinheimer Landstr. 115
55232 Alzey
Tel.: 0 67 31 / 4 38 59

Eurofins Institut
Prof. Dr. Jäger GmbH
Ernst-Simon-Str. 2–4
72072 Tübingen
Tel.: 0 70 71 / 70 07 0
Fax: 0 70 71 / 70 07 77
E-Mail: info.tuebingen
@eurofins-umwelt.de
www.eurofins.de

Laboratorium Lacher
Niedermattenstr. 3
79238 Ehrenkirchen
Tel.: 0 76 33 / 98 22 34
Fax: 0 76 33 / 98 22 35
E-Mail: michael.lacher
@laboratorium-lacher.de
www.laboratorium-lacher.de

Agrolab-Gruppe
Dr.-Pauling-Str. 1
84079 Bruckberg
Tel.: 0 87 65 / 80 71 000
Fax: 0 87 65 / 80 71 056
E-Mail: zentrale@agrolab.de
www.agrolab.de

Labor für Boden- und Dünge-
mitteluntersuchungen
Dr. H. D. Dürr, M. Dürr
Hagener Weg 27
89179 Beimerstetten
Tel.: 073 48 / 64 08
Fax: 073 48 / 65 07
E-Mail: kontakt@labor-duerr.de
www.labor-duerr.de

Analytik Institut Rietzler GmbH
Dr. Rietzler
Schnorrstr. 5 A
90471 Nürnberg
Tel.: 09 11 / 86 88 - 20
Fax: 09 11 / 86 88 - 2 22
E-Mail: info@rietzler-analytik.de
www.rietzler-analytik.de

Schweiz

UFAG Laboratorien AG
Kornfeldstr. 4
CH-6210 Sursee
Tel.: + 41(0)58 43 44 200
Fax: + 41(0)58 43 44 201
E-Mail: info@ufag-laboratorien.ch
www.ufag-laboratorien.ch

**Amtliche Pflanzenschutz-
beratung (www.pflanzen
schutzdienst.de)**

Sächsische Landesanstalt für
Umwelt, Landwirtschaft und
Geologie (LfULG)
Besucheradresse
August-Böckstiegel-Straße 1
01326 Dresden Pillnitz
Tel.: 03 51 / 26 12 - 0
Fax: 03 51 / 26 12 - 10 99
E-Mail: poststelle.lfulg@smul.
sachsen.de
www.smul.sachsen.de/lfulg

Pflanzenschutzamt Berlin
Mohriner Allee 137
12347 Berlin
Tel.: 0 30 / 70 00 06 - 0
Fax: 0 30 / 70 00 06 - 2 55
E-Mail: pflanzenschutzamt@
senstadtum.berlin.de
www.stadtentwicklung.berlin.de/
pflanzenschutz/
pflanzenschutzamt

Landesamt für Ländliche
Entwicklung, Landwirtschaft und
Flurneuordnung
Müllroser Chaussee 54
15236 Frankfurt (Oder)
Tel.: 03 35 / 5 60 - 21 00
Fax: 03 35 / 27 54 84 27 3
E-Mail: psdwarnhinweise@lelf.
brandenburg.de
www.lelf.brandenburg.de/

Landespflanzenschutzamt
Mecklenburg-Vorpommern
Außenstelle Greifswald
Grimmer Str. 16
17489 Greifswald
Tel.: 0 38 34 / 5 76 80
Fax: 0 38 34 / 50 09 84

Pflanzenschutzamt Hamburg
Pflanzenschutzdienst Klein
Flottbek
Ohnhorststr. 18
22609 Hamburg
Tel.: 0 40 / 42 841 - 53 21
Fax: 0 40 / 42 79 - 41 072
E-Mail: michael.scharf@bwvi.
hamburg.de
www.hamburg.de/Pflanzenschutz

Pflanzenschutzamt
Landwirtschaftskammer
Schleswig-Holstein
Grüner Kamp 15–17
24768 Rendsburg
Tel.: 0 43 31 / 94 53 - 0
Fax: 0 43 31 / 94 53 - 199
E-Mail: lksh@lksh.de
www.lksh.de

Lebensmittelüberwachungs-,
Tierschutz- und Veterinärdienst
des Landes Bremen (LMTVet)
Pflanzenschutzdienst
Findorffstraße 101
28215 Bremen
Tel.: 04 21 / 3 61 - 10 704
Fax: 04 21 / 3 61 - 15 519
E-Mail: friedrich.pohl@veterinaer.
bremen.de
www.lmtvet.bremen.de

Pflanzenschutzamt
Standort Oldenburg
Sedanstraße 4
26121 Oldenburg
Tel.: 04 41 / 8 01 - 762
Fax: 04 41 / 8 01 - 777
E-Mail: pflanzenschutzamt@lwk-
niedersachsen.de
www.lwk-niedersachsen.de

Pflanzenschutzamt Hannover
Wunstorfer Landstr. 9
30453 Hannover
Tel.: 05 11 / 40 05 - 0
Fax: 05 11 / 40 05 - 21 20
E-mail: pflanzenschutzamt@lwk-
niedersachsen.de
www.lwk-hannover.de

Regierungspräsidium Gießen
Dezernat 51.4
Pflanzenschutzdienst Hessen
Schanzenfeldstr. 8
35578 Wetzlar
Tel.: 06 41 / 3 03 - 52 27
E-Mail: psd-wetzlar@rpgi.hessen.
de
www.pflanzenschutzdienst.rp-
giessen.de

Landwirtschaftskammer
Nordrhein-Westfalen
Pflanzenschutzdienst
Siebengebirgsstraße 200
53229 Bonn-Roleber
Tel.: 02 28 / 7 03 - 21 01
Fax: 02 28 / 7 03 - 21 02
E-Mail: Pflanzenschutzdienst
@lwk.nrw.de
www.landwirtschaftskammer.de/
landwirtschaft/Pflanzenschutz

Dienstleistungszentrum
Ländlichen Raum (DLR)
Rheinhessen-Nahe-Hunsrück
Rüdesheimer Str. 60–68
55545 Bad Kreuznach
Tel.: 06 71 / 8 20 - 0
Fax: 06 71 / 8 20 - 600
E-Mail: DLR-RNH@dlr.rlp.de
www.dlr-rnh.rlp.de

Landwirtschaftskammer
für das Saarland
Pflanzenschutzamt
Dillinger Str. 67
66822 Lebach
Tel.: 0 68 81 / 9 28 - 1 34
Fax: 0 68 81 / 9 28 - 1 00
E-Mail: maren.brennig@lwk-
saarland.de
www.lwk-saarland.de

Landwirtschaftliches Technologie-
zentrum Augustenberg
Abteilung 3 – Pflanzengesundheit
und Produktqualität
Neßlerstr. 23–31
762287 Karlsruhe
Tel.: 07 21 / 94 68 - 400
E-Mail: pflanzenschutz-fragen
@ltz.bwl.de
www.ltz-bw.de

Bayerische Landesanstalt
für Landwirtschaft
Institut für Pflanzenschutz
Lange Point 10
85354 Freising
Tel.: 0 81 61 / 71 - 56 51
Fax: 0 81 61 / 71 - 57 35
E-Mail: Pflanzenschutz
@lflbayern.de
www.lfl.bayern.de

Bayrische Landesanstalt
für Weinbau und Gartenbau
Bayrische Gartenakademie
An der Steige 15
97209 Veitshöchheim
Tel.: 09 31 / 98 01 - 147
www.lwg.bayern.de

Thüringer Ministerium für
Landwirtschaft, Naturschutz und
Umwelt (TMLNU)
Abteilung Landwirtschaft
Beethovenstraße 3
99096 Erfurt
Tel.: 03 61 / 37 99 - 201
Fax: 03 61 / 37 99 - 209
E-Mail: poststelle@tmlnu.
thueringen.de
www.thueringen.de

Nützlinge

Katz Biotech AG
An der Birkenpfuhlheide 10
15837 Baruth
Tel.: 03 37 04 / 6 75 - 10
Fax: 03 37 04 / 6 75 - 79
E-Mail: info@katzbiotech.de
www.katzbiotech.de

ÖRE Bio-Protect – Biologischer
Pflanzenschutz GmbH
Neuwührener Weg 26
24223 Schwentinental
Tel.: 0 43 07 / 50 16
Fax: 0 43 07 / 71 28
E-Mail: info@nuetzlingsberater.de
www.nuetzlingsberater.de

Stolpe – ein Projekt der
re-natur GmbH
Kräuter Park
Am Pfeifenkopf 9
24601 Stolpe
Tel.: 0 43 26 / 28 93 90
Fax: 0 43 26 / 28 93 91
E-Mail: kraeuterpark@re-natur.de
www.kraeuterpark.de
www.re-natur.de

W. Neudorff GmbH KG
An der Mühle 3
31860 Emmerthal
Tel.: 05 155 / 62 44 888
Fax: 05 155 / 60 10
E-Mail: info@neudorff.de
www.neudorff.de

AMW Nützlinge GmbH
Außerhalb 54
64319 Pfungstadt
Tel.: 0 61 57 / 99 05 95
Fax: 0 61 57 / 99 05 97
E-Mail: info@amwnuetzlinge.de
www.amwnuetzlinge.de

STB-Control
Triebweg 2
65326 Aarbergen
Tel.: 0 61 20 / 90 08 70
Fax: 0 61 20 / 90 08 71
E-Mail: r.schwenk@stb-control.de
www.stb-control.de

Sautter & Stepper GmbH
Rosenstr. 19
72119 Ammerbuch
Tel.: 0 70 32 / 95 78 - 30
Fax: 0 70 32 / 95 78 - 50
E-Mail: info@nuetzlinge.de
www.nuetzlinge.de

Katz Biotech AG
Beratungsstandort Süd
Industriestr. 38
73642 Welzheim
Tel.: 0 71 82 / 93 53 73
Fax: 0 71 82 / 93 53 71
E-Mail: info@katzbiotech.de
www.katzbiotech.de

Welte Nützlinge GmbH
Maurershorn 18b
78479 Reichenau
Tel.: 0 75 34 / 71 90
Fax: 0 75 34 / 14 58
E-Mail: info@welte-nuetzlinge.de
www.welte-nuetzlinge.de

Schweiz

Andermatt Biocontrol AG
Stahlermatten 6
CH-6146 Großdietwil
Tel.: +41 (0)6 29 17 50 05
Fax: +41 (0)6 29 17 50 06
E-Mail: sales@biocontrol.ch
www.biocontrol.ch

Naturgemäßer Gartenbau

GÄA – Vereinigung ökologischer
Landbau e.V.
Bundesgeschäftsstelle
Arndtstr. 11
01099 Dresden
Tel.: 03 51 / 4 01 23 89
Fax: 03 51 / 4 01 55 19
E-Mail: info@gaea.de
www.gaea.de

Permakultur Institut e.V.
Petra Krubeck
1. Vorsitzende
Im Garten 11
51503 Hoffnungsthal
Tel. Info-Büro Berlin: 0 30 / 89 20
84 88
E-Mail: info-buero@pki-ev.de
www.permakultur-institut.de

Wolfgang-Philipp-Gesellschaft
Gerold Baring Liegnitz, Gabriele
Staffel
Postfach 43 66
55033 Mainz
Tel.: 0 61 31 / 7 23 40
E-Mail: WPG-Mainz@gmx.de

Forschungsring für Biologisch-
Dynamische Wirtschaftsweise e.V.
Brandschneise 5
64295 Darmstadt
Tel.: 0 61 55 / 84 21 - 0
Fax: 0 61 55 / 84 21 - 25
E-Mail: info@forschungsring.de
www.forschungsring.de

Naturgarten e.V.
Verein für naturnahe Garten- und
Landschaftsgestaltung
Geschäftsstelle
Kernerstr. 64
74076 Heilbronn
Tel.: 0 71 31 / 6 49 99 96
Fax: 0 71 31 / 6 49 99 97
E-Mail: geschaeftsstelle
@naturgarten.org
www.naturgarten.org

Institut für Partizipatives
Gestalten (IPG)
Sonja Hörster und Jascha Rohr GbR
Alte Ziegelei 6
26197 Huntlosen
Tel.: 0 44 87 / 99 96 90
E-Mail: info@partizipativ-
gestalten.de
www.partizipativ-gestalten.de

Schweiz

Kurs und Tagungszentrum
Biogarten Birnbaum
CH-3436 Zollbrück
Tel.: +41 (0)3 44 96 71 48
Fax: +41 (0)3 44 96 80 30
E-Mail: biogarten@bluewin.ch
www.bea-heer.ch/biogarten.htm

Bioforum Schweiz
Zentrum für organisch-biologi-
schen Landbau
Wellberg 1
CH-6130 Willisau
Tel.: +41 (0)9 71 02 88
E-Mail: bio-forum@bluewin.ch
www.bioforumschweiz.ch

Bioterra Schweiz (SGBL)
Dubsstr. 33
CH-8003 Zürich
Tel.: +41 (0)4 44 54 48 48
Fax: +41 (0)4 44 54 48 41
E-Mail: service@bioterra.ch
www.bioterra.ch

Erhaltung der Sortenvielfalt

Verein zur Erhaltung der Nutz-
pflanzenvielfalt (VEN) e.V.
Geschäftsstelle
c / o Barbara Féret
Mondrianplatz 11
36041 Fulda
Tel.: 0 53 06 / 14 02
E-Mail: geschäftsstelle
@nutzpflanzenvielfalt.de
www.nutzpflanzenvielfalt.de

Österreich

Arche Noah
Obere Str. 40
A-3553 Schiltern
Tel.: +43 (0)27 34 - 86 26
E-Mail: info@arche-noah.at
www.arche-noah.at

Schweiz

ProSpecieRara Deutsche Schweiz
Schweizerische Stiftung für die
kulturhistorische und genetische
Vielfalt von Pflanzen und tieren
Unter Brüglingen 6
CH-4052 Basel
Tel.: +41 (0)61 54 59 911
Fax: +41 (0)61 54 59 912
E-Mail: info@prospecierara.ch
www.psrara.org
www.prospecierara.ch

Vereinigung Fructus
Geschäftsstelle
Schloss 1
CH-8820 Wädenswil
Tel.: +41 (0)4 47 83 61 02
E-Mail: franziska.oertli@fructus.ch
www.fructus.ch

Kräuter und Duftpflanzen

Kräuter- und Staudengärtnerei
Mann
Schönbacherstr. 25
02708 Lawalde
Tel.: 0 35 85 / 40 37 38
Fax: 0 35 85 / 41 65 59
E-Mail: info@staudenmann.de
www.staudenmann.de
www.pflanzenreich.com

Gärtnerei helenion
Kleine Straße 2a
17291 Grünow
Tel.: 039 85 / 73 98 59
E-Mail: info@helenion.de
www.helenion.de

Die Kräuterei (Bioland)
Silvia Heinrich
Alexanderstr. 29
26121 Oldenburg
Tel./Fax: 04 41 / 88 23 68
E-Mail: kraeuterei@t-online.de
www.kraeuterei.de

Rühlemann's Kräuter &
Duftpflanzen
Auf dem Berg 2
27367 Horstedt
Tel.: 0 42 88 / 92 85 58
Fax: 0 42 88 / 92 85 59
E-Mail: info@kraeuter-und-
duftpflanzen.de
www.kraeuter-und-
duftpflanzen.de

Kräuterey Lützel
Im Stillen Winkel 5
57271 Hilchenbach-Lützel
Tel.: 0 27 33 / 38 46
Fax: 0 27 33 / 1 26 79
E-Mail: info@kraeuterey.de
www.kraeuterey.de

Otzberg Kräuter
Burghart Koch-Seubert
Erich Ollenhauer-Str. 87 B
65187 Wiesbaden
Tel.: 06 11 / 8 12 05 45
Fax: 06 11 / 8 46 05 58
www.otzberg-kraeuter.de

Tausendschön
Hauptstraße 9
74541 Vellberg-Großaltdorf
Tel.: 0 79 07 / 89 79

Syringa
Duftpflanzen und Kräuter
Bernd Dittrich
Bachstraße 7
78247 Hilzingen-Binningen
Tel.: 0 77 39 / 14 52
Fax: 0 77 39 / 6 77
E-Mail: info@syringa-pflanzen.de
www.syringa-pflanzen.de

Blumenschule
Augsburger Str. 62
86956 Schongau
Tel.: 0 88 61 / 73 73
Fax: 0 88 61 / 12 72
E-Mail: info@blumenschule.de
www.blumenschule.de

Artemisia
Hopfen 29
88167 Stiefenhofen im Allgäu
Tel.: 0 83 86 / 96 05 10
Fax: 0 83 86 / 96 15 20

Brunnenhof ein Wirtschaftsbe-
trieb der ökumenischen
Zisterzienserabtei St. Severin
Kornstraße 61
88370 Ebenweiler
Tel.: 0 75 84 / 32 33
E-Mail: brunnenhof-kraeuter-
und-mehr@t-online.de
www.brunnenhof-kraeuter-
und-mehr.de

Raritätengärtnerei Treml
Eckerstr. 32
93471 Arnbruck
Tel.: 0 99 45 / 90 51 00
Fax: 0 99 45 / 90 51 01
E-Mail: treml@pflanzentreml.de
www.pflanzentreml.de

Mussärol
Bamberger Kräutergärtnerei
Nürnbergerstr. 86
96050 Bamberg
Tel.: 09 51 / 2 20 23
Fax: 09 51 / 2 08 60 32
E-Mail: post@biokraeuter.info
www.biokraeuter.info

Saatgut

Vertriebsgesellschaft
Quedlinburger Saatgut mbH
Dieselstr. 1
06449 Aschersleben
Tel.: 0 34 73 / 84 06 66
Fax: 0 34 73 / 84 06 67
E-Mail:
info@quedlinburger-saatgut.de
www.quedlinburger-saatgut.de

ISP
International Seeds Processing
GmbH
Erwin-Baur-Str. 23
06484 Quedlinburg
Tel.: 0 39 46 / 78 09 - 0
Fax: 0 39 46 / 78 09 - 17
E-Mail:
isp-quedlinburg@t-online.de
www.isp-quedlinburg.de

Sperli GmbH
Freckenhorster Str. 32
48351 Everswinkel
Tel.: 025 82 / 670 - 900
Fax: 025 82 / 670 - 999
E-Mail: info@sperli.de
www.sperli.de

Gustav Schlüter GmbH
Bahnhofstr. 5
25335 Bokholt-Hanredder
Tel.: 0 41 23 / 20 21
Fax: 0 41 23 / 70 88
E-Mail: versand@garten-
schlueter.de
www.garten-schlueter.de

Bruno Nebelung GmbH
Freckenhorster Str. 32
48351 Everswinkel
Tel.: 025 82 / 67 00
Fax: 025 82 / 67 02 70
E-Mail: info@nebelung.de
www.nebelung.de

Thysanotus-Versand
Uwe Siebers
Postfach 11 03
28876 Oyten
Tel.: 0 42 07 / 57 08
Fax: 0 42 07 / 57 22
E-Mail: UweSiebers@t-online.de
www.thysanotus-versand.de

Jelitto Staudensamen GmbH
Am Toggraben 3
29690 Schwarmstedt
Tel.: 0 50 71 / 98 29 - 0
Fax: 0 50 71 / 98 29 - 27
E-Mail: info@jelitto.com
www.jelitto.com

Dreschflegel Versand (Bio-Saatgut)
Dreschflegel GbR
In der Aue 31
37213 Witzenhausen
Tel.: 0 55 42 / 50 27 44
Fax: 0 55 42 / 50 27 58
E-Mail: info@dreschflegel-
saatgut.de
www.dreschflegel-saatgut.de

Gärtner Pötschke
Beuthener Straße 4
41564 Kaarst
Tel.: 0 18 05 / 86 11 00
Fax: 0 18 05 / 86 13 00
E-Mail: info@poetschke.de
www.poetschke.de

Bio-Saatgut Gaby Krautkrämer
Weingartenstrasse 58
97252 Frickenhausen am Main
Tel.: 0 93 31 / 98 94 200
Fax: 0 93 31 / 98 94 201
E-Mail: mehrInformation
@bio-saatgut.de
www.bio-saatgut.de

Kräuter-Reich
Online-Shop
Inh: Volker Derwahl
Ringweg 18
57629 Stein-Wingert
E-Mail:shop@derwahl.com
www.kraeuter-reich.de

Kiepenkerl
Bruno Nebelung GmbH
Bruno Nebelung Kundenservice
ESH-Rhenania GmbH
Marienberger Straße 10
56470 Bad Marienberg
Tel.: 0 26 61 / 9 40 52 - 84
Fax: 0 26 61 / 9 40 52 - 85
E-Mail: info@brunonebelung.de
www.shop.nebelung.de

Baldur-Garten GmbH
Albert-Einstein-Allee 4-6
64625 Bensheim
Kundenservice
Tel.: 0 62 51 / 10 33 66
Fax: 0 62 51 / 98 90 989
www.baldur-garten.de

Hild Samen GmbH
Kirchenweinbergstr. 115
71672 Marbach a. N.
Tel.: 0 71 44 / 84 73 - 11
Fax: 0 71 44 / 84 73 - 99
E-Mail: hild@bayer.com
www.hildsamen.de

Hof Berg-Garten GbR
(Bio-Saatgut)
Lindenweg 17
79737 Herrischried
Tel.: 0 77 64 / 2 39
Fax: 0 77 64 / 2 15
E-Mail: info@hof-berggarten.de
www.hof-berggarten.de

W. Nixdorf
Gemüsegarten Versandhandel
Aschhauserstr. 77
97922 Lauda
Tel.: 0 93 43 / 34 65
Fax: 0 93 43 / 6 57 47
E-Mail : nixdorf@garten-wn.de
www.garten-wn.de

N.L.Chrestensen
Erfurter Samen- und Pflanzen-
zucht GmbH
Witterdaer Weg 6
99092 Erfurt
Tel.: 03 61 / 22 45 - 0
Fax: 03 61 / 22 45 - 113
E-Mail: info@chrestensen.com
www.gartenversandhaus.de
www.chrestensen.de

Kräutergärten

Arznei- und Gewürzpflanzen-
abteilung des Botanischen
Gartens Dresden
Botanischer Garten der TU Dresden
Stübelallee 2
01307 Dresden
www.tu-dresden.de/bot-garten

Apothekergarten
der Universität Leipzig
Botanischer Garten Leipzig
Linnéstr. 1
04103 leipzig
www.bota.uni-leipzig.de

Stiftung Kloster und Kaiserpfalz
Memleben
Thomas-Müntzer-Str. 48
06642 Memleben
www.kloster-memleben.de

Heilpflanzengarten des
Botanischen Gartens Jena
Botanischer Garten Jena
Fürstengraben 26
07743 Jena

Arzneipflanzengarten des
Botanischen Gartens
Berlin-Dahlem
Botanischer Garten
Unter den Eichen und
Königin-Luise-Platz
14195 Berlin

Botanischer Garten
der Universität Hamburg
Ohnhorststraße
22609 Hamburg-Klein Flottbek
www.bghamburg.de

Heilpflanzengarten
im Botanischen Garten der
Universität Oldenburg
Botanischer Garten
Philosophenweg 39/41
26121 Oldenburg
www.uni-oldenburg.de/
bot.garten

Heilpflanzengarten in Celle
Wittinger Starße 76
29223 Celle

Heil- und Giftpflanzengarten
der Tierärztlichen Hochschule
Hannover
Tierärztliche Hochschule
Bünteweg 17D
30559 Hannover

Benediktinerinnenabtei
zur Hl. Maria
Nonnengasse 16
36037 Fulda
www.abtei-fulda.de

Kloster Amelungsborn
37643 Negenborn
www.kloster-amelungsborn.de

Klostergarten Riddagshausen
Ev. Pfarramt Riddagshausen
Klostergang 57
38104 Braunschweig
www.klosterkirche-
riddagshausen.de

Arzneipflanzengarten der TU
Braunschweig
Institut für Pharmazeutische
Biologie
Mendelssohnstraße 1
38106 Braunschweig
www.arzneipflanzengarten.de

Klostergarten der Stiftung
Kloster Michaelstein
Michaelstein 15
38889 Blankenburg (Harz)
www.kloster-michaelstein.de

Stiftung Kloster Jerichow
Am Kloster 1
39319 Jerichow
www.Klostergarten-jerichow.de

Arzneipflanzenanlage des
Botanischen Gartens Osnabrück
Botanischer Garten
der Universität Osnabrück
Albrechtstraße 29
49076 Osnabrück
www.bogos.uni-osnabrueck.de

Karlsgarten in Aachen
Aachener Kapitulare-Gärten
Am Gut Melaten
52056 Aachen
www.biozac.de

Heilpflanzenabteilung des
Botanischen Gartens Frankfurt
am Main
Botanischer Garten der Johann-
Wolfgang-Goethe-Universität
Siesmayerstraße 72
60323 Frankfurt
www.botanischergarten-
frankfurt.de

Klostergarten der
Ehemaligen Benediktinerabtei
Klosterhof
63500 Seligenstadt

Arzneipflanzengarten des
Botanischen Gartens
der Universität Stuttgart
August-von-Hertman-Straße 5a
70599 Stuttgart-Hohenheim
www.gaerten.uni-hohenheim.de

Klostergarten Reichenau
St. Maria & Markus
78479 Reichenau
www.reichenau.de

Heilpflanzengarten des
Deutschen Medizinhistorischen
Museums
Anatomiestraße 1
85049 Ingolstadt

Apothekergarten des
Botanischen Gartens Augsburg
Botanischer Garten
Dr.-Ziegenspeck-Weg 10
86161 Augsburg
www.augsburg.de/freizeit/
ausflugsziele/botanischer-garten

Heil- und Giftpflanzenabteilung
des Botanischen Gartens der
Universität Ulm
Botanischer Garten der
Universität Ulm
Hans-Krebs-Weg
89081 Ulm
www.uni-ulm.de/einrichtungen/
garten.html

Arzneipflanzengarten
des Botanischen Gartens der
Universität Erlangen-Nürnberg
Botanischer Garten der
Universität Erlangen-Nürnberg
Loschgestraße 3
91054 Erlangen
www.botanischer-garten.uni-
erlangen.de

Pharmazeutische Abteilung des
Botanischen Gartens Regensburg
Botanischer Garten
der Universität Regensburg
Universitätsstraße 31
93053 Regensburg

Kräuter und Aromagarten
beim Berggasthof Mooshütte
Mooshütte 3
93470 Lohberg / Mooshütte
www.lohberg.de/tourismus/
html/05_sehenswertes/
kraeutergarten.html

Arzneipflanzen-Abteilung des
Botanischen Gartens Würzburg
Botanischer Garten
Justus-von-Sachs-Platz 4
97082 Würzburg
www.bgw.uni-wuerzburg.de

Thüringer Heilkräuterpflanzung
im Rennsteiggarten Oberhof
Botanischer Garten für
Gebirgsflora
Am Pfanntalskopf 3
98557 Oberhof
www.rennsteiggartenoberhof.de

Register

Bildnachweis

Mit 712 Farbfotos von:

Burkhard Bohne, Braunschweig: 6 (alle sechs), 9 li, 9 re, 10, 11 ure, 16, 17 ure, 18 uMi, 25 (alle drei), 32, 38 u, 45 Mili, 45 Mire, 51 (alle drei), 54 (alle vier), 55 oli, 55 ore, 60 (alle vier), 62 (alle vier), 63, 65 oli, 65 uli, 66 (beide), 68 oli, 69 ore, 76 li, 77 (alle drei), 93 li, 93 re, 94 uli, 94 uMi, 94 ure, 95 li, 95 Mi, 96 re, 97 li, 97 Mi, 98 oli, 98 oMi, 98 Mire, 99 (alle drei), 100 (alle vier), 101 Mi, 101 re, 102 Mi, 102 re, 103 (alle vier), 104 oli, 104 ore, 104 uli, 105 (alle drei), 106 (alle vier), 107 (alle vier), 108 (beide), 109 (alle vier), 110 (beide), 111 oli, 111 ore, 111 Mili, 111 uli, 111 ure, 112 oli, 112 Mili, 112 Mire, 113 (alle drei), 114 (beide), 115 (alle vier), 116 re, 117 (alle fünf), 118 (beide), 119 (alle fünf), 120 li, 120 Mili, 121 (alle drei), 120 ore, 122 o, 122 Mi, 123 ore, 123 uli, 123 ure, 124 (beide), 125 (alle fünf), 126 Mi, 126 u, 127 oli, 127 uli, 127 ure, 128 (alle vier), 129 li, 129 Mire, 130 Mi, 130 u, 131 oli, 131 uli, 131 ure, 132 li, 132 Mi, 133 Mili, 133 Mire, 133 re, 135 Mili, 135 Mire, 135 ure, 136 (alle fünf), 137 ore, 1 37 Mire, 137 uli, 137 uMi, 139 o 1. v. links, 139 o 2. v. links, 139 o 2. v. Mi, 140 oli, 140 uMi, 141 (alle vier), 142 (alle vier), 143 (alle vier), 145 (alle fünf), 144 (alle fünf), 146 1. v. oben, 146 3. v. oben, 146 4. v. oben, 146 5. v. oben, 147 (alle vier), 148 oli, 148 uli, 148 ure, 149 (alle drei), 150 (alle drei), 151 (alle drei), 153 (alle zehn), 154 (alle fünf), 155 (alle drei), 156 Mili, 156 ore, 157 ore, 157 oli, 157 uli, 158 (alle vier), 159 (beide), 160 li, 161 li, 161 ore, 161 ure, 162 (alle sechs), 164/165, 164/165, 164/165, 165 Mi (alle vier), 166 li, 166 re, 167 (alle vier), 168 (alle vier), 169 (alle vier), 168/169, 171 (alle fünf), 172 (alle drei), 173 (alle vier), 174 oli, 174 ore, 174 ure, 175 oli, 175 ore, 175 ure, 176, 177 (alle vier), 178 li, 178 re, 179 (alle drei), 180 (alle vier), 181 (beide), 182 (alle drei), 183 (alle vier), 184 (alle vier), 185 (alle drei), 186 oli, 186 oMi, 187 (alle vier), 188 u, 188 oMi, 188 ore, 189 oli, 189 uli, 190 (alle vier), 191 (alle drei), 192 (alle drei), 193 (alle sechs), 194 (alle vier), 195 (alle vier), 196 (alle drei), 197 (alle vier), 198 (alle vier), 199 (alle vier), 200 (alle fünf), 201 (alle vier), 202 Mili, 203 o, 203 uMi, 203 ure, 204 (beide), 205 (alle vier), 206 (alle vier), 207 (alle drei), 208 (alle drei), 209 (alle vier), 210 (beide), 211 ore, 211 uli, 211 ure, 213 (alle drei), 215 re, 215 ure, 216 oli, 216 ore, 217 Mili, 217 li, 217 re, 218 Mi, 218 re, 219 ore, 219 ure, 220 oli, 220 ore, 220 ure, 221 li, 221 re, 222 (alle vier), 223 o, 224 (alle vier), 225 li, 225 re, 226 o, 226 re, 227 uli, 227 oMi, 227 ure, 228 (alle drei), 229 Mili, 230 Mire, 229 ore, 237 re; **FloraFoto,** Langenhagen: 94 o; **Florapress:** 82 re, 85 li, 88 oli, 91 u; **Florapress/Emotive Images:** 5 o, 42, 43 re; **Florapress/Visions:** 5 Mli, 74; **Fotolia/Emmi:** 1; **Gartenschatz,** Stuttgart: 75 Mi, 116 li, 152, 212 li, 226 Mi; **GBA:** 21 re, 31 li; **GBA/GPL:** 28 li; **GBA/Holzer:** 46; **GBA/Nichols:** 29 Mi, 52 oli; **GBA/Noun:** 28 re, 34 li, 64 re; **GPL/Bolton:** 4 u, 26 re; **GPL/Drake:** 27 re; **GPL/gardenpix:** 4 o, 8; **GPL/Gibbons:** 9 Mi; **GPL/Jariwala:** 27 Mi; **GPL/Whitwort:** 27 li; **Antje-Katrin Hansen,** Hamburg: 61 o, 65 ore, 69 u, 84 u; **Rudolf König,** Preetz: 95 re, 97 re, 98 Mili, 122 u, 126 o, 134 re, 135 o, 135 uli, 148 ore, 166 Mili, 186 u, 202 uli, 203 oli, 212 Mili, 214 Mili, 215 Mire, 215 o, 217 Mire, 219 uli, 221 Mi, 227 oli; **Botanik-Bildarchiv Laux,** Biberach: 12 uli, 23 u, 58 li, 102 li, 111 Mire, 112 ore, 127 ore, 129re, 130 o, 132 re, 133 li, 146 2. v. oben, 156 oli, 157 ure, 160 ure, 165 o 3. v. links, 178 Mli, 189 ore, 203 oMi, 211 oli, 212 Mili, 212 re, 214 li, 215 uMi, 216 uli, 219 oli, 223 uMi, 223 ure, 225 Mi, 229 li; **Kerstin Mumm,** Braunschweig: 254; **Sibille-Victoria Müller,** Raubach: 38 o, 68 uMi, 68 ure, 70 oli, 70 Mili, 70 re, 70 Mi; **Wolfgang Redeleit,** Bienenbüttel: 23 o, 33 u, 37 Mi; **Reinhard-Tierfoto/Hans Reinhard,** Heiligkreuzsteinach-Eiterbach: 12 ore, 15 re, 29 o, 30 li, 31 (beide), 33 Mili, 33 oli, 35 re, 37 ure, 50 re, 52 ure, 55 u, 58 re, 59, 64 li, 65 ure, 67 ore, 67 Mire (beide), 67 uli, 72, 73 oli, 73 ore, 80 li, 81 li, 82 li, 90 u, 120 Mire, 237 li; **Reinhard-Tierfoto/Nils Reinhard,** Heiligkreuzsteinach-Eiterbach: 12 oli, 12 ure, 22 re, 34 Mi, 36 re, 47 ore, 53 li; **Manfred Ruckszio,** Taunusstein: 14 re, 15 li, 22 li, 24 li, 67 ure; **Sana-Versand,** München: 139 o 3. v. links; **Jutta Schneider und Markus Will,** Malsburg-Marzell: 24 re, 37 o, 43 li, 45 o, 52 uMi, 78 re, 89 (beide), 93 Mi; **Peter Schönfelder,** Pentling: 123 oli, 129 Mili, 189 ure; **Roland Spohn,** Engen: 96 li, 101 li, 104 ure, 131 ore, 134 li, 170, 174 uli, 175 uli, 203 uli, 216 ure, 218 li, 220 uli; **Friedrich Strauß,** Au: 19, 35 li, 39 u, 40, 41 (alle vier), 43 Mi, 50 li, 53 re, 56 (alle vier), 57 oli, 79, 80 re, 82 Mi, 83 li, 85 li, 88 ure, 90 o, 91 oli, 91 ore; **Syringa Duftpflanzen und Kräuter,** Hilzingen-Binningen: 140 ure; **Annette Timmermann,** Kalübbe: 5 u, 36 li, 38 Mi, 44 (beide), 47 uli, 71, 75 li, 75 re, 81 oli, 84 o, 92; **Andreas Vietmeier,** Münster: 68 Mire, 70 oMi; **Elke Vornkohl-Bohne,** Braunschweig: 7, **commons wikimedia:** 14 li, 17 o, 18 ure, 20 re, 21 li; **commons wikimedia/camio.oclc.org,** 13 oMi; **commons wikimedia/directmedia:** 11 uli; **commons wikimedia /Justus van Gent:** 18 oli; **commons wikimedia/David Kandel:** 20 li; **commons wikimedia/J.G de Lint:** 13 oli; **commons wikimedia/Nina Aldin Thune:** 11 o;

Mit 11 Farbzeichnungen von:
Wolfgang Lang, Grafenau-Döffingen: 49 (alle drei)
Horst Lünser, Berlin: 61 (alle vier), 63 (alle vier).

Impressum

Umschlaggestaltung von Claudia Eder, Augsburg
unter Verwendung eines Farbfotos von GAP Photos/Jonathan Buckley
(Umschlagvorderseite: Basilikum 'African Blue') sowie eines Fotos von
Manfred Ruckszio, Taunusstein (Umschlagrückseite: Roter Sonnenhut)
und eines Fotos von Kerstin Mumm, Braunschweig (Umschlagrückseite:
Burkhard Bohne).

Mit 712 Farbfotos und 11 Farbzeichnungen.

Unser gesamtes Programm finden Sie unter **kosmos.de**.
Über Neuigkeiten informieren Sie regelmäßig unsere
Newsletter, einfach anmelden unter **kosmos.de/newsletter**

© 2015, Franckh-Kosmos Verlags-GmbH & Co. KG, Stuttgart.
Alle Rechte vorbehalten
ISBN 978-3-440-14576-0
Redaktion: Carolin Küßner
Gestaltung und Satz: Atelier Reichert, Stuttgart
Produktion: Ralf Paucke, Katja Settgast
Printed in Slovakia / Imprimé en Slovaquie

MIX
Papier aus verantwor-
tungsvollen Quellen
FSC® C084279

In diesem Buch werden Hinweise zur Naturheilkunde gegeben. Nur auf die beschriebenen Arten trifft die angegebene Verwendung zu, ihr Gebrauch setzt daher ihre sichere Kenntnis voraus. Heilpflanzentees sollten immer nur beschränkte Zeit und nicht länger als nötig eingenommen werden, auch Hausteemischungen sollte man öfter wechseln. Behandelt werden dürfen nur leichtere Gesundheitsstörungen, die keiner ärztlichen Behandlung bedürfen. Den Arztbesuch kann dieses Buch auf keinen Fall ersetzen. Auch dürfen verschiedene Kräuter, z.B. Rosmarin, nicht während der Schwangerschaft eingenommen werden.

Alle Angaben in diesem Buch sind sorgfältig geprüft und geben den neuesten Wissensstand bei der Veröffentlichung wieder. Da sich das Wissen aber laufend in rascher Folge weiterentwickelt und vergrößert, muss jeder Anwender prüfen, ob die Angaben nicht durch neuere Erkenntnisse überholt sind. Dazu muss er zum Beispiel Beipackzettel zu Dünge-, Pflanzenschutz- bzw. Pflanzenpflegemitteln lesen und genau befolgen sowie Gebrauchsanweisungen und Gesetze beachten.

Die Blütenfarben sind sortenabhängig, daher können auch Farben auf dem Markt sein, die im Buch nicht genannt werden. Die Blütezeiten sind ebenfalls sortenabhängig, aber auch klima- und standortabhängig. Die angegebenen Wuchshöhen und -breiten der Pflanzen sind Mittelwerte. Sie können je nach Nährstoffgehalt des Bodens variieren. Verschiedene Sorten können deutlich größer oder auch kleiner wachsen als die Art.

Der Autor

Burkhard Bohne ist Gärtnermeister und hat sich vor mehr als 25 Jahren auf Kräuter spezialisiert. Nachdem er seinen heutigen Hauptarbeitsplatz, den Arzneipflanzengarten der Technischen Universität Braunschweig, aufgebaut und in der vielfältigen Gartenlandschaft etabliert hat, organisiert er dort Führungen, Ausstellungen und Veranstaltungen verschiedenster Art.
Außerdem plant und betreut er externe Gartenprojekte, vor allem Kräutergärten. Auf diese Weise sind bereits einige Kloster-, Schloss- und Apothekergärten entstanden. Dabei legt er seinen Schwerpunkt immer auf die sensible Einbettung seiner Gartenprojekte in ihre meist historisch gewachsene Umgebung, auf Nachhaltigkeit und biologischen Anbau aller Pflanzenkulturen. Seine Gartenprojekte stoßen stets auf ein großes Echo und ziehen viele Besucher an. Nach und nach sind zahlreiche Reportagen, Bücher und Fernsehsendungen entstanden. Weitere Informationen finden Sie hier: **www.burkhard-bohne.de**

Heute teilen viele Menschen die Begeisterung Burkhard Bohnes für das Thema Kräuter, und so war es nur eine Frage der Zeit, bis er 2011 in Braunschweig seine eigene Kräuterschule gründete. Hier können Menschen mit Interesse an Kräutern und Garten eine sinnvolle Gartenplanung, den fachgerechten Umgang mit Pflanzen und die Verwendung von Kräutern erlernen. Das Thema boomt – inzwischen hat Burkhard Bohne seine Kräuterschule ausgebaut und zahlreiche Spezialisten im Team. So gibt es neben den Kursen mit gärtnerischem Schwerpunkt auch Seminare, die von Dozenten/innen aus dem Bereich Naturheilkunde, Naturkosmetik, Apotheke, Küche und Floristik durchgeführt oder begleitet werden. Weitere Informationen und das aktuelle Programm finden Sie hier:
www.kräuterschule-braunschweig.de

KOSMOS.

Mehr wissen. Mehr erleben.

Peter Berg
biogärtnern
192 S., 352 Abb., €/D 19,99

Burkhard Bohne
Kräutergärtnern
160 S., 314 Abb., €/D 19,99

Alles, was man wissen muss!

Peter Berg ist biologisch-dynamischer Gemüsebauer. In diesem Buch führt er mit zahlreichen Bildern Schritt für Schritt in die Grundlagen des Biogärtnerns ein. Der Leser schaut dem erfahrenen Profi über die Schulter und lernt dabei ganz einfach, wie er in seinem Hausgarten nachhaltig gärtnern und gesundes Obst und Gemüse anbauen kann.

Welche Voraussetzungen für einen Biogarten bringt mein Garten schon mit? Wie bekommt mein Boden die richtige Nahrung und Pflege durch Kompost oder Hacken, Jäten und Mulchen? Wie mache ich meine Pflanzen widerstandsfähig und was mache ich wann im Garten, vom Frühjahr bis zum Winter? Dieser Grundkurs begleitet Sie auf dem Weg zum eigenen Biogarten!

So wächst Kräuterglück!

Frisches Basilikum für selbst gemachtes Pesto, würziger Oregano zum Trocknen, raffinierte Minze-Sorten für Tees und Süßspeisen – der Kräutergärtner Burkhard Bohne zeigt mit über 300 Farbfotos Schritt für Schritt, worauf es im Kräutergarten ankommt und wie man nachhaltig gesunde und leckere Kräuter anbaut. Der Leser ist direkt dabei und schaut dem erfahrenen Profi über die Schulter, wenn er Kräuter aussät, pflanzt, vermehrt, erntet und verarbeitet.

KOSMOS.
Gut zu wissen.

Burkhard Bohne
Kräuterwissen aus alter Zeit
176 S., 194 Abb., €/D 16,95

Ein lang vergessener Schatz!

Eine Reise durch die Jahrhunderte des Kräuteranbaus: zu den überlieferten Wundermitteln der alten Ägypter und Griechen und den Kräutergeheimnissen der Mönche im Mittelalter, zu Kräuterrezepten aus dem alten Rom und den Geheimnissen von Bernhardinerkraut, Luststock und Philosophenklee. Ein Schatz an altbewährtem Wissen für die moderne Gartenpraxis – für alle, die in Vergessenheit geratenes Kräuterwissen für sich und ihren Kräutergarten nutzen möchten. Mit Tipps zu Gestaltung und Anbau, ausführlichen Porträts und alten Rezepten für Küche und Gesundheit.

Angelika Throll, Jürgen Wolff
Mit Erfolg durchs Gartenjahr
288 S., 800 Abb., €/D 24,99

Das Nachschlagewerk!

Das praktische Gartenbuch und umfassende Nachschlagewerk unterstützt den Hobbygärtner das ganze Jahr. Monat für Monat erfahren Sie, was im Garten zu tun ist: Ob im Obst- und Gemüsegarten, auf Balkon und Terrasse, am Gartenteich oder im Rosenbeet – alle Arbeiten werden von Gartenexperten praxisnah erläutert. So wird Ihr Garten zu Paradies.

kosmos.de